装配式路桥技术研究

张立乾　著

中国宇航出版社
·北京·

内容简介

本书以道路交通建设为宏观背景，紧密追踪并融合了新材料与新技术的最新进展，系统而深入地开展了一系列装配式路桥技术的探索与研究。书中创新性地提出了涵盖五大类别、十五项已突破的关键技术，较为系统地解决了应急运输交通领域的问题或难题。研究内容广泛涉及装配式网架桥梁、装配式箱型铝合金桥梁、装配式 X 型铝合金桥梁、装配式充气桥梁、平时隐形应急时快速架设的缆索支撑桥梁、装配式 UHPC 桥梁、装配式预应力混凝土路面、倒刺锚杆、装配式排洪渠、装配式帐篷索、装配式Ⅱ型挡土墙等多项技术，形成了一个丰富且实用的技术体系。

本书旨在为路桥建设与交通运输保障领域的专业人士、研究人员及实践者提供一份宝贵的参考指南，并为提升我国的路桥建设技术水平与应急响应能力贡献力量。

图书在版编目（CIP）数据

装配式路桥技术研究 / 张立乾著. -- 北京 : 中国宇航出版社, 2025. 2. -- ISBN 978-7-5159-2511-0

Ⅰ. U415; U445

中国国家版本馆CIP数据核字第2025FG8954号

责任编辑 张丹丹　舒承东　　**封面设计** 王晓武

出 版 发 行 中国宇航出版社

社 址 北京市阜成路 8 号　**邮 编** 100830
(010) 60286808　(010) 68768548

网 址 www. caphbook. com

经 销 新华书店

发行部 (010) 60286888　(010) 68371900
(010) 60286887　(010) 60286804 (传真)

零售店 读者服务部　(010) 68371105

承 印 北京中科印刷有限公司

版 次 2025 年 2 月第 1 版
2025 年 2 月第 1 次印刷

规 格 787 × 1092

开 本 1/16

印 张 21.5

字 数 523 千字

书 号 ISBN 978 - 7 - 5159 - 2511 - 0

定 价 168.00 元

本书如有印装质量问题，可与发行部联系调换

前　言

装配式技术是指一种将工业化生产的产品部件通过可靠的装配方式，按照标准化程序现场装配成型的施工作业技术，可以实现像组装积木一样快速对部品部件进行组合，达到建造速度快、受天气制约小、绿色环保、节省劳动力的效果。装配式路桥技术则是指道路桥梁工程中的装配技术，是满足道路工程建设快速、环保、经济等要求的关键技术，也是应急态道路抢修抢建、交通要道震损重构的关键技术。

针对路桥装配技术领域车辆运输亟须解决的问题以及国内外相关研究不足的现状，以道路交通建设为背景，紧密结合国内外新材料、新技术的发展，著者深入开展了系列装配式路桥技术研究，提出了五类十五项关键创新技术，构建了具有鲜明特色的装配式路桥技术体系，较为系统地解决了应急运输交通领域的相关问题或难题。本书内容主要包括系列快速架设的装配式桥梁、快速架设的装配式预应力混凝土路面、快速架设的装配式挡土墙、快速架设的装配式排洪渠、快速架设的帐篷索，以及快速施工的倒刺锚杆等五大类装配式技术。相关研究成果申请多项国家专利。

衷心感谢北京交通大学高日教授、北京工业大学邓宗才教授给予的长期支持与协作。

谨以此书献给为我提供人生舞台的单位，给予帮助的领导、同事们，以及在道桥领域工作的同行们。

本书意在抛砖引玉，欢迎读者提出指正意见。如有任何关于本书的问题或建议，请发至邮箱 847220673@qq.com。

作　者

于北京特种工程设计研究院

2025 年 1 月

目　录

第1章　绪　论

针对车辆运输领域亟待解决的难题以及国内外相关研究明显匮乏的现状，本书以道路交通建设为立足点，紧密结合国内外新材料、新技术的发展，深入开展装配式路桥技术研究，突破了五类十五项关键创新技术，构建了具有鲜明特色的装配式路桥技术体系，研究成果系统性地解决了应急运输交通领域的相关问题或难题。

1.1　研究背景

运输车辆对交通运输保障提出了较高的要求，而应急状态下车辆的快速行动则对交通运输保障提出了很高的要求。目前，定型的快速装配式钢桥及相关装配式路桥技术，存在跨越能力有限、承载能力不高、架设时间长、重量大、体积大、保障人员和运输车辆多的问题，影响了行动能力。因此，研制跨越能力大、架设快速、承载能力强、轻型的新型装配式路桥具有重要意义。相关的紧迫需求主要表现在以下诸多方面：

1）由于运输车辆超重、超长，使得现有的装配式钢桥不能满足通行需求。这些运输车辆重达七八十吨至上百吨，远超公路车辆载荷标准（55 t）。现有的国内装配钢桥多为跨越能力小（≤24 m）、承载能力小（一般 40 t 以内）的钢桥，且架设周期长、重量大，因此研发承载能力强、跨越能力大、架设快速的桥梁具有重要意义。

2）当行动路线跨越山谷时，需要平时能隐形、应急时能快速架设的装配式桥梁技术。许多工程建设多选址于崇山峻岭之中，当大型车辆需跨越山谷、河流时，桥梁必不可少。对于仅在应急时才会启用的行动路线，需要建设平时能隐形、应急时能快速架设的桥梁设施。

3）大型车辆运输需要可以快速跨越承载能力不足的旧桥涵的装配式桥梁技术。在运输过程中大型车辆需要跨越一些承载能力不足的旧桥涵，如果拆除重建，不但造价昂贵，周期长，还会严重影响地方交通。如果采取快速架设的装配式桥梁体系将旧桥涵直接跨越，则可以避免旧桥涵拆除重建、加固等一系列周期长、费用高的问题，极大提高运输效能。

4）生命线工程在受损后需要快速抢修抢建。生命线道路工程和场坪工程，一旦受毁，需要及时修复。为此开展快速架设的超薄装配式路面技术研究意义重大。

5）大型运输车辆对通过道路宽度的快速满足提出了需求。许多工程需要在众多山区乡镇级道路中通行大体量车辆，这些道路的弯道宽度不足是制约运输的瓶颈，为此需要对弯道进行必要的拓宽。传统上一般向高路堑边坡侧拓宽，但这会面临较大的削山爆破、山体稳定以及建设成本高昂等问题。为此开展不用开挖爆破土石方的新型路基拓宽方案研究具有现实意义。

6）道路工程建设中需要快速建设大量的深挖高填、防洪排水设施。深挖高填现象在道路工程建设中非常普遍，挡土墙、锚杆和涵洞成为道路沿线最常见的构筑物。构筑物轻型化、标准化、机械化、低耗化是其发展的方向，为此开展新型的快速架设的装配式挡土墙、锚杆以及排洪渠研究有重要意义。

7）工程建设需要大体量装配式帐篷技术。目前缺乏针对大面积、长周期使用的帐篷技术。研究面向地下大面积敞开式作业，以及大面积行动作业的装配式帐篷体系有重要意义。

1.2 国内外研究现状

在装配式桥梁领域，国外在第二次世界大战期间，研制了著名的“贝雷”式固定桥。在20世纪60年代装备M60型冲击桥后，于70年代研制了“八十年代桥梁渡河器材族”，90年代初成功地研制了MGB中型桁架桥。21世纪初又先后研制和装备了“M18重型干沟支援桥”“快速架桥系统”“高级模块化复合材料桥”“交通线桥”“轻型模块化栈桥系统”等一系列模块化结构的渡河桥梁装备，可架设最大跨度达到42 m长、载荷能力达70载荷级的桥梁。21世纪研制的“新时代桥梁系统”，其最大的特点是通过改进现有的“奇伏坦”冲击桥的架桥车，采用导梁式架桥法，第一次实现了机械化。我国渡河桥梁设备经过几十年的发展，取得了长足进步。主要有拆装式桁梁、工字钢束梁、万能杆件、铁路专用梁、铁路应急抢修钢梁等，以及用于架设临时公路桥梁的“321”装配式公路钢桥、ZB－200型装配式公路钢桥。

虽然国内外在装配式桥梁领域经过几十年开发研究取得了相当成果，但在实际应用中仍面临诸多问题：1）现有的快速架设装配式桥梁实现60 m以上跨径非常困难；2）尚未有能满足快速架设的60～90 m缆索支撑桥梁结构的先例；3）现有的机动性好的装配桥多为和履带车耦联的一体化架桥设备，不具备机动灵活的小空间窄场地作业能力；4）传统的贝雷式桁架桥的架设速度不能满足应急状态下快速建设的需求。为此开展系列新型装配式桥梁技术研究具有重要意义。

在装配式路面领域，国内外研究对象限于常规混凝土材料，路面厚度一般在18 cm以上，自重大，安装不便，不能适用于应急状态下的快速装配。目前国内外没有基于高性能混凝土UHPC和装配式路面相结合的研究项目。

目前国内外在装配式路桥研究领域急需解决的六大类主要问题归纳如下：

1）开发出能实现60 m以上跨径的快速架设的装配式桥梁技术；

2）开发出能满足应急时快速架设的60～90 m缆索支撑桥梁技术；

3）开发出机动灵活的能快速架设的中小跨径装配式桥梁；

4）开发出超薄面层的装配式路面技术；

5）开发出不用开挖爆破土石方的新型路基拓宽技术；

6）开发出面向地下大面积敞开式作业，以及大面积行动作业的帐篷索结构。

1.3　关键技术及创新

装配式路桥五类十五项关键技术中主要创新内容如下：

1）创建了满足不同跨径需求的装配式桥梁技术体系，探讨了多杆件球节点连接形成空间网架桥梁、装配式拼装小箱梁锁定与锚固、X 斜撑弯拉剪力铰结构、索板充气膜等关键技术，发明了适用于大跨径装配式空间网架和空间桁架桥梁型式，适用于中等跨径的铝合金和 UHPC 桥梁型式和适用于小跨径的索膜、板膜充气式桥梁型式，基于车桥耦合分析验证模型，证明了方案的合理性。

2）提出了平时能隐形、应急时能快速架设的缆索支撑桥梁技术方案，发明了装配式缆索支撑桥梁结构型式，解决了主索隐身、挠度变形控制、横梁主索定位锁定、小风阻抗滑桥面板、模块化配重等关键技术，通过仿真模型，验证了方案的合理性。

3）发明了装配式高性能混凝土路面和一种外枕梁、内锚杆悬臂承载梁新型路基拓宽结构型式，分析了超薄混凝土面层内设置预应力孔道、企口缝受压传荷机理、枕梁受荷与路基整体稳定和内锚杆抗剪限位等关键技术，建立了考虑全载荷工况的验证模型，解决了超薄混凝土面层应力与变形控制难题，以及传统山区道路拓宽开挖山体施工面临的长周期、高费用、毁生态的技术难题。

4）提出了 Π 型装配式挡土墙和集排洪、行车、防塌方三种功能于一体的装配式排洪渠技术方案，解决了传统装配式挡土墙需要现场焊接或绑扎钢筋、二次浇筑等问题。

5）提出了新型装配式帐篷索技术方案，探讨了通过空间交错布设上下弦主动索配合三角架实现索支距等关键技术，建立了流固耦合分析模型，解决了设计风载作用下索挠度控制的难题。

技术体系构成如图 1-1 所示。

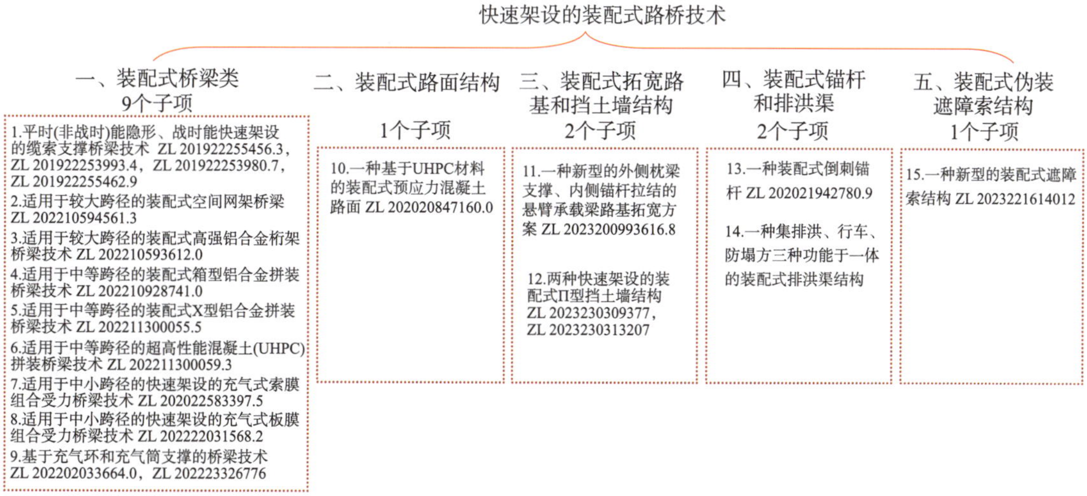

图 1-1　技术体系构成

第2章　装配式空间网架桥梁结构研究

装配式公路钢桥是一种可分解的、能快速架设的、主要用于跨越地形障碍和抢修时应急使用的，由预制金属构件组成、以阴阳接头进行连接的制式桥梁。装配式钢桥曾在抗震、抗洪抢险以及对越自卫反击战中立功，但其桥面宽度较窄、承载能力和跨越能力较小、挠度较大，公路-Ⅱ级载荷作用下，加强三排双层的最大跨径只有 51 m，虽然改进型装配式钢桥的桥面净宽已增加到 4.2 m，但跨度并没有扩大，加强四排单层的最大跨径也只有 54 m，且标准桁架单元重 320 kg，横梁重 370 kg，已经超出了人力操作的能力范围，需要小型机械来实现。2008 年汶川地震的实际需求表明，具备 50～90 m 跨越能力的装配式公路钢桥是迫切需要的装备，而现有的装配式钢桥要做到 60 m 以上的跨径是有困难的。

为了突破现有装配式钢桥在跨越能力、安装效率上的局限，本书提出了一种新型的装配式钢桥结构模式——空间网架桥梁。采用有限元对整体结构的强度、刚度和空间稳定性进行深入研究，研究结果表明：1）空间网架结构桥梁具有良好的结构刚度和承载能力，具有良好的空间稳定性，在跨径 60 m 范围内，不设加强杆、张弦索的空间网架桥即可满足公路-Ⅱ级载荷要求；2）加强杆、张弦索对于改善空间网架桥的力学性能作用显著，其中加强杆对于提高结构刚度效果最好，张弦索对改善上下弦杆的应力状态作用明显；二者联合应用可将跨径提高至 80 m，满足结构强度、刚度及稳定性的要求。

张弦梁结构是近十几年发展起来的大跨度钢结构，可用于屋盖、楼面、墙体结构。张弦梁结构中，弦的预应力使结构产生反挠度，结构在载荷作用下的最终挠度减小；且通过拉索的张拉力，使撑杆产生向上的分力，使得上弦梁产生与外载荷作用相反的内力与变形，从而改善受力，提高整体结构刚度。张弦梁与上弦梁在预应力和结构载荷作用下，形成自平衡体系，不产生推力。

将空间网架结构和张弦梁结构受力理念相结合，探讨在保证受力杆件轻型化的同时，实现较大跨径的可行性问题。

2.1　装配式空间网架桥梁结构体系

2.1.1　空间网架结构

以跨径 60 m 为例，装配式空间网架结构示意图如图 2-1、图 2-2 所示。全桥设置左右两个空间网架作为主结构受力，网架高 2.5 m，宽 1.667 m，桥面宽 5 m。网架杆件分为两种：上下弦杆和腹杆，杆件和球节点使用螺栓连接，杆件采用 Q420 钢，球节点采用 45 钢。为了确保球节点必要的刚度和强度，球节点采用半径 200 mm、壁厚 100 mm 的厚球壳体。上下弦杆采用直径 200 mm、壁厚 16 mm 的圆钢管，腹杆采用直径 160 mm、壁厚 12 mm 的圆钢管，弦杆和腹杆端部 300 mm 范围内按照截面面积相等、抗弯惯性矩折减 70%左右的原则颈缩至实心截面和球节点螺栓连接。

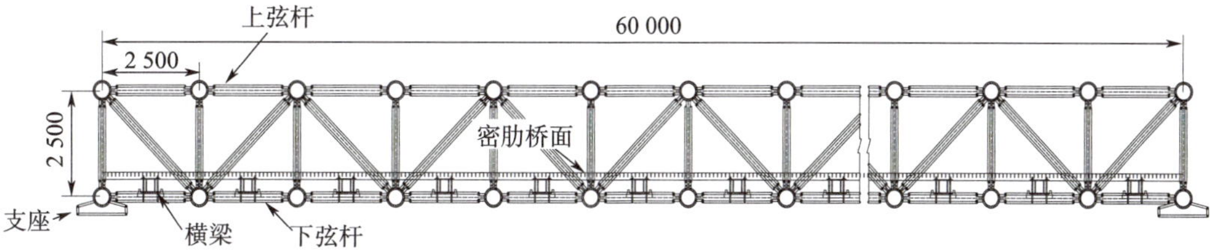

图 2-1　跨径 60 m 装配式空间网架纵向布置图（单位：mm）

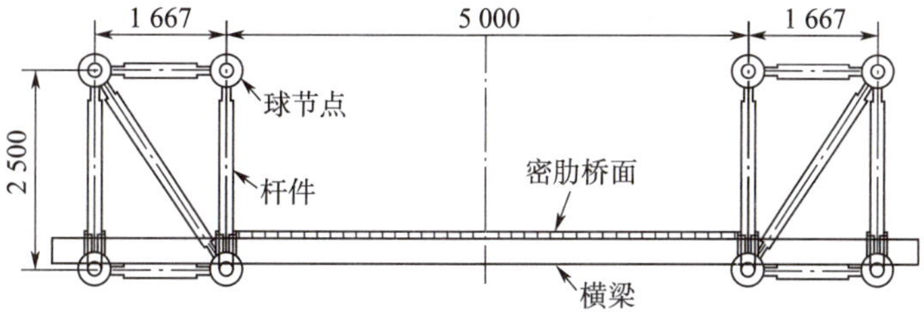

图 2-2　跨径 60 m 装配式空间网架横断面布置图（单位：mm）

2.1.2　横梁

横梁采用 6061 高强合金铝材料制成，薄壁箱型断面如图 2-3 所示。其间距设为 400 mm，并设置了加劲肋。横梁置于两侧空间网架的四个下弦杆之上，通过倒 U 型螺栓环抱弦杆后由横梁翼板扣紧锁死，实现整体结构在竖向承载的同时保持横向的稳定，U 型螺栓和弦杆、横梁的关系如图 2-4、图 2-5 所示。

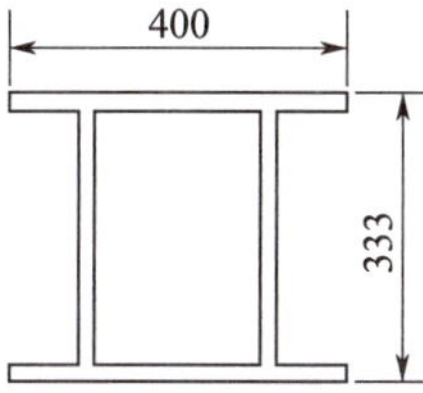

图 2-3　横梁横断面（单位：mm）

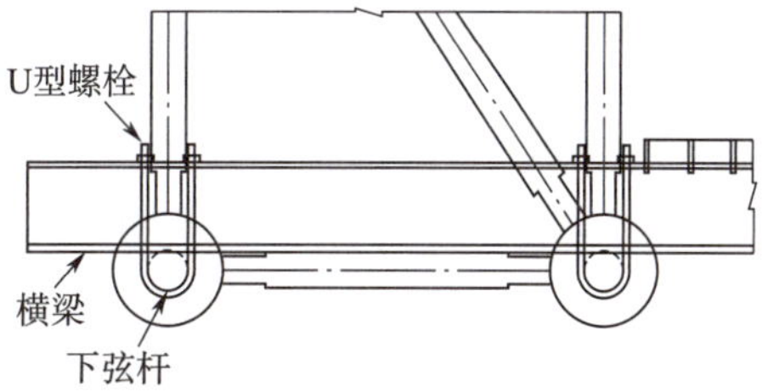

图 2-4　U 型螺栓横向布置图

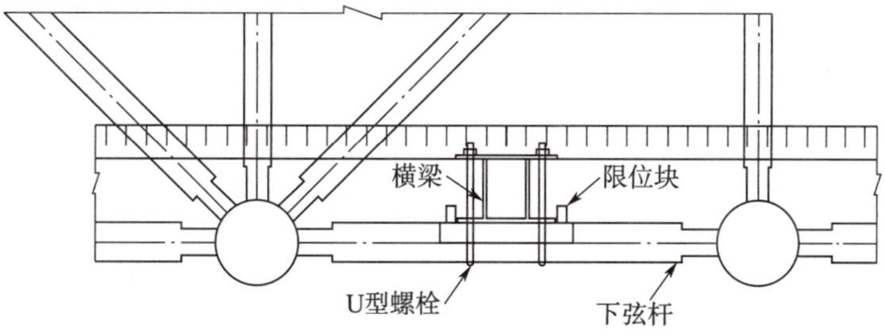

图 2-5　U 型螺栓纵向布置图

2.1.3 桥面承载板

桥面承载板采取纵横正交的薄壁竖板构成的密间距梁格体系，单榀桥面承载板全宽566 mm，长4 990 mm，纵向由间距69 mm的9道高150 mm、厚10 mm的纵向肋板构成，横向由间距100 mm的高100 mm、宽6 mm的隔板构成，纵横钢板采用焊接连接或一次脱模成型。材料采用Q420高强度结构钢。纵向肋板间距2 500 mm，设有凹槽，用于卡住其下的横梁顶板，防止桥面承载板和横梁的纵向相对滑移；同时在横梁顶部设置有净间距572 mm的桥面承载板的横向卡槽，防止桥面承载板和横梁的横向相对滑移；横梁顶部卡槽设有下压扣件，扣住桥面承载板的边肋顶面，防止桥面承载板和横梁的垂向脱空。桥面承载板平面布置图如图2-6所示，横断面如图2-7所示，纵断面如图2-8所示。一榀桥梁承载板总质量为195 kg。

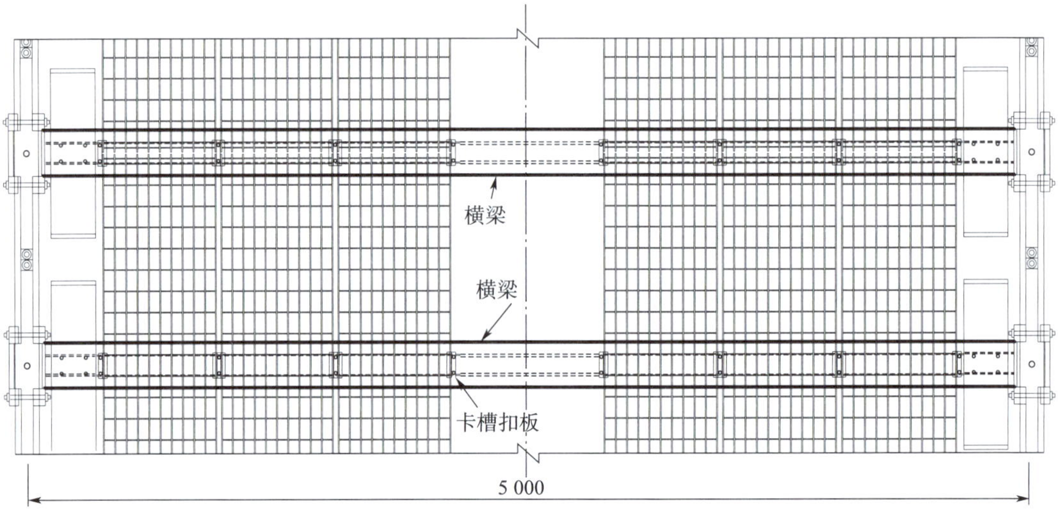

图2-6 桥面承载板平面布置图（单位：mm）

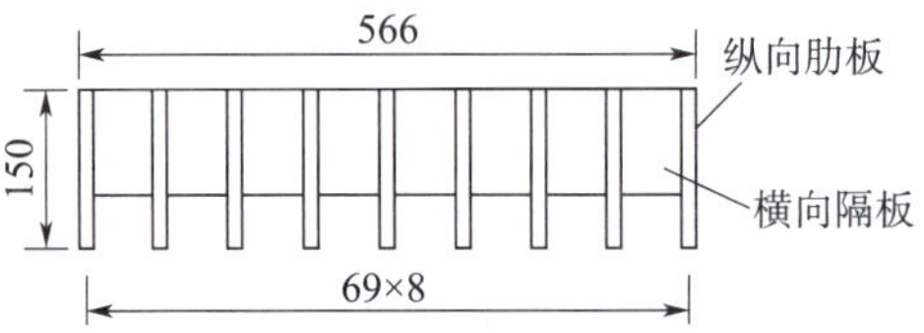

图2-7 桥面承载板横断面（单位：mm）

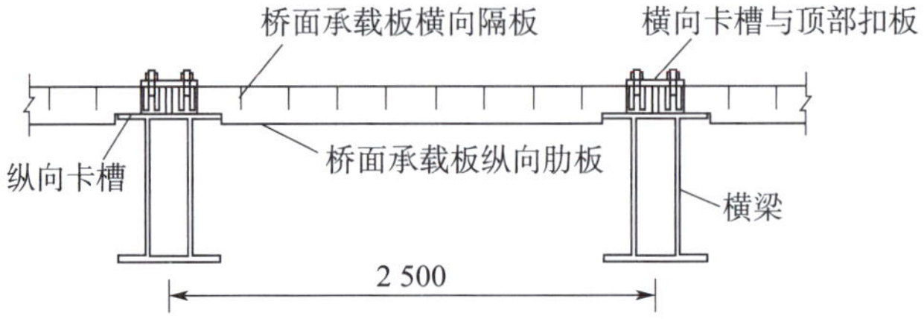

图2-8 桥面承载板纵断面（单位：mm）

2.1.4　空间网架装配拼接的考虑

杆件和球节点之间采用螺栓连接，在确保连接安全可靠的前提下，杆件有两种拼接方案：一种是现场将杆件和球节点进行螺栓连接，在保证弦杆和球节点连接固定后，部分腹杆的端部螺纹区域需同步旋转进入两端的球节点对应的螺栓孔，这一操作有一定的难度；另外一种方案是将需要同步旋转的杆件在中部断开，采用螺旋套筒等强连接。第二种连接方案的示意图如图 2－9 所示。

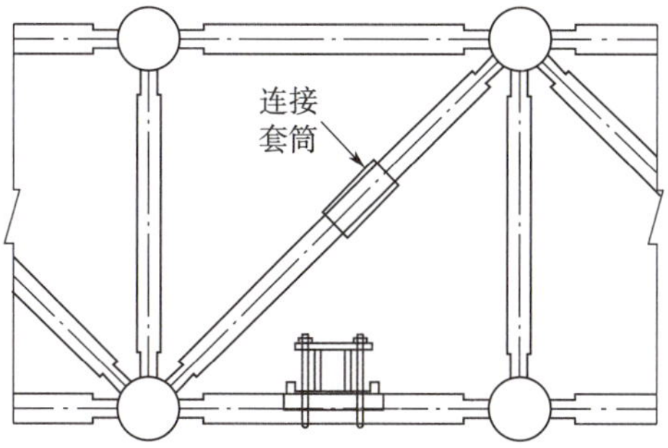

图 2－9　腹杆的法兰盘连接示意图

2.1.5　带有加强弦杆的空间网架结构

当跨径继续加大，现有单层网架结构在刚度和强度上不能承受设计载荷时，需要采取加强杆件的方式实现结构整体刚度和强度的提升。基于现场快速拼装的考虑，采取上下弦杆原位附加平行弦杆的方式是最简便易行的方案，通过在弦杆和加强弦杆之间设置短杆来实现剪力的传递。带有加强弦杆的空间网架结构示意图如图 2－10、图 2－11 所示。

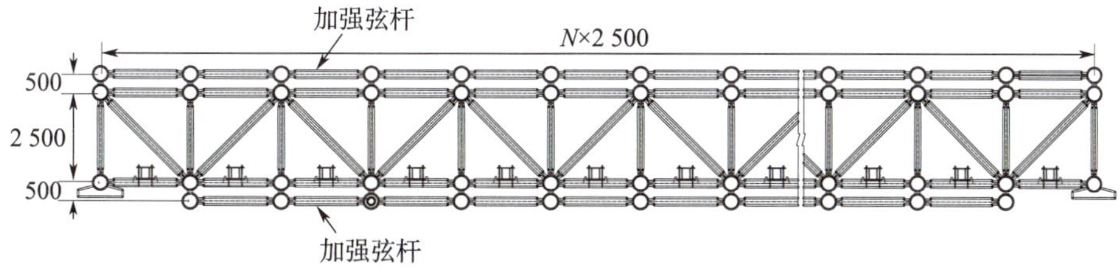

图 2－10　设有加强弦杆的空间网架立面布置图（单位：mm）

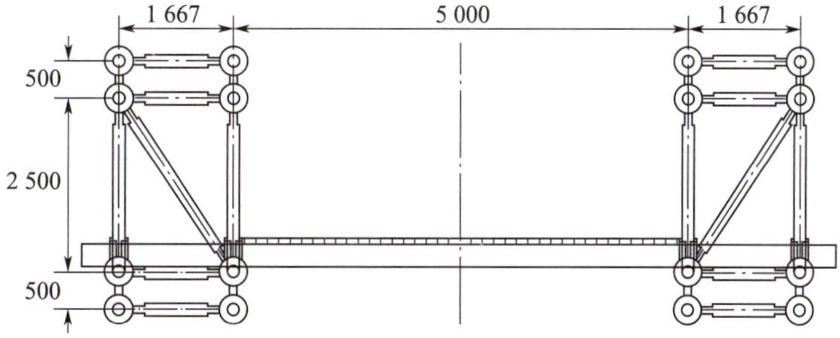

图 2－11　设有加强弦杆的装配式空间网架横断面（单位：mm）

2.1.6 张弦空间网架结构

基于张弦结构的工作原理，在单层或双层空间网架结构基础上增设张弦结构，可以改善结构受力，进一步提高跨越能力。张弦采用 1 860 级平行钢丝束，外包双层挤压高密度聚乙烯防腐材料，外径 32 mm，断裂极限为 1 017 kN，每侧空间网架布设 2 根。张弦空间网架结构纵向布置图如图 2－12 所示，横向布置图如图 2－13 所示。

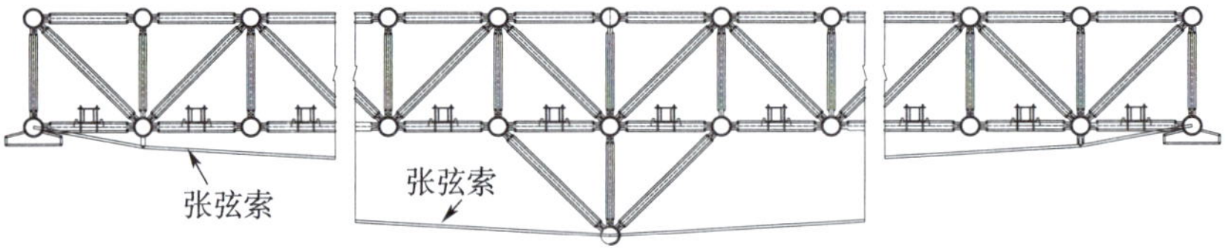

图 2－12 张弦空间网架纵向布置图（单位：mm）

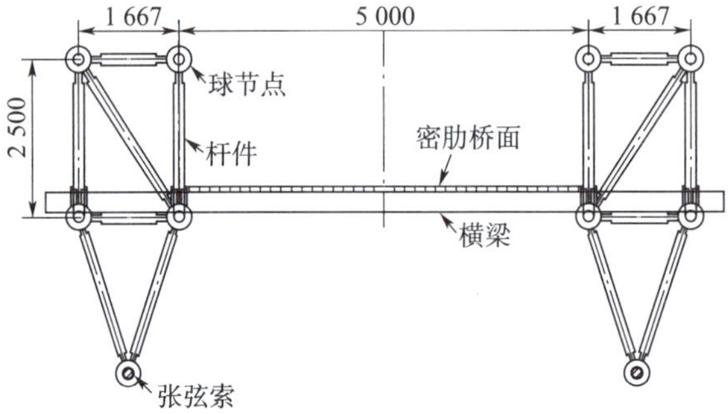

图 2－13 张弦空间网架横断面布置图（单位：mm）

2.2 结构受力分析

弦杆和腹杆的连接采用部分释放梁端约束的梁单元，横梁和下弦杆之间的限位搭接采用主从节点方法模拟，桥面密肋按照等高等宽原则等效为三道纵肋，纵肋和横梁采用主从节点方法模拟连接关系。模型的物理力学参数见表 2－1。边界条件为空间网架纵向两端简支，约束水平面内的转动。三维计算模型如图 2－14 所示。通行活载为公路-Ⅱ级，考虑到一定程度的偏心，桥面设置了三个车道，分别对应三道集束纵肋，但加载只有一道，在保证桥面单车道的同时虑及偏心最不利加载。

表 2－1 全桥模型的物理力学指标

内容	材质	密度/(kg/m³)	弹性模量/MPa	泊松比
张弦索	1 860 级高强钢丝	7 860	2.05e5	0.3
网架杆件	Q420	7 850	2.1e5	0.3
网架球节点	45 钢	7 850	2.1e5	0.3

续表

内容	材质	密度/(kg/m³)	弹性模量/MPa	泊松比
横梁	6061	2 900	7.0e4	0.3
桥面承载板	Q420	7 850	2.1e5	0.3

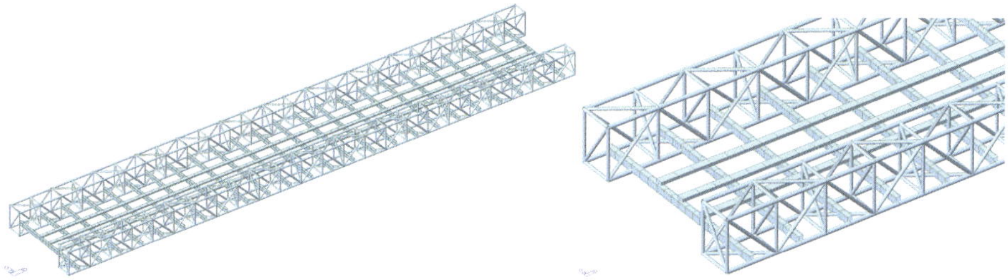

图 2－14　跨径 60 m 空间网架三维模型图

2.2.1　跨径 60 m 空间网架结构力学分析

2.2.1.1　结构强度与刚度分析

图 2－15 为自重作用下全桥结构竖向位移云图，图 2－16 为自重作用下全桥结构组合应力云图，图 2－17 为公路－Ⅱ级载荷作用下全桥结构轴向应力云图，图 2－18 为公路－Ⅱ级载荷作用下全桥结构竖向位移云图，图 2－19 为载荷组合作用下的全桥结构轴向应力云图。从图 2－15 可以看出，结构自重作用下结构竖向挠度为 0.195 m，接近 1/300 跨径，说明结构刚度合理；从图 2－16 可以得到，自重作用下，结构最大组合应力为 176.2 MPa，出现的位置为跨中下弦杆，该处下弦杆除了承受纵向轴力外，还承担横梁产生的弯曲应力，查后处理结果，跨中下弦杆最大轴向应力为 147.7 MPa，横梁产生的弯曲应力为 28.5 MPa，组合后恰为 176.2 MPa。从图 2－17 可以得到，公路－Ⅱ级载荷作用下，结构上下弦杆对应的最大轴应力分别为－101.8 MPa 和 99.8 MPa，均小于自重作用下的结构应力，同时从图 2－18 可以看出，结构在载荷作用下的挠度为 0.146 m，小于 1/300 跨径（0.2 m），说明结构刚度满足要求。从图 2－19 可以看出，结构在载荷组合作用下的跨中区域的上下弦杆的组合轴向应力分别为－287.8 MPa 和 213.1 MPa，已接近钢材强度极限，如果再叠加横梁所产生的弯曲应力，下弦杆会超限，所以跨中区域的下弦杆需要加强。将跨中区域的下弦杆壁厚增加 40 mm，则应力刚好满足强度要求。但也应看到，此时整体结构强度已达到 60 m 跨径极限。

2.2.1.2　结构稳定性分析

采用车道载荷和自重组合进行空间网架结构稳定性验算。车道载荷取公路－Ⅱ级，均布载荷取 10.5 kN/m，集中载荷取 270 kN，集中载荷分为跨端部、四分之一跨径、跨中三个加载位，其中车道载荷为变量载荷，自重为不变量载荷。集中载荷位于跨端部的前三阶稳定系数分别为：11.6、36.9、48.9；集中载荷位于四分之一跨径的前三阶稳定系数分别为：18.3、34.5、36.9；集中载荷位于跨中的前三阶稳定系数分别为：18.1、32.7、34.5，

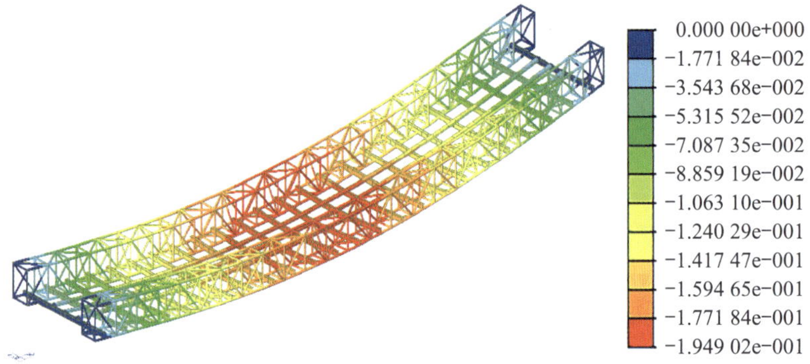

图 2-15　自重作用下竖向位移云图（单位：m）

图 2-16　自重作用下组合应力云图（单位：kPa）

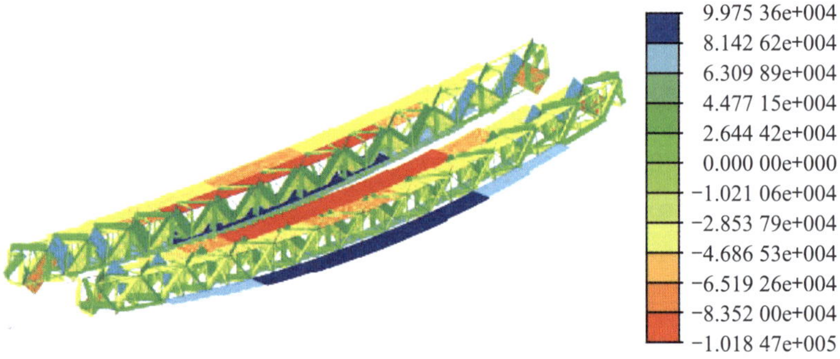

图 2-17　公路-Ⅱ级载荷作用下轴向应力云图（单位：kPa）

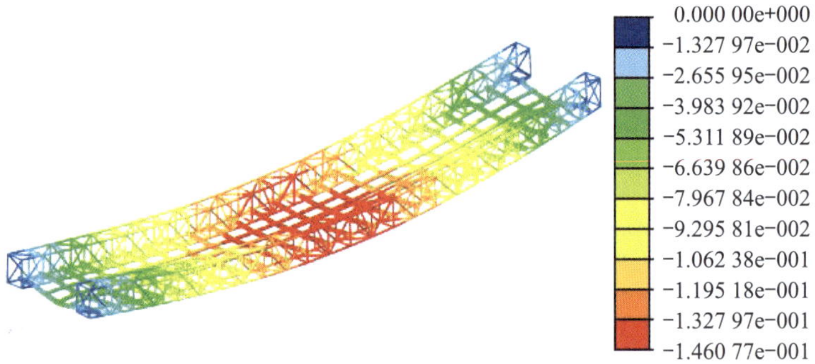

图 2-18　公路-Ⅱ级载荷作用下竖向位移云图（单位：m）

图 2-19　载荷组合作用下轴向应力云图（单位：kPa）

均大于 6，满足要求，第一阶屈曲模态如图 2-20 所示。前三阶屈曲模态均为桥面纵横梁的屈曲失稳，网架结构没有失稳。所以，结构整体和局部稳定性没有问题。

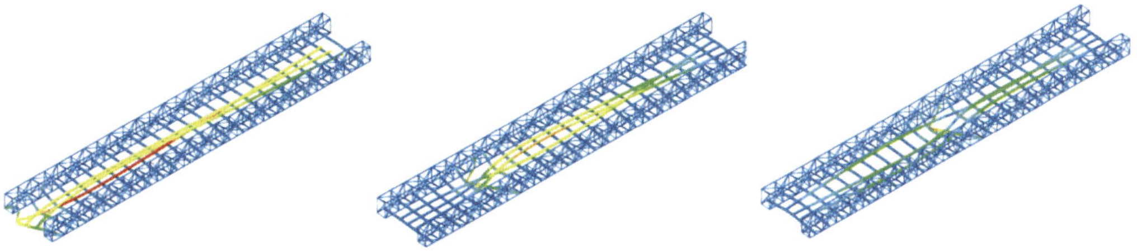

(a) 集中载荷位于跨端　　(b) 集中载荷位于四分之一跨径　　(c) 集中载荷位于跨中

图 2-20　第一阶屈曲模态

2.2.2　跨径 60 m 带有加强弦杆空间网架结构力学分析

2.2.2.1　结构强度与刚度分析

图 2-21 为公路-Ⅱ级载荷作用下全桥结构竖向位移云图，从图中可以看出，结构在载荷作用下的挠度为 0.076 m，远小于 1/300 跨径（0.2 m），是不设加强杆时的 52%，说明设置加强杆后的整体结构刚度明显增强。上弦杆结构组合轴向应力云图如图 2-22 所示，组合弯曲应力云图如图 2-23 所示，从图中可以看出，上弦杆跨中组合轴应力最大为 181.4 MPa，对应的组合弯曲应力为 29.3 MPa，二者叠加为 210.7 MPa，小于结构设计强度 310 MPa，且有较大余量；上弦杆跨端组合轴应力最大为 16.6 MPa，对应的组合弯曲应力为 124.2 MPa，二者叠加为 140.8 MPa，小于钢材设计强度 310 MPa，有较大余量。下弦杆结构组合轴向应力如图 2-24 所示，下弦杆跨中组合轴应力最大为 87.0 MPa，对应的组合弯曲应力为 130.4 MPa，二者叠加为 217.4 MPa，小于钢材设计强度 310 MPa，且有较大余量。基于以上分析，在增设加强弦杆的条件下，结构整体刚度有明显提高，结构强度安全储备有大幅改善，满足使用要求。

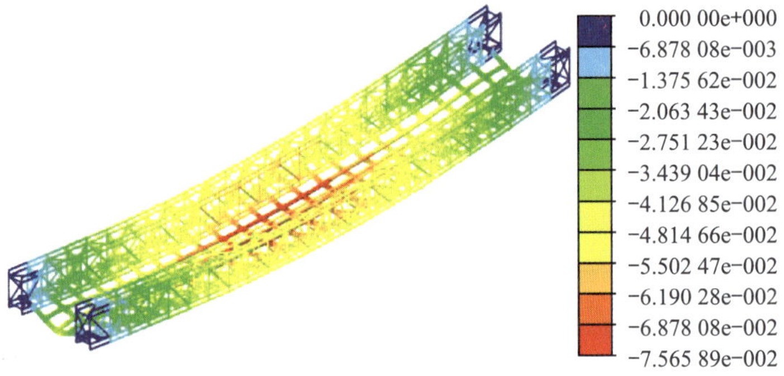

图 2-21　公路-Ⅱ级载荷作用下竖向位移云图（单位：m）

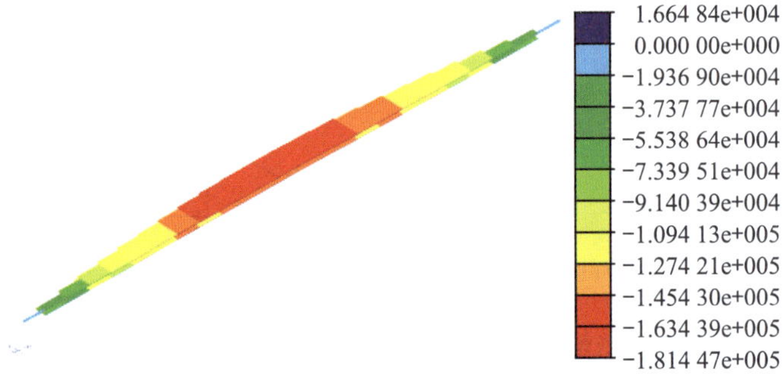

图 2-22　上弦杆结构组合轴向应力云图（单位：kPa）

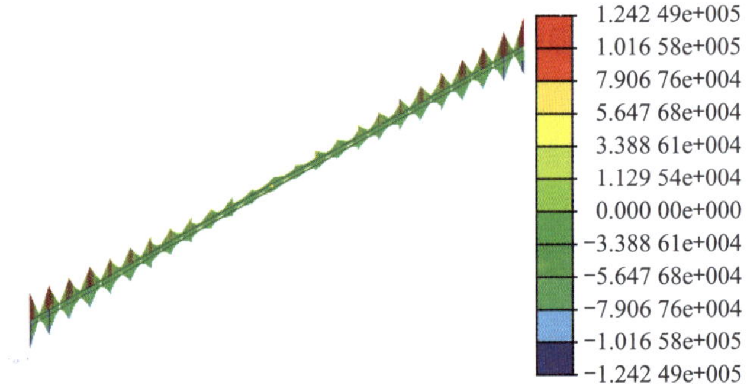

图 2-23　上弦杆组合弯曲应力云图（单位：kPa）

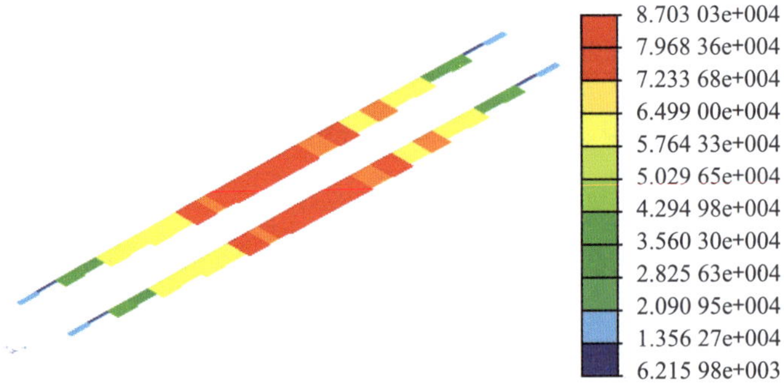

图 2-24　下弦杆组合轴向应力云图（单位：kPa）

2.2.2.2　结构稳定性分析

采用车道载荷和自重组合进行空间网架结构稳定性验算。车道载荷取公路-Ⅱ级，均布载荷取 10.5 kN/m，集中载荷取 270 kN，集中载荷分为跨端部、四分之一跨径、跨中三个加载位。其中车道载荷为变量载荷，自重为不变量载荷。集中载荷位于跨端部的前三阶稳定系数分别为：12.2、36.9、56.1；集中载荷位于四分之一跨径的前三阶稳定系数分别为：23.8、33.1、88.2；集中载荷位于跨中的前三阶稳定系数分别为：23.9、33.2、68.8，均大于 6，满足要求，第一阶屈曲模态如图 2－25 所示。前三阶屈曲模态均为桥面纵横梁的屈曲失稳，网架结构没有失稳。所以，结构整体和局部稳定性均没有问题。

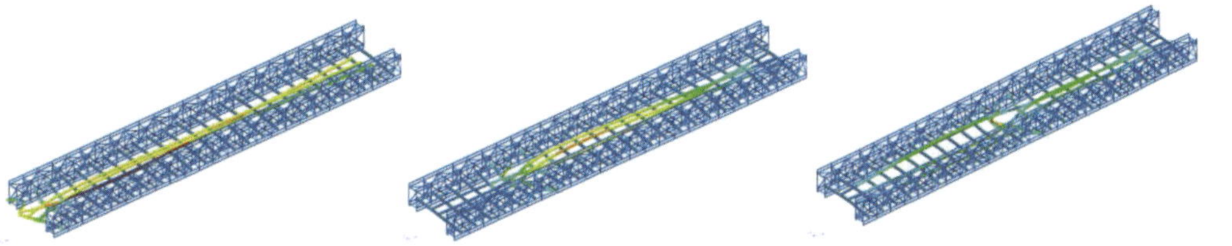

(a) 集中载荷位于跨端　(b) 集中载荷位于四分之一跨径　(c) 集中载荷位于跨中

图 2－25　第一阶屈曲模态

2.2.3　跨径 60 m 张弦空间网架结构力学分析

2.2.3.1　结构强度与刚度分析

张弦索预应力通过索单元降温来实现，降温 400 ℃对应索单元应力 936 MPa，即每根张弦索施加了 661 kN 的体外预应力。图 2－26 为结构自重作用下全桥结构竖向位移云图，挠度为 0.079 m，对比不设置弦张索的空间网架结构，其挠度折减约 64%，施加的张弦索提供了 0.096 m 的反挠度，如图 2－27 所示，其他折减贡献则为张弦提供的结构刚度的增加。

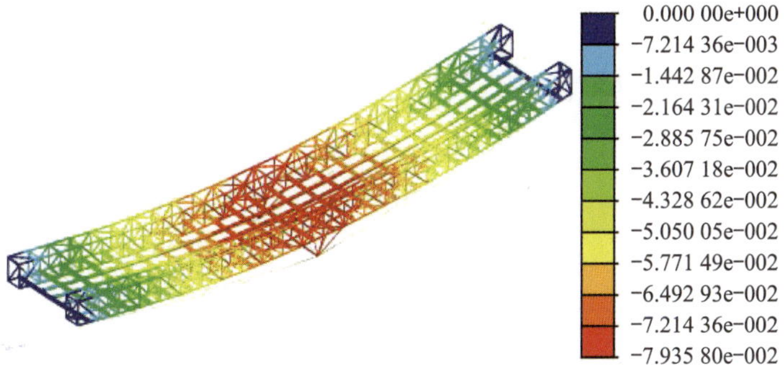

图 2－26　自重作用下竖向位移云图（单位：m）

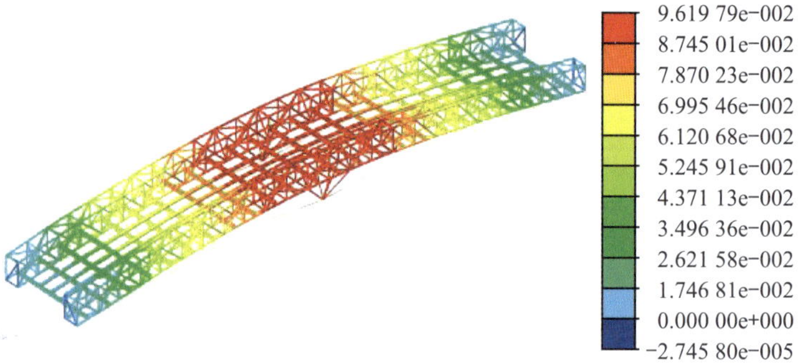

图 2-27　张弦索产生的反挠度（单位：m）

图 2-28 为公路-Ⅱ级活载作用下竖向位移云图，从图中可以看出，结构在活载作用下的挠度为 0.123 m，小于 1/300 跨径（0.2 m），是不设加强杆时的 59%，说明设置张弦索后的整体结构刚度明显增强。上弦杆跨中组合轴应力最大为 260.1 MPa，对应的组合弯曲应力为 12.8 MPa，二者叠加为 272.9 MPa，小于结构设计强度 310 MPa，有一定余量；上弦杆跨端组合轴力最大为 36.9 MPa，对应的组合弯曲应力为 39.0 MPa，二者叠加为 75.9 MPa，小于结构设计强度 310 MPa，有较大余量。下弦杆结构组合轴向应力如图 2-29 所示，从图中可以看出，下弦杆跨中组合轴应力最大为 78.7 MPa，对应的组合弯曲应力为 110.3 MPa，二者叠加为 189.0 MPa，小于结构设计强度 310 MPa，且有较大余量；下弦杆跨端组合轴应力最大为 20.6 MPa，对应的组合弯曲应力为 158.8 MPa，二者叠加为 179.4 MPa，小于结构设计强度 310 MPa，有较大余量。基于以上分析，张弦结构整体刚度有明显提高，结构强度安全储备有大幅改善，满足使用要求。

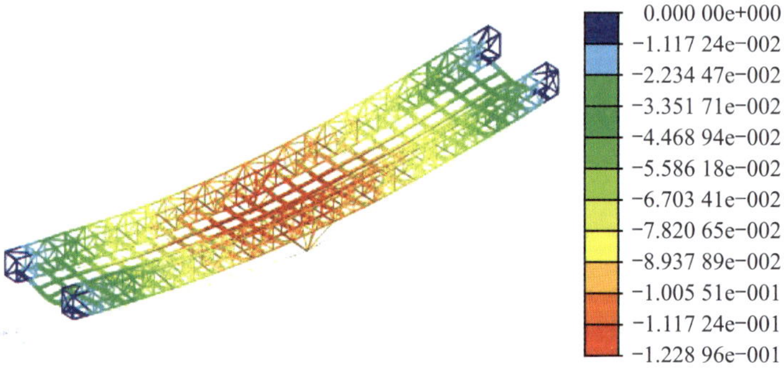

图 2-28　公路-Ⅱ级活载作用下产生挠度（单位：m）

2.2.3.2　结构稳定性分析

采用车道载荷和自重组合进行空间网架结构稳定性验算。车道载荷取公路-Ⅱ级，均布载荷取 10.5 kN/m，集中载荷取 270 kN，集中载荷分为跨端部、四分之一跨径、跨中三个加载位，其中车道载荷为变量载荷，自重为不变量载荷。集中载荷位于跨端部的前三阶稳定系数分别为：11.6、36.8、49.0；集中载荷位于四分之一跨径的前三阶稳定系数分别为：20.0、26.0、41.2；集中载荷位于跨中的前三阶稳定系数分别为：19.6、25.3、

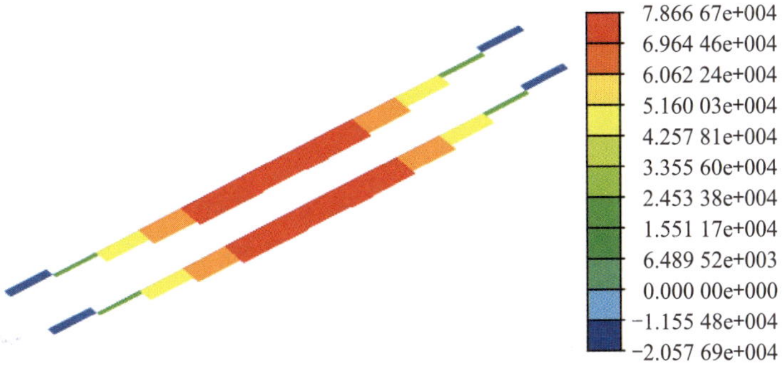

图 2-29　下弦杆组合轴向应力云图（单位：kPa）

39.0，均大于 6，第一阶屈曲模态如图 2-30 所示，均满足要求。结构整体和局部稳定性没有问题。

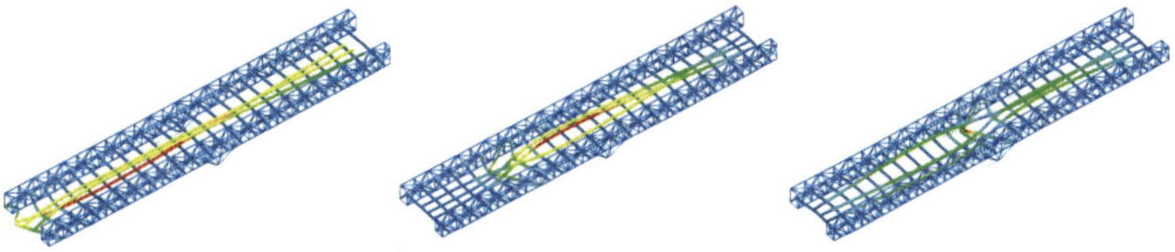

(a) 集中载荷位于跨端　(b) 集中载荷位于四分之一跨径　(c) 集中载荷位于跨中

图 2-30　第一阶屈曲模态

2.2.4　跨径 80 m 空间网架结构力学分析

由前面分析可知，不带张弦、加强杆的空间网架结构跨径 60 m 已是其极限跨径，跨径进一步加大到 80 m，需要张弦或加强杆的辅助，或者二者的共同辅助。首先探讨带有加强杆网架力学行为，在此基础上再研究加上张弦索后的空间网架力学行为。

2.2.4.1　结构强度与刚度分析

图 2-31 为自重作用下全桥结构竖向位移云图，结构自重作用下竖向挠度为 0.405 m，为跨径的 1/200；图 2-32 为公路-Ⅱ级活载作用下全桥结构竖向位移云图，结构在活载作用下的挠度为 0.159 m，小于 1/300 跨径（0.267 m），说明结构刚度满足要求。图 2-33 为靠近车道两侧上弦杆组合轴向应力云图，跨中最大组合轴向应力为 365.6 MPa。图 2-34 为靠近车道两侧上弦杆组合弯曲应力云图，跨中最大组合弯曲应力为 25.4 MPa，二者叠加为 391.0 MPa，已超过钢材的设计强度。图 2-35 为靠近车道两侧下弦杆组合轴向应力云图，跨中最大组合轴向应力为 178.2 MPa，图 2-36 为靠近车道两侧下弦杆组合弯曲应力云图，跨中最大组合弯曲应力为 131.9 MPa，二者叠加为 310.1 MPa，已接近钢材的设计强度极限。为此需加设张弦索来改善结构整体受力，考虑下加强弦杆已经和下弦杆之间有一定的距离，且从快速拼装的角度而言，另外架设张弦支撑有一定的施工困难，所以考虑直接在下加强杆上架设张弦索，张弦索内嵌在下弦杆管中，整体空间结构拼装就位后

直接张拉成型。张弦索直径 60 mm，施加预应力为 1 000 MPa，采用降温 500 ℃来模拟，整体结构计算模型图如图 2－37 所示。施加张弦索后的结构自重位移图如图 2－38 所示，整体结构挠度为 0.147 m，相较于不设张拉索的结构，减小 0.258 m，可见加设张弦索对减小结构变形的作用明显。上下弦杆的组合轴向应力云图如图 2－39 所示，上弦杆跨中对应的最大组合轴向应力为 283.2 MPa，对应的弯曲应力为 26.1 MPa，组合后为 309.3 MPa，满足要求；下弦杆跨中对应的最大组合轴向应力为 103.3 MPa，对应的弯曲应力为 127.0 MPa，组合后为 230.3 MPa，满足要求，其他位置弦杆应力均满足强度要求。由此得出，带有张弦、加强杆的空间网架结构满足强度要求。

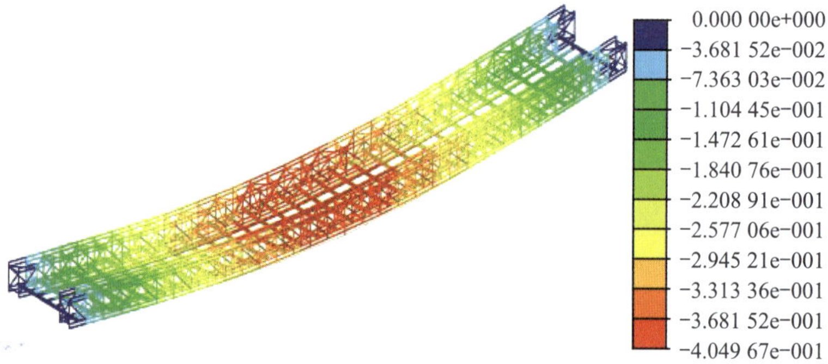

图 2－31　自重作用下竖向位移云图（单位：m）

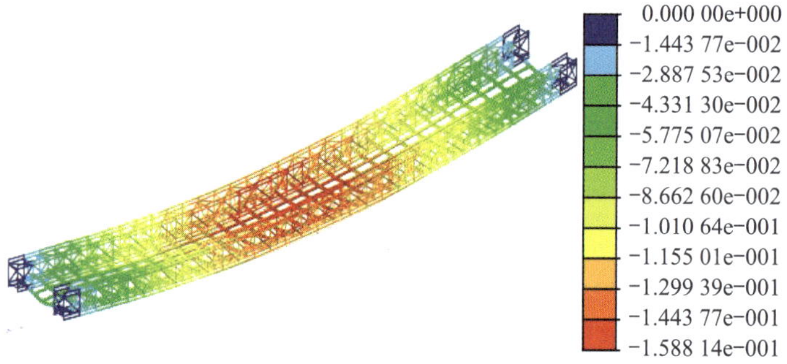

图 2－32　公路－Ⅱ级活载作用下全桥结构竖向位移云图（单位：m）

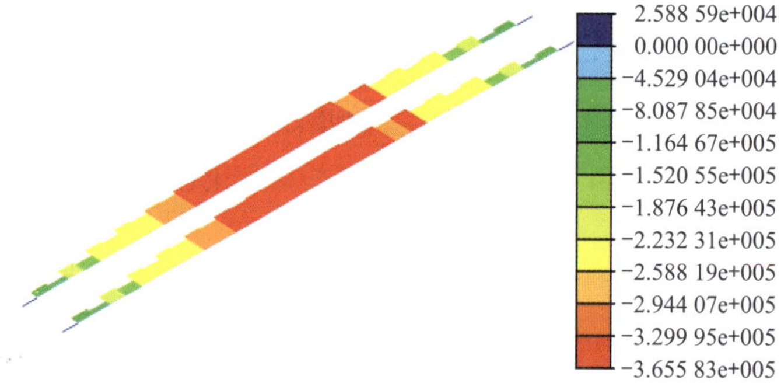

图 2－33　上弦杆组合轴向应力云图（单位：kPa）

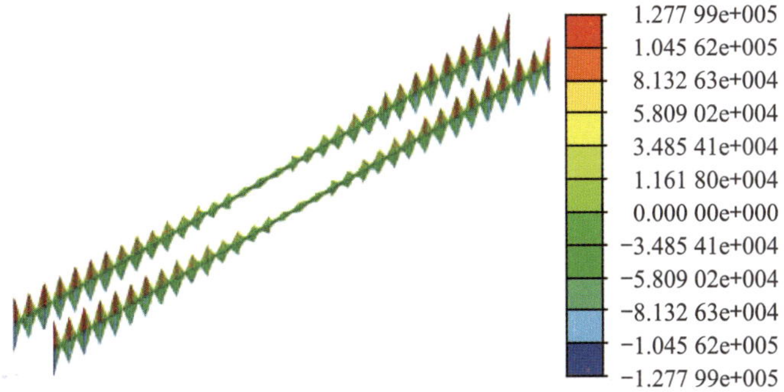

图 2-34　上弦杆组合弯曲应力云图（单位：kPa）

图 2-35　下弦杆组合轴向应力云图（单位：kPa）

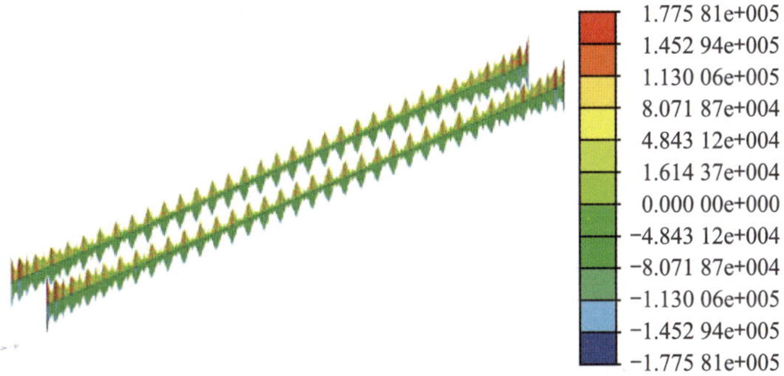

图 2-36　下弦杆组合弯曲应力云图（单位：kPa）

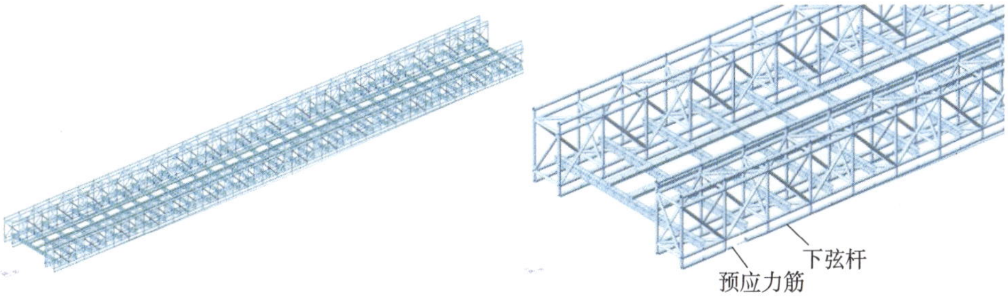

图 2-37　张弦、加强弦杆网架三维模型图

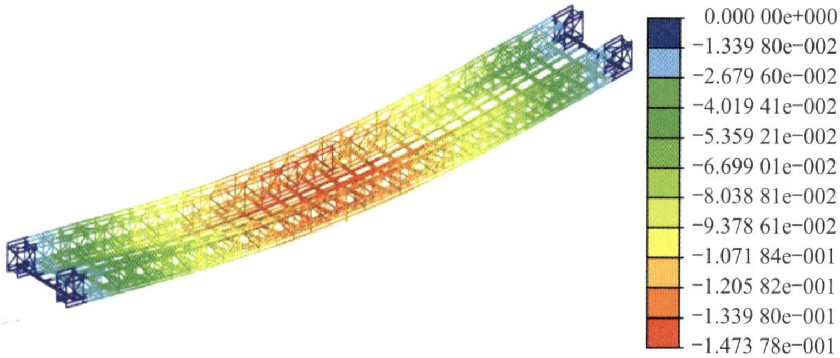

图 2－38　自重作用下竖向位移云图（单位：m）

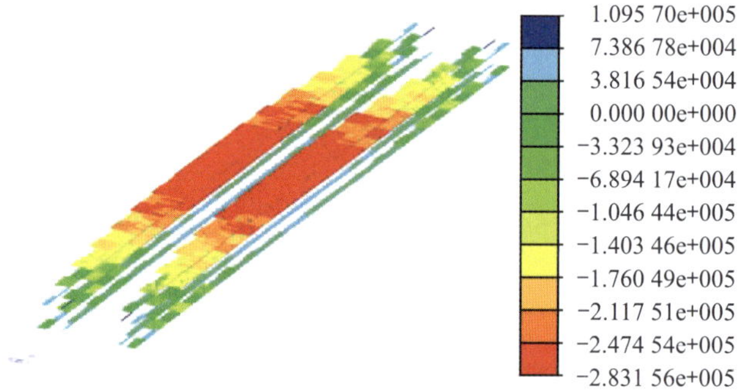

图 2－39　上下弦杆组合轴向应力云图（单位：kPa）

2.2.4.2　结构稳定性分析

采用车道载荷和自重组合进行空间网架结构稳定性验算。车道载荷取公路－Ⅱ级，均布载荷取 10.5 kN/m，集中载荷取 270 kN，集中载荷分为跨端部、四分之一跨径、跨中三个加载位，其中车道载荷为变量载荷，自重为不变量载荷。集中载荷位于跨端部的前三阶稳定系数分别为：11.4、35.6、37.3；集中载荷位于四分之一跨径的前三阶稳定系数分别为：19.5、25.5、27.1；集中载荷位于跨中的前三阶稳定系数分别为：19.1、24.6、25.6，均大于 6，第一阶屈曲模态如图 2－40 所示，均满足要求。结构整体和局部稳定性没有问题。

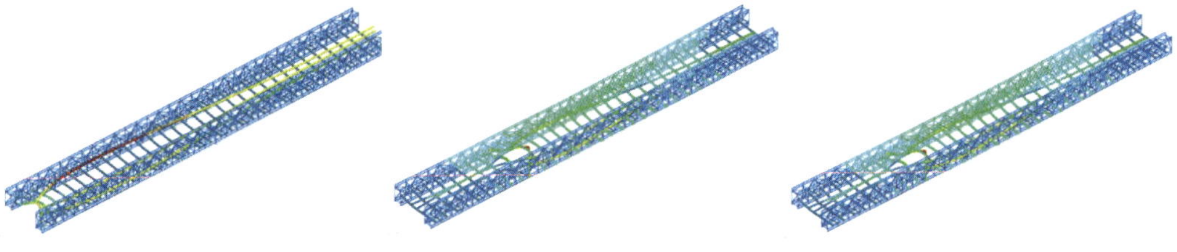

(a) 集中载荷位于跨端　　(b) 集中载荷位于四分之一跨径　　(c) 集中载荷位于跨中

图 2－40　第一阶屈曲模态

2.3　空间网架桥和现有装配式公路钢桥的对比

空间网架桥和现有装配式公路钢桥的对比见表 2-2，从表中可以看出，本书创新研发的空间网架桥，无论在跨径、单件重量、桥面宽度等方面都有明显的优势。

表 2-2　空间网架桥和现有装配式公路钢桥的对比

项目	空间网架桥	200 型钢桥	321 钢桥
桁架(网架)连接长度	2.5 m	3.028 m	3.0 m
桁架(网架)连接高度	2.5 m	2.134 m	1.4 m
标准桁架(网架杆件)单元重	247 kg	306 kg	270 kg
桁架(网架)组合形式	单层、加强杆、张弦索	单层，取消双层	单层和双层
横梁高度	320 mm	400 mm	270 mm
桥面板	纵横密肋钢桥面板	钢桥面板	纵梁＋木桥板
每节横梁数	1	1	2
行车道宽度	单车道净宽 4.4 m	单车道净宽 4.2 m	单车道净宽 3.7 m
载荷等级	公路-Ⅱ级	公路-Ⅱ级	公路-Ⅱ级
最大跨径	单层不加加强杆、张弦索：60 m；架设加强杆和张弦：80 m	四排加强型（极限）：54 m	三排双层加强型（极限）：51 m

2.4　小结

基于以上分析，可以得出以下结论：

1）空间网架结构桥梁具有良好的结构刚度和空间稳定性，在跨径 60 m 范围内，不设加强杆、张弦索的空间网架桥即可满足公路-Ⅱ级载荷要求。

2）加强杆、张弦索对于改善空间网架桥的力学性能作用显著，其中加强杆对于提高结构刚度效果最好，张弦索对改善上下弦杆的应力状态作用明显；二者联合应用可将跨径提高至 80 m，满足结构强度、刚度及稳定性要求。

3）本书提出的加强杆设置方法以及张弦索的布置理念经计算分析科学合理，且对于现场快速拼接安装有利。

4）球型节点和杆件之间的连接是确保整体结构安全的最为关键的环节，下一阶段将对球型节点的受力性能进行深入研究。

第 3 章　应急用轻型、快速架设的桥梁结构体系研究

传统索道桥是一种以高强钢丝绳、钢绞线或平行钢丝束作为主要承重构件，以锚碇作为重要基础锚固整座桥梁承重索，以钢横梁及桥面板作为局部受力构件的悬索体系桥梁，主要由承重索系统、稳定结构、桥面系、索塔锚碇四大部分组成，具有结构简单、载重量大、材料用量小、建设周期短等特点。悬索桥主缆线形计算理论研究始于 18 世纪末的 Fuss，其发展了抛物线理论。随着 20 世纪 40 年代以来电子计算机的发展，人们逐渐意识到悬索计算可以悬索索段计算为基础。1980 年，在刘北辰的《军用索道桥电算》中，应用大变形柔索有限元理论，考虑非线性性质，将索桥简化为单索进行计算，得到较为精确的计算结果。但是这样处理忽略了索道桥的整体性和横梁的作用，不能直接求解偏载作用以及索与梁相互作用的问题。而由偏载计算得出的结果又是衡量索道桥横向稳定性的重要标准之一。1990 年，屈本宁、刘北辰结合索桥结构特征，应用有限元方法，提出三节点二次曲线元与直梁单元相结合的混合有限元模式。他们基于 Reissner 广义变分原理导出有限元运动方程，并用 Newton－Raphson 方法求解有限元平衡方程，用 FORTRAN－77 语言编制了相应的计算程序。屈本宁的混合有限元模型不仅考虑了索道桥的整体性，还使两种单元在连接点处满足了位移协调条件。这一特性在有限元软件 Midas Civil 中通过横梁与索单元采用刚性连接后平衡单元节点内力即可实现。而且这种三节点索单元进行悬索结构的非线性分析时，主要是在应变的表达式中忽略了位移高阶量（二次以上）的影响。考虑到悬索结构的分析是一个强几何非线性问题，任何微小的应变都可能引起较大的内力和位移，因此必须进一步考虑位移高阶量的影响。1997 年，董明、夏绍华提出了一种五节点曲线元，这种单元虽能高精度地模拟拉索的初始形态，但其计算自由度多，在小垂度悬索结构中，采用这种单元没有太大必要，反而增加了计算工作量。1999 年，杨彦萍采用样条元法对索道桥结构进行非线性分析，用 Reissner 变分原理建立样条单元刚度方程，用 Newton－Raphson 法求解非线性方程，用相应计算程序对索进行计算，得到较好结果。2008 年，刘琪、周水兴、陈湛荣采用有限元程序 Midas Civil 建立有限元模型，主缆和平衡梁均采用空间梁单元模拟，而风缆采用索单元模拟。为模拟柔性索不承担弯矩的特性，将主缆截面抗弯惯性矩取为实际惯性矩的 1%。桥面系不单独建模，将其作为载荷等效分配到各主缆上。

轻型、快速架设桥梁在很多情况下是必要的，如抢险、应急等。本书所述的缆索支撑桥梁结构体系不同于传统索道桥采用的缆索密间距布置方式，而是基于缆索强大的受拉能力，采用设置于桥面边侧的两个主缆作为主承载构件，适当提高主缆的初始张拉力产生更大的刚度，使结构体系受力明确、横向稳定性好；为满足快速架设的要求，不同于传统索

道桥横梁的工字钢或槽钢的结构型式，本书的缆索支撑桥梁结构横梁采用了高强度铝合金箱型结构，通过倒 U 型固定装置实现和主缆可靠连接、锁止和定位的功能；桥面承载板不同于传统索道桥的拼接木板或拼接钢板的结构型式，而是采取纵横正交的薄壁竖钢板构成的密间距梁格体系，这一设计不仅满足了轮载局压，还为行驶的轮胎提供了较好的“抓地力”，防止打滑；桥梁恒载对于桥梁初张力影响很大，特别是对于活载占比较大的索桥来说，保持一定的恒载是确保主缆线形稳定、提高结构刚度的关键，为此研发了模块化的桥梁配重块，在桥面系成型后实现快速布设。

3.1　结构体系设计理念

3.1.1　主缆

以某应急桥梁为例，进行结构体系研究。桥型布置如图 3－1 所示。主缆采用 1 860 级平行钢丝束，外包双层挤压高密度聚乙烯防腐材料，外径 118 mm，断裂极限为 11 670 kN。主缆成桥态垂度 1.74 m，主跨跨径 70 m，垂跨比 1/40。行使于该桥梁上的活载为运输车，全重 78 t，配备 6 轴，轴距从前至后依次为 2 m、4 m、2 m、2 m、2 m，轮距 2.5 m，最大爬坡能力为 30%。主缆通过索鞍锚固于锚座后部，锚座通过植根于岩层的预应力锚索提供给主缆锚固抗力。主缆横向间距 5 m。

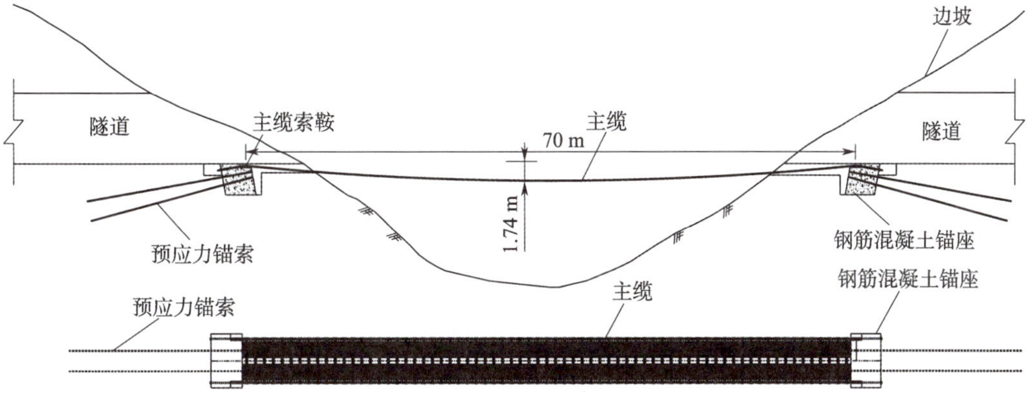

图 3－1　桥型布置图

3.1.2　横梁及端部固定装置

横梁采用 6061 高强合金铝材料制成，薄壁箱型断面，间距为 400 mm，设计有加劲肋。横梁端部设置倒 U 型固定装置，中部为倒 U 型固定部分，实现横梁和主缆可靠的扣接，端部为锁定部分，实现横梁和主缆的锁止，防止横梁沿主缆滑移。倒 U 型固定装置顶部还设有两侧伸出的端臂，其作用有两个：一是端壁之间距离为 1 000 mm，横梁安装间距为 1 000 mm，这样横梁安装就位时，可以发挥卡尺的作用；二是前后两个相邻的端壁之间相接处设有扣件，实现相邻横梁的顶紧扣死。横梁平面和纵向布置图如图 3－2 所示，横断面图如图 3 - 3 所示，横梁固定装置横断面如图 3 - 4 所示，纵向布置图如图 3 - 5 所示。一道横梁包含两个端部固定装置，总质量为 200 kg。

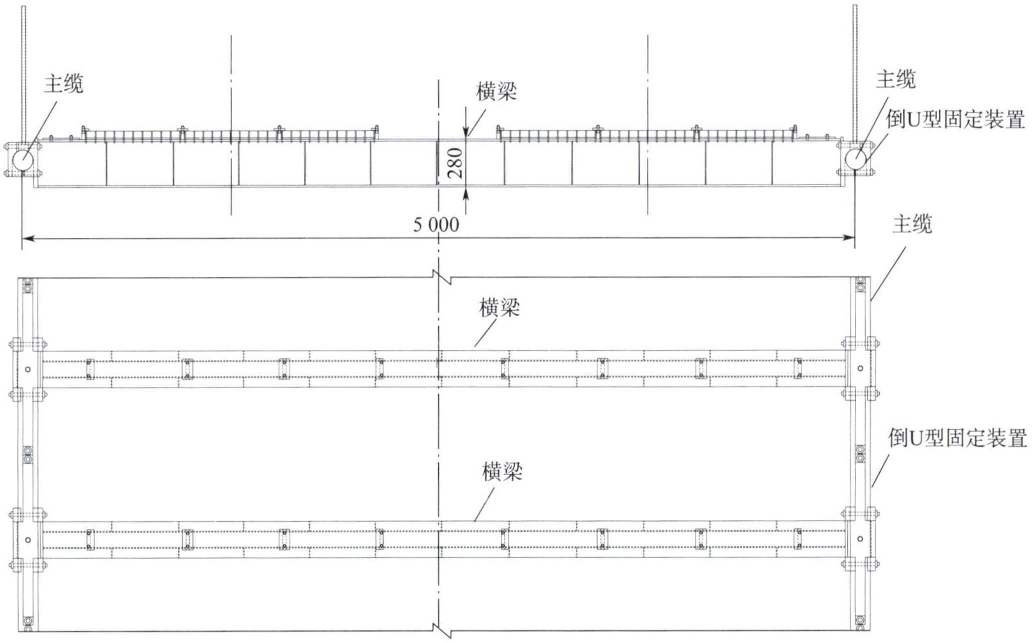

图 3 - 2　横梁平面和纵向布置图（单位：mm）

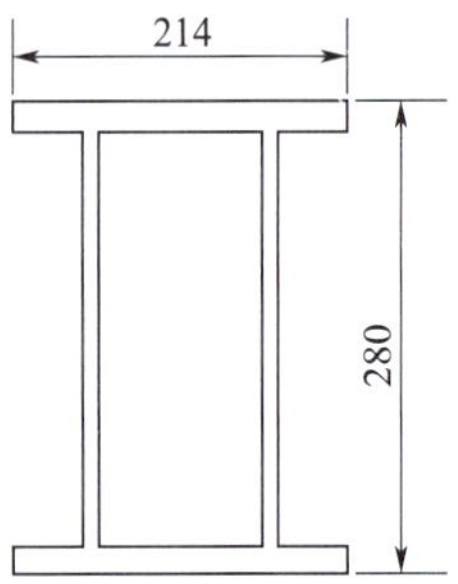

图 3 - 3　横梁横断面图（单位：mm）

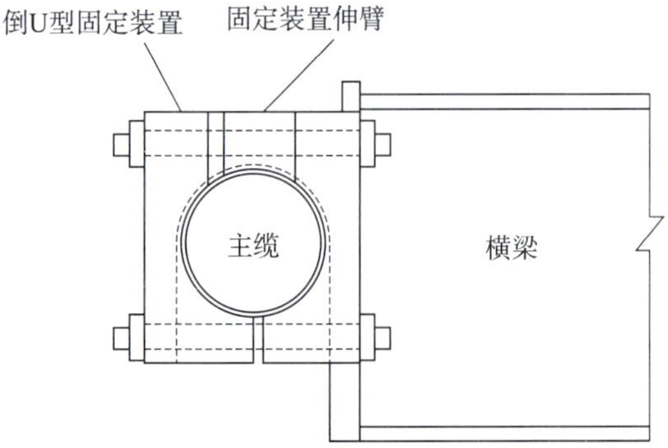

图 3 - 4　横梁固定装置横断面（单位：mm）

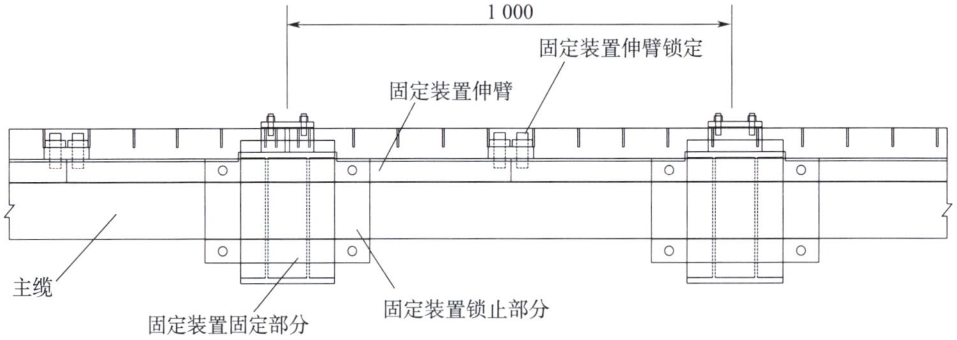

图 3 - 5　横梁固定装置纵向布置图（单位：mm）

3.1.3　桥面承载板

桥面承载板采取纵横正交的薄壁竖板构成的密间距梁格体系，单榀桥面承载板全宽 566 mm，长 3 990 mm，纵向由间距 50 mm 的 11 道高 70 mm、厚 6 mm 的纵向肋板构成，横向由间距 100 mm 的高 40 mm、宽 4 mm 的隔板构成，纵横钢板采用焊接连接或一次脱模成型。材料采用 Q420 高强度结构钢。纵向肋板间距 1 000 mm，设有凹槽，用于卡住其下的横梁顶板，防止桥面承载板和横梁的纵向相对滑移；同时在横梁顶部设置有净间距 572 mm 的桥面承载板的横向卡槽，防止桥面承载板和横梁的横向相对滑移；横梁顶部卡槽设有下压扣件，扣住桥面承载板的边肋顶面，防止桥面承载板和横梁的垂向脱空。桥面承载板平面布置图如图 3-6 所示，横断面如图 3-7 所示，纵断面如图 3-8 所示。一榀桥梁承载板（4 m 长，0.566 m 宽）总质量为 171 kg。

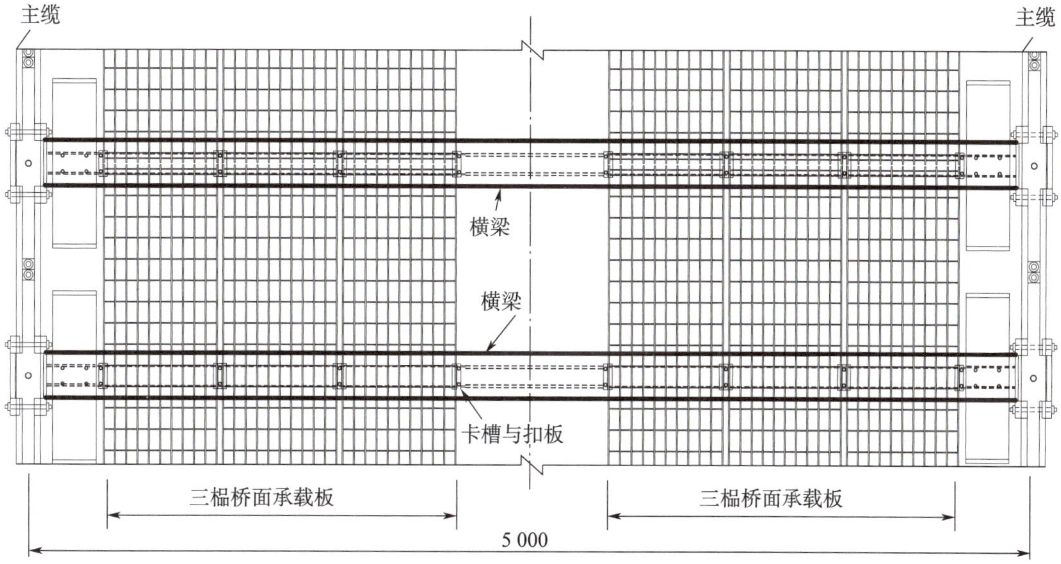

图 3-6　桥面承载板平面布置图（单位：mm）

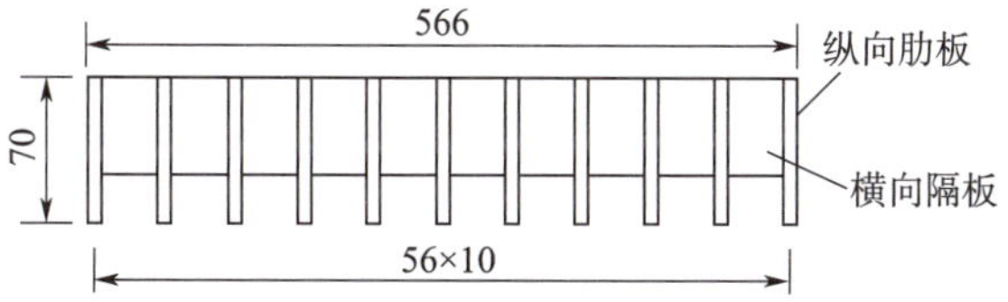

图 3-7　桥面承载板横断面布置图（单位：mm）

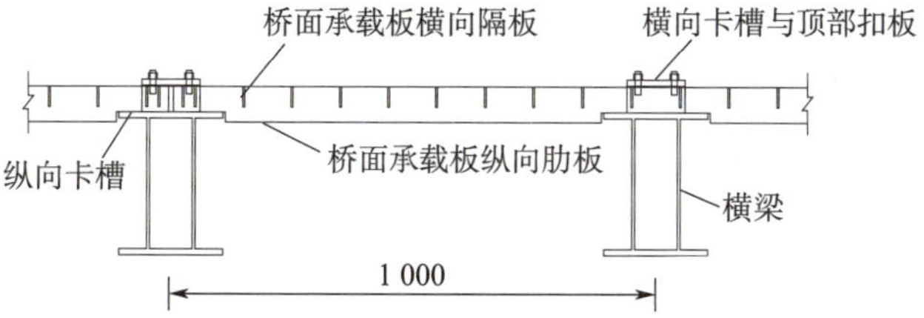

图 3-8　桥面承载板纵断面布置图（单位：mm）

3.1.4 桥梁配重

桥梁配重对于控制主缆线形有重要作用，特别是重活载通行时。为此，研发模块化、易于搬抬布置和能固定就位的桥梁配重很有必要。配重设计采用铸铁块，单块尺寸 1 000 mm（长）×151 mm（宽）×140 mm（高），质量 166 kg。桥面每侧对称地设置 3 块配重，置于最外侧的桥面承载板上。配重通过上、下卡板和竖向螺杆固定于桥面承载板上，如图 3－9 所示。桥面每侧布置 3 块配重，横向共计 6 块配重，可实现全桥 1 000 kg/m 的配重。

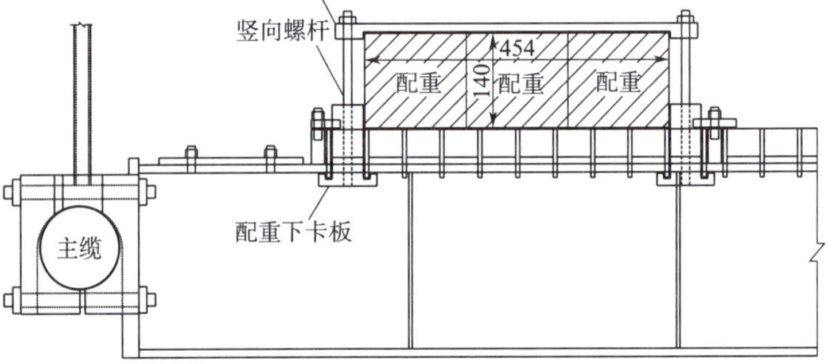

图 3－9 桥面配重横向布置图（单位：mm）

3.2 结构体系受力分析与验算

基于梁索单元理论，建立全桥和局部模型，进行有限元数值分析计算。

3.2.1 整桥受力分析

全桥计算模型如图 3－10 所示。主缆采用索单元，横梁、桥面承载板、桥塔采用梁单元。模型的物理力学参数见表 3－1。边界条件为：桥塔根部为固结约束，索端为铰接约束。桥塔为纵桥型薄壁构件，纵向刚度较小，其顶部节点和对应的索节点简化为共节点铰接。

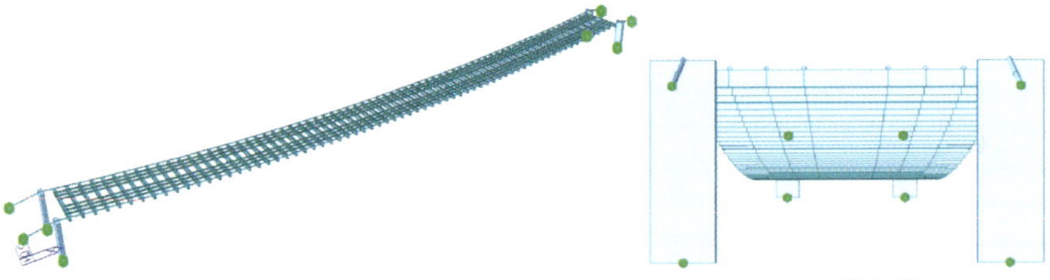

(a) 鸟瞰图　(b) 横断图

图 3－10 全桥计算模型

表 3-1　全桥模型的物理力学参数

内容	材质	密度/(kg/m³)	弹性模量/MPa	泊松比
主缆	1 860 级高强钢丝	7 860	2.05e5	0.3
横梁	6061	2 900	7e4	0.3
桥面承载板	Q420	200	2.1e5	0.3
桥塔	C40 混凝土	2 500	3.25e4	0.2

3.2.1.1　主缆找形与初始内力

经非线性计算分析，主缆在自重和二期恒载、桥面配重作用下（每侧施加）的初始内力等值线图如图 3-11 所示。主缆最大初始内力从缆索根部 2 553.2 kN 递减至跨中 2 489.4 kN。

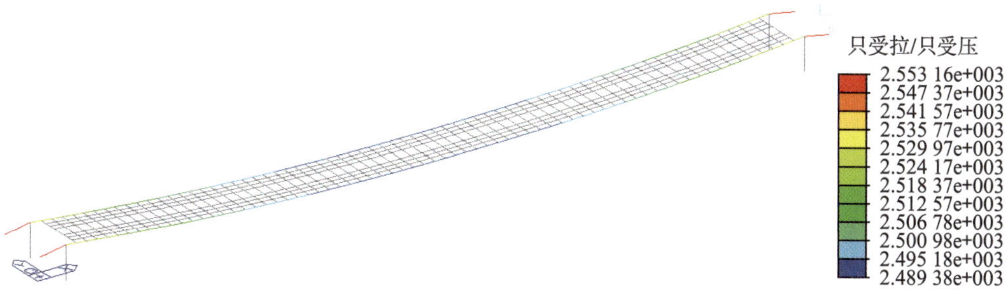

图 3-11　主缆初始内力等值线图（单位：kN）

3.2.1.2　倒拆分析

拆除桥梁配重载荷后主缆线形及变位等值线图如图 3-12 所示，拆除横梁和桥面承载板后的主缆线形及变位等值线图如图 3-13 所示。从图 3-13 可以看出，拆横梁和桥面承载板后，主缆跨中垂度向上变位 1.309 2 m，此时对应的缆索垂度为 0.430 6 m，主缆对应的内力为 714.5～756.3 kN。

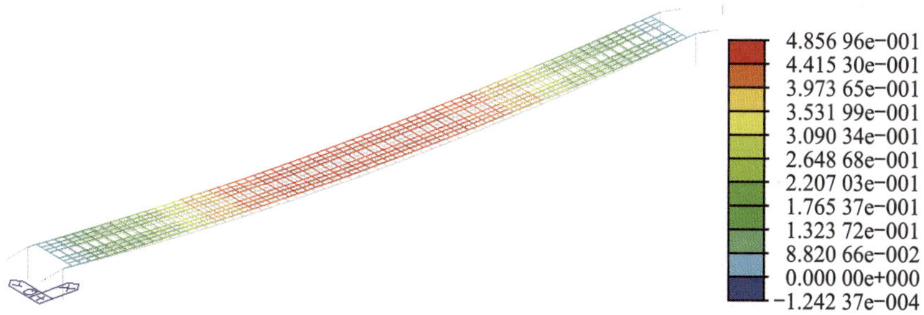

图 3-12　拆除桥梁配重载荷后主缆线形及变位等值线图（单位：m）

3.2.1.3　主缆在活载作用下受力分析

通行运输车辆的轮载及轴载布置图如图 3-14 所示。运输车辆前后轴距 12 m，单轴重 13 t，共 6 轴，横向轮距 2.5 m，总重 78 t。

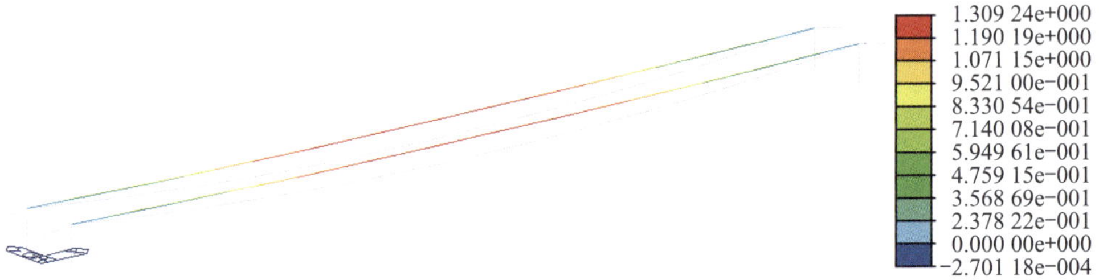

图 3-13　拆除横梁和桥面承载板后的主缆线形及变位等值线图（单位：m）

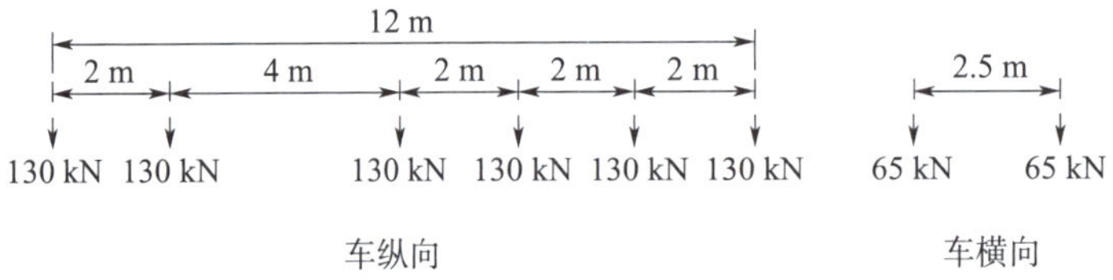

图 3-14　运输车辆的轮载及轴载布置图

（1）对称布设的活载

活载作用位置有 3 种：主跨端部、1/4 跨径、跨中，其对应的结构变位等值线云图分别如图 3-15～图 3-17 所示，对应的最大纵坡分别为 13%、10%、7.3%；其对应的主缆索力等值线云图分别如图 3-18～图 3-20 所示，对应的主缆最大索力分别为 3 401.4 kN、4 170.3 kN、4 408.8 kN，远低于主缆断裂强度。

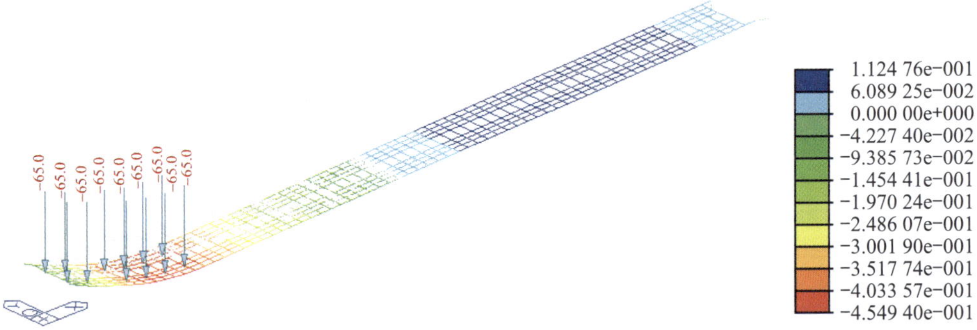

图 3-15　活载作用位置位于主跨端部时结构竖向变位等值线云图（单位：m）

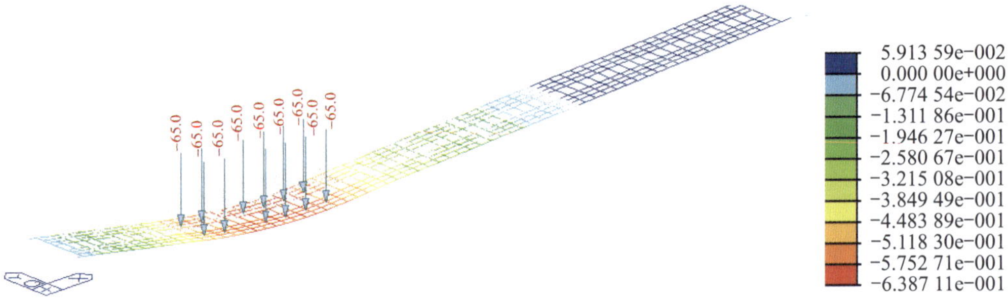

图 3-16　活载作用位置位于 1/4 跨径时结构竖向变位等值线云图（单位：m）

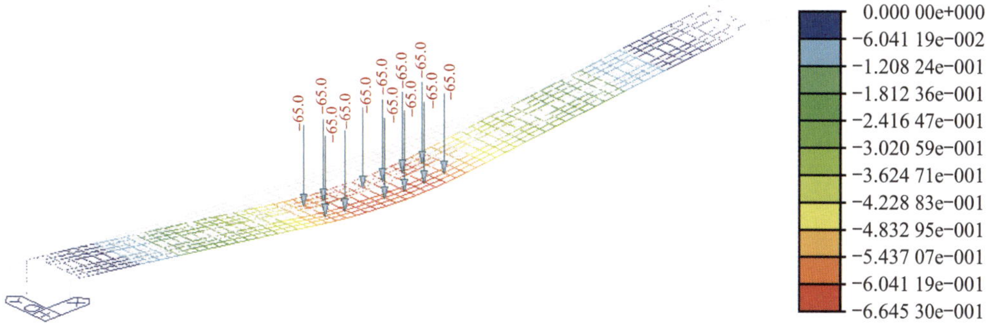

图 3－17　活载作用位置位于跨中时结构竖向变位等值线云图（单位：m）

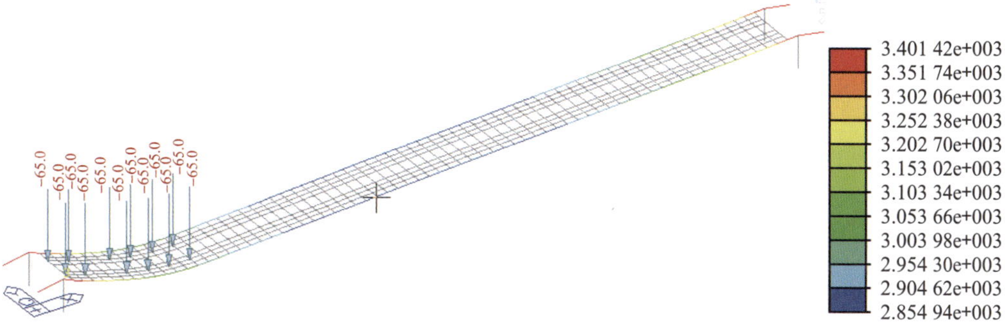

图 3－18　活载作用位置位于主跨端部时主缆索力等值线云图（单位：kN）

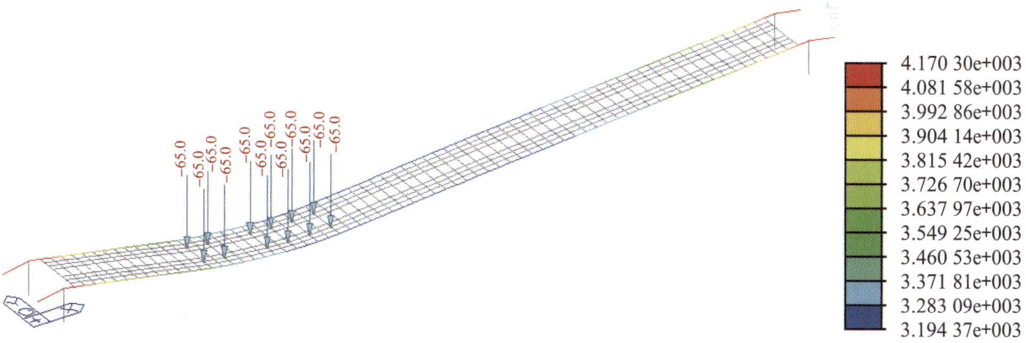

图 3－19　活载作用位置位于 1/4 跨径时主缆索力等值线云图（单位：kN）

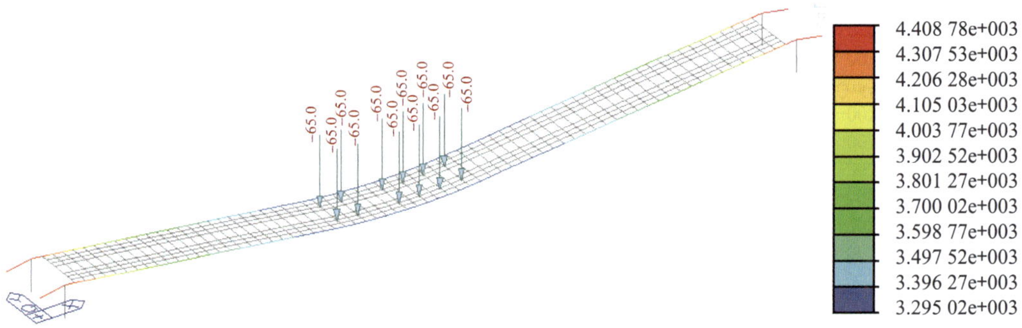

图 3-20　活载作用位置位于跨中时主缆索力等值线云图（单位：kN）

（2）偏载 0.3 m 布设的活载

偏载 0.3 m 布设的活载如图 3-21 所示。活载作用位置与上节相同：主跨端部、1/4 跨径、跨中。在偏载作用下，偏心侧主缆垂向位移和索力均相应增大，和上节对比，按照活载作用位置（主跨端部、1/4 跨径、跨中）的顺序，主缆竖向位移依次增加 4.5%、6.5%、7.7%，主缆索力依次增加 4.1%、4.7%、4.1%，横向侧倾角度分别为 0.81°、1.26°、1.41°，满足小于 3°的横向安全阈值。偏载载荷作用位置的载荷效应分别如图 3-22～图 3-30 所示。

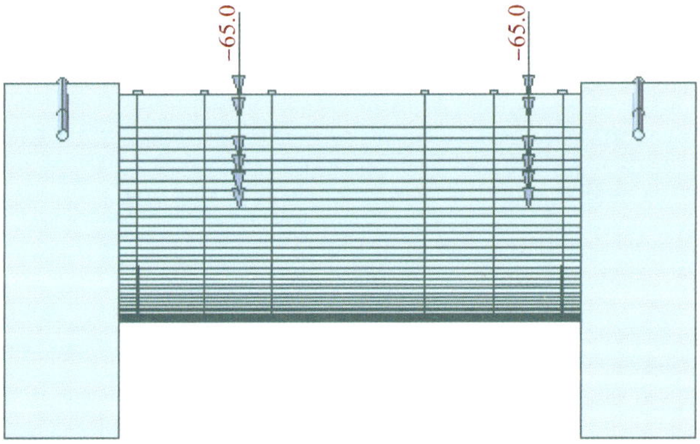

图 3-21　偏载 0.3 m 布设的活载

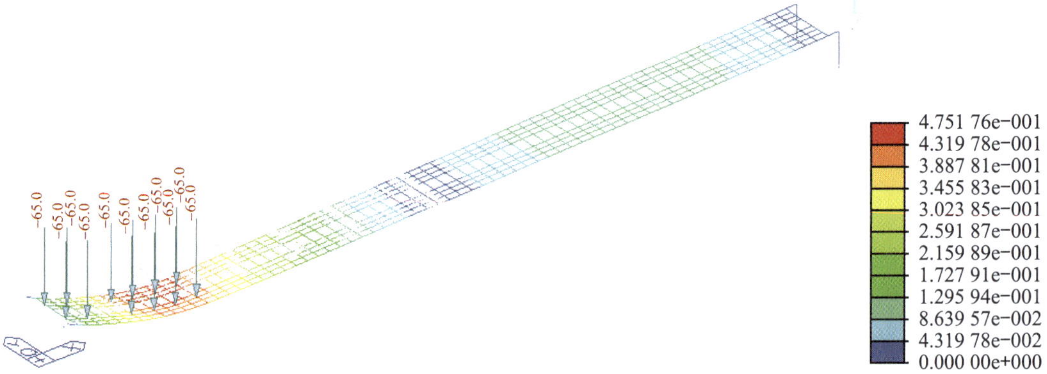

图 3-22　偏载活载作用位置位于主跨端部时主缆竖向变位等值线云图（单位：m）

图 3－23　偏载活载作用位置位于主跨端部时横梁横向变位图（单位：m）

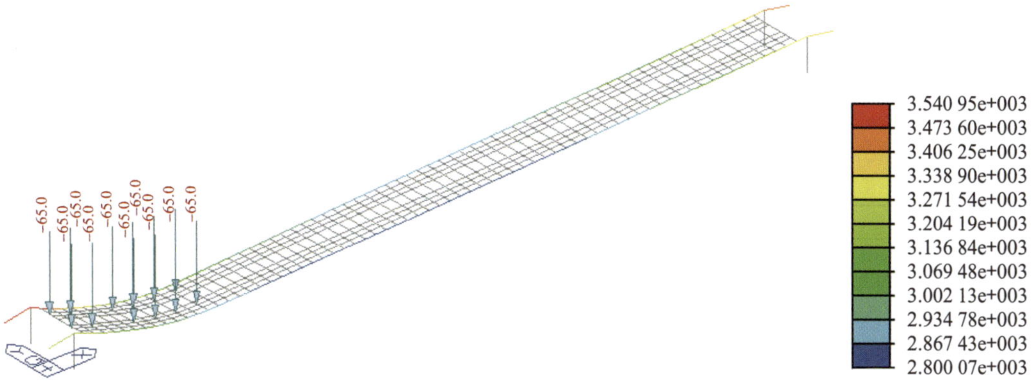

图 3－24　偏载活载作用位置位于主跨端部时主缆索力等值线云图（单位：kN）

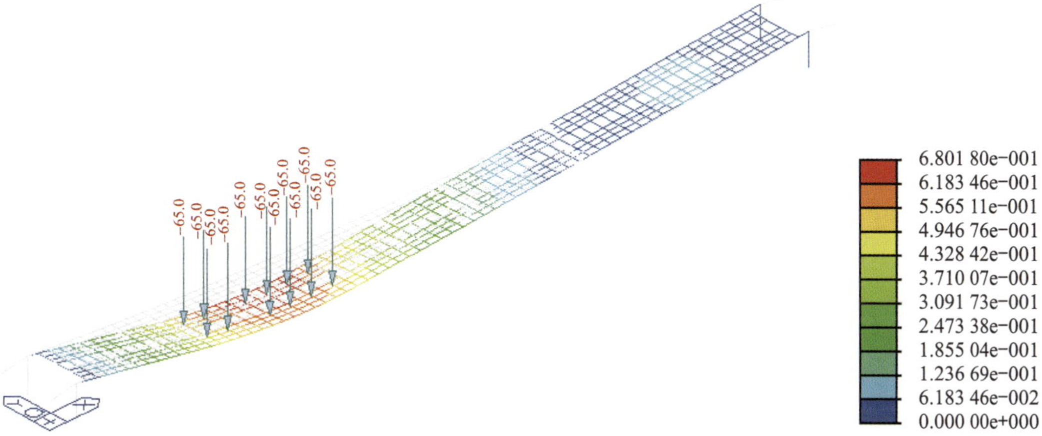

图 3－25　偏载活载作用位置位于 1/4 跨径时主缆竖向变位等值线云图（单位：m）

图 3－26　偏载活载作用位置位于 1/4 跨径时横梁横向变位图（单位：m）

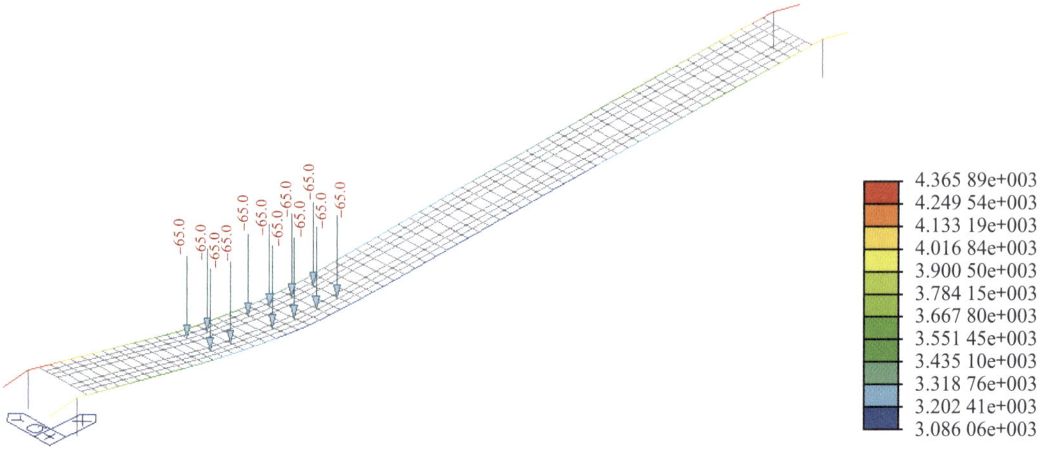

图 3-27 偏载活载作用位置位于 1/4 跨径时主缆索力等值线云图（单位：kN）

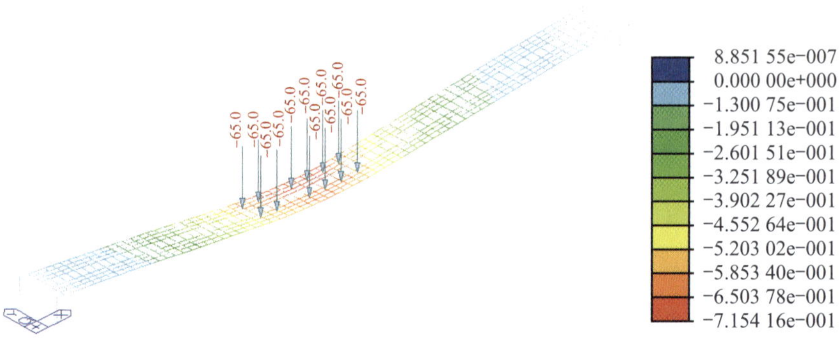

图 3-28 偏载活载作用位置位于跨中时主缆竖向变位等值线云图（单位：m）

图 3-29 偏载活载作用位置位于跨中时横梁横向变位图（单位：m）

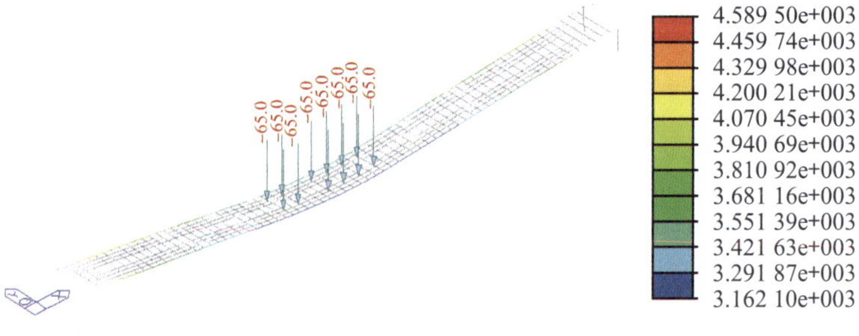

图 3-30 偏载活载作用位置位于跨中时主缆索力等值线云图（单位：kN）

3.2.2　横梁结构分析

横梁计算模型采用板单元，模型如图 3 - 31 所示。边界条件为模拟横梁端部的倒 U 型固定装置，在前后端部截面外 100 mm 处建立边界节点，端部截面所有节点和对应的边界节点建立刚臂连接，然后对两个边界节点施加简支约束。选取的局部承压面为 214 mm×100 mm，静载考虑横梁自重和其上桥面承载板重量，折算为横梁顶板局部承压面对应的压强，对应的恒载为 10 kN，对称分布两处，合计为 20 kN。活载作为轮压作用于横梁顶板局部承压面，对应的活载为 65 kN，对称分布两处，合计为 130 kN。如图 3 - 32 所示，活载作用下横梁跨中下挠度为 30.4 mm，为跨度的 1/164。如图 3 - 33 所示，载荷组合作用下横梁等效应力最大值为 226.4 MPa，极值出现在活载局部承压面，而跨中截面最大应力为 160.4 MPa，竖向剪应力云图如图 3 - 34 所示，最大值为 115.1 MPa，极值出现在活载局部承压面，而端部截面最大应力为 44.2 MPa，应力值控制在合金钢允许值内。

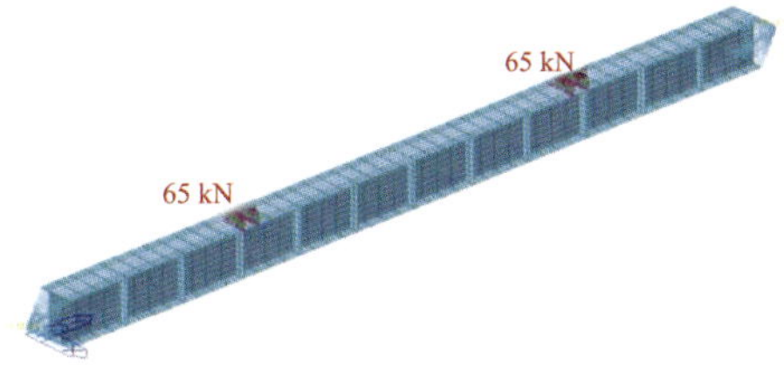

图 3 - 31　横梁计算模型

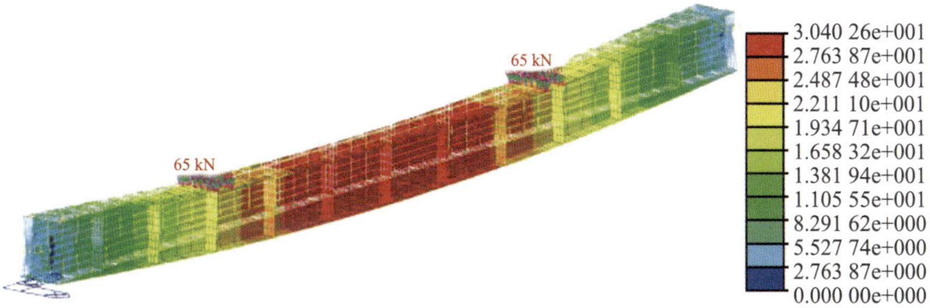

图 3 - 32　活载作用下横梁变位等值线云图（单位：m）

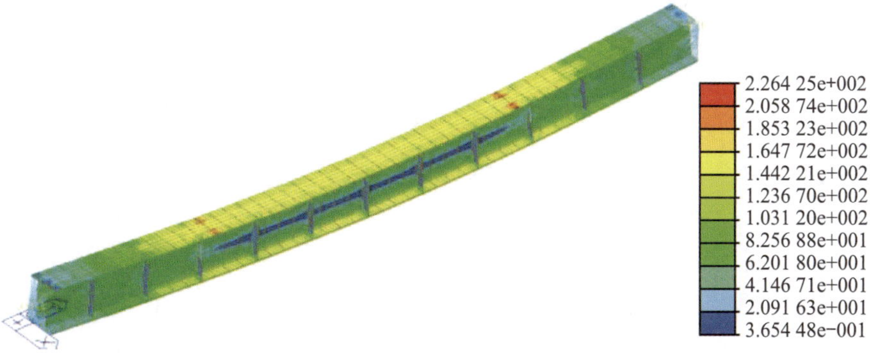

图 3 - 33　载荷组合作用下横梁等效应力等值线云图（单位：MPa）

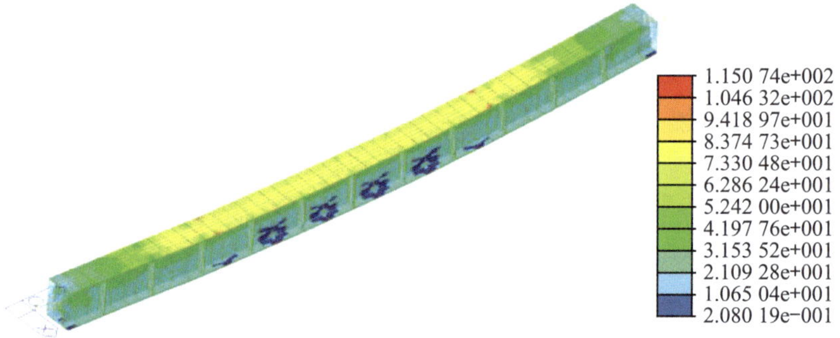

图 3-34　载荷组合作用下横梁竖向剪应力等值线云图（单位：MPa）

以恒载为不变量，活载为可变量，进行稳定系数计算。取前 4 阶屈曲模态，如图 3-35 所示。对应的稳定系数为 8.2、10.7、11.2、12.1。一阶屈曲模态为侧向失稳，二、三、四阶屈曲模态均为轮载直接位置处的横梁腹板压溃失稳。

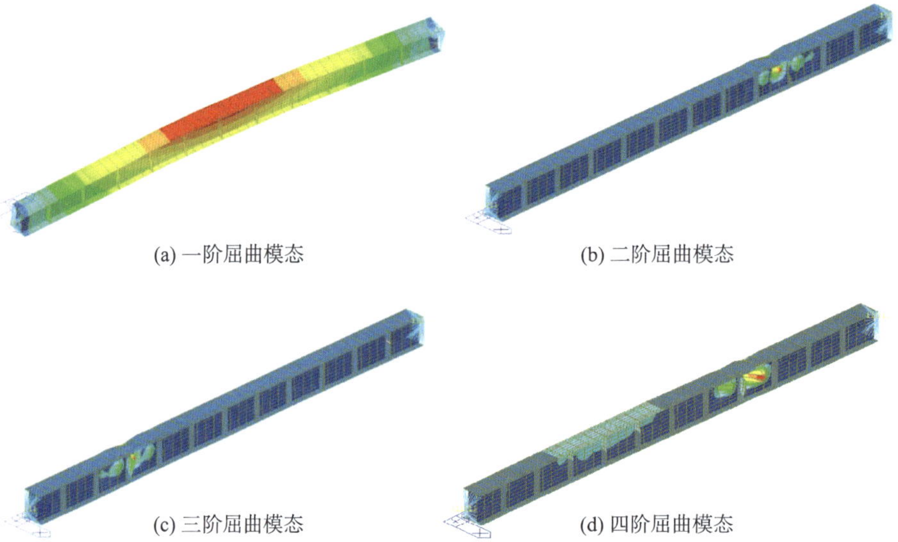

(a) 一阶屈曲模态　(b) 二阶屈曲模态

(c) 三阶屈曲模态　(d) 四阶屈曲模态

图 3-35　横梁前 4 阶屈曲模态

3.2.3　桥面承载板结构分析

桥面承载板计算模型如图 3-36 所示。计算模型为一榀桥面承载板，长 3 990 mm，宽 566 mm。约束条件为间距 1 m（对应横梁位置）竖向约束，单边侧水平约束。载荷为自重恒载和作用在其上的轮压活载，轮载和桥面承载板的接触面积按照 500 mm（横向）× 200 mm（纵向）考虑，将轮压按照接触面积内分布的板单元的节点数转化为节点载荷计入。同时针对轮载作用在边跨支点、边跨 1/4 跨径、边跨跨中、跨中支点、中跨跨中这 5 种工况进行计算分析。5 种轮载作用下的等效应力等值线云图如图 3-37 所示，最大等效应力为 119.2 MPa，最大竖向位移为 0.32 mm。

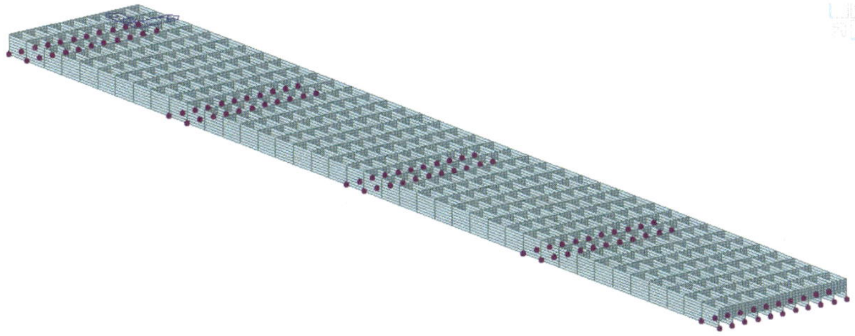

图 3-36 桥面承载板计算模型

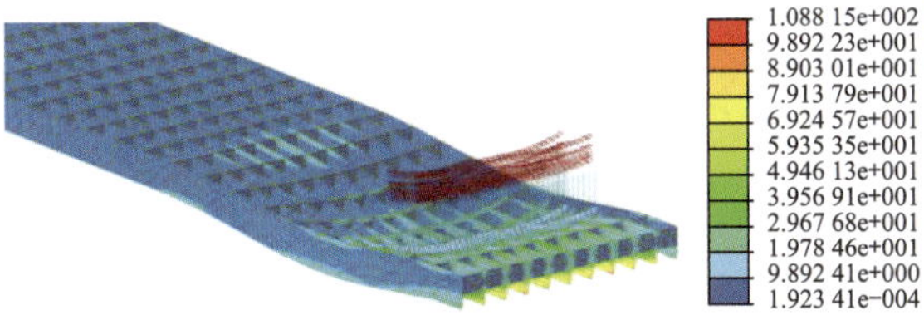

(a) 轮载位于边跨支点

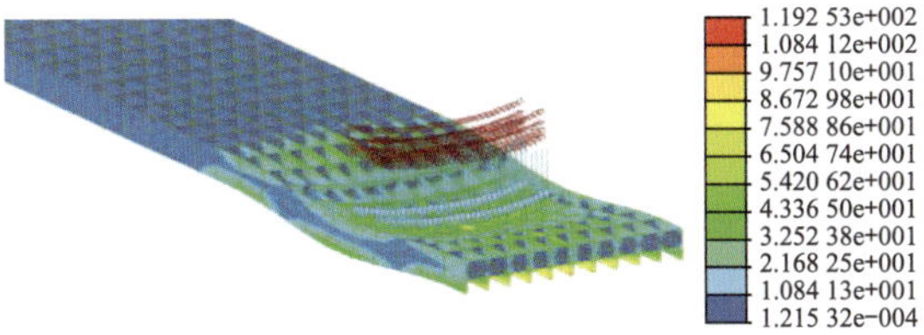

(b) 轮载位于边跨1/4跨径

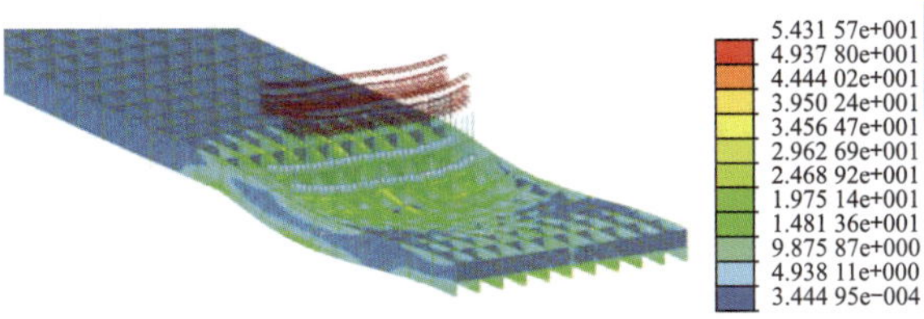

(c) 轮载位于边跨跨中

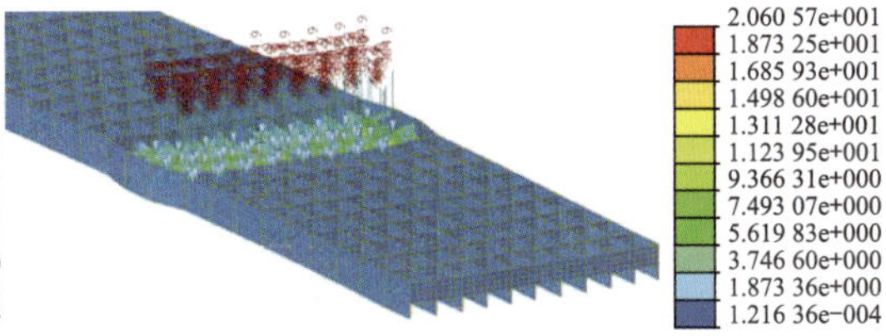

(d) 轮载位于中跨支点

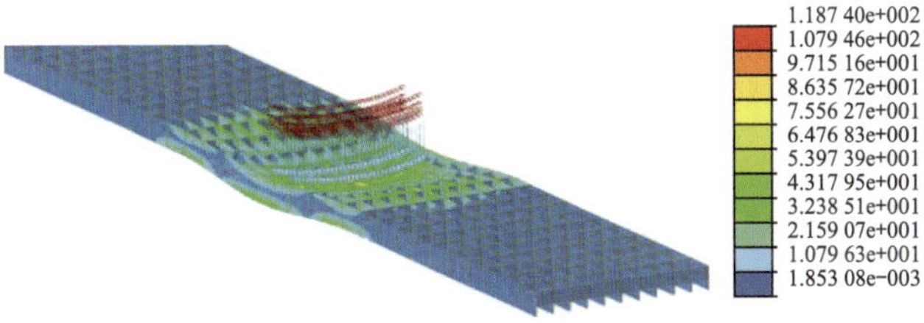

(e) 轮载位于中跨跨中

图 3-37 5 种轮载载位下桥面承载板等效应力等值线云图（单位：MPa）

以恒载为不变量，活载为可变量，进行稳定系数计算。按照轮载布置位置的 5 种工况，分别计算屈曲模态和对应的稳定系数，一阶屈曲模态如图 3-38 所示，为支撑处侧向压溃失稳。最小稳定系数为 29，远大于欧拉稳定系数 6 的要求。

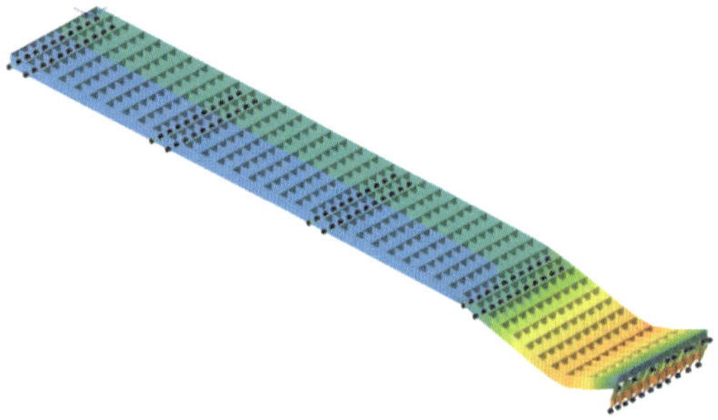

(a) 轮载位于边跨支点（稳定系数30.7）

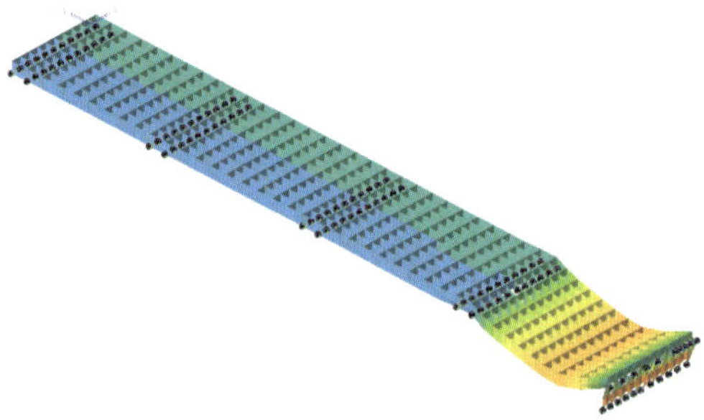

(b) 轮载位于边跨1/4跨径（稳定系数29.0）

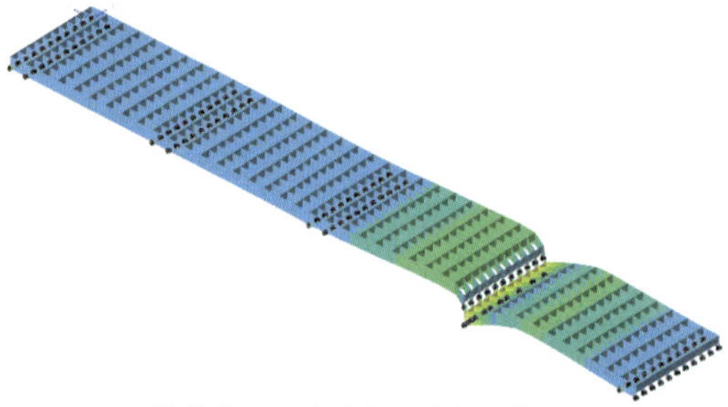

(c) 轮载位于边跨跨中（稳定系数32.1）

(d) 轮载位于中跨支点（稳定系数158.7）

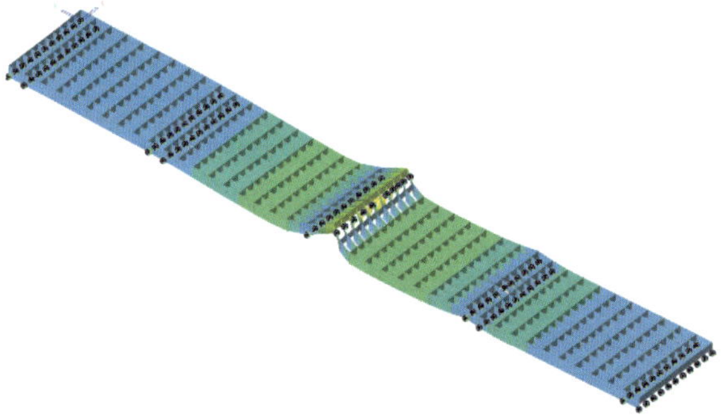

(e) 轮载位于中跨跨中（稳定系数30.2）

图 3－38　5 种轮载载位下桥面承载板一阶屈曲模态图

3.3　小结

以上研究分析充分证明了本书提出的缆索承重结构体系的合理性。这种适于应急临时用途轻型、快速架设的缆索支撑的桥梁结构体系，其创新点主要体现在以下五个方面：

1）以分布在桥面两个边侧的具有较高初始预张力的主缆作为全桥主要承载体系，中间不再设置分布缆索；

2）横梁采取高强铝合金闭口小箱梁，在进一步降低自重的同时，提供必要的结构刚度和强度；

3）箱型横梁端部采用倒 U 型固定装置和主缆实现可靠连接，并实现锁止、定位功能；

4）桥面承载板采取纵横正交的薄壁竖板构成的密间距梁格体系，在强度、刚度满足的条件下进一步降低自重，同时密间距梁格体系可以给车辆的轮胎提供较好的“抓地力”；

5）为控制主缆受荷特别是在较重车辆通过时的线形，设置了搬运方便快捷的模块化设计的桥梁配重，可以实现快速布设。

结合算例，按照从整体到局部、从主体到细节的原则，对整桥结构体系的合理性进行了静力分析。分析表明：结构体系满足要求，科学合理。该体系不但具有承受重载（载荷高达 78 t）的能力，而且在两岸锚座预先完工、主缆已成型的状态下，具有快速架设的能力。其中单件最大质量 200 kg，仅需 4 个熟练的架设人员即可快速完成就位。经分析，如采取两岸同步向跨中架设的方案，每一榀横梁平均安装时间 5 min，那么 70 m 跨度全桥架设完毕需要 3 h，而相同跨度的贝雷桁架桥架设则至少需要 24 h，时间缩短很多。该承载体系具有一系列创新性：双主缆承载、高强铝合金薄壁箱梁、倒 U 型固定装置、密肋桥面承载板、桥面配重等，经数值验证，强度、刚度及稳定性均在科学合理的范围内。

需要指出的是，该桥的快速架设建立在缆索支撑体系先期已经建设的基础上，且由于桥体自身重量较轻的原因，其线形并不理想，作为常规通行桥梁是不能满足舒适性要求的，仅在特殊情况下具有实用价值。同时该承载体系的动力特性和抗风稳定性尚需做进一步的深入研究。

第4章 快速架设的装配式高强铝合金桁架桥梁承载能力研究

针对应急条件下桥梁快速架设的结构选型及承载力问题，提出了快速架设的高强铝合金桁架桥梁解决方案，研究了不同跨径、不同桁架单元组合模式下高强铝合金装配式桥梁的承载能力。研究表明：装配式高强铝合金桥梁的承载能力满足公路-Ⅰ级载荷要求，相较于传统的装配式公路钢桥，具有重量更轻、跨越能力更大的特点。研究基本结论如下：1）高强铝合金桁架桥梁满足强度和刚度的要求，结构主体应力能控制在370 MPa以内，活载挠度可控制在跨径的1/200之内；2）单构件最大质量可以控制在252 kg以内；3）稳定性分析表明，结构能满足整体和局部稳定性要求；4）车桥耦合动力分析表明，控制车辆的通行速度是有效降低车桥响应的手段，三种通行速度（$V=2$ m/s，$V=5$ m/s，$V=10$ m/s）下车桥未发生共振现象。

4.1 引言

铝合金材料因其较轻的重量、良好的强度和卓越的耐腐蚀性能，在土木工程领域获得了广泛应用，如人行桥梁、门式刚架、空间网架结构等方面。与钢桥相比，铝合金桥梁在物理特性、生产过程及制作工艺上具有以下优点：1）重量轻，仅为钢材的1/3；2）耐腐蚀性好，其表面会形成一层氧化层，在很大程度上防止了结构腐蚀；3）可挤压与可塑性好，易于加工，容易满足设计造型与施工的要求。表4-1列出了几种材料性能的比较，铝合金与高强钢具有大致相当的比强度和比模量，它们与低碳钢相比，在比强度上高出许多，具有明显优势。高强铝合金7075是一种冷处理的锻压合金，结构紧密，布氏硬度可达150，强度高，远胜于普通钢材，是目前商用最强力的铝合金之一。

表4-1 几种材料性能比较

材料名称	比重/(kN/m^3)	弹性模量/MPa	剪切模量/MPa	膨胀系数/$10^{-6}℃^{-1}$	热导率/[W/(m·K)]	抗拉强度/MPa	比强度(强度/比重)	比模量(模量/比重)
铝合金	28	7.0e4	2.6e4	3	240	260	93	25 000
高强铝合金7075	28	7.0e4	2.6e4	3	240	455	163	25 000
高强钢	78	2.1e5	7.9e4	5	47	1 000	128	26 923
低碳钢	78	2.1e5	7.9e4	20	47	235	30	26 923

4.2　快速架设的装配式高强铝合金桥梁结构型式

快速架设的高强铝合金桥梁结构型式采用了由桁架单元拼装成纵向主受力构件，在桁架下弦杆上架设横梁，在横梁上架设桥面板的承载方式。和传统“320 式”或“200 式”装配式公路钢桥相比，材料采用高强铝合金 7075，每榀桁架单元长度达 4 m，高度达 2.2 m，采用单侧 4 排桁架的同时配合加强上弦杆的装配式桥梁跨径可达 60 m。装配式桥梁横断面如图 4－1 所示，纵断面如图 4－2 所示。依据跨径大小，装配式桥梁可以有 1～4 排桁架单元和加强弦杆的不同组合型式，不同组合型式对应的跨径见表 4－2。

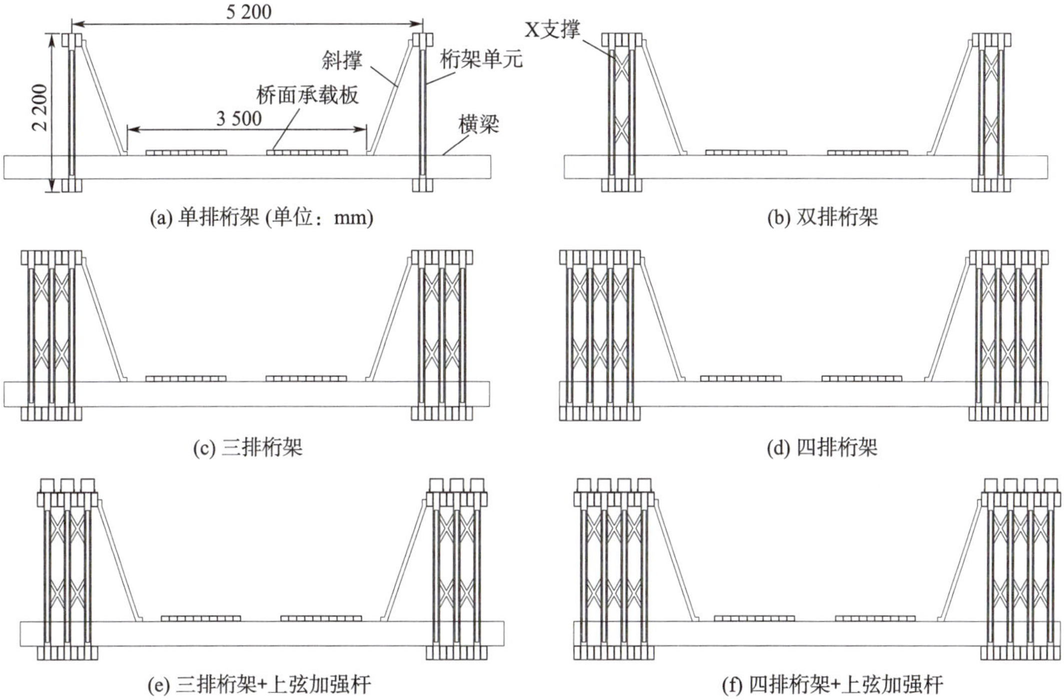

图 4－1　快速架设高强铝合金桥梁横断面示意图

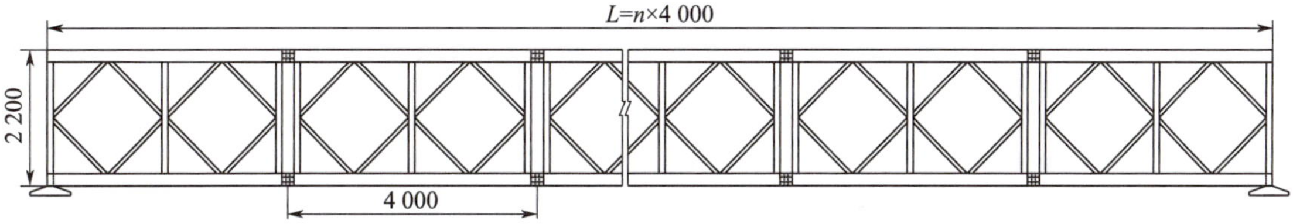

图 4－2　快速架设高强铝合金桥梁纵断面示意图（单位：mm）

表 4－2　组合型式对应跨径表

组合型式	单排	单排加强	双排	双排加强	三排	三排加强	四排	四排加强
适用的跨径/m	⩽20	⩽24	⩽32	⩽36	⩽44	⩽52	⩽52	⩽60

桁架单元两侧设有连接的阳头和阴头，阳头插入阴头后通过销棒连接。销棒材质为高强锰铬合金，桁架单元的立面示意图如图 4－3 所示。和传统的装配式钢桥不同的是，上下弦杆采用了抗弯刚度更大的两个箱型截面，而未采用槽钢断面，目的是提高桁架单元面外抗弯刚度，其横断面示意图如图 4－4 所示，桁架单元三维示意图如图 4－5 所示。单片桁架质量为 252 kg，相较 321 型的 270 kg 和 200 型的 340 kg，在重量上有优势。桁架单元横向之间通过短连接板连接。为了提高桁架的抗扭刚度，横向桁架之间还设有 X 型支撑。

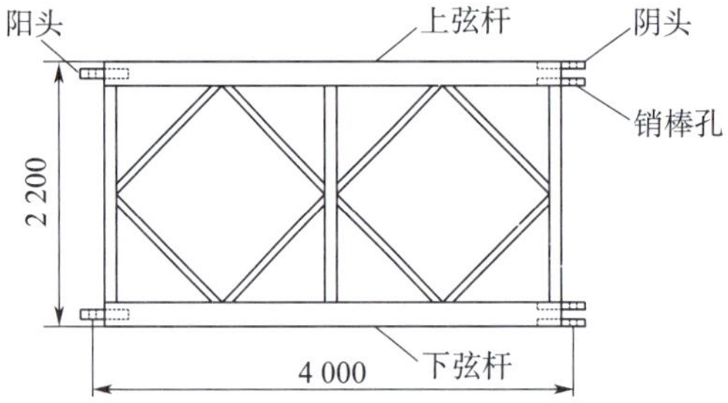

图 4－3　桁架单元的立面示意图（单位：mm）

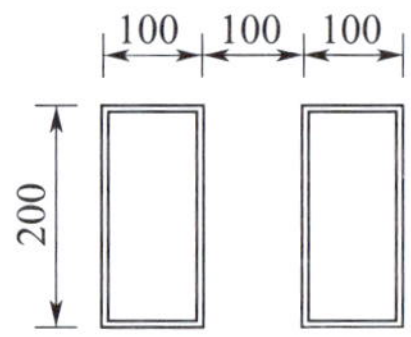

图 4－4　上下弦杆横断面示意图（单位：mm）

图 4－5　桁架单元三维示意图

横梁采用箱型断面，横断面尺寸如图 4－6 所示，单根长度 6.8 m，单根质量 201 kg。

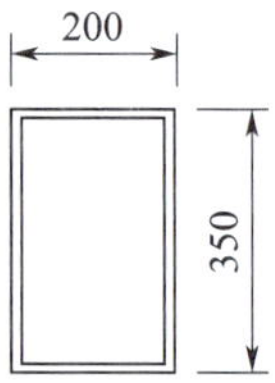

图 4－6　横梁横断面（单位：mm）

桥面承载板采用箱型密肋板结构，单榀桥面承载板全宽 1 200 mm，长 4 000 mm，板厚 80 mm，肋间距 150 mm，肋板及上下板壁厚均为 6 mm。桥面承载板三维示意图如图 4－7 所示，桥面承载板放置于横梁之上，横梁设有横向卡槽卡住桥面承载板，竖向通过螺杆和压板、横梁连接，单榀桥面承载板质量为 211 kg。斜撑采用规格为 60 mm×60 mm、壁厚为 5 mm 的方孔管，质量为 5 kg。

以 20 m 跨径为例，包括支座的全桥总质量为 7 200 kg，单位面积质量约合 69 kg/m^2，非常轻盈。

图 4-7　桥面承载板三维示意图

4.3　快速架设的装配式高强铝合金桥梁承载性能研究

4.3.1　模型参数

计算模型的物理力学参数见表 4-3。

表 4-3　模型物理力学参数

模型名称	材质	密度/(t/m^3)	弹性模量/MPa	泊松比	屈服强度/MPa
桁架	高强铝合金 7075	2.8	7e4	0.3	455
斜撑	高强铝合金 7075	2.8	7e4	0.3	455
桥面承载板	高强铝合金 7075	2.8	7e4	0.3	455
横梁	高强铝合金 7075	2.8	7e4	0.3	455

计算模型采用梁单元作为基本构成，将桁架之间的连接模拟为铰接形式，共节点的梁单元考虑位置上的差异采用单元偏置。载荷考虑了自重和公路-Ⅰ级车道载荷，车道载荷分为均布载荷和集中载荷。鉴于单车道对应两个主梁，且车辆居中行驶，横向分布系数可取 0.5，均布载荷取值为 10.5 kN/m，集中载荷取 300 kN，跨径 20 m 装配式铝合金桥梁计算模型示意图如图 4-8 所示。边界条件为下弦杆端部简支约束。

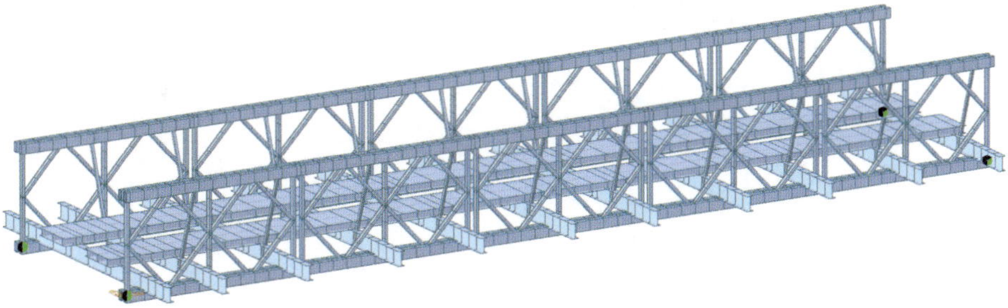

图 4-8　计算模型三维示意图

4.3.2 跨径 20 m 铝合金桥梁承载性能

4.3.2.1 载荷作用下的变形与应力

跨径 20 m 铝合金桥为单排桁架单元承载，结构自重作用下结构的竖向位移云图如图 4－9 所示。由图中可看出，结构跨中下挠 6.68 mm，为跨径的 1/2 994；结构自重作用下结构应力云图如图 4－10 所示，结构整体应力处于较低水平，最大应力为 17.6 MPa；公路-Ⅰ级活载作用下结构的竖向位移云图如图 4－11 所示，由图中可看出，结构跨中下挠 80.0 mm，为跨径的 1/250，满足要求；自重和活载组合作用下的结构应力云图如图 4－12 所示，最大应力出现在端部靠近支座的下弦杆上，为 346 MPa，两端的横梁也出现较大应力，为 325 MPa。

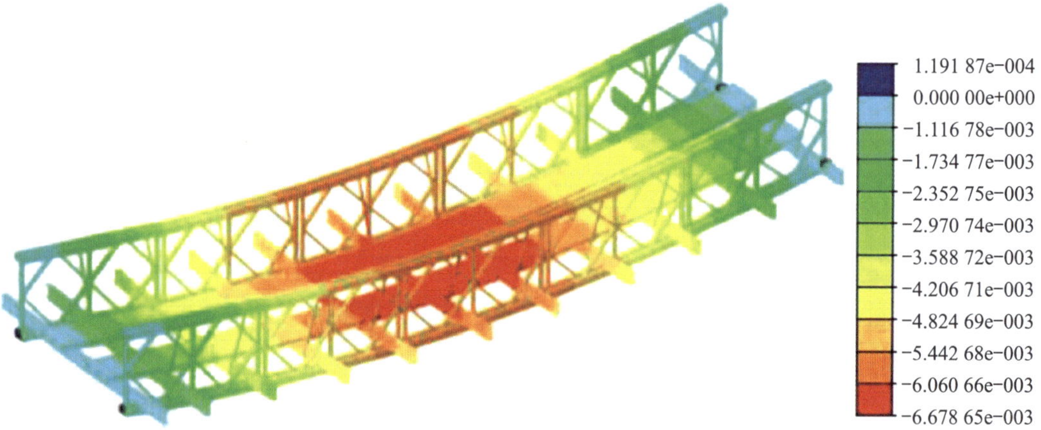

图 4－9 结构自重作用下结构竖向位移云图（单位：m）

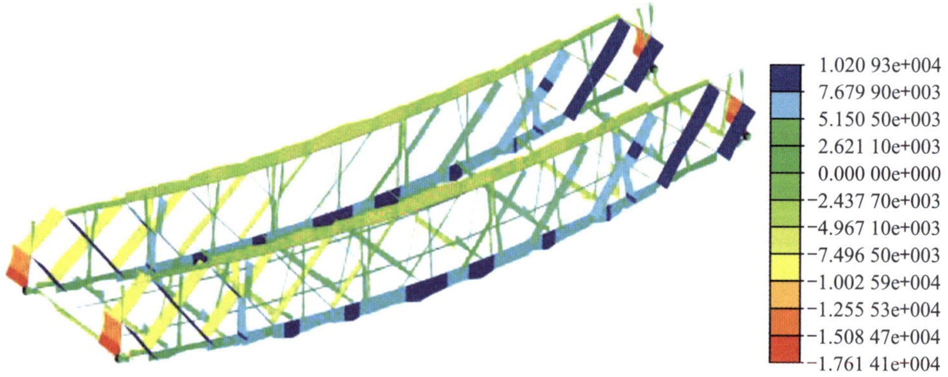

图 4－10 结构自重作用下结构应力云图（单位：kPa）

4.3.2.2 结构自振频率与振型

结构一阶～四阶结构自振模态如图 4－13 所示，基频为 6.99 Hz，模态为竖向振动。

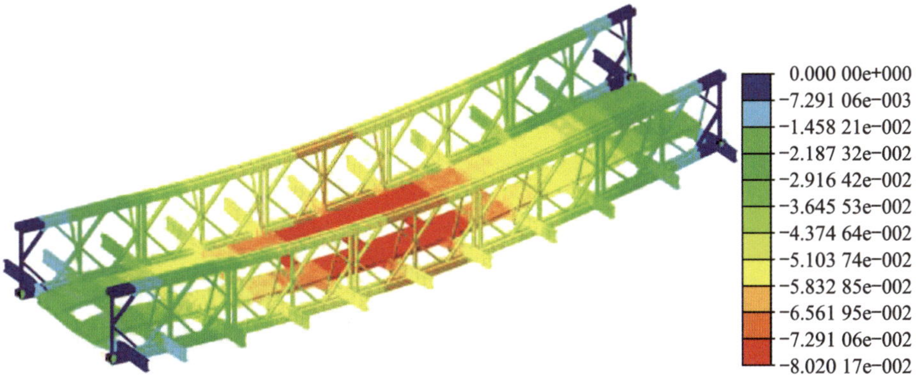

图 4－11　活载作用下结构竖向位移云图（单位：m）

图 4－12　自重和活载组合作用下结构应力云图（单位：kPa）

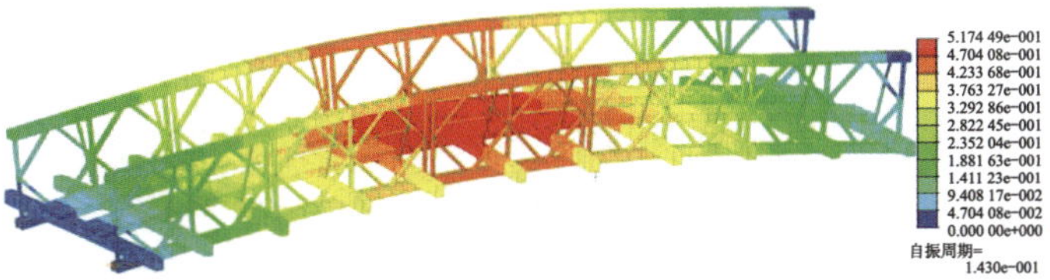

(a) 一阶(竖向振动，6.99 Hz)

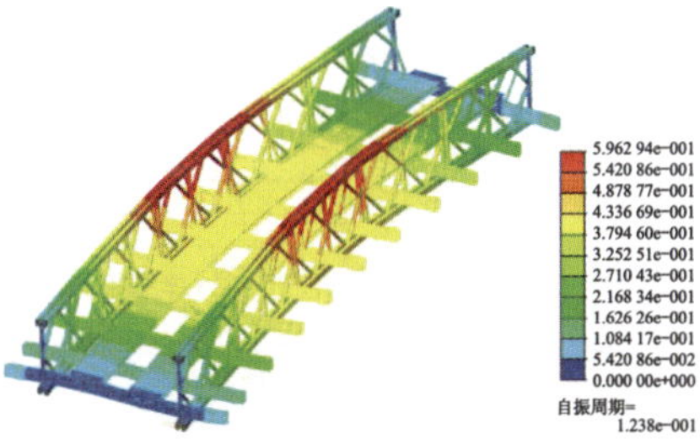

(b) 二阶(横向侧摆，8.08 Hz)

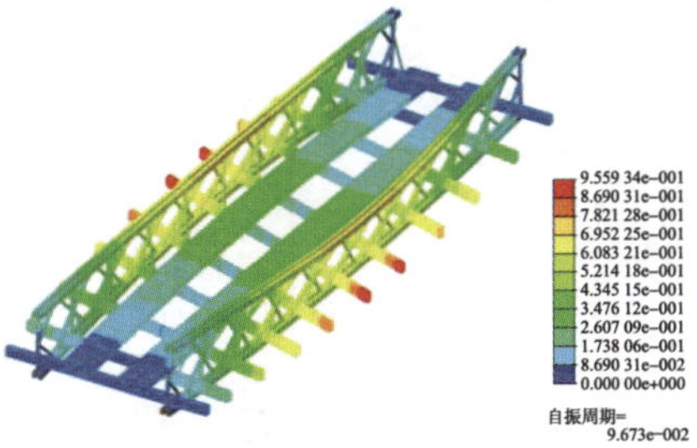

(c) 三阶(扭转加侧摆，10.34 Hz)

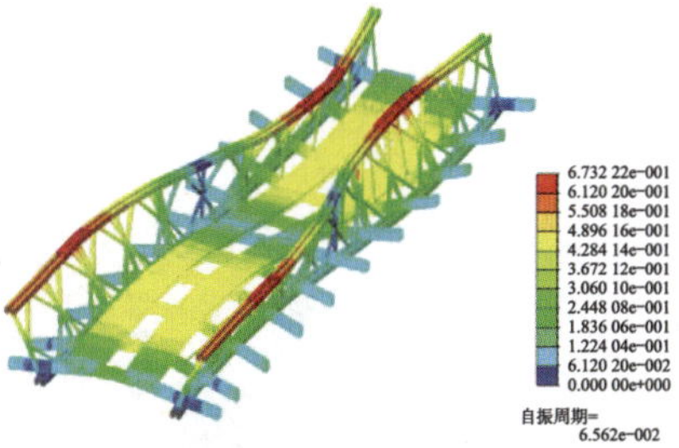

(d) 四阶(纵横向S型，15.24 Hz)

图 4－13　一阶～四阶结构自振模态

4.3.2.3 结构稳定性

结构自重和车道均布载荷设为结构稳定性分析不变载荷，将车道集中载荷作为结构稳定性分析的可变载荷，考察结构屈曲特征值。第一阶屈曲模态如图 4-14 所示，为跨中上弦杆受压失稳，对应的屈曲特征值为 9.216，大于 6，结构稳定性满足要求。

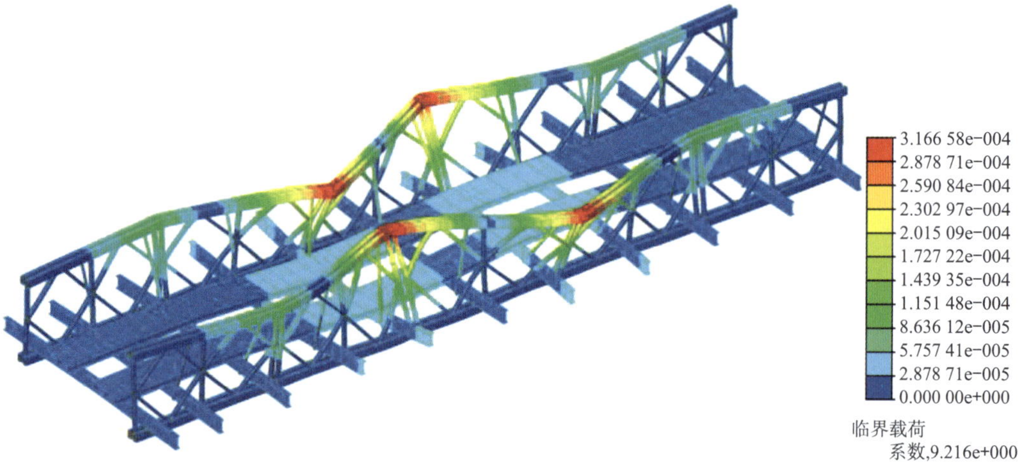

图 4-14 第一阶屈曲模态

4.3.3 跨径 32 m 铝合金桥梁承载性能

4.3.3.1 载荷作用下的变形与应力

跨径 32 m 铝合金桥为双排桁架单元承载，结构自重作用下结构的竖向位移云图如图 4-15 所示，由图中可看出，结构跨中下挠 20.67 mm，为跨径的 1/967；结构自重作用下结构应力云图如图 4-16 所示，结构整体应力处于较低水平，最大应力为 19.4 MPa；公路-Ⅰ级活载作用下结构的竖向位移云图如图 4-17 所示，由图中可看出，结构跨中下挠 138.4 mm，为跨径的 1/231，满足要求；自重和活载组合作用下的结构应力云图如图 4-18 所示，最大应力出现在端部靠近支座的下弦杆上，为 376 MPa。

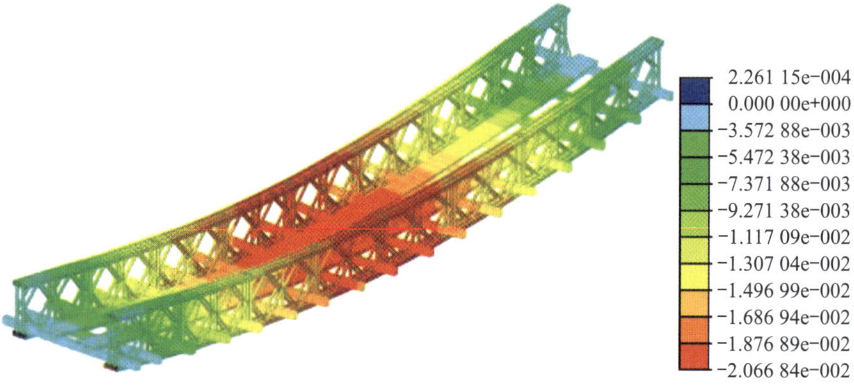

图 4-15 结构自重作用下结构的竖向位移云图（单位：m）

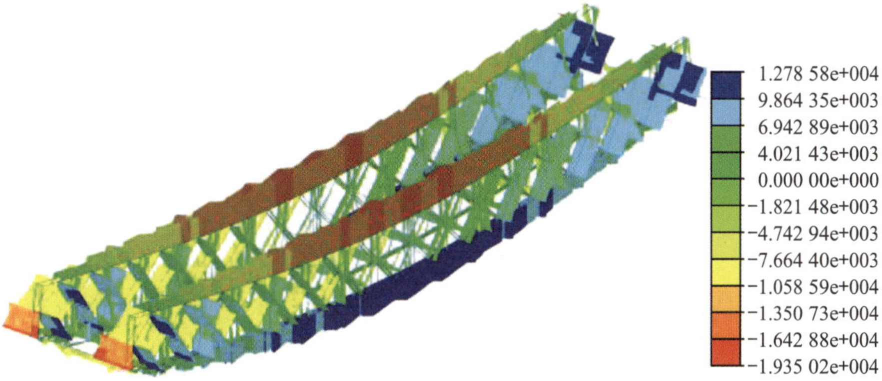

图 4-16　结构自重作用下结构应力云图（单位：kPa）

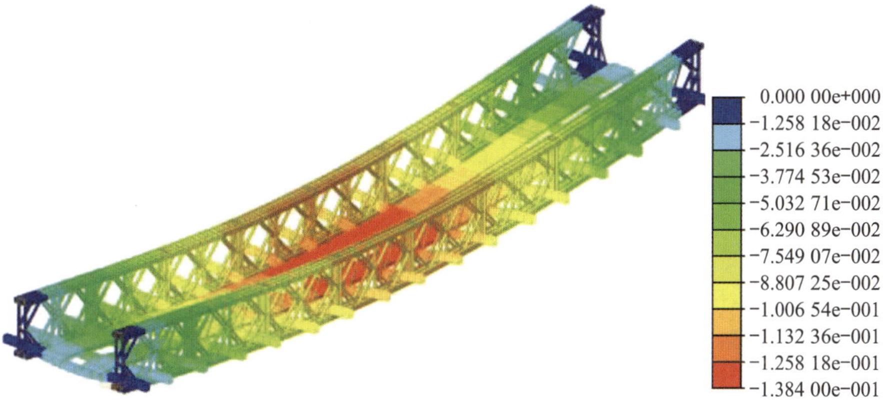

图 4-17　活载作用下结构的竖向位移云图（单位：m）

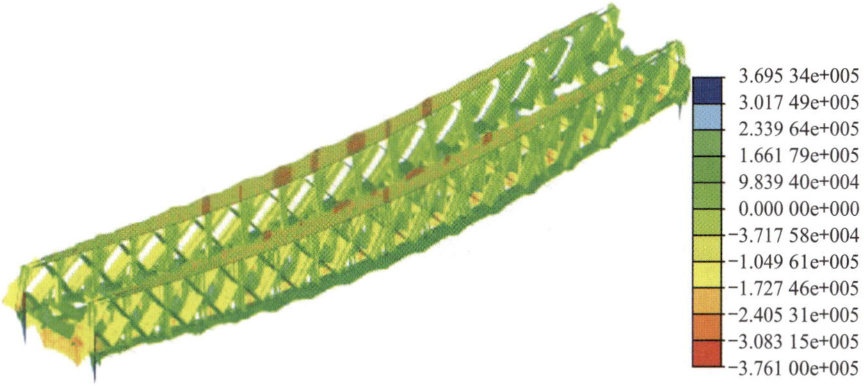

图 4-18　自重和活载组合作用下的结构应力云图（单位：kPa）

4.3.3.2　结构自振频率与振型

一阶～四阶结构自振模态如图 4-19 所示，基频为 3.91 Hz，模态为竖向振动。

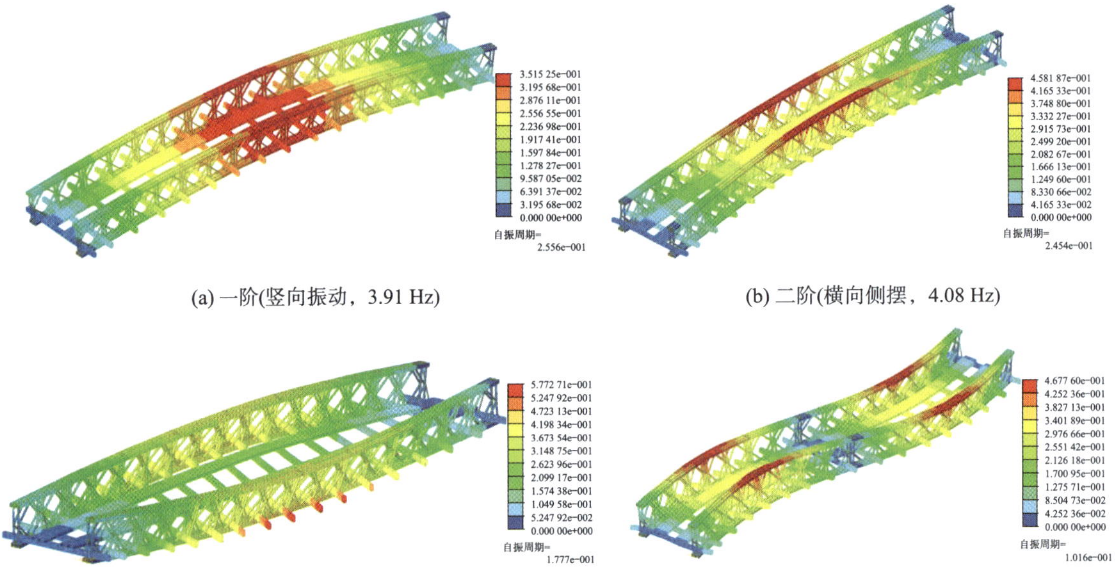

(a) 一阶(竖向振动，3.91 Hz)　(b) 二阶(横向侧摆，4.08 Hz)

(c) 三阶(扭转加侧摆，5.63 Hz)　(d) 四阶(纵横向S型，9.84 Hz)

图 4－19　一阶～四阶结构自振模态

4.3.3.3　结构稳定性

结构自重和车道均布载荷设为结构稳定性分析不变载荷，将车道集中载荷作为结构稳定性分析的可变载荷，考察结构屈曲特征值。第一阶屈曲模态如图 4－20 所示，为跨中桁架单元斜撑杆和上弦杆受压失稳，对应的屈曲特征值为 8.33，大于 6，结构稳定性满足要求。

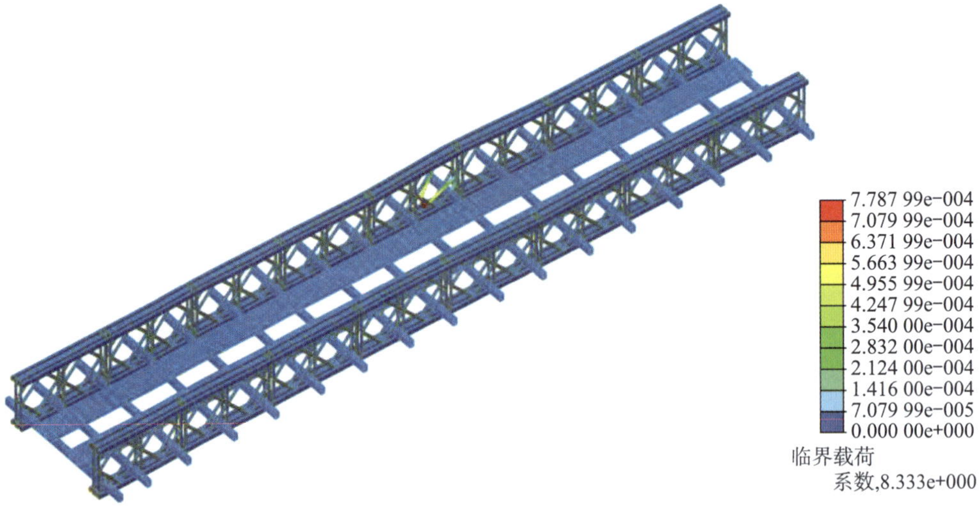

图 4－20　第一阶屈曲模态

4.3.4　跨径 40 m 铝合金桥梁承载性能

4.3.4.1　载荷作用下的变形与应力

跨径 40 m 铝合金桥为三排桁架单元承载，结构自重作用下结构的竖向位移云图如图 4-21 所示，由图中可看出，结构跨中下挠 31.1 mm，为跨径的 1/967；结构自重作用下结构应力云图如图 4-22 所示，结构整体应力处于较低水平，最大应力为 31.2 MPa；公路-Ⅰ级载荷作用下结构的竖向位移云图如图 4-23 所示，由图中可看出，结构跨中下挠 205.9 mm，为跨径的 1/194，基本满足要求；自重和活载组合作用下的结构应力云图如图 4-24 所示，最大应力为 369 MPa，对应位置出现在端部靠近支座的下弦杆上。

图 4-21　结构自重作用下结构的竖向位移云图（单位：m）

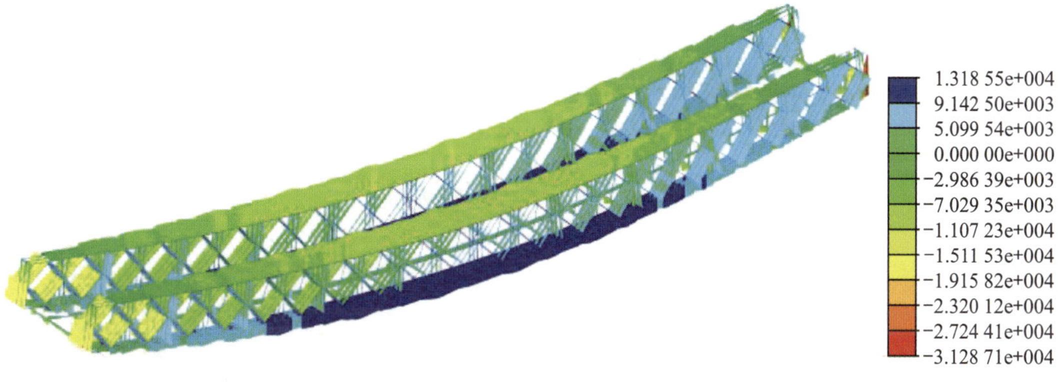

图 4-22　结构自重作用下结构应力云图（单位：kPa）

4.3.4.2　结构自振频率与振型

一阶～四阶结构自振模态如图 4-25 所示，基频为 3.06 Hz，模态为竖向振动。

4.3.4.3　结构稳定性

结构自重和车道均布载荷设为结构稳定性分析不变载荷，将车道集中载荷作为结构稳定性分析的可变载荷，考察结构屈曲特征值，第一阶屈曲模态如图 4-26 所示，为跨中桁架单元上弦杆受压失稳，对应的屈曲特征值为 7.25，大于 6，结构稳定性满足要求。

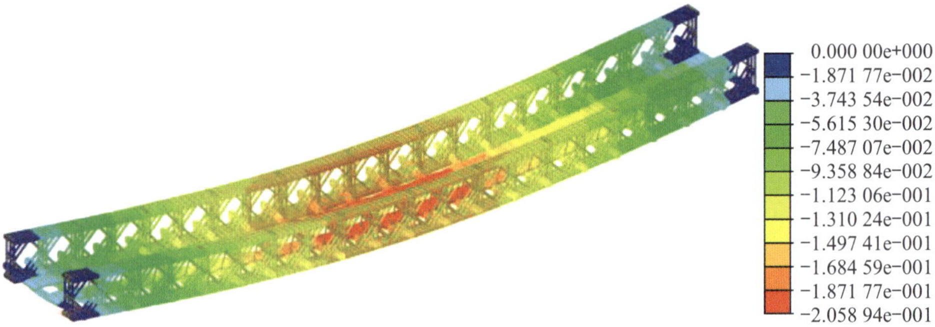

图 4－23　活载作用下结构的竖向位移云图（单位：m）

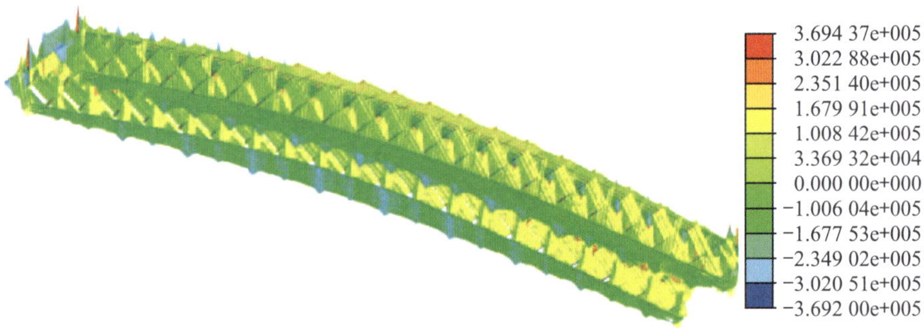

图 4－24　自重和活载组合作用下的结构应力云图（单位：kPa）

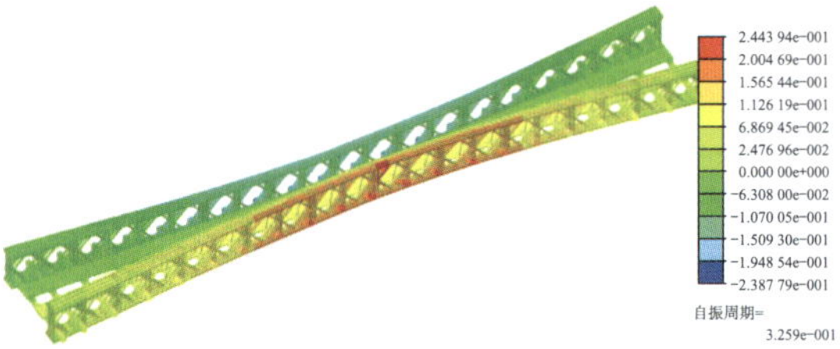

(a) 一阶(扭转振动，3.06 Hz)

(b) 二阶(竖向振动，3.18 Hz)

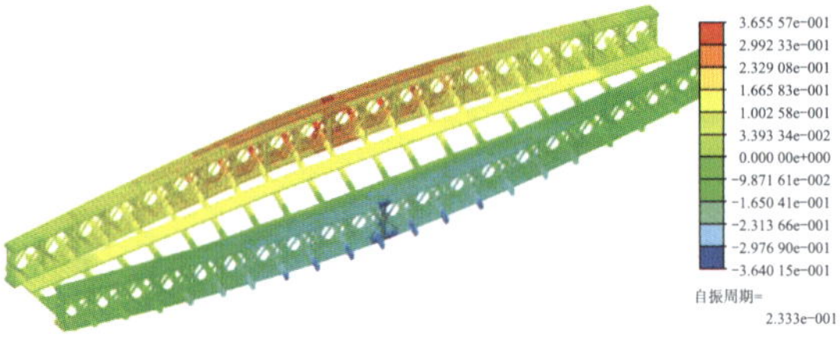

(c) 三阶(扭转加侧摆，4.29 Hz)

(d) 四阶(纵横向S型，7.215 Hz)

图 4－25　一阶～四阶结构自振模态

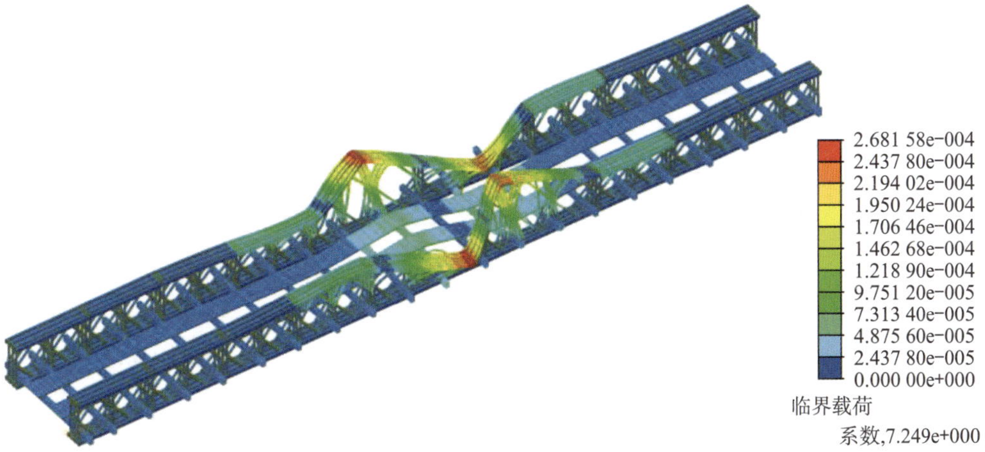

图 4-26　第一阶屈曲模态

4.3.5　跨径 52 m 铝合金桥梁承载性能

4.3.5.1　载荷作用下的变形与应力

跨径 52 m 铝合金桥为三排桁架单元配合加强弦杆承载，结构自重作用下结构的竖向位移云图如图 4-27 所示，由图中可看出，结构跨中下挠 69.4 mm，为跨径的 1/749；结构自重作用下结构应力云图如图 4-28 所示，结构整体应力处于较低水平，最大应力为 30.2 MPa；公路-Ⅰ级载荷作用下结构的竖向位移云图如图 4-29 所示，由图中可看出，结构跨中下挠 269.6 mm，为跨径的 1/193，基本满足要求；自重和活载组合作用下的结构应力云图如图 4-30 所示，最大应力为 356 MPa，对应位置出现在端部靠近支座的下弦杆上。

图 4-27　结构自重作用下结构的竖向位移云图（单位：m）

图 4-28　结构自重作用下结构应力云图（单位：kPa）

图 4-29　活载作用下结构的竖向位移云图（单位：m）

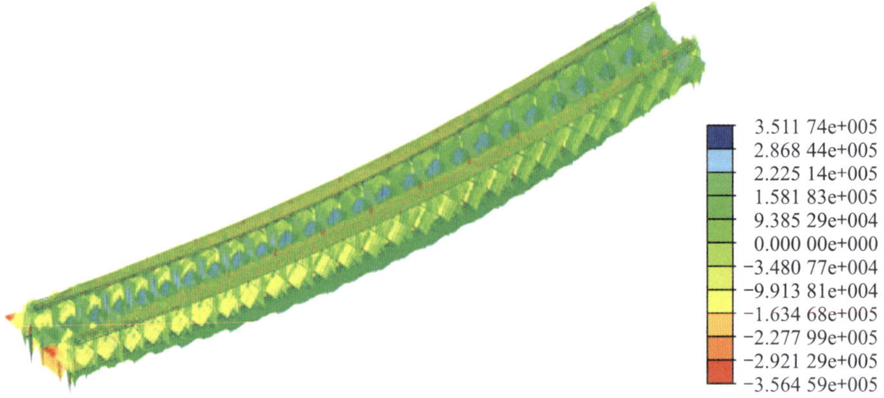

图 4-30　自重和活载组合作用下的结构应力云图（单位：kPa）

4.3.5.2　结构自振频率与振型

一阶～四阶结构自振模态如图 4 - 31 所示，基频为 1.75 Hz，模态为竖向振动。

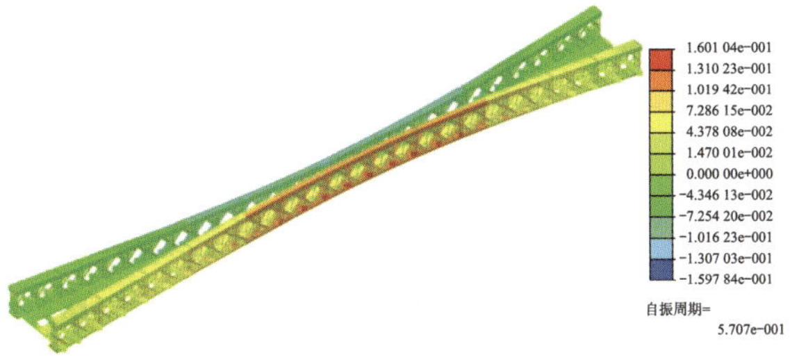

(a) 一阶(扭转振动，1.75 Hz)

(b) 二阶(竖向振动，2.12 Hz)

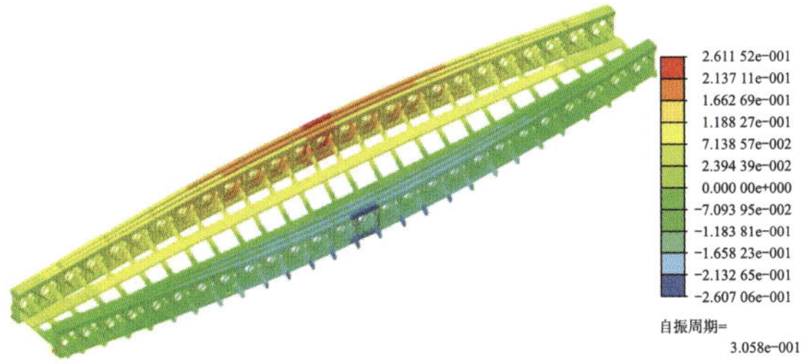

(c) 三阶(扭转加侧摆，3.27 Hz)

(d) 四阶(纵横向S型，4.31 Hz)

图 4 - 31　一阶～四阶结构自振模态

4.3.5.3　结构稳定性

结构自重和车道均布载荷设为结构稳定性分析不变载荷，将车道集中载荷作为结构稳定性分析的可变载荷，考察结构屈曲特征值。第一阶屈曲模态如图 4 - 32 所示，为跨中桁架单元上弦杆受压失稳，对应的屈曲特征值为 8.42，大于 6，结构稳定性满足要求。

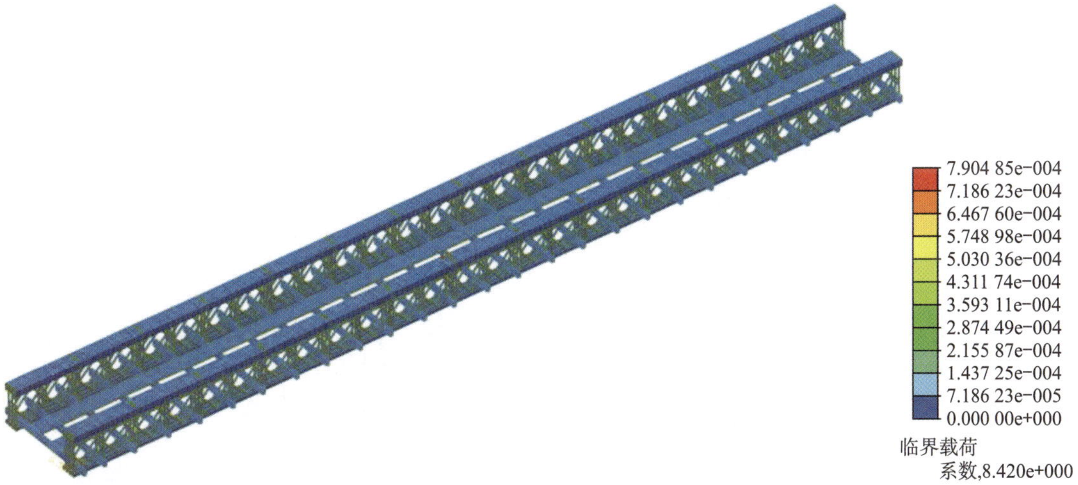

图 4 - 32　第一阶屈曲模态

4.3.6 车桥动力分析

车桥动力分析的目的是探讨车辆行驶过程中和桥梁之间的动力相互作用行为，以规范中的55 t车辆载荷分别以$V=2$ m/s、5 m/s和10 m/s不同速度通过桥梁，考察桥梁的动力响应。采用瞬态动力学计算，将轴载等效为三角函数载荷施加于桥面承载板节点上，桥面承载板划分成0.1 m的等间距梁单元，桥面承载板相邻节点的加载时间差为$0.1/V$，三种速度下对应的车辆加载函数如图4-33所示。建立桥梁承载板位移和加速响应检测点，节点号1、62、125、190、250、315、375、445分别对应桥跨端部、$1/8L$、$1/4L$、$3/8L$、跨中、$5/8L$、$3/4L$、$7/8L$等位置处的节点。图4-34为$V=2$ m/s时桥面承载板监测点竖向位移时程曲线，从图中可以看出各节点围绕静载挠曲线做小幅振动，振幅在2～3 mm，同时从图4-35可以看出，跨中监测点的平均峰值加速度在4.5 m/s^2以内，说明车辆以$V=2$ m/s低速通过桥梁时，引起车桥耦合振动处于较低的水平；图4-36为$V=5$ m/s时桥面承载板监测点竖向位移时程曲线，从图中可以看出各节点围绕静载挠曲线做小幅振动，振幅在3～4 mm，同时从图4-37可以看出，跨中监测点的平均峰值加速度在5.5 m/s^2以内，说明车辆以$V=5$ m/s较低速度通过桥梁时，引起桥梁振动仍处于较低的水平；图4-38为$V=10$ m/s时桥面承载板监测点竖向位移时程曲线，从图中可以看出各节点产生较大幅度振动，跨中监测点振幅接近10 mm，同时从图4-39可以看出，跨中监测点的平均峰值加速度在10 m/s^2以内，说明车辆以$V=10$ m/s较低速度通过桥梁时，引起桥梁振动处于较高的水平，由此可以看出，随着车辆行驶速度的增大，车桥耦合作用响应也随之增加，适当控制车速是降低车桥耦合作用响应的有效办法。

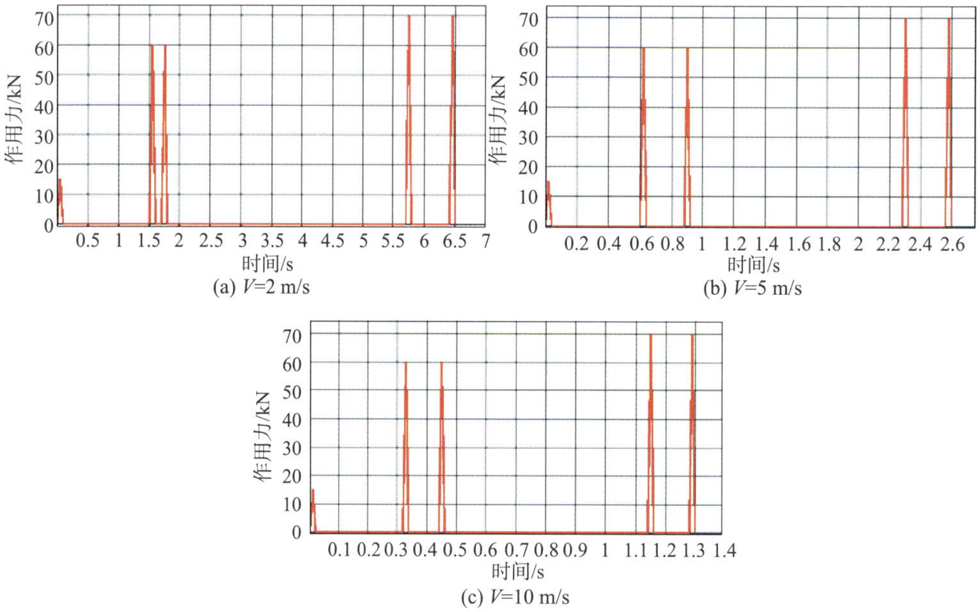

图4-33 不同速度下车辆加载函数

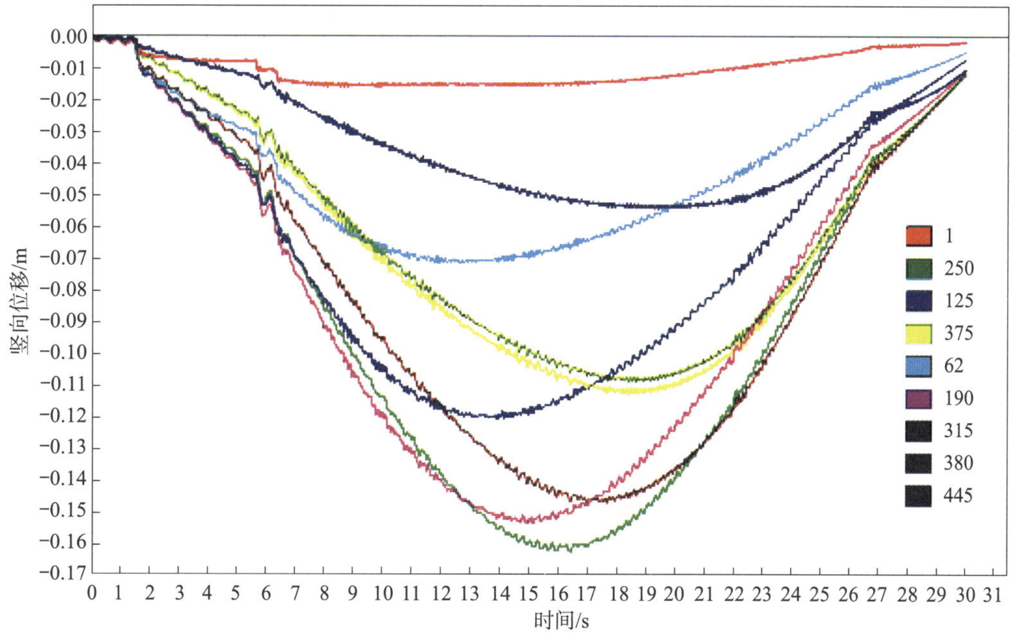

图 4 - 34　V = 2 m/s 时监测点竖向位移时程曲线

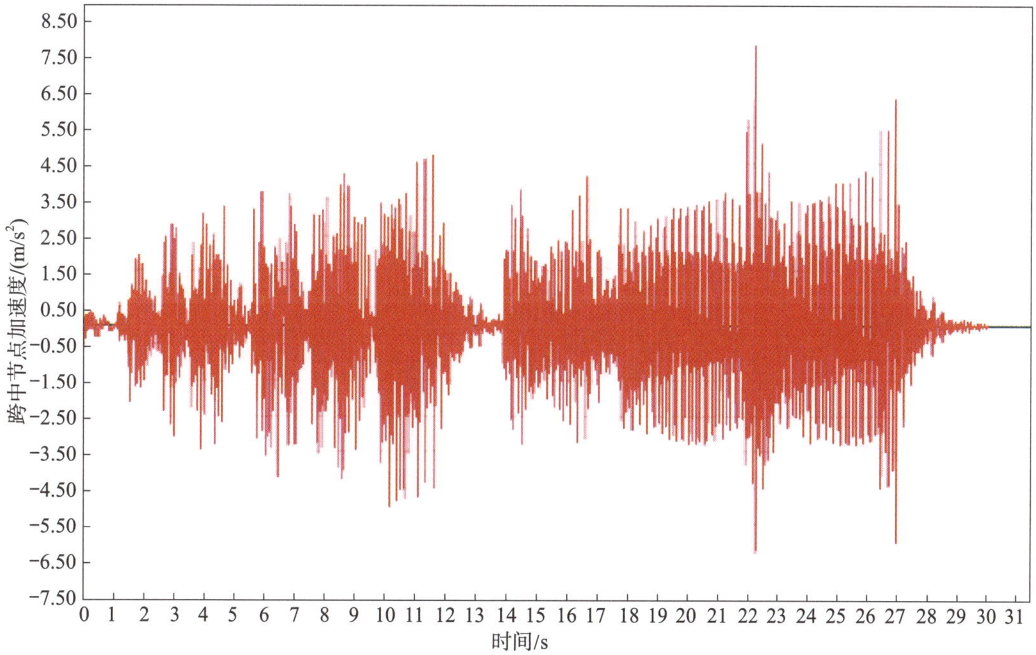

图 4 - 35　V = 2 m/s 时跨中监测点竖向加速度时程曲线

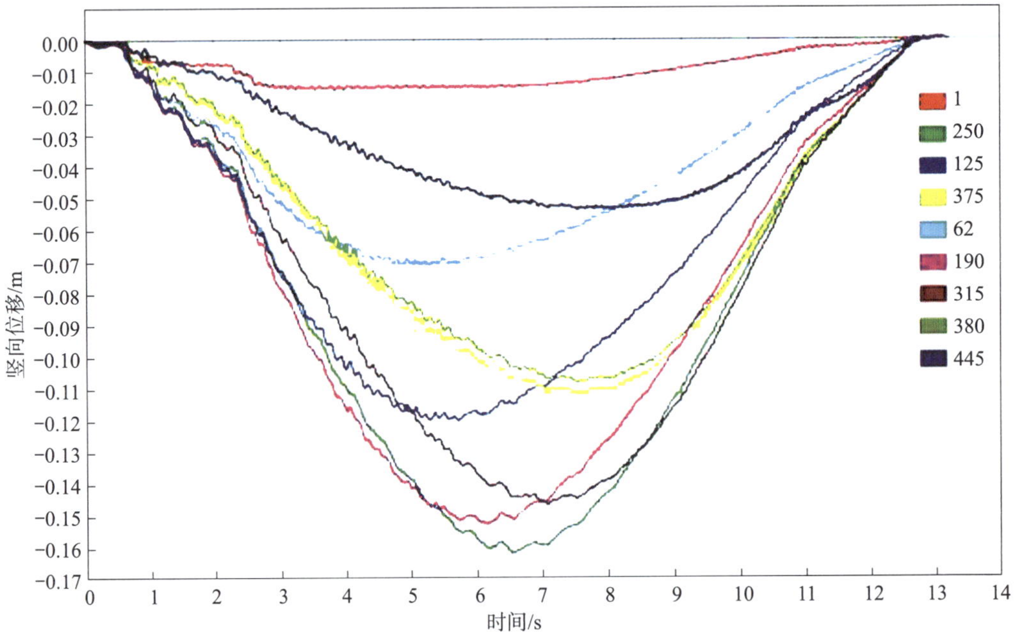

图 4-36　V =5 m/s 时监测点竖向位移时程曲线

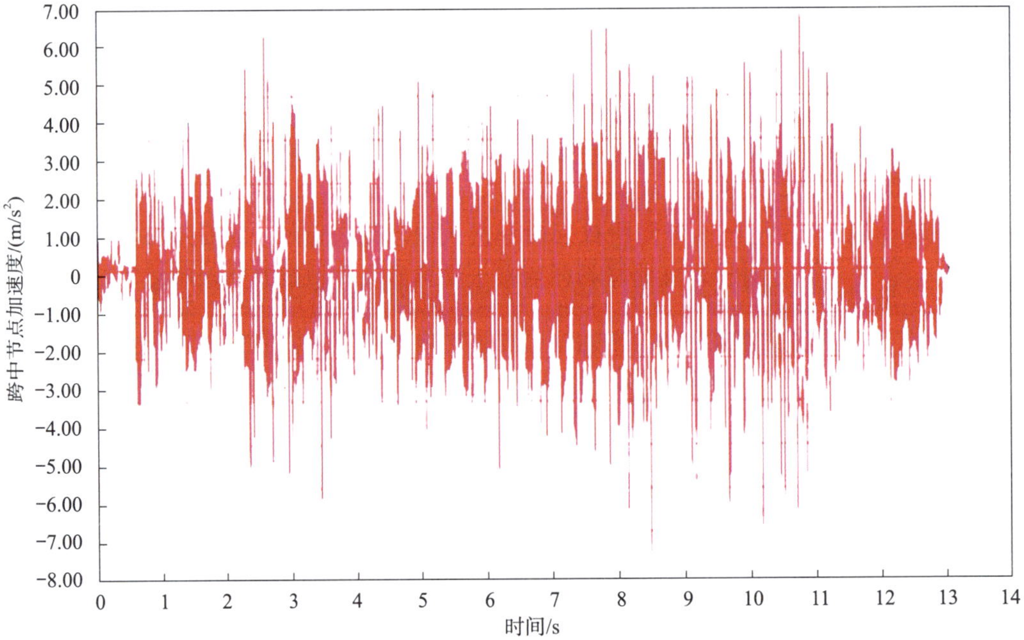

图 4-37　V =5 m/s 时跨中监测点竖向加速度时程曲线

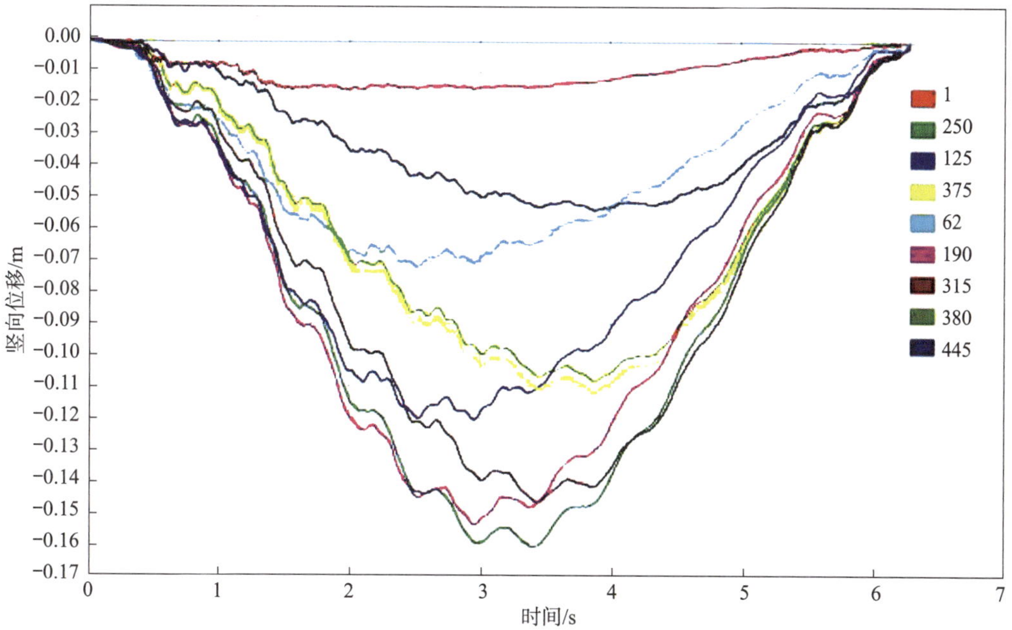

图 4-38　$V=10$ m/s 时监测点竖向位移时程曲线

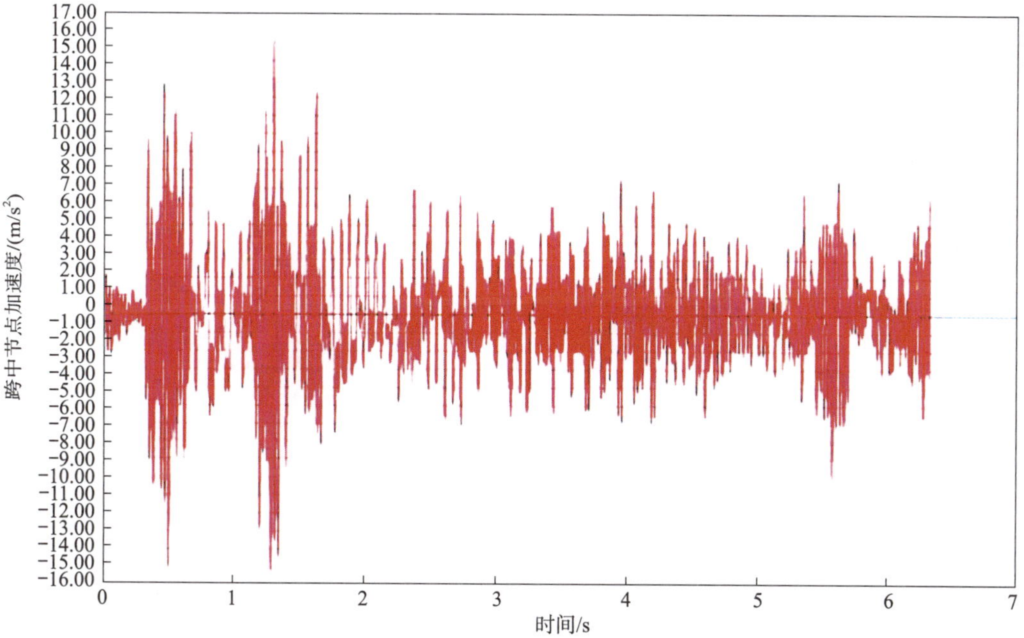

图 4-39　$V=10$ m/s 时跨中监测点竖向加速度时程曲线

4.4 小结

本章研究了不同跨径、不同桁架单元组合模式下高强铝合金装配式桥梁的承载能力，研究表明：高强铝合金装配式桥梁的承载能力满足公路-Ⅰ级载荷要求，相较于传统的装配式公路钢桥，具有重量更轻、跨越能力更大的特点。研究基本结论如下：

1）高强铝合金桥梁满足强度和刚度的要求，结构主体应力可控制在 370 MPa 以内，活载挠度可控制在跨径的 1/200 以内；

2）单构件最大质量可控制在 252 kg 以内；

3）稳定性分析表明，结构能满足整体和局部稳定；

4）车桥动力分析表明，控制车辆的通行速度是降低车桥响应的有效手段，三种通行速度（$V=2$ m/s，$V=5$ m/s，$V=10$ m/s）下车桥未发生共振现象。

第 5 章　快速拼接的装配式箱型铝合金桥梁结构研究

著者发明了一种快速拼接的装配式箱型铝合金桥梁结构型式，实现了承载结构的化整为零和拼零为整。单梁段由顶板、底板和腹板通过销棒组合而成，单梁段纵向拼接后施加纵向预应力形成承载梁整体。单梁段顶底板和腹板均设有企口键，用以保证梁段拼接嵌固。单构件最大质量可控制在 125 kg 以内，具有拼接简单、可操作性强的特点。数值计算证明，快速拼接的装配式箱型铝合金桥梁能满足强度和刚度的要求，结构主体应力可控制在允许范围之内，活载挠度控制在跨径的 1/200 之内，结构体系是科学合理的。稳定性分析表明，结构能满足整体和局部稳定性要求；结构自振频率成功避开了 3.0～4.5 Hz 这一敏感区域，结构动力特性满足要求。

5.1　快速拼接的装配式箱型铝合金桥梁结构型式

以跨径 20 m 为例，快速拼接铝合金桥梁结构立面如图 5－1 所示，平面如图 5－2 所示，横断面如图 5－3 所示。截面采用箱型断面，使承载梁具有较强的抗弯、抗扭刚度和较大的顶面支撑面积，在需要快速架设、快速通行的极端情况下，车辆左右车轮可以行驶在左右相对独立的两榀梁上；在一般情况下，左右两个箱型承载梁通过顶部铝合金密肋桥面板形成承载整体（见图 5－3）。梁段沿纵向 1 m 划分一个梁段，梁截面高 1 000 mm，顶底板、腹板厚度均为 30 mm，为了减轻结构自重，顶板、底板和腹板开孔，一个梁段由一个顶板、一个底板、两个腹板、四个穿孔肋板构成，顶、底板和腹板之间通过高强锰铬合金销棒连接，其装配二维示意图如图 5－4 所示，三维示意图如图 5－5 所示。箱梁顶板和底板上下设有高强预应力筋，预应力筋采用无粘结 PSB 1080 高强精轧钢棒，钢棒连续通过梁段的穿孔肋板后在梁端锚固于端部锚固板上，梁端锚固梁段的三维示意图如图 5－6 所示。在梁端梁顶、底设置预应力是为了确保梁体在顶推架设或成榀吊装架设以及正常运营状态下，全截面均处于合理的受压状态，从而避免截面出现受拉的应力状态。由于成桥态载荷效应大于架设过程中的载荷效应，板底的预应力筋面积大于板顶预应力筋面积，板底预应力孔道直径为 50 mm，板底两个孔道分别设置 1 根直径 40 mm 的高强精轧钢棒，单个钢棒可以提供 1 193 kN 的预应力；板顶预应力孔道直径为 40 mm，板顶两个孔道分别设置 1 根直径 32 mm 的高强精轧钢棒，单个钢棒可以提供 764 kN 的预应力。梁段顶、底板和两个腹板均设有企口键，共计四个，四个企口键实现了截面上、下、左、右的嵌锁固定，确保结构在预应力作用下形成压紧的整体，企口键三维示意图如图 5－7 所示。顶板和底板质量均为 90 kg，腹板质量 66 kg，穿孔肋板质量 4.8 kg，一个梁段总质量为 312 kg。

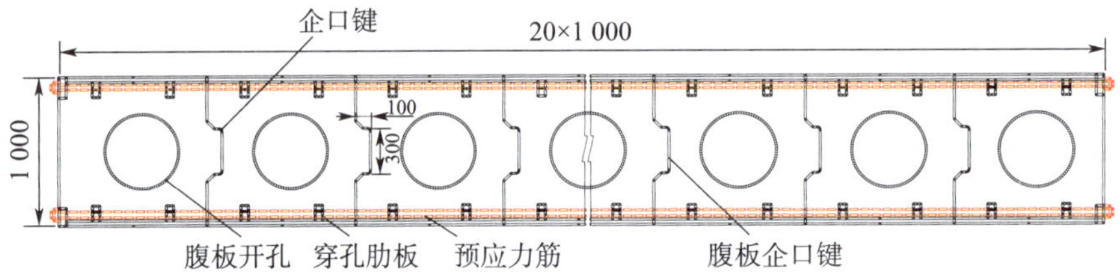

图 5－1　快速拼接铝合金桥梁结构立面图（单位：mm）

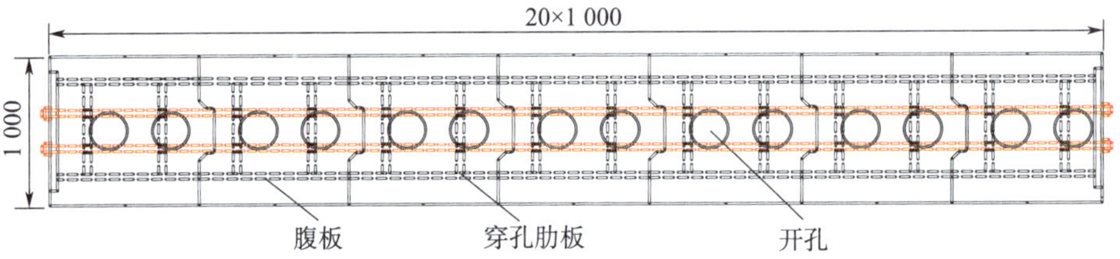

图 5－2　快速拼接铝合金桥梁结构平面图（单位：mm）

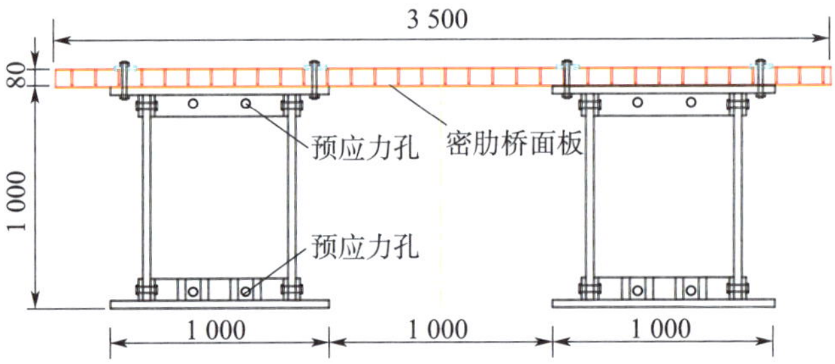

图 5－3　快速拼接铝合金桥梁结构横断面图（单位：mm）

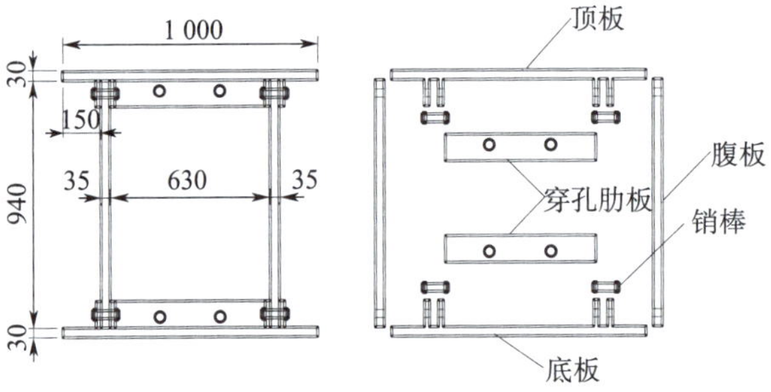

图 5－4　箱梁梁段装配示意图（单位：mm）

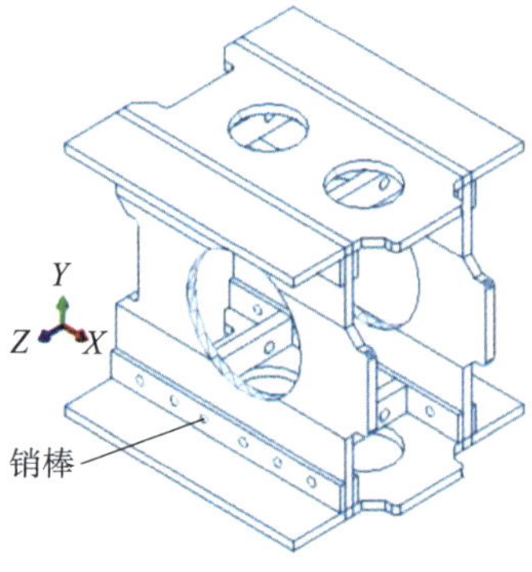

图 5－5　标准梁段装配三维示意图

桥面承载板采取纵横正交的薄壁竖板构成的密间距梁格体系，单榀桥面承载板全宽 1 000 mm，长 3 500 mm，沿长度方向由 10 道高 80 mm、厚 12 mm 的纵向肋板间距 100 mm 构成，横向由间距 100 mm 的高 70 mm、宽 6 mm 的肋板构成，桥面承载板沿桥跨连续布设，纵向肋板间距 1 000 mm 设有宽度 1 010 mm 的凹槽，用于卡住其下的箱梁顶板，防止桥面承载板和横梁的纵向相对滑移；同时在箱梁顶部设置有净间距 1 005 mm 的桥面承载板的横向卡槽，防止桥面承载板和横梁的横向相对滑移；桥面承载板设有下压扣件，扣住桥面承载板的纵横肋顶面，防止桥面承载板和箱梁的垂向脱空。桥面承载板纵横肋板采用高强铝合金焊接或一次脱模成型，单榀桥面承载板质量 125 kg，其横断面如图 5－8 所示，纵断面如图 5－9 所示。

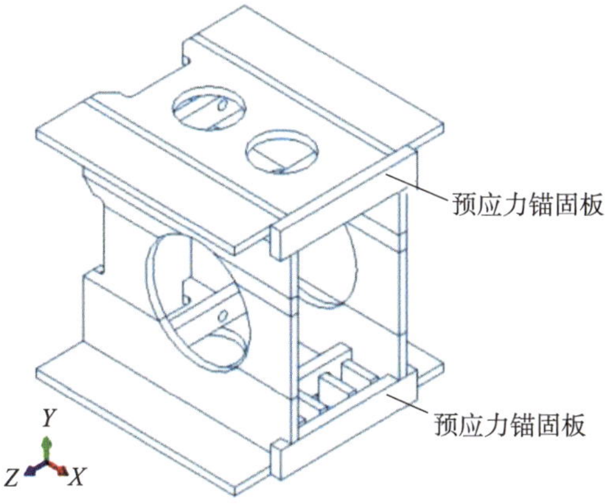

图 5－6　梁端锚固梁段的三维示意图

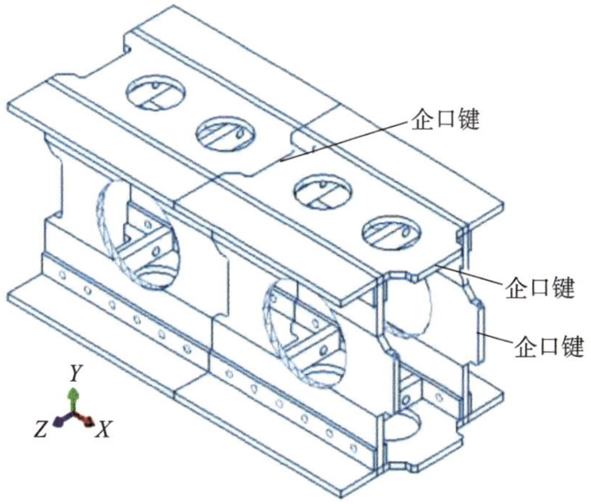

图 5－7　梁段企口键三维示意图

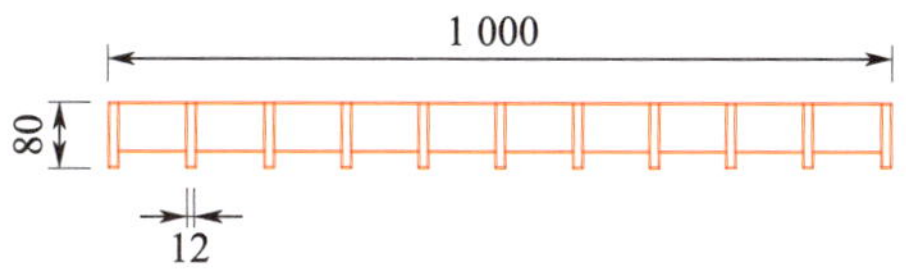

图 5－8　桥面承载板横断面图（单位：mm）

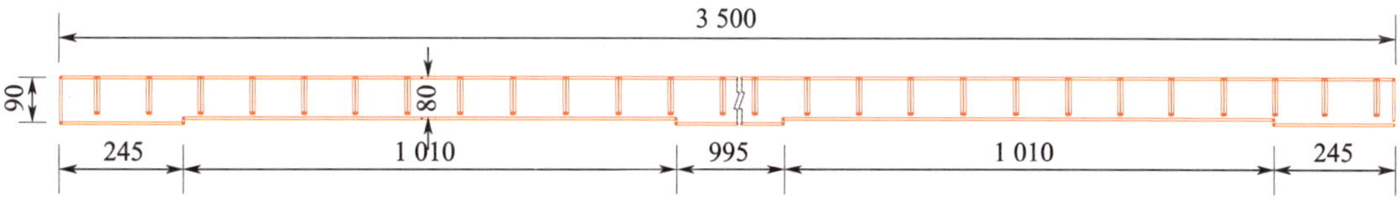

图 5－9　桥面承载板纵断面图（单位：mm）

不同高度的腹板和顶、底板搭配可适应于不同的跨径，三种不同高度的箱梁截面型式如图 5－10 所示。

桥梁现场组装时人员可以分为两个小组，一个小组拼装梁段，另一个小组负责将梁段纵向拼接。每拼装好一个梁段，就将这个梁段和前一个梁段穿预应力钢棒后临时锚固，每一个梁段顶、底都配有和预应力钢棒螺纹配属的螺母，螺母支撑于穿孔肋板上，通过将螺母拧紧实现这个梁段和前一个梁段的压紧贴密，依次类推，直至拼装完成全部梁段，然后统一从最后梁段外侧张拉预应力钢棒至控制预应力后锁定，从而完成整个梁体的拼装。高强精轧螺纹钢采用专用联结器进行接长。整梁架设一般采用顶推施工，梁前端套有桁架悬鼻，梁后端施以配重，成桥态的结构为简支受力体系。

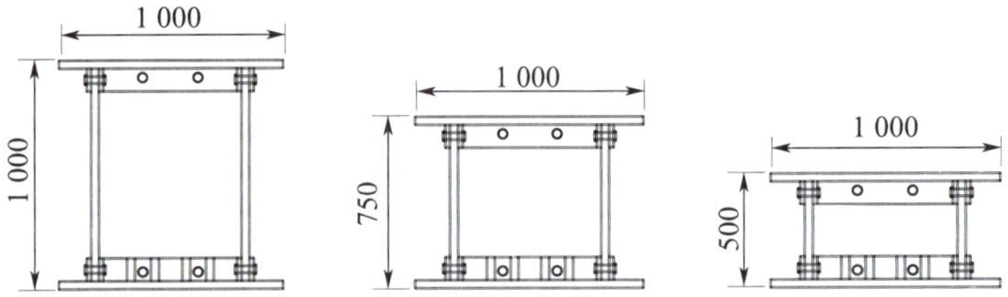

图 5-10　桥面承载板纵断面图

5.2　快速拼接的装配式箱型铝合金桥梁结构承载性能研究

5.2.1　模型参数

计算模型的物理力学参数见表 5-1。

表 5-1　模型物理力学参数

模型名称	材质	密度/(t/m^3)	弹性模量/MPa	泊松比	屈服强度
顶板	高强铝	2.8	7e4	0.3	240
底板	高强铝	2.8	7e4	0.3	240
腹板	高强铝	2.8	7e4	0.3	240
预应力精轧钢棒	PSB1080 合金钢	7.85	2e5	0.3	1 080
穿孔肋板	高强铝	2.8	7e4	0.3	240
锚板	45 优质钢	7.85	2e5	0.3	355
销棒	30CrMnSi	7.85	2e5	0.3	835

单元剖分采用三维块体单元，单元剖分示意图如图 5-11 所示；材料本构关系为弹性；结构件之间的相互作用为：1）预应力锚板和梁端接触面、预应力钢棒和锚板接触区域以及穿孔肋板和顶底板、腹板的接触面为绑定连接；2）梁段之间的接触面、预应力钢棒和穿孔肋板孔道，以及销棒和腹板孔道均为接触关系，设定接触的切向摩擦系数为 0.1，法向接触为硬接触；边界条件为在梁端板底端部施加 50 mm 宽简支约束。

载荷步分为四步：第一载荷步为施加预应力，通过降温实现，箱梁底部两根预应力筋施加降温 400 ℃，对应施加预应力为 780 MPa，箱梁顶部两根预应力筋施加降温 200 ℃，对应施加预应力为 390 MPa；第二载荷步为结构自重加载，分为 1 个加载步加载；第三载荷步为跨中最不利公路-Ⅱ级车道载荷加载，分为均布载荷和集中载荷，考虑到单车道对应两个主梁，且车辆居中行驶，横向分布系数可取 0.5，均布载荷取值为 5.25 kPa，分布于桥面板顶面，集中载荷取 150 kN，对应的载荷集度为 150 kPa，施加于跨中梁段的顶面，如图 5-12 所示；第四载荷步为继续施加倍数关系的公路-Ⅱ级集中载荷直至结构失稳破坏，目的是考察结构在承载极限状态的力学变形行为。

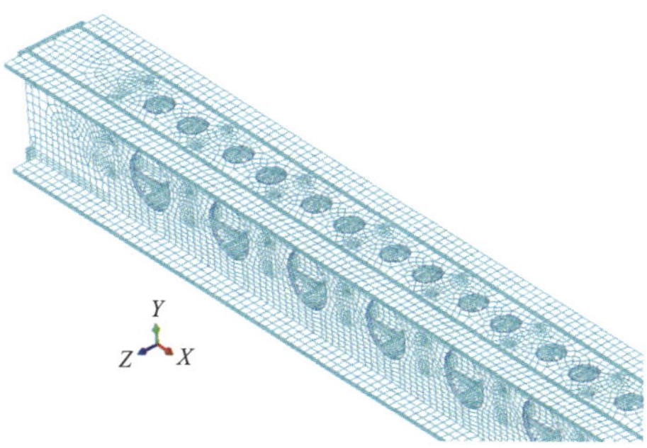

图 5－11　单元剖分示意图（局部）

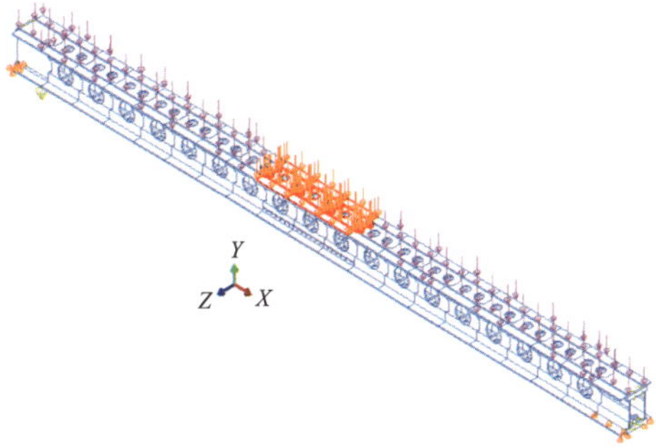

图 5－12　计算模型三维示意图

5.2.2　加载作用分析

（1）第一载荷步作用下的载荷效应

施加预应力后结构的竖向位移云图如图 5－13 所示，结构跨中上挠 14.3 mm；施加预应力后的结构纵向正应力云图如图 5－14 所示，结构整体处于压应力状态，底部压应力处于 27.1～56.3 MPa 之间，顶部压应力处于 4.3～26.9 MPa 之间；跨中三个梁段的 Mises 应力云图如图 5－15 所示，从图中可以看出，企口键角隅出现了应力集中，最大值接近 200 MPa，除去角隅，整体梁段受力较为均匀，总体控制在 83 MPa 以内，角隅应力集中的问题可以通过优化企口倒角，加设缓冲垫片的方式解决；跨中梁段的接触应力云图如图 5－16 所示，从图中可以看出，全截面受压，底板压应力高于顶板压应力，和底部施加预应力大于顶部预应力一致；预应力筋应力云图如图 5－17 所示，从图中可以看出，底部预应力筋应力为 756.3 MPa，顶部预应力筋应力为 378.4 MPa，和降温效应的理论值相吻合。该阶段结构应力均处于材料允许的范围之内。

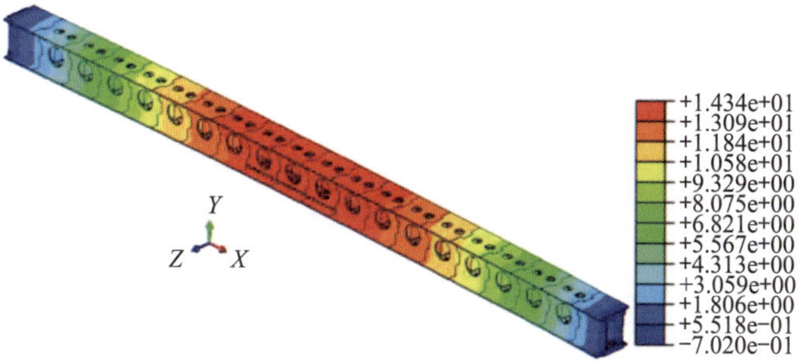

图 5－13　施加预应力后结构的竖向位移云图（单位：mm）

（2）第二载荷步作用下的载荷效应

第二载荷步为施加结构自重，因为结构本身自重较轻，约 312 kg/m^2，施加结构自重后的结构竖向位移云图如图 5－18 所示，对应的桥面板竖向位移为 8.9 mm，相对于第一加载步下降 5.4 mm；施加结构自重后的结构纵向正应力云图如图 5－19 所示，从图中可以看出，结构整体仍处于压应力状态，顶底压应力储备相较第一载荷步变化不大。

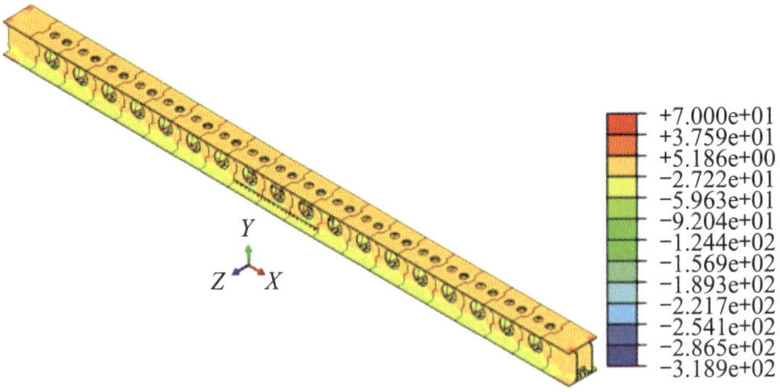

图 5－14　施加预应力后的结构纵向正应力云图（单位：MPa）

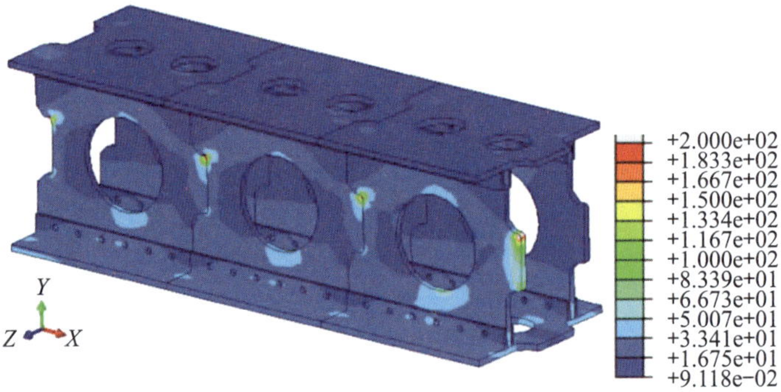

图 5－15　跨中区域三个梁段的 Mises 应力云图（单位：MPa）

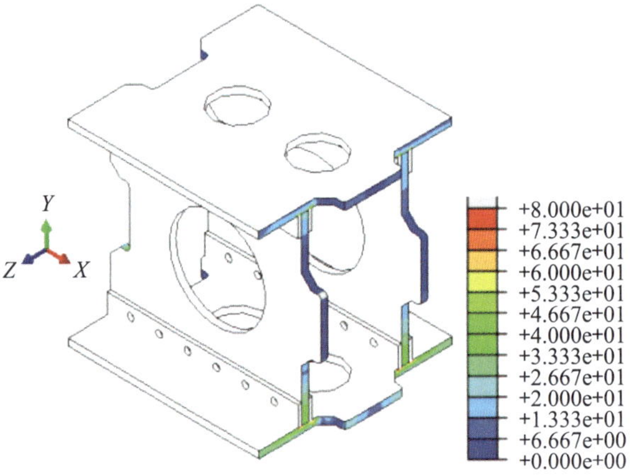

图 5－16　跨中梁段的接触应力云图（单位：MPa）

（3）第三载荷步作用下的载荷效应

第三载荷步为施加公路-Ⅱ级车道载荷，均布载荷作用于全跨，集中载荷作用于跨中。结构竖向位移云图如图 5－20 所示，整体结构的最大竖向位移由第二载荷步的 8.9 mm 降至－78.4 mm，该值和第二载荷步差值即为活载作用下的挠度，即 87.3 mm，为跨径的 1/229，小于 1/200，满足要求；施加预应力后的结构纵向正应力云图如图 5－21 所示，从

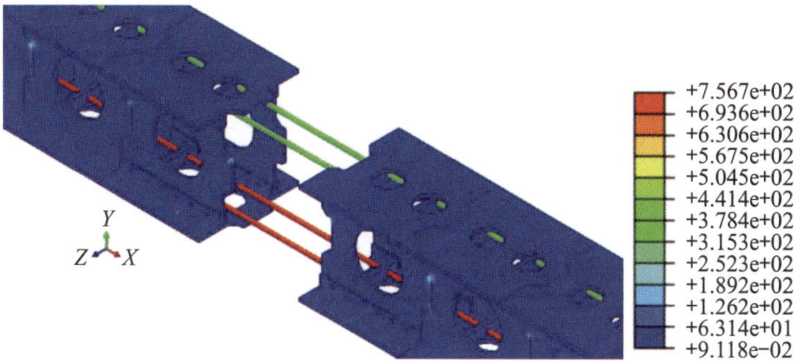

图 5 - 17　预应力筋应力云图（单位：MPa）

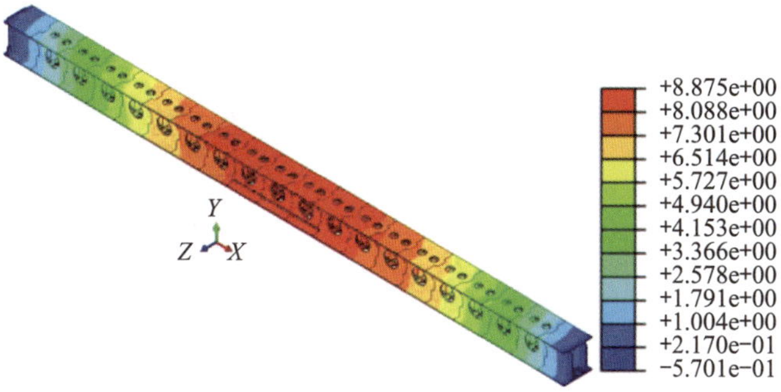

图 5 - 18　施加结构自重后结构竖向位移云图（单位：mm）

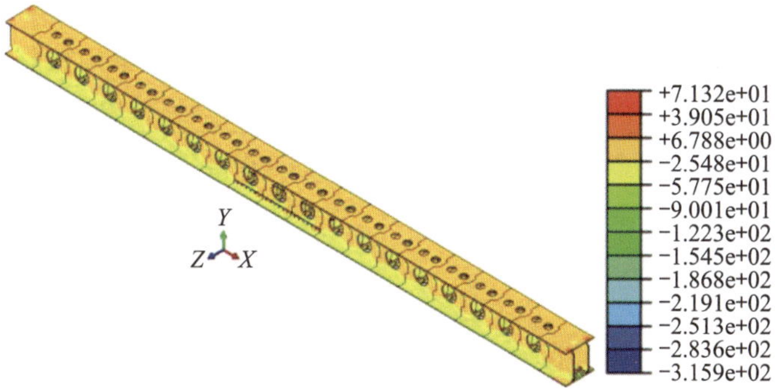

图 5 - 19　施加结构自重后的结构纵向正应力云图（单位：MPa）

图中可以看出，结构整体尚处于压应力状态，底部压应力处于 0.75～45 MPa 之间，跨中梁段底板对应低值，说明跨中梁段底部压应力储备已不多，如果按照正常使用极限状态不得出现拉应力来控制的话，说明公路-Ⅱ级载荷作用下结构已接近正常使用极限状态，顶部压应力处于 5.6～66.7 MPa 之间；跨中三个梁段的 Mises 应力云图如图 5 - 22 所示，从图中可以看出，顶板和腹板上部以及企口键应力较大，幅值在 55.2～66.7 MPa 之间，底板和腹板中下部应力较小，说明该区域由于跨中弯矩的作用已大部分消压；跨中梁段的接触应力云图如图 5 - 23 所示，从图中可以看出，虽然此阶段仍保持全截面受压状态，但底板和腹板中下区域都已明显消压，顶板压应力较高，说明此时截面弯矩主要由底部预应力筋和顶板构成的力偶来承担；预应力筋应力云图如图 5－24 所示，从图中可以看出，底部预应力筋应力为 902.0 MPa，顶部预应力筋应力为 290.2 MPa，相较第一载荷步，底部预应力增量为 145.7 MPa，顶部预应力增量为－88.2 MPa，说明顶部预应力由于所处梁体受弯、截面受压导致预应力筋弹性回缩至预应力减小。该阶段结构应力及变形均处于材料允许的范围之内。

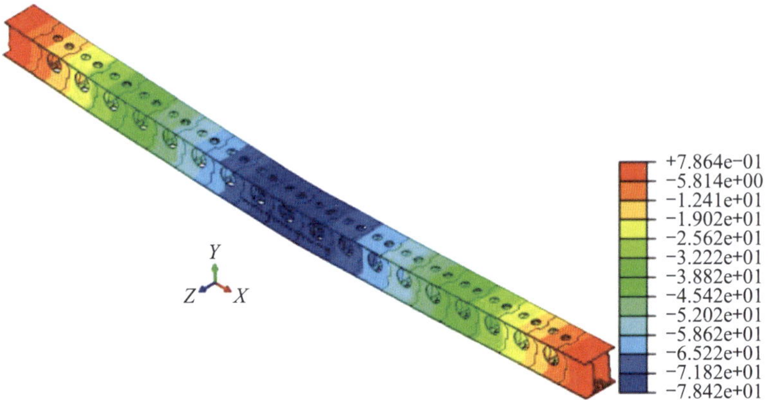

图 5－20　活载作用下竖向位移云图（单位：mm）

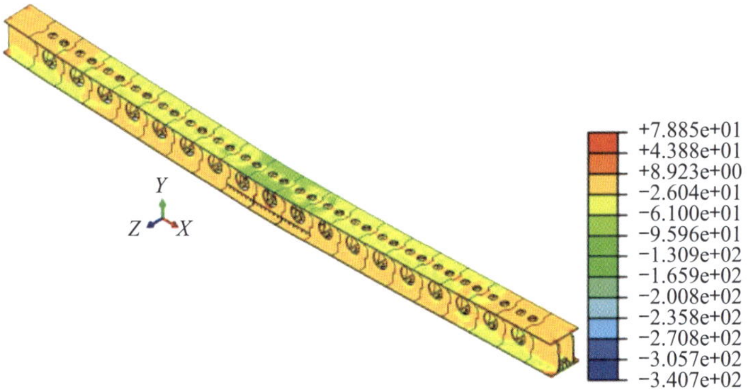

图 5－21　活载作用下结构纵向正应力云图（单位：MPa）

（4）第四载荷步作用下的载荷效应

第四载荷步为继续施加倍数关系的公路－Ⅱ级集中载荷直至结构失稳破坏，结构在 3.81 倍的公路－Ⅱ级集中载荷作用下，结构出现失稳破坏，对应的结构竖向位移云图如图 5－25 所示，从图中可以看出跨中最大竖向位移已达 498 mm。跨中梁段变形形态如图 5－26 所示，从图中可以看出，底部已不再接触而出现较宽的裂缝，最大缝宽高达 66.9 mm，企口键已从口槽接近脱出，说明结构已处于失稳的边缘。跨中截面的接触应力如图 5－27 所示，从图中可以看出接触面压应力仅存在于顶板上边缘，其他区域均为零，说明仅有顶板上边缘接触，其他接触区域已完全脱离。

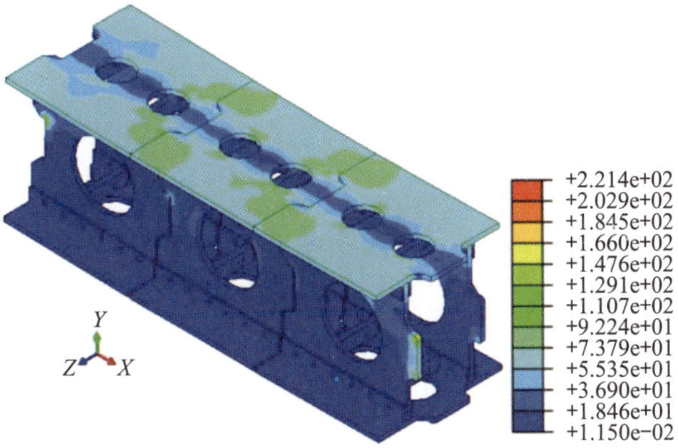

图 5-22　施加车载后三个梁段的 Mises 应力云图（单位：MPa）

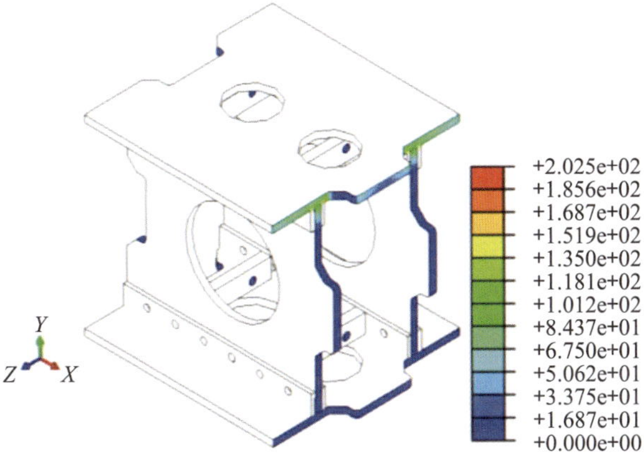

图 5-23　施加车载后跨中梁段接触应力云图（单位：MPa）

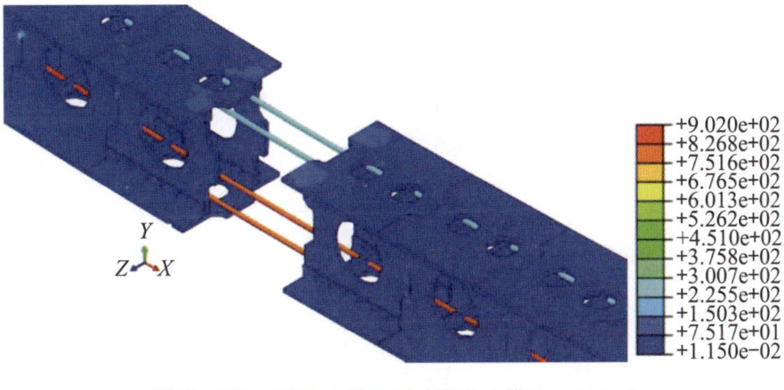

图 5-24　预应力筋应力云图（单位：MPa）

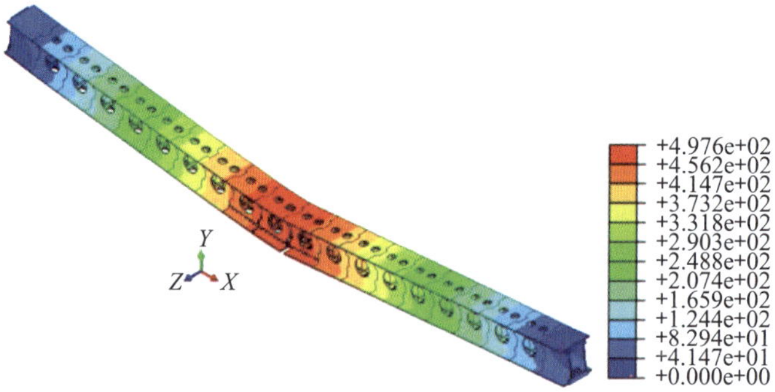

图 5-25　失稳最后时刻结构竖向位移云图（单位：mm）

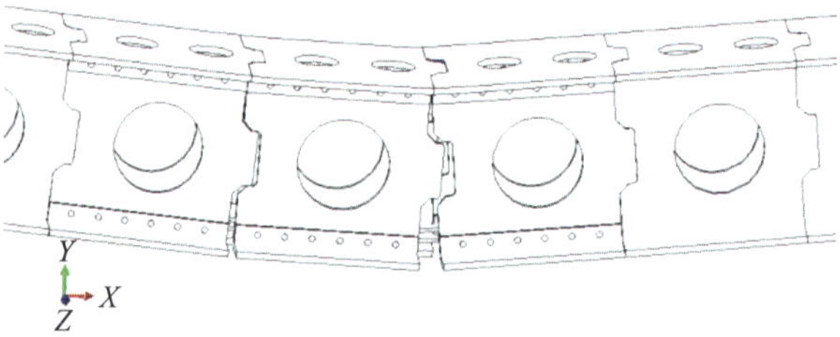

图 5-26　失稳最后时刻跨中梁段变形形态

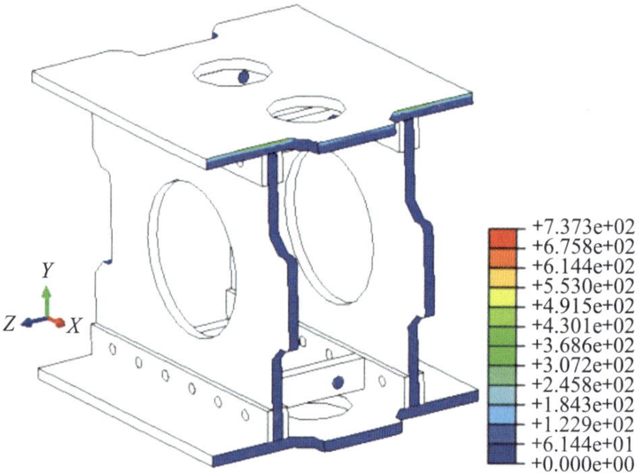

图 5-27　失稳最后时刻跨中梁段接触应力云图（单位：MPa）

5.2.3　结构稳定性分析

将车道均布载荷和集中载荷作为结构稳定性分析的外载，预应力等效面载荷施加于梁端的预应力锚板外面，承载梁两端的边界约束条件不变，考察结构屈曲特征值，取前四阶屈曲模态如图 5-28 所示，前四阶屈曲模态的位置、形态及屈曲特征值见表 5-2。屈曲特征值均大于 6，结构稳定性满足要求。

表 5－2　梁体屈曲模态

阶数	屈曲位置	形态	屈曲特征值
一阶	跨中顶板	跨中顶板屈曲＋侧弯	18.7
二阶	跨中顶板	跨中顶板屈曲＋侧弯	19.3
三阶	跨中底板	跨中底板屈曲	21.9
四阶	跨中底板中央区域	跨中底板屈曲＋侧弯	22.4

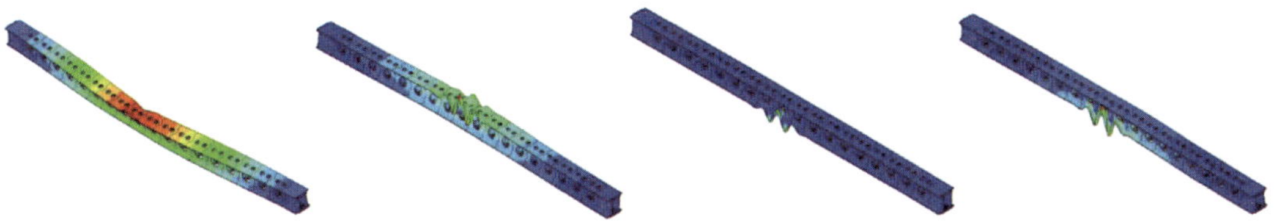

(a) 一阶　(b) 二阶　(c) 三阶　(d) 四阶

图 5－28　前四阶屈曲模态

5.2.4　结构自振频率与模态

前四阶结构自振模态如图 5－29 所示，从图中可知，结构基频为竖向振动，说明结构的竖向刚度较为薄弱。国内外大量车辆振动试验表明，重载车辆的基频主要集中在 3.0～4.5 Hz 之间，结构自振频率避开了 3.0～4.5 Hz 这一敏感区域，因此是安全的。

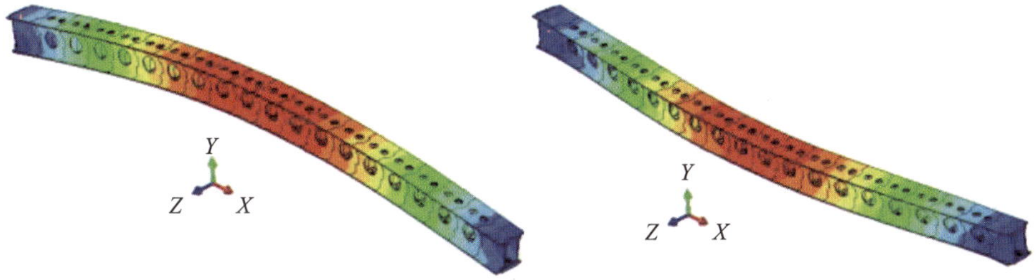

(a) 一阶模态 (竖向振动/2.09 Hz)　(b) 二阶模态 (横向振动/2.98 Hz)

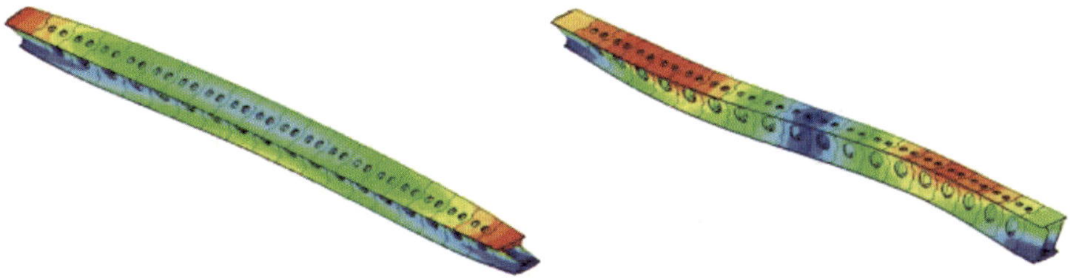

(c) 三阶模态 (畸变振动/17.1 Hz)　(d) 四阶模态 (S型振动/21.2 Hz)

图 5－29　前四阶结构自振模态

5.3 小结

基于前面分析，可以得出以下基本结论：

1）发明的新型快速拼接铝合金桥梁，实现了化整为零和拼零为整，单个零件最大质量可控制在125 kg以内，拼接简单，可操作性强；

2）数值计算证明快速拼接铝合金桥梁能满足强度和刚度的要求，除企口个别应力集中区域尚需优化外，结构主体应力能控制在允许范围内，活载荷挠度控制在跨径的1/200以内，结构体系是科学合理的；

3）稳定性分析表明，结构可以满足整体和局部稳定性要求；

4）结构自振频率成功避开了3.0～4.5 Hz这一敏感区域，结构动力特性满足要求。

第 6 章　快速架设的装配式 X 型桥梁结构研究

著者发明了新型快速架设 X 型铝合金装配桥梁，实现了化整为零和拼零为整。梁体由横向间距 1 m 的两道 X 型梁片拼接而成。X 型梁片分为阴、阳两种类型，阳梁片插入阴梁片，再横向插入销棒进行连接，销棒直接连通横向两道梁片且有横向支撑的作用。X 型梁片顶部设有密肋桥面板，横向两个梁片之间设有 X 型支撑。梁体单件最大质量控制在 135 kg 以内，具有拼接简单、可操作性强的特点；数值计算证明快速拼接铝合金桥梁能够满足强度和刚度的要求，结构主体应力可控制在 130 MPa，满足要求，活载挠度控制在跨径的 1/300 之内；稳定性分析表明，结构可以满足整体和局部稳定性要求；结构基频为 4.13 Hz，结构动力特性满足要求；结构体系是科学合理的。

6.1　快速架设的装配式 X 型铝合金桥梁结构型式

以跨径 16 m 为例，快速拼接架设的 X 型铝合金桥梁结构立面如图 6－1 所示，平面如图 6－2 所示，横断面如图 6－3 所示。梁体由横向间距 1 m 的两道 X 型梁片拼接而成，X 型梁片分为阴、阳两种类型，阳梁片插入阴梁片再横向插入销棒进行连接，销棒直接连通横向两道梁片且有横向支撑的作用。X 型梁片沿纵向 1 m 划分一个梁段，梁片高 1 000 mm，阳梁片腹板厚度均为 60 mm，插头部分板厚 90 mm，阴梁片腹板厚度 60 mm，插头部分由两个 60 mm 厚的夹板构成。为了减轻结构自重，梁片腹板开孔。X 型梁片顶部设有密肋桥面板，横向两个梁片设有 X 型支撑。X 型梁片的装配示意图如图 6－4 所示。X 型斜撑截面尺寸为 40 mm×40 mm，端部采用螺栓锚固于和梁片接触区域，销棒材质为高强锰铬合金，直径 80 mm，其端部和梁片销接的部分为实心结构，中部区域为空心设计，其示意图如图 6－5 所示。

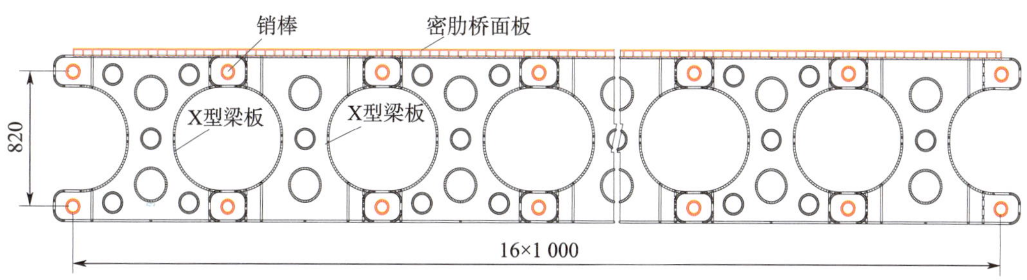

图 6－1　快速拼接铝合金桥梁结构立面图（单位：mm）

桥面承载板采取密肋板结构，单榀桥面承载板全宽 1 000 mm，长 1 660 mm，肋板沿承载板长度方向布设，肋板间距 60 mm，肋板及上下板壁厚均为 6 mm，承载板和 X 型梁

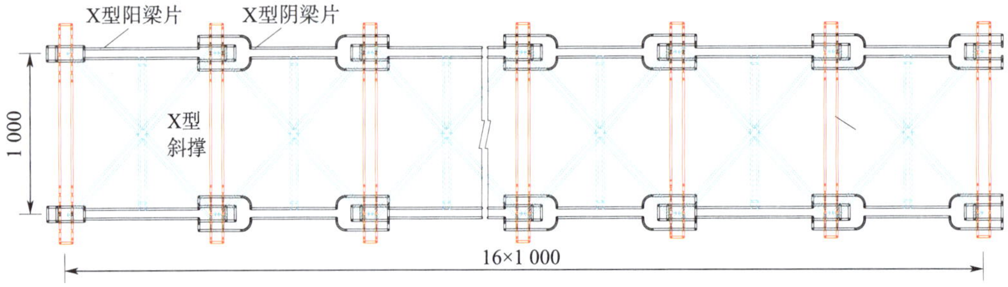

图 6－2 快速拼接铝合金桥梁结构平面图（单位：mm）

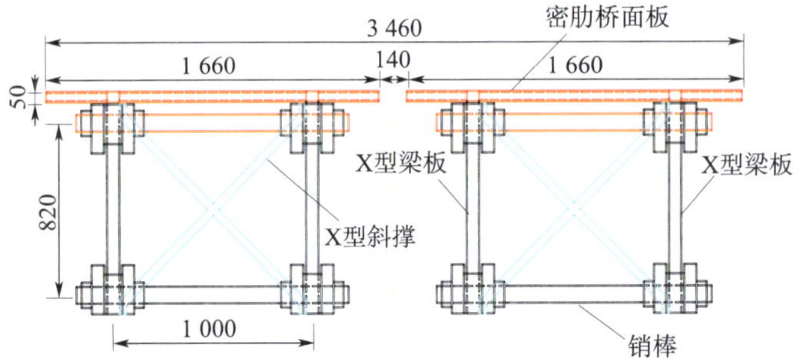

图 6－3 快速拼接铝合金桥梁结构横断面图（单位：mm）

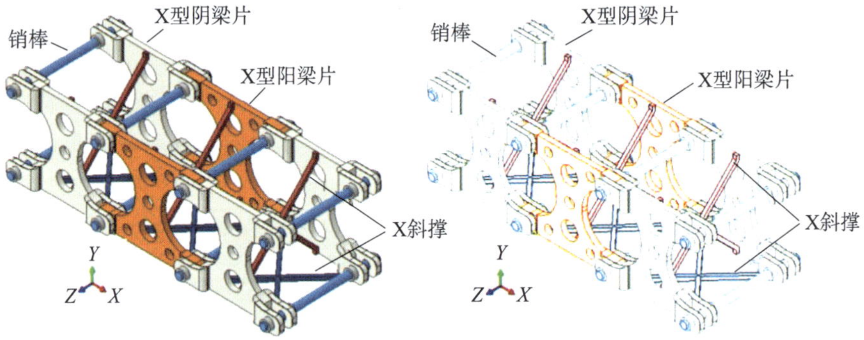

图 6－4 梁片装配示意图（单位：mm）

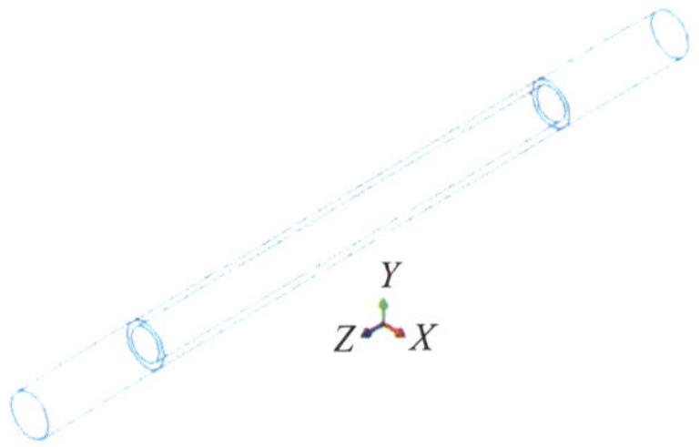

图 6－5 销棒三维示意图

片顶部接触区域为实心结构，该部分宽度和 X 型梁片腹板宽度相同，均为 60 mm，承载板在此实心区域设有多个穿孔和梁片顶面用螺栓连接。桥面承载板的横、纵断面分别如图 6-6、图 6-7 所示，三维示意图如图 6-8 所示。

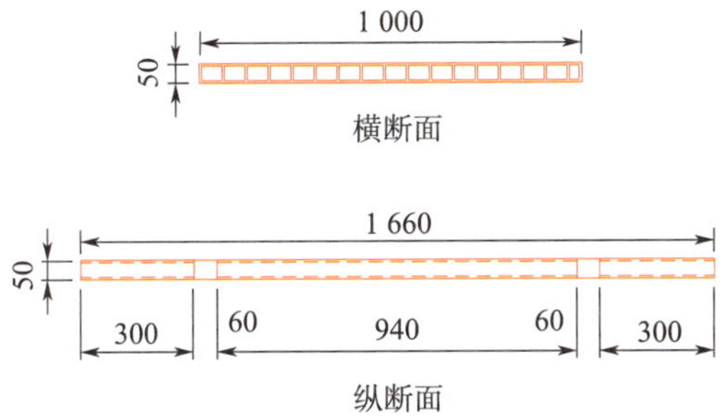

图 6-6　桥面承载板横、纵断面图

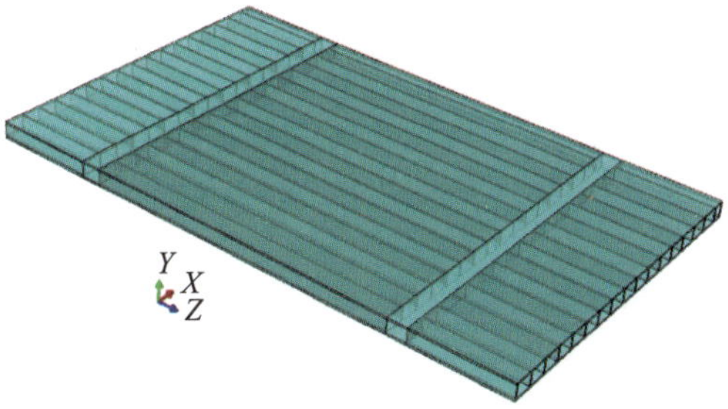

图 6-7　桥面承载板三维示意图

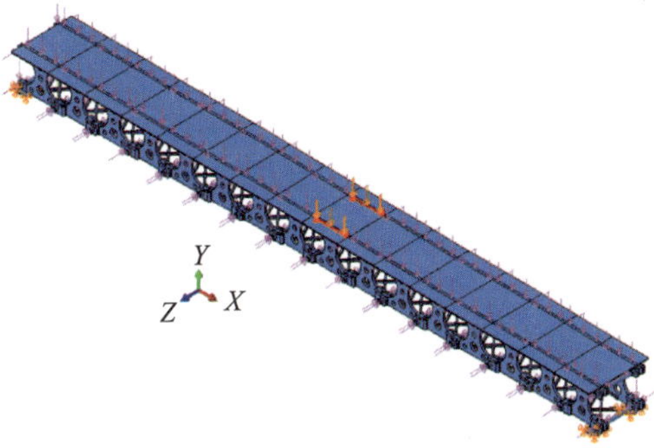

图 6-8　计算模型三维示意图

全梁除去销棒为合金钢外，其余构件均为高强铝合金材质。X 型阳梁片质量为 95 kg，X 型阴梁片质量为 135 kg，销棒质量为 35 kg，一榀桥面承载板质量为 83 kg，X 型斜撑质量为 11 kg，16 m 跨径全梁总重为 4 900 kg。

需要快速架设、快速通行时，车辆左右车轮可以行驶在左右相对独立的两榀梁上，如图 6-3 所示。

现场组装时，将每组梁片采用销棒穿孔固定后安装 X 型斜撑，即可完成一个梁段。整梁架设一般采用顶推施工，梁前端套有桁架悬鼻，梁后端施以配重，桥面支撑板在梁片全桥贯通就位后再统一铺设，成桥态的结构为简支受力体系。

6.2　快速架设的装配式 X 型铝合金桥梁结构承载性能研究

6.2.1　整体结构受力分析

计算模型的物理力学参数见表 6-1。

表 6-1 模型物理力学参数

模型名称	材质	密度/(t/m^3)	弹性模量/MPa	泊松比	屈服强度/MPa
X 型梁片	高强铝	2.8	7e4	0.3	240
X 型斜撑	高强铝	2.8	7e4	0.3	240
桥面承载板	高强铝	2.8	7e4	0.3	240
销棒	30CrMnSi	7.85	2e5	0.3	835

单元剖分采用三维块体单元，单元剖分示意图如图 6-9 所示。材料本构关系为弹性，构件之间的相互作用为：1）X 型支撑和 X 型梁片接触区域、桥面承载板板底和 X 型梁片梁顶接触区域以及销棒螺母内壁与销棒外壁为绑定连接；2）销棒外壁和 X 型梁片的穿孔孔壁、X 型阳梁片和 X 型阴梁片插头侧壁，以及端部梁底和支座顶面之间的接触面为接触关系，设定接触的切向摩擦系数为 0.1，法向接触为硬接触；边界条件为梁端设置橡胶支座支撑。

载荷步划分为两步：第一载荷步为结构自重加载，分为 1 个加载步加载；第二个加载步为跨中最不利公路-Ⅰ级车道载荷加载，分为均布载荷和集中载荷。考虑到单车道对应两个主梁，且车辆居中行驶，横向分布系数可取 0.5，均布载荷取值为 5.25 kN/m，作用于梁片顶面，集中载荷取 150 kN，作用于跨中梁段的顶面（见图 6-8）。

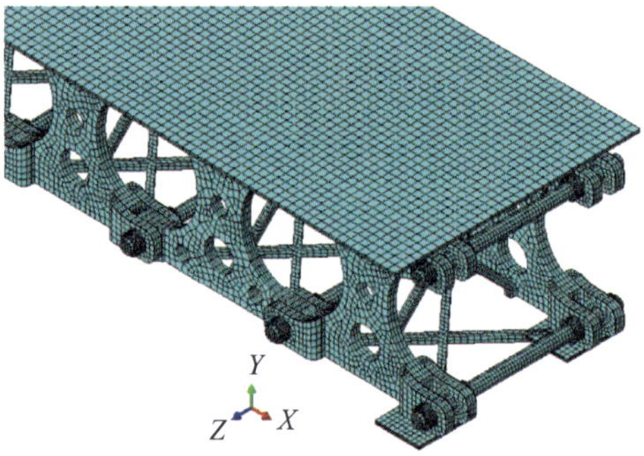

图 6-9 单元剖分示意图（局部）

6.2.2 整体结构加载作用分析

（1）第一载荷步作用下的载荷效应

结构自重作用下结构的竖向位移云图如图 6-10 所示，由图中可看出，结构跨中下挠 7.95 mm，为跨径的 1/2 013；结构自重作用下结构 Mises 应力云图如图 6-11 所示，结构整体 Mises 应力处于较低水平，最大 Mises 应力为 25.9 MPa；跨中梁底销棒对应的结构最大 Mises 应力如图 6-12 所示；跨中梁片最大 Mises 应力为 20.0 MPa，如图 6-13 所示；跨中梁底销棒接触压应力云图如图 6-14 所示，图中可见在和梁片孔壁接触区域形成明显的接触压应力交错分布，阳梁片和阴梁片通过销棒形成对拉受力机制，最大接触压应力为 13.0 MPa，图 6-15、图 6-16 分别对应阳梁片、阴梁片的销棒孔内壁接触压应力，最大接触压应力为 28.3 MPa；图 6 - 17 为 X 型斜撑 Mises 应力云图，其中竖向 X 型斜撑受力很小，水平向 X 型斜撑最大 Mises 应力为 6.9 MPa。

该阶段结构应力和变形均处于理想的范围之内。

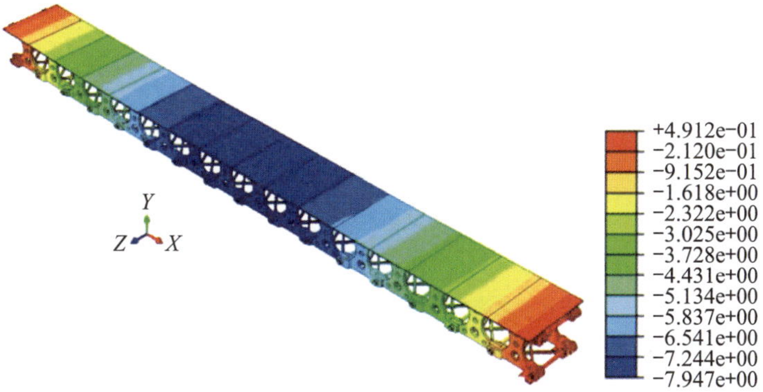

图 6 - 10　结构自重作用下结构竖向位移云图（单位：mm）

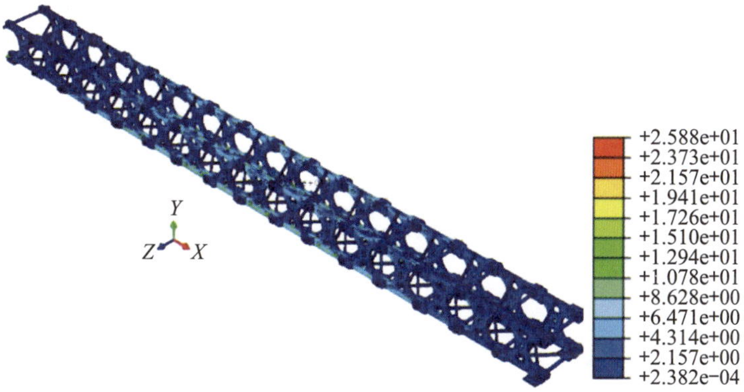

图 6 - 11　结构自重作用下结构 Mises 应力云图（单位：MPa）

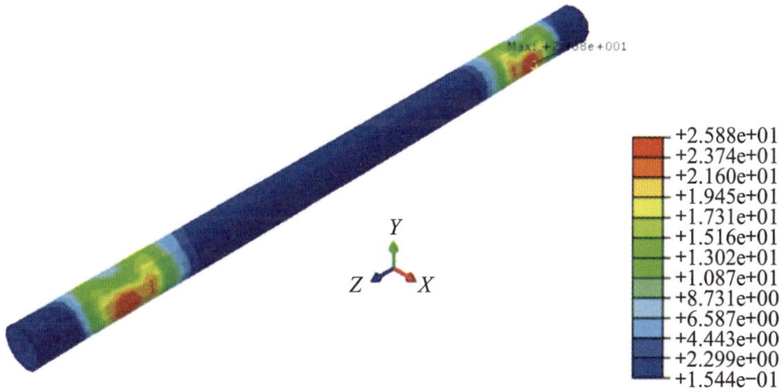

图 6 - 12　跨中梁底销棒 Mises 应力云图（单位：MPa）

(2) 第二载荷步作用下的载荷效应

第二载荷步为施加公路-Ⅱ级车道载荷，均布载荷作用于全跨，集中载荷作用于跨中。

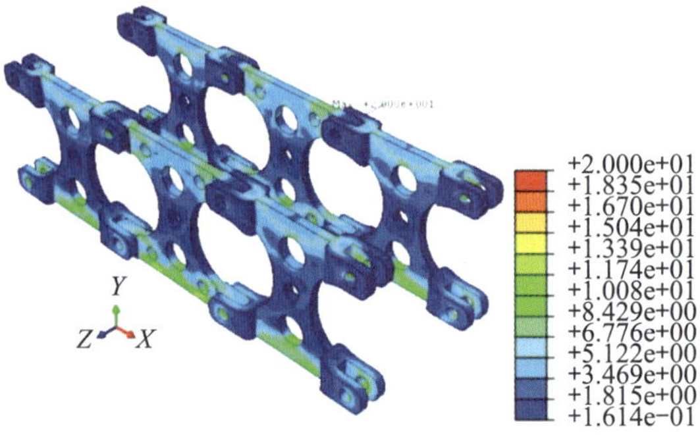

图 6-13　跨中梁片 Mises 应力云图（单位：MPa）

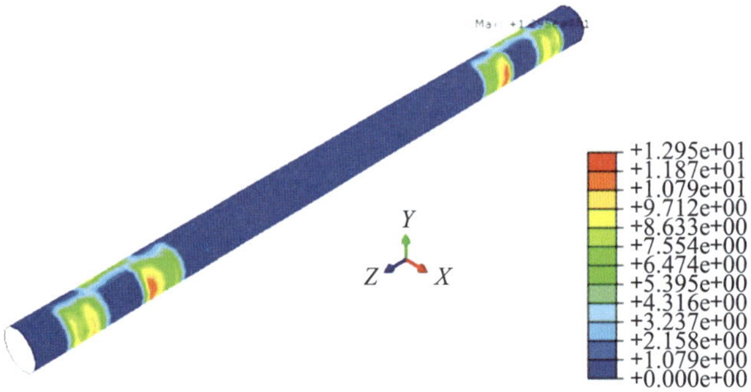

图 6-14　跨中梁底销棒接触压应力云图（单位：MPa）

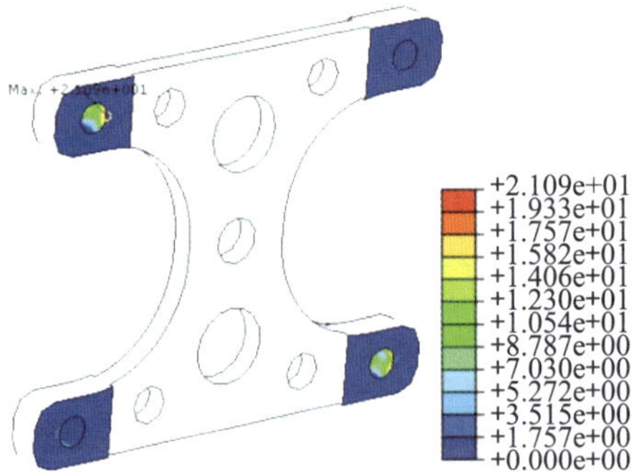

图 6-15　跨中阳梁片销棒孔内壁接触压应力云图（单位：MPa）

结构竖向位移云图如图 6-18 所示，整体结构的最大竖向位移为－48.99 mm，该值和第一载荷步差值即为活载作用下的挠度，即 41.04 mm，为跨径的 1/390，小于 1/200，满足要求；车载作用下结构 Mises 应力云图如图 6-19 所示，结构整体 Mises 应力处于允许范围之内，最大 Mises 应力为 173.2 MPa；跨中梁底销棒对应结构最大的 Mises 应力如图 6-20 所示；梁片最大 Mises 应力为 128.9 MPa，如图 6-21 所示；跨中梁底销棒接触压应力云图如图 6-22 所示，在和梁片孔壁接触区域形成明显的接触压应力交错分布，阳梁片和

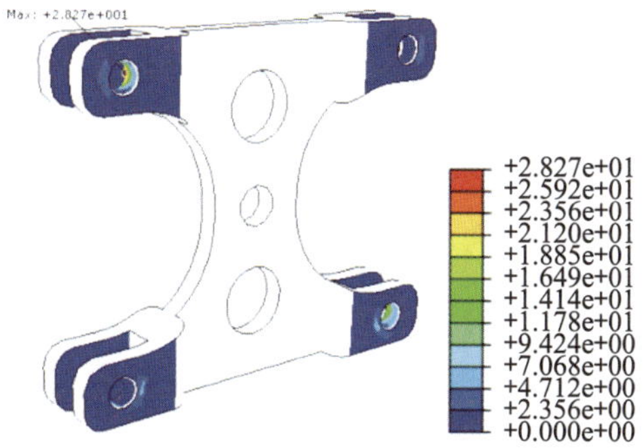

图 6－16　跨中阴梁片销棒孔内壁接触压应力云图（单位：MPa）

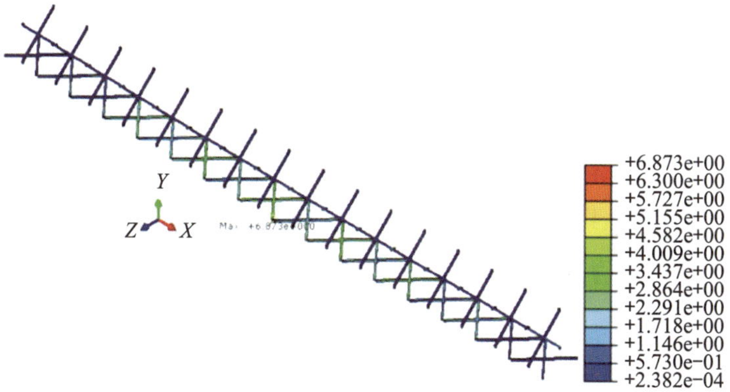

图 6－17　X 型斜撑 Mises 应力云图（单位：MPa）

阴梁片通过销棒形成对拉受力机制，最大接触压应力为 81.6 MPa，图 6－23、图 6－24 分别对应阳梁片、阴梁片的销棒孔内壁接触压应力，最大接触压应力为 186.6 MPa；图 6－25 为 X 型斜撑 Mises 应力云图，其中竖向 X 型斜撑受力很小，水平向 X 型斜撑最大 Mises 应力为 43.2 MPa。

该阶段结构应力和变形均处于规范允许范围之内。

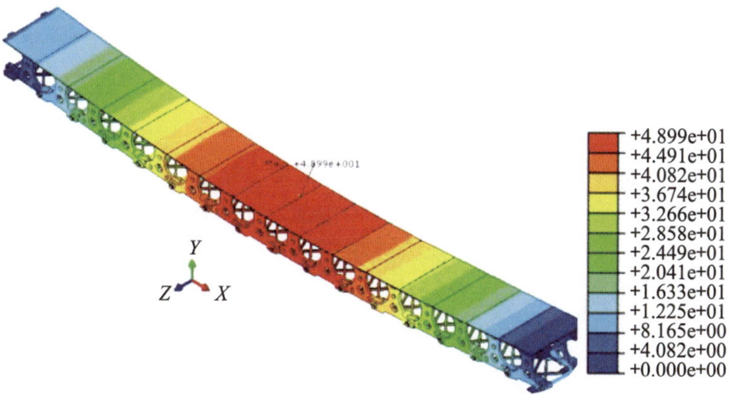

图 6－18　车载作用下结构竖向位移云图（单位：mm）

图 6-19　车载作用下结构 Mises 应力云图（单位：MPa）

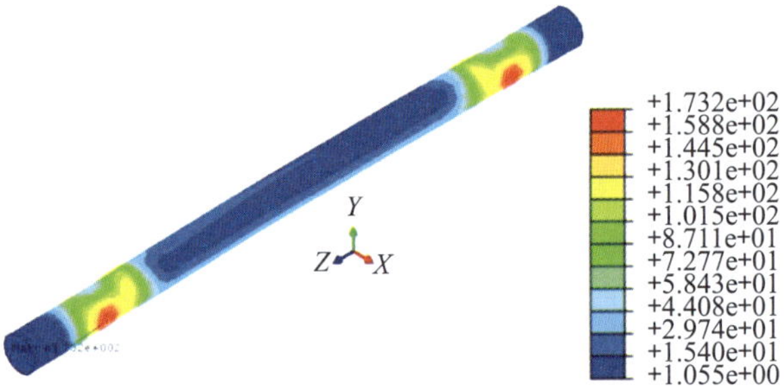

图 6-20　车载作用下跨中梁底销棒 Mises 应力云图（单位：MPa）

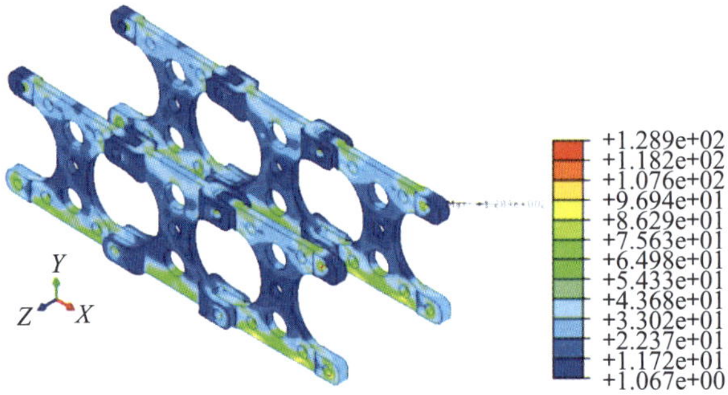

图 6-21　车载作用下跨中梁片 Mises 应力云图（单位：MPa）

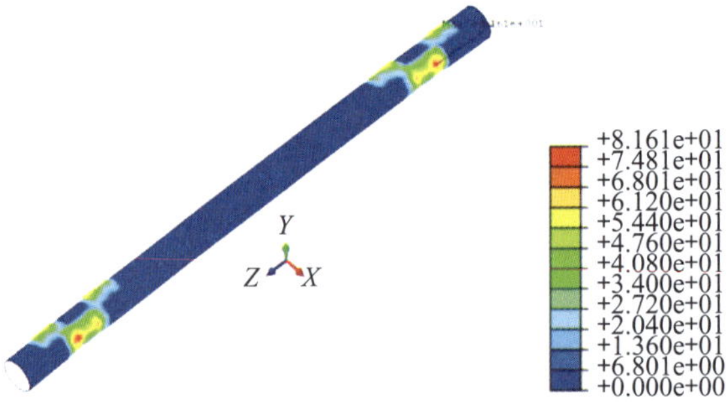

图 6-22　跨中梁底销棒接触压应力云图（单位：MPa）

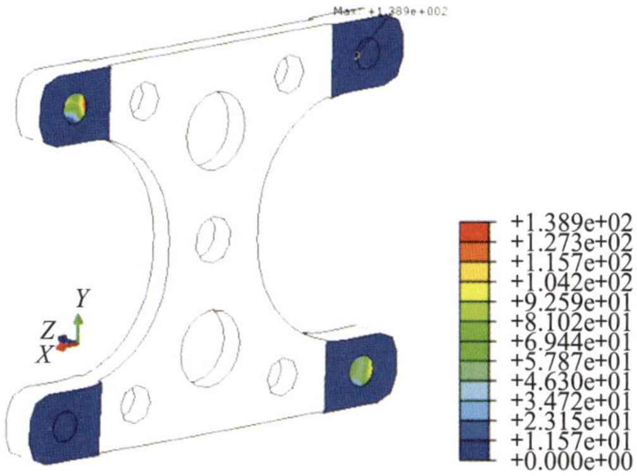

图 6－23　跨中阳梁片销棒孔内壁接触压应力云图（单位：MPa）

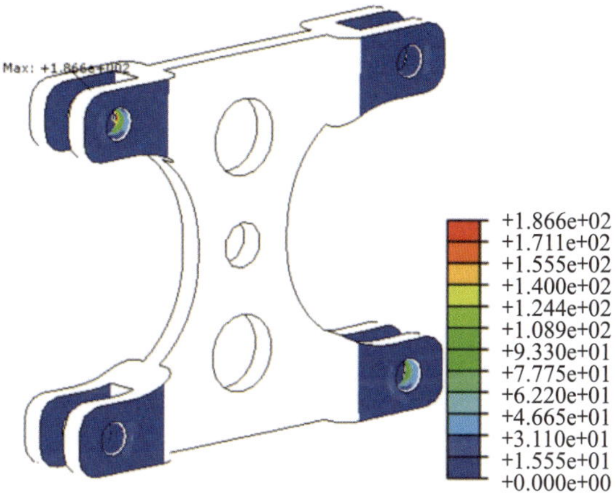

图 6－24　跨中阴梁片销棒孔内壁接触压应力云图（单位：MPa）

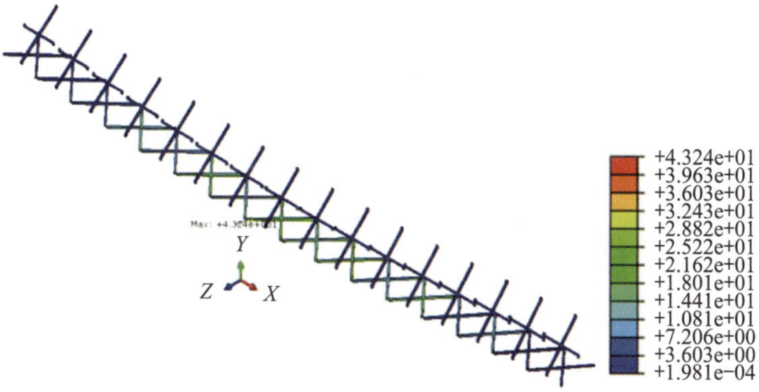

图 6－25　X 型斜撑 Mises 应力云图（单位：MPa）

6.2.3 桥面承载板受力分析

单元剖分采用三维块体单元，材料本构关系为弹性，边界条件为板底和梁片顶部接触区域约束三向位移。设置两个加载工况：跨中中央区域和跨中边部区域，加载面积大小为200 mm×600 mm，对应的加载强度为0.7 MPa，即加载面承受84 kN载荷，载荷面示意图如图6-26所示。

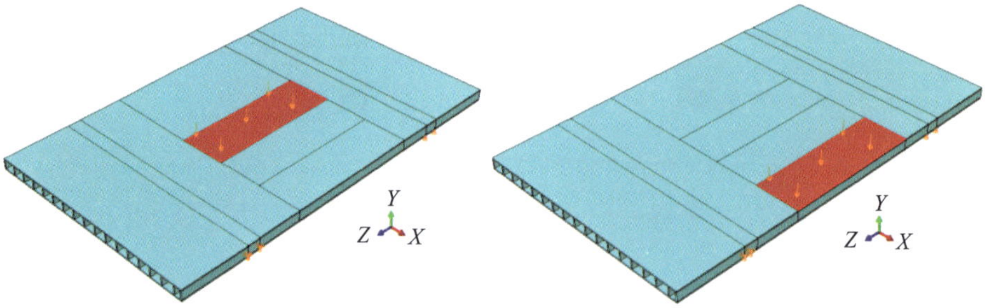

图6-26 两个加载位置示意

载荷步划分：分为三步，第一载荷步为结构自重加载；第二载荷步为跨中中央区域加载；第三载荷步为跨中边部区域加载。

跨中中央区域加载作用下桥面承载板的竖向位移云图如图6-27所示，由图中可看出，结构跨中下挠2.49 mm，为跨径的1/402；桥面承载板Mises应力云图如图6-28所示，最大应力为90.9 MPa。跨中边部区域加载作用下桥面承载板的竖向位移云图如图6-29所示，由图中可看出，结构跨中下挠3.25 mm，为跨径的1/308；桥面承载板Mises应力云图如图6-30所示，最大应力为112.2 MPa。由此可知，桥面板应力和变形均处于规范允许范围之内。

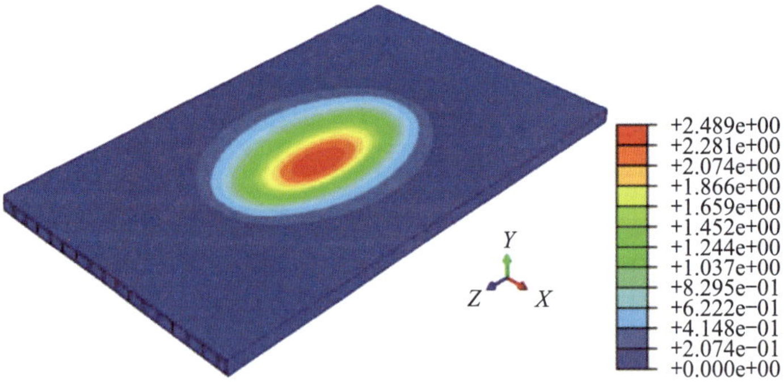

图6-27 跨中中央区域加载作用下结构竖向位移云图（单位：mm）

6.2.4 结构自振频率与振型

由于此结构本质上为销棒接触连接的空间桁架体系，虽然销棒的螺栓可以在一定程度

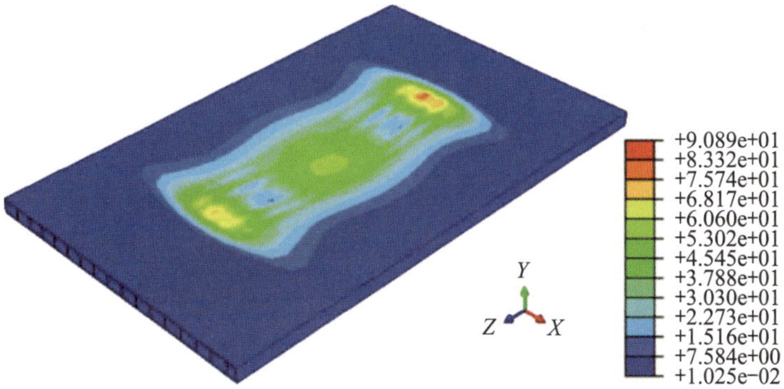

图 6-28　跨中中央区域加载作用下结构 Mises 应力云图（单位：MPa）

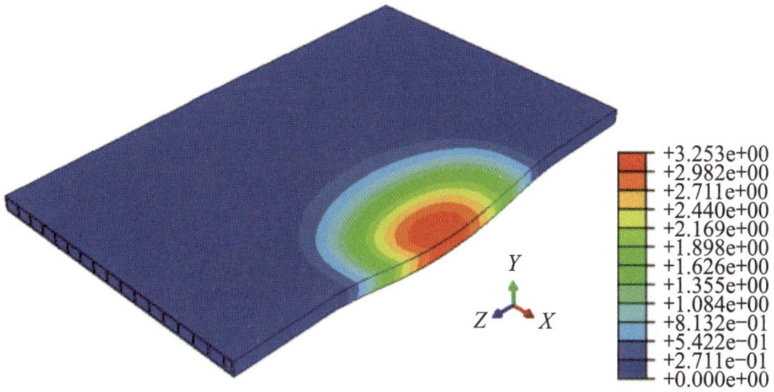

图 6-29　跨中边部区域加载作用下结构竖向位移云图（单位：mm）

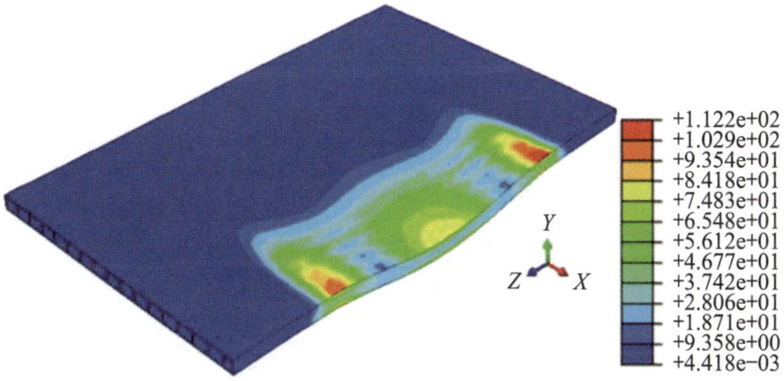

图 6-30　跨中边部区域加载作用下结构 Mises 应力云图（单位：MPa）

上将阳梁片和阴梁片的插头接触区域压紧贴密，但仅限于该局部区域，结构横向和竖向若仅由平行梁片和平行销棒构成，则不足以形成刚架体系，所以设置 X 型支撑是必要的。以底部布设 X 型支撑前后基频模态变化为例，如图 6-31 所示，底部未设置 X 型支撑时，结构的一阶模态为横向外摆加空间扭曲，一阶频率仅为 1.31 Hz，说明结构很柔，在外力激励下，容易出现同频共振问题，且模态形态说明了结构在横向存在刚度缺陷；在底部架设X型支撑之后，结构一阶模态变为竖向振动，消除了横向外摆和扭转，且一阶频率提高至4.13 Hz，说明了单件不足12 kg重的X型支撑的架设切中了结构刚度不足的要害，取得了恰到好处的效果。二阶～五阶结构自振模态如图6-32所示。

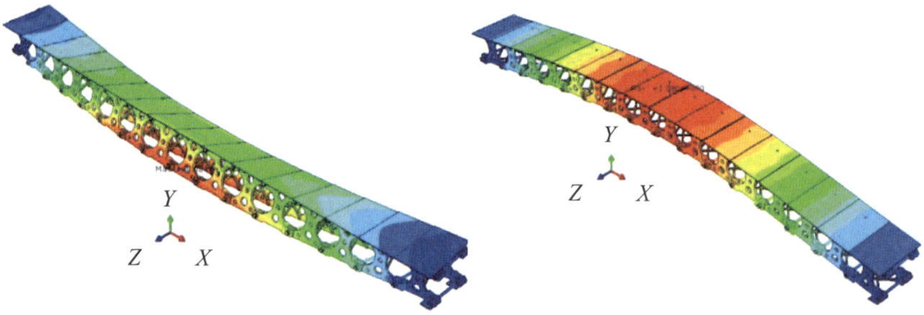

(a) 底部未布设X型支撑的一阶模态（横向外摆+空间扭转，1.31 Hz）

(b) 底部布设X型支撑的一阶模态（竖向振动，4.13 Hz）

图6-31　底部布设X型支撑前后的一阶模态对比图

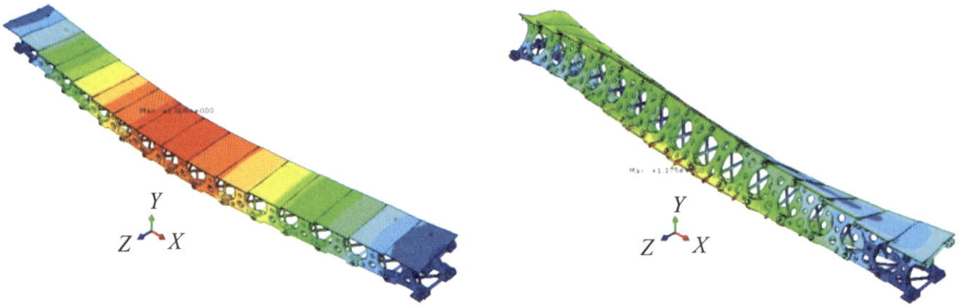

(a) 二阶模态（横向振动，5.22 Hz）

(b) 三阶模态（空间扭转振动，19.99 Hz）

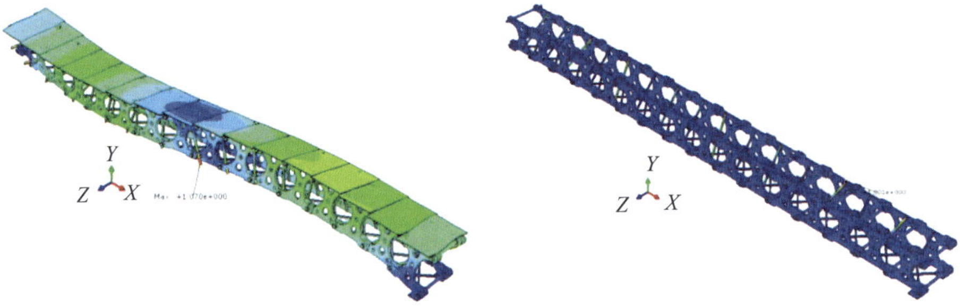

(c) 四阶模态（竖向和横向S型振动，24.32 Hz）

(d) 五阶模态（X型支撑振动，26.33 Hz）

图6-32　二阶～五阶结构自振模态

6.2.5　结构稳定性分析

将车道均布载荷和集中载荷作为结构稳定性分析的外载，考察结构屈曲特征值。前四阶屈曲模态如图6-33所示，前四阶屈曲模态的位置、形态及屈曲特征值见表6-2。屈曲特征值均大于6，结构稳定性满足要求。

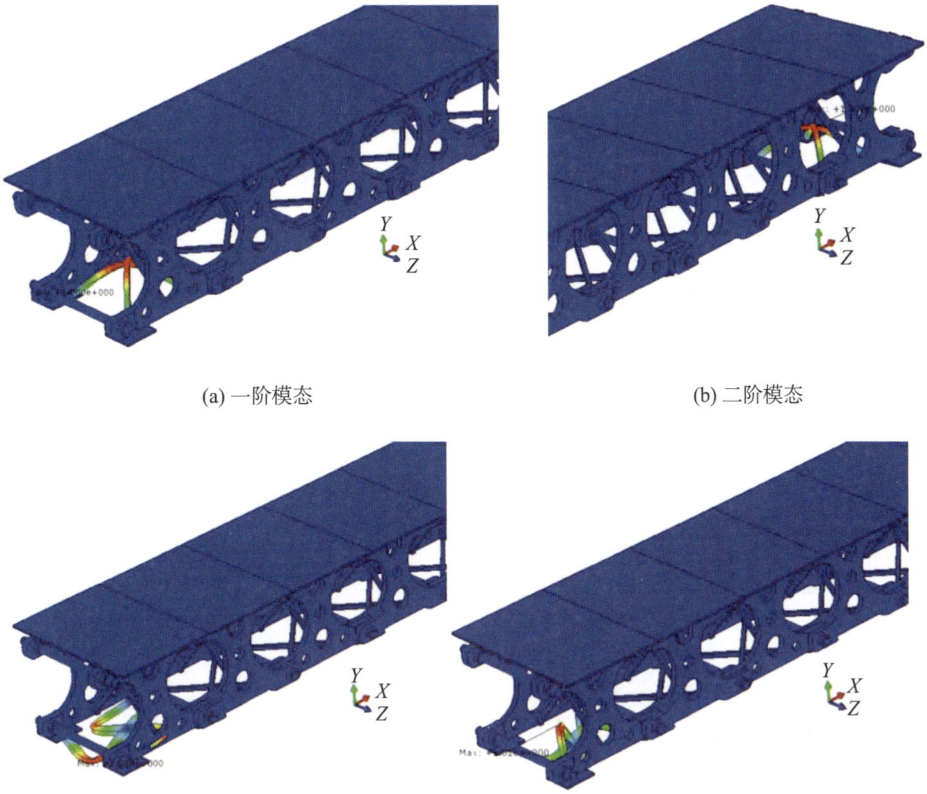

(a) 一阶模态　　(b) 二阶模态

(c) 三阶模态　　(d) 四阶模态

图 6－33　前四阶屈曲模态

表 6－2　梁体屈曲模态

阶数	屈曲位置	形态	屈曲特征值
一阶	梁端底部 X 型支撑	向上鼓曲	9.39
二阶	另一侧梁端底部 X 型支撑	向上鼓曲	11.74
三阶	梁端底部 X 型支撑	水平面 S 型屈曲	17.85
四阶	梁端底部 X 型支撑	竖面 S 型屈曲	21.20

6.3　小结

发明的快速拼装架设的 X 型铝合金桥梁结构由横向一定间距的两道 X 型梁片拼接而成。X 型梁片分为阴、阳两种类型，阳梁片插入阴梁片再横向插入销棒进行连接，销棒直接连通横向两道梁片并兼有横向支撑的作用。X 型梁片顶部设有密肋桥面板，横向两个 X 型梁片之间设有 X 型支撑。基于前面的分析，可以得出以下基本结论：

1）快速拼装架设的X型铝合金桥梁结构实现了化整为零和拼零为整，单个零件最大质量可以控制在135 kg以内，拼接简单，可操作性强；

2）数值计算证明快速拼接X型铝合金桥梁能满足强度和刚度的要求，结构主体应力可控制在130 MPa，满足要求，活载挠度控制在跨径的1/300之内；

3）稳定性分析表明，结构可以满足整体和局部稳定性要求；

4）结构自振频率一阶基频4.13 Hz，一阶模态为竖向振动，结构动力特性满足要求。

第 7 章　装配式超高性能混凝土快速拼接桥梁研究

基于超高性能混凝土（UHPC）优异的物理力学性能，将其与高强预应力筋结合，形成承载优势，著者提出了一种装配式快速拼接的桥梁型式。以跨径 20 m 为例，基于两个不同的计算方法相互验证，进行了承载能力分析，研究了从弹性到接触非线性压溃全过程，确定了结构承载的极限载荷。研究结果表明：装配式超高性能混凝土桥梁在强度、刚度及结构稳定性方面都满足使用要求，具有很好的使用性能，企口剪力键抗剪作用明显，承载能力有保证；在正常使用条件下，结构的抗力来自截面的预加应力，这使得结构处于全截面受压状态，确保预应力索的安全可靠性是整体结构承载的关键；具有自重轻、模块化预制、现场拼接、架设方便快捷的特点。

7.1　引言

1994 年，Larrard 与 Sedran 首次提出了超高性能混凝土 UHPC（Ultra - High Performance Concrete）的概念。同年，法国的 Richard 报道了最具有代表性能的混凝土——活性粉末混凝土 RPC（Reactive Powder Concrete），宣告混凝土进入超高性能时代。表 7 - 1 给出了超高性能混凝土与常见的普通混凝土、高性能混凝土和钢纤维混凝土性能的对比。由此可知，超高性能混凝土中的“超高”既包括超高的力学性能，又包括超高的耐久性能。

表 7 - 1　不同混凝土的强度指标

性能指标	NC 普通混凝土	HPC 高性能混凝土	SFRC 钢纤维混凝土	UHPC 超高性能混凝土
抗压强度/MPa	20～50	60～100	20～60	120～230
抗折强度/MPa	2～5	6～10	4～12	30～60
弹性模量/GPa	30～40	30～40	30～40	40～60
断裂能/(kJ/m^2)	0.12	0.14	0.19～1.0	20～40
冻融剥落量/(g/cm^2)	>1 000	900	—	7
吸水特性/(kg/m^3)	2.7	0.4	—	0.2
磨耗系数	4.0	2.8	2.0	1.3

UHPC 经过 30 年左右的发展，总体上呈现出由 UHPC 材料研究向结构与应用研究过渡的态势。在桥梁工程领域，UHPC 主要用于主梁结构、拱桥主拱、桥面结构、桥梁接缝及旧桥加固等方面。

目前在装配式快速拼接桥梁研究领域，多见于钢桁架、空间网架、气囊式充气桥等方面，未见超高性能混凝土在该领域的研究。超高性能混凝土基于优异的物理力学特性，同时和高强预应力结合，在大幅降低结构自重的同时发挥巨大承载优势，可以在快速桥梁架设领域提供可选择的方案。

7.2 装配式超高性能混凝土快速拼接桥梁结构体系

装配式超高性能混凝土快速拼接桥梁承载能力研究选取跨径 20 m 的简支梁，结构立面图如图 7－1 所示，平面图如图 7－2 所示，横断面图如图 7－3 所示。简支梁采用带有短悬臂的箱型断面，以使截面具有较强的抗弯抗扭刚度，同时有较大的顶面支撑面积，在应急情况下，车辆左右车轮可以直接行驶在左右相对独立的两榀梁上，最大程度减少装配构件，满足快速建设需求；而在一般情况下，桥梁横向可以连续拼接，在顶部设置连接钢板或现浇桥面铺装形成整体，如图 7－4 所示。

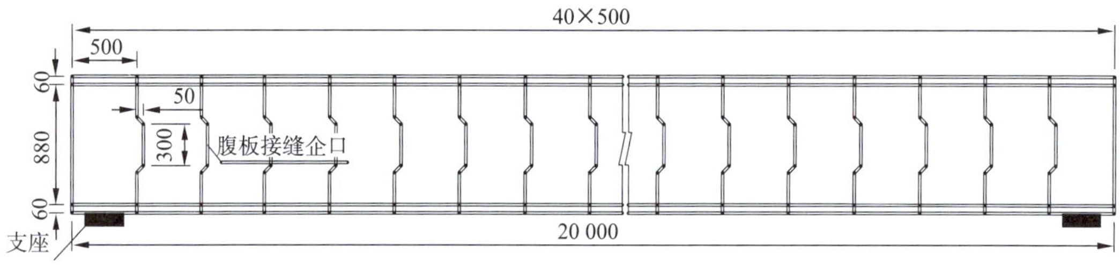

图 7－1　立面图（单位：mm）

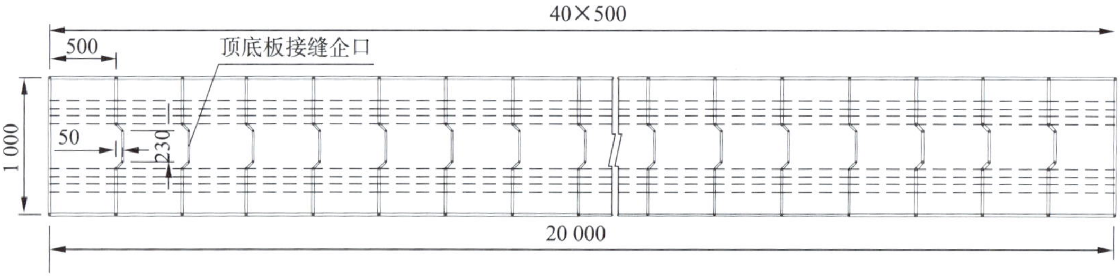

图 7－2　平面图（单位：mm）

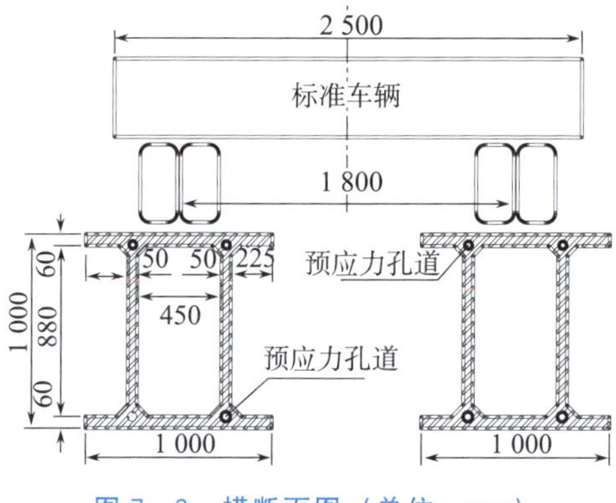

图 7－3　横断面图（单位：mm）

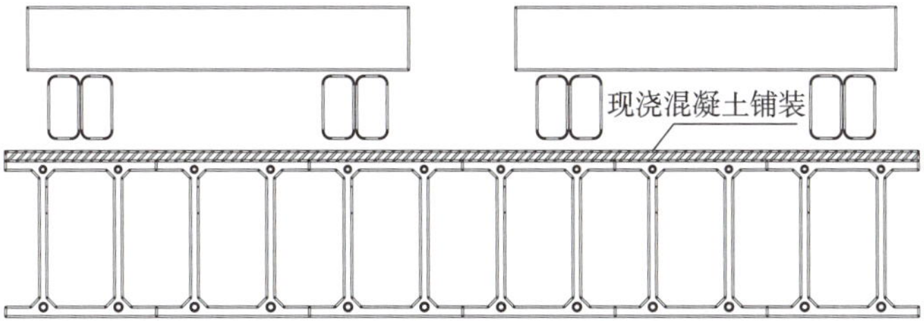

图 7－4　多榀箱梁横向拼接

标准梁段截面高 1 000 mm，顶、底板厚度均为 60 mm，腹板厚度 50 mm，在梁端锚固区，顶、底板均加厚至 100 mm，以承受锚下局部载荷。梁截面上下设有预应力管道，预应力高强无粘结精轧钢棒，设置预应力是为了保证梁截面在顶推架设、成榀吊装架设以及正常运营状态下，全截面均处于受压状态。由于成桥态载荷效应大于架设过程中的载荷效应，截面板底的预应力筋面积多于板顶预应力筋面积，板底预应力孔道直径为 45 mm，板顶预应力孔道直径为 35 mm，板顶两个孔道设置两根直径 28 mm 的 10.2 级高强精轧钢棒，单钢棒提供 598 kN 的预应力；板底两个孔道设置两根直径 32 mm 的 10.2 级高强精轧钢棒，单钢棒提供 781 kN 的预应力。

相邻梁段截面顶底板和两个腹板均设有企口键，共计四个，四个企口键控制了相邻梁段的上下、左右相对位移，实现截面上下、左右的嵌锁固定。企口键在提高结构整体性的同时，为梁体提供了可靠的抗剪能力，企口示意图如图 7－5 所示。

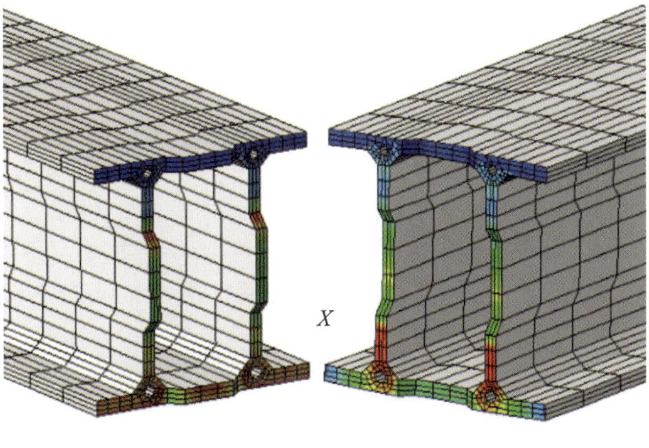

图 7－5　一组企口键

快速拼接的思路如下：梁段按照 0.5 m 划分一段，梁段总质量控制在 300 kg 以内，以满足现场快速搬运的需要。现场平地拼接，通过穿束及张拉预应力技术形成整个梁体，如采取顶推施工，前梁端套有桁架悬鼻，后梁段辅以配重，实现顶推架设。

7.3 结构受力分析

基于分析梁体受力阶段的不同，选取两种分析计算模型：第一种计算模型为板单元模型，可在弹性范围内进行整体结构的受力分析，包括梁体截面不出现拉应力条件下结构的变形、强度和稳定性分析，缺点是不能考虑梁段之间的接触关系，不能模拟梁段企口缝的力学行为，不能用于分析截面出现拉应力以后梁体的受力行为；第二种计算模型为块体单元，基于非线性接触力学原理，建立梁段之间的接触关系以及无粘结预应力和孔道接触关系，关注整体结构在极限载荷作用下的变形力学行为，关注梁段企口缝传递剪力的力学行为。这两种方法的联合运用，可较为全面地掌握结构整体受力性能。计算模型的物理力学参数见表 7 - 2。

表 7 - 2 模型物理力学参数

内容	材质	密度/(kg/m^3)	弹性模量/MPa	泊松比	线膨胀系数	接触面摩擦系数	设计强度/MPa
箱梁	活性粉末混凝土	2 500	4.0e4	0.2	1.1e−5	0.1/梁端之间截面接触	200
预应力筋	高强精轧钢棒	7 850	2.0e5	0.3	1.2e−5	0.05/预应力筋和孔道接触	1 020
预应力锚板	45 优质钢	7 850	2.1e5	0.2	1.2e−5	—	450

7.3.1 板单元结构受力分析

7.3.1.1 结构刚度与强度计算分析

带有顶底板预应力筋的桥梁三维模型图如图 7 - 6 所示。箱梁顶底板施加预应力的方式为：在预应力筋位置建立虚梁，虚梁单元和板单元共节点，在虚梁上施加的预应力载荷可等效传递给板单元，从而可实现在板单元上施加预应力。预应力为无粘结预应力。边界条件为梁一端底板端部约束 X，Y，Z 三个方向位移，另一端底板端部仅约束竖向位移。

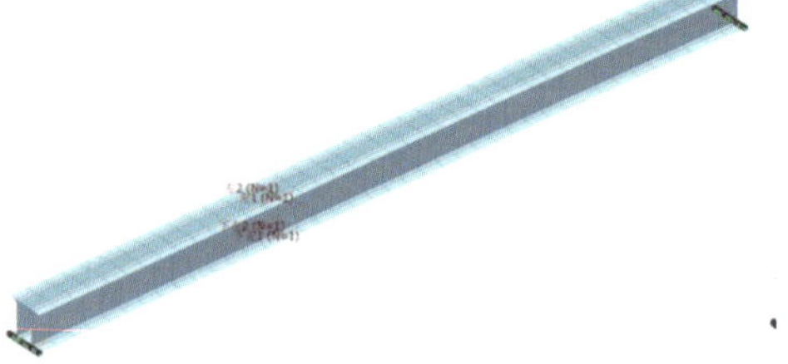

图 7 - 6 带有顶底板预应力筋的桥梁三维模型图

自重作用下结构自重引起的竖向位移很小，仅为 8.66 mm，是跨径的 1/2 310。对顶底板预应力筋施加 700 MPa 的张拉预应力，和自重作用耦合后，整体结构的竖向位移如图 7－7 所示，结构跨中上挠 2.37 mm。预应力耦合自重作用下的整体结构正应力如图 7－8 所示，从图中可以看出，梁体全截面处于受压状态；跨中板顶、板底的正应力剖断面分布如图 7－9 所示，上层曲线对应板顶，正应力分布为－9.3～－10.2 MPa，下层曲线对应板底，正应力分布为－8.8～－10.7 MPa，说明跨中截面的压应力储备在允许范围内。

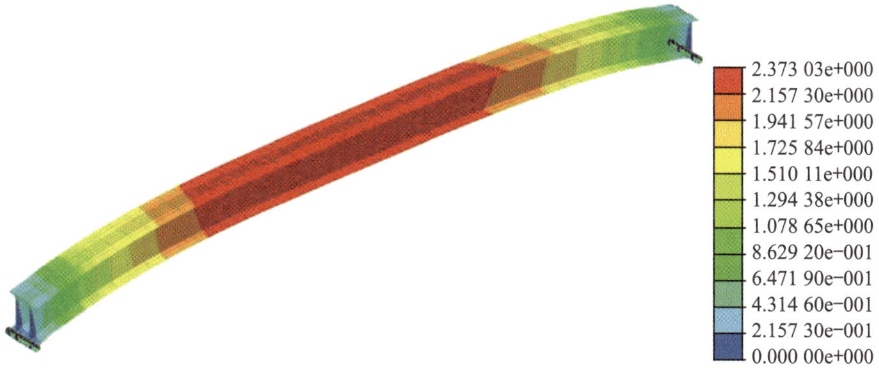

图 7－7　预应力耦合自重作用下竖向位移云图（单位：mm）

图 7－8　预应力耦合自重作用下结构正应力云图（单位：MPa）

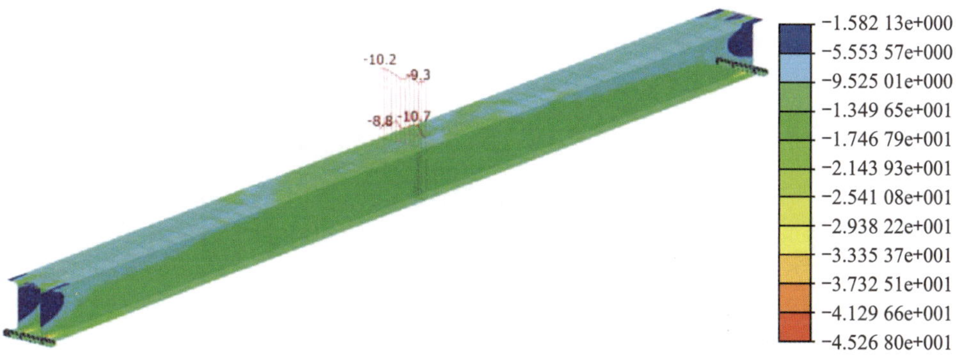

图 7－9　预应力耦合自重作用下跨中板顶、板底的正应力分布（单位：MPa）

活载选择公路-Ⅱ级车道载荷进行加载，考虑车队的单侧轮作用，加载比例系数取值为0.5，同时考虑车轮的分布宽度，在梁顶面设置两个车道，加载系数取0.5，这样避免加载线上过大的应力集中，计算时计入冲击系数。加载车道示意图如图7-10所示。

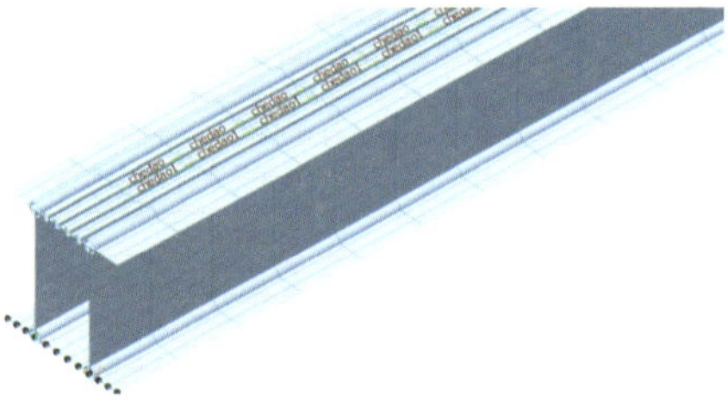

图7-10　加载车道示意图

车载效应下，结构的竖向位移如图7-11所示，跨中最大挠度为－19.83 mm，为跨径的1/1 009，整体刚度满足要求。预应力、自重和活载共同作用下的结构正应力如图7-12所示，跨中区域截面没有出现拉应力，跨中板顶、板底的正应力剖断面分布上层曲线对应板顶正应力分布，为－10.5～－0.3 MPa，下层曲线对应板底正应力分布，为－0.1～－0.5 MPa，说明跨中截面的板底压应力储备不多。将下层预应力筋的张拉控制应力700 MPa提高至800 MPa，则板底压应力储备明显改善，如图7-13所示，下层曲线对应板底正应力分布，为－2.2～－3.2 MPa。

图7-11　车载作用下结构竖向位移（单位：mm）

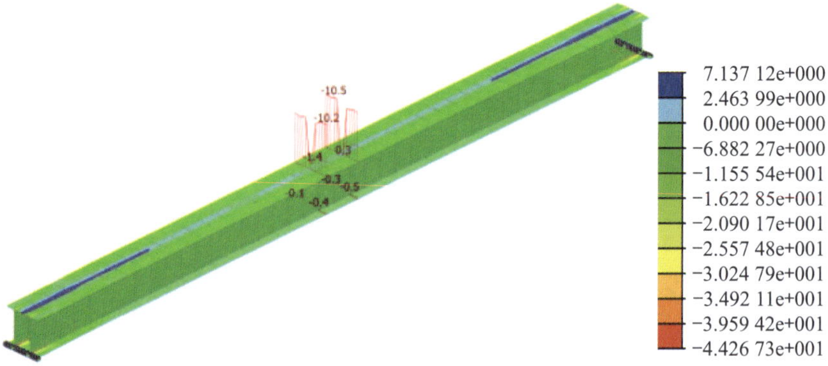

图7-12　700 MPa预应力、自重和活载作用下的正应力分布图（单位：MPa）

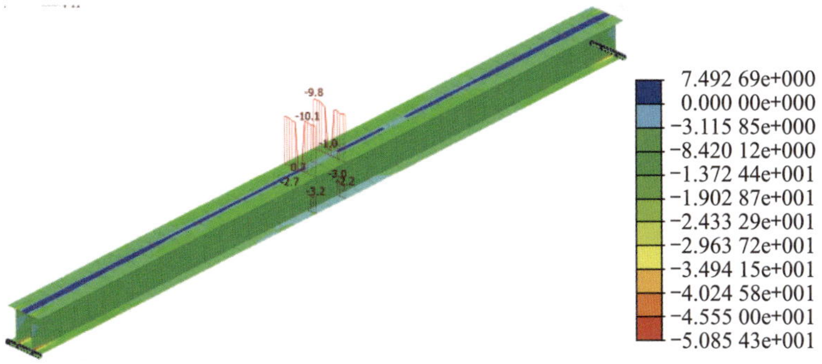

图 7 - 13　800 MPa 预应力、自重和活载作用下正应力分布（单位：MPa）

7.3.1.2　结构稳定性分析

采用车道载荷和结构自重预应力作用组合进行结构稳定性分析计算。车道载荷取公路-Ⅱ级，均布载荷取 10.5 kN/m，集中载荷取 300 kN，集中载荷分为跨端部、1/4 跨径、跨中三个加载位，车道载荷为变量载荷，自重为不变量载荷。集中载荷位于跨中部的前四阶屈曲模态如图 7 - 14 所示，对应的稳定系数分别为 7.2、17.0、17.2、17.3，一阶屈曲模态为整体侧向弯扭失稳，二阶～四阶屈曲模态为整体侧向偏扭基础上的跨中区域局部压溃失稳，且临界稳定系数非常接近；集中载荷位于 1/4 跨径的前四阶对应的稳定系数分别为 13.8、21.5、21.6、21.6，一阶屈曲模态为整体侧向弯扭失稳，二阶～四阶屈曲模态为整体侧向偏扭基础上的四分之一区域局部压溃失稳，且临界稳定系数非常接近；集中载荷位于跨端的前四阶对应的稳定系数分别为 16.1、22.9、35.1、40.4，一阶屈曲模态为整体 Y 轴正侧向弯扭失稳，二阶、三阶屈曲模态为端部开口截面的局部压溃失稳，四阶屈曲模态为整体 Y 轴反侧向弯扭失稳，以及端部加载腹板的压溃失稳。比较三个加载位的一阶临界稳定系数，可以看出，跨中、1/4 跨径、跨端的临界稳定系数依次增大。三个加载位对应的结构稳定系数均远大于 6，结构稳定性满足要求。

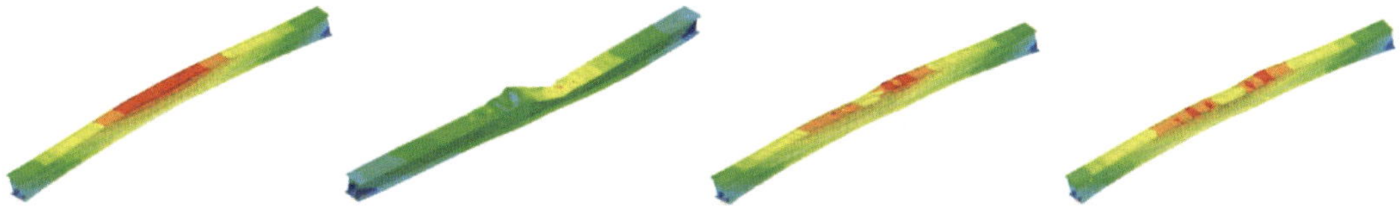

(a) 一阶屈曲模态　(b) 二阶屈曲模态　(c) 三阶屈曲模态　(d) 四阶屈曲模态

图 7 - 14　集中载荷位于跨中部的前四阶屈曲模态

7.3.2　块体单元结构受力分析

7.3.2.1　整体结构承载性能分析

三维计算模型如图 7 - 15 所示，每 2.5 m 划分一个梁段，跨径 20 m 共划分为 8 个梁段，8 个梁段之间均为摩擦接触关系。单元采用的是具有一致缩点积分、沙漏控制的 8 节点线性块体单元。预应力布置和 7.3.1 节板单元类似，板顶设置两根直径 30 mm 的 10.2

级高强精轧钢棒；板底设置两根直径 40 mm 的 10.2 级高强精轧钢棒，预应力筋的横断面布置如图 7 - 16 所示，三维透视图如图 7 - 17 所示。预应力筋和孔道之间为模拟无粘结预应力的低摩阻系数的接触关系，预应力筋两端和锚板固结，锚板又和其下的箱梁顶底板固结。整体模型共划分单元总数 23 030 个。

图 7 - 15　梁段划分

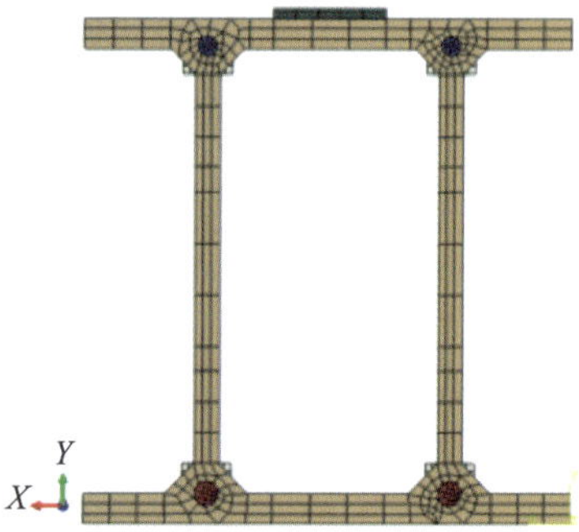

图 7 - 16　预应力筋横断面

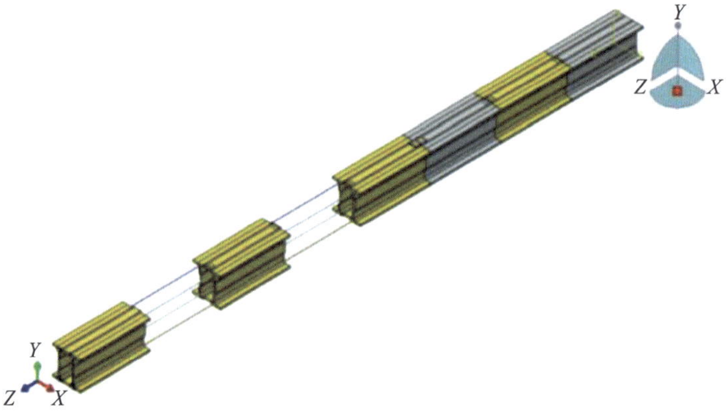

图 7 - 17　三维预应力布置示意图

设置加载步为四步：第一步施加预应力载荷，通过对预应力筋降温来实现，预应力筋加载应力为 700 MPa；第二个加载步为结构自重；第三个加载步为公路-Ⅱ级载荷，其中集中载荷作用在跨中；第四个加载步为 33 倍的车道均布载荷，目的是找出结构的极限破坏载荷。

第一步预应力载荷作用下的结构竖向位移云图如图 7 - 18 所示，从图中可以看出，跨中最大竖向向上位移为 9.86 mm，即张拉预应力引起的反挠度。

第二加载步下的结构轴向应力云图如图 7 - 19 所示，梁端锚下区域对应最大的拉应力，两个梁端的轴向应力分布为－2.53～－5.42 MPa，说明此阶段全梁段全截面受压，跨中接触正应力云图如图 7 - 20 所示，正应力分布区间为 6.79～17.13 MPa，说明接触面全截面受压。

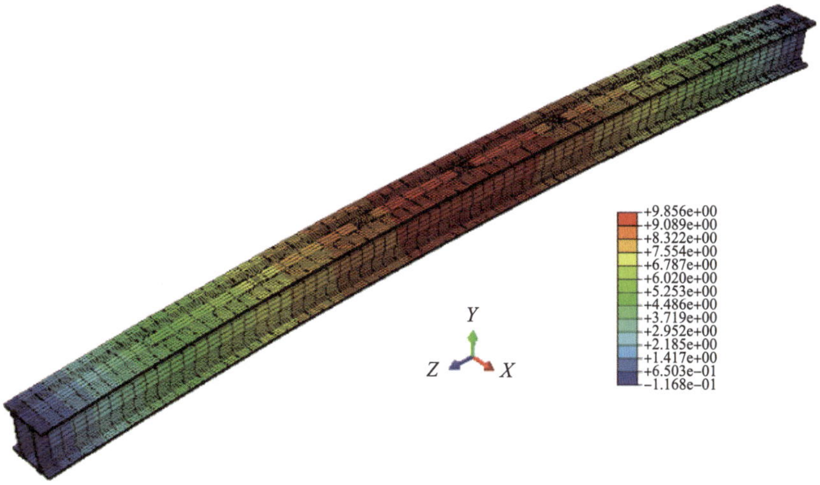

图 7－18　预应力耦合自重作用下的竖向位移云图（单位：mm）

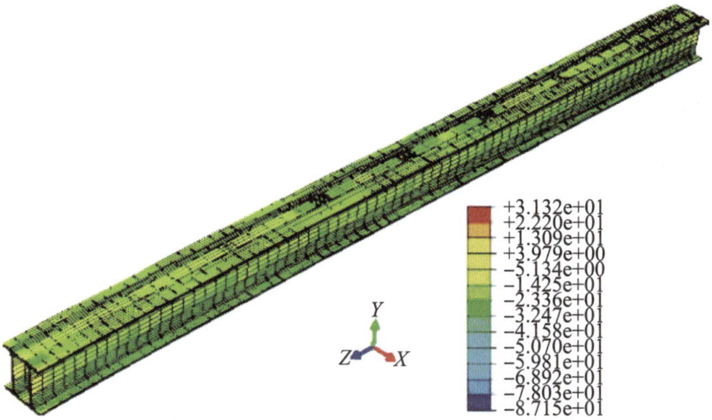

图 7－19　预应力耦合自重作用下的轴向应力云图（单位：MPa）

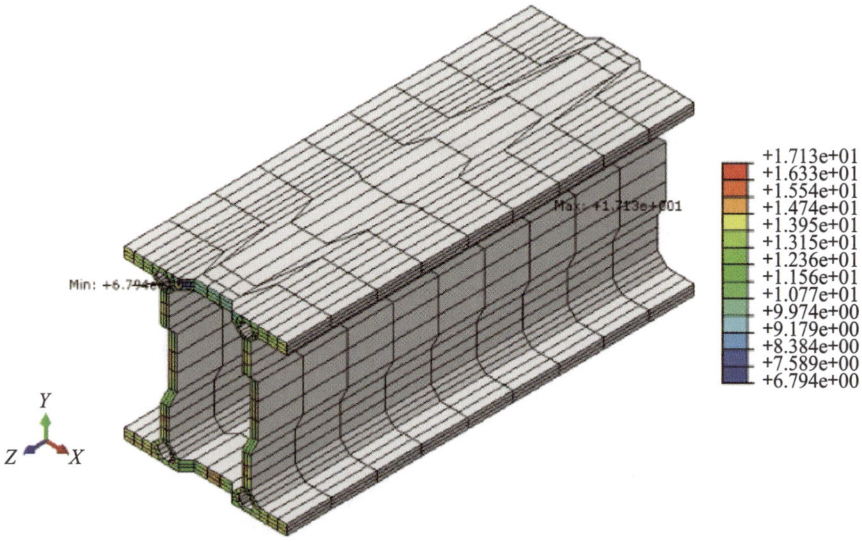

图 7－20　预应力耦合自重作用下跨中接触正应力云图（单位：MPa）

第三加载步加入车道载荷作用，其结构竖向位移云图如图 7－21 所示，跨中下挠 19.46 mm，对比板单元计算值 19.83 mm，两者误差仅为 1.9%。跨中两个梁段轴向正应力分布区间为－0.60～－31.8 MPa，说明此阶段全梁段全截面受压。梁段之间的接触正应力如图 7－22 所示，从图中可以看出，正应力分布区间为 2.83～23.6 MPa，说明接触面全截面受压。预应力筋应力分布如图 7－23 所示，最大拉应力为 632 MPa。

图 7－21　第三加载步作用下结构竖向位移云图（单位：mm）

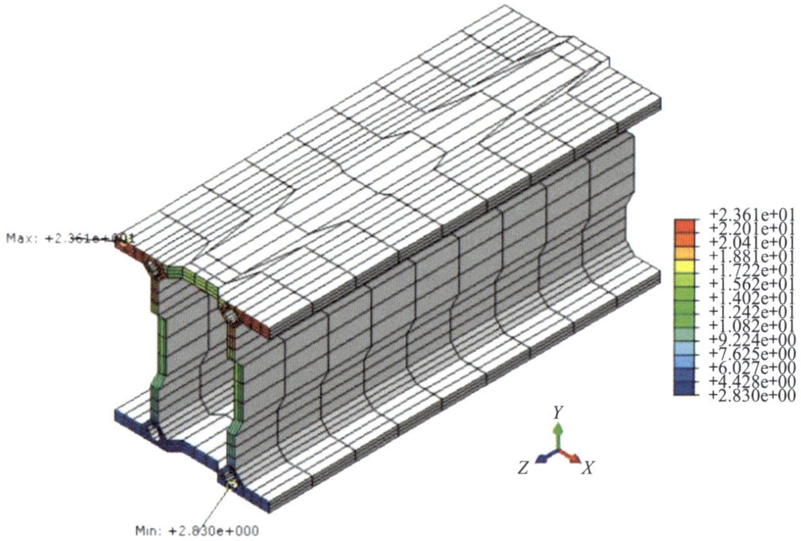

图 7－22　第三加载步作用下跨中截面接触正应力云图（单位：MPa）

第四加载步为压溃载荷，预设了 33 倍车道载荷的加载，设定加载最小比例为 0.000 1，最大加载比例为 0.02，加载至比例系数为 0.061 43，结构出现发散，即为对应的压溃载荷，此时对应的压溃载荷为 0.061 43×33＝2.03 倍的车道载荷，加上第三加载步的车道载荷，说明不考虑材料非线性的前提下，当结构承受 3.03 倍的公路-Ⅱ级车道载荷时，结构将出现不收敛的发散，即出现压溃。不同加载系数下结构的竖向位移云图如图 7－24 所

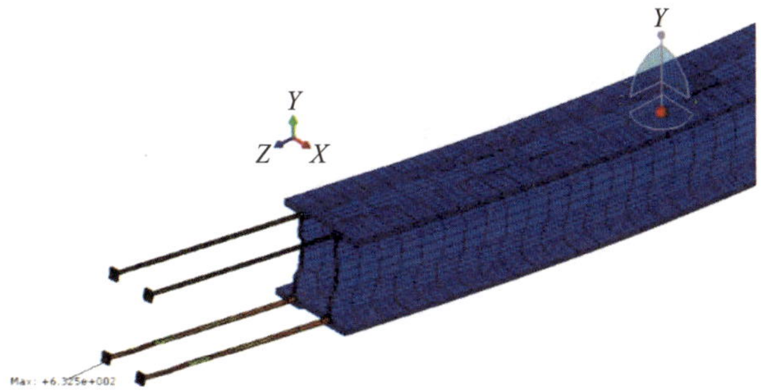

图 7 - 23　第三加载步作用下预应力拉应力（单位：MPa）

示。最后加载步跨中相邻梁段接触面之间的相对位移关系如图 7 - 25 所示。跨中梁段接触面正应力分布如图 7 - 26 所示，接触力分布区间为 0～107.8 MPa，中下缘脱开区域接触应力均为 0，截面上缘未脱开区域分布有较大接触应力，此时结构顶缘接触，中下部脱开，下缘预应力提高弦杆拉力，三者均为接触关系，结构变成不稳结构，面临失稳。但此极端情况对应的载荷已是公路-Ⅱ级车道载荷的 3.03 倍，说明了结构的安全储备是较大的。

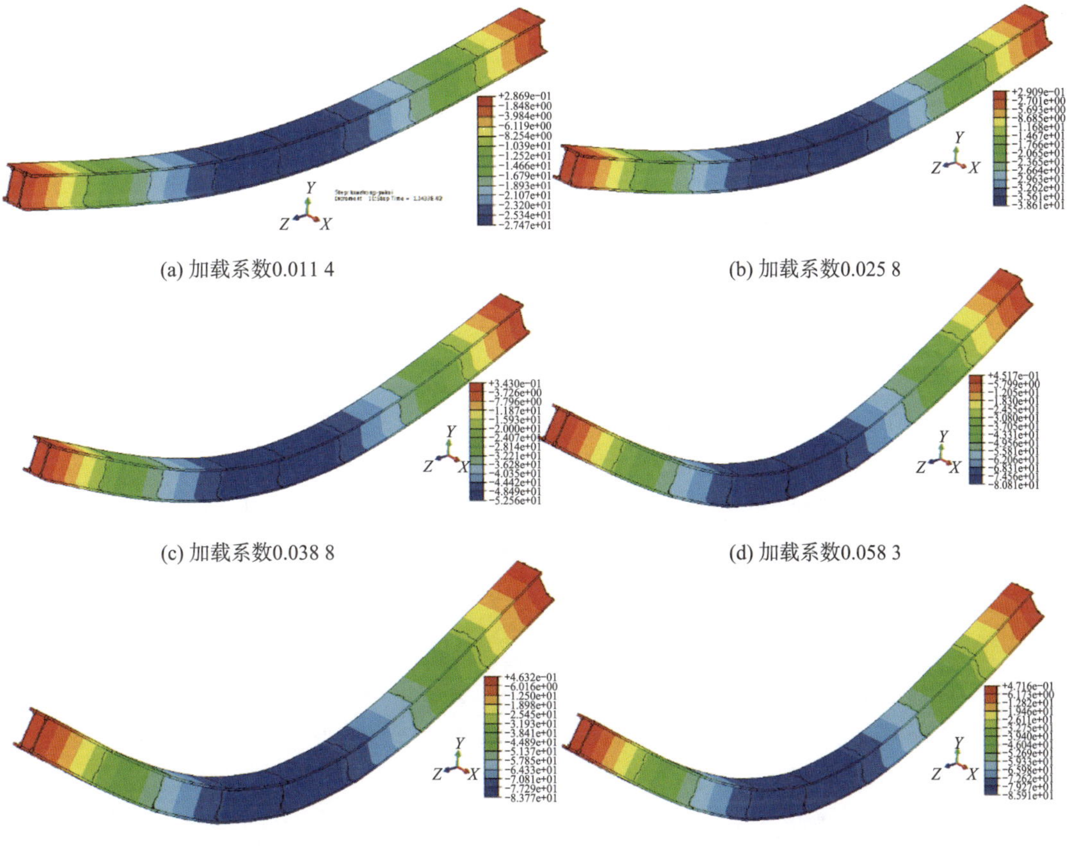

(a) 加载系数0.011 4

(b) 加载系数0.025 8

(c) 加载系数0.038 8

(d) 加载系数0.058 3

(e) 加载系数0.060 1

(f) 加载系数0.061 4

图 7 - 24　不同加载系数下结构竖向位移云图（单位：mm）

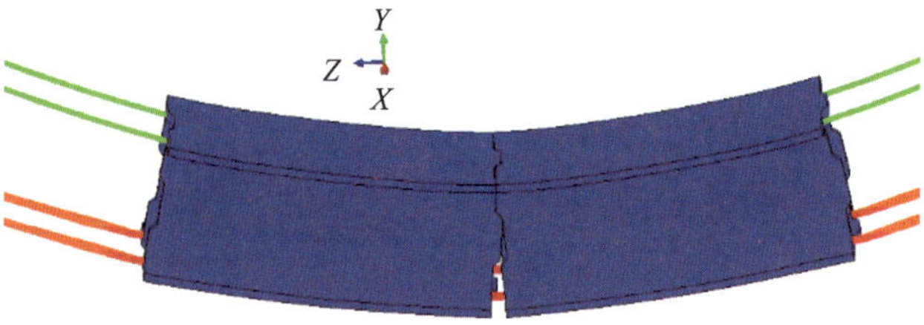

图 7-25　最后加载步跨中接触面相对位移关系

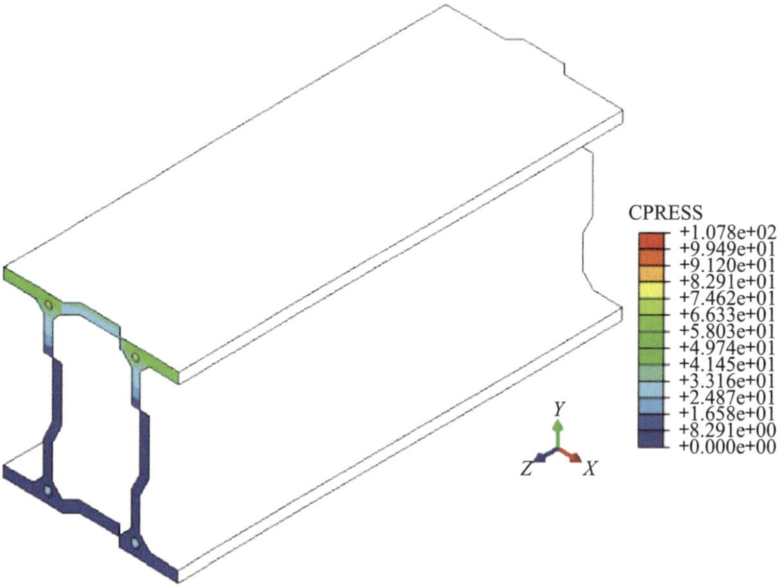

图 7-26　最后加载步跨中接触面正应力分布图（单位：MPa）

7.3.2.2　企口剪力键承载能力分析

为了研究企口键的剪力传递性能，取两节梁段，一梁段将根部约束，另一梁段于端面施加压力载荷，以模拟预加应力，于梁段顶面施加压力载荷，以模拟梁体剪力。本例中公路-Ⅱ级载荷产生的梁端设计剪力为 255 kN，预应力产生的预加压力为 10 MPa，计算模型如图 7-27 所示。加载步分为两个：第一步施加模拟预应力的梁端压力，第二步施加剪力载荷。为了求解剪力承载极值，将施加的剪力扩大至设计剪力 255 kN 的 3 倍，即 765 kN，以捕获结构失稳发散对应的极值。

企口截面承受 1 倍设计剪力时的接触面法向压应力如图 7-28 所示，接触面竖向剪应力如图 7-29 所示。由图 7-28 可知，接触面全截面受压，上顶面接触压力在 2.0 MPa 左右，下顶面接触压力在 16.2 MPa 左右，腹板企口上折面接触压力在 16.2 MPa，说明企口发挥较大的“嵌锁”作用。由图 7-29 可知，接触面的竖向剪力较小，比接触压力小一个数量级，呈现从上至下依次增大的趋势，说明竖向剪力由接触面的摩擦产生，其值和接触压力成正比。

以上分析表明，在设计剪力作用下，企口键工作正常，接触截面处于压紧闭合状态，能满足设计剪力的需要；随着剪力进一步增大，当增大至 2.19 倍的设计载荷时，结构计算出现发散，结构承受剪力失效，此时梁段相对位移图如图 7 - 30 所示，可以看出接触面上部已经脱开，接触面的法向压应力分布如图 7 - 31 所示，可见上部接触力为 0，腹板仅有企口上折面有压力，底板边缘压力则增大至 44.3 MPa。

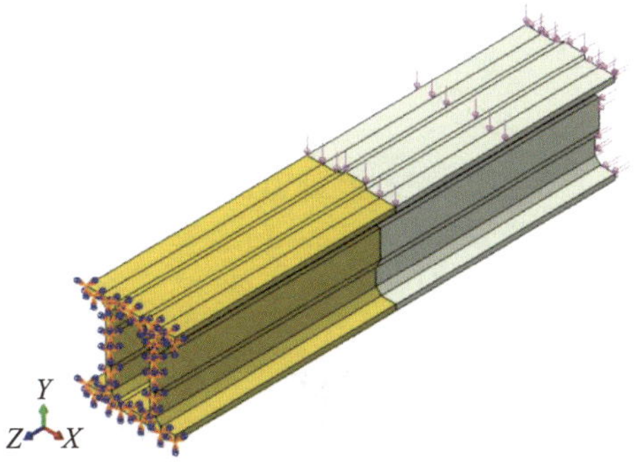

图 7 - 27　剪力键承受剪力计算模型

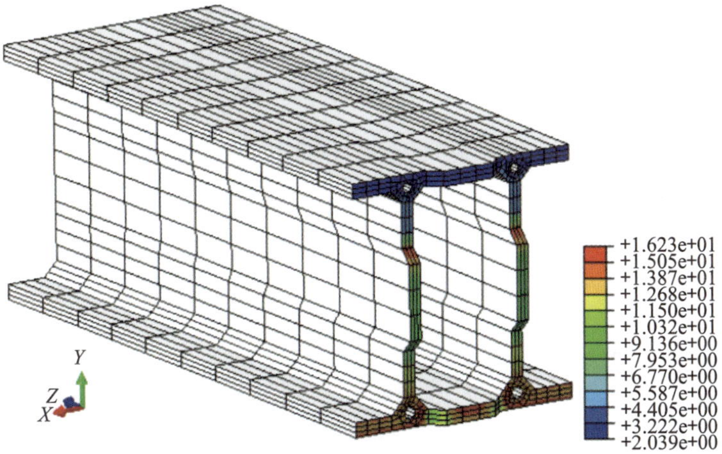

图 7 - 28　1 倍设计剪力时接触面法向压应力分布图（单位：MPa）

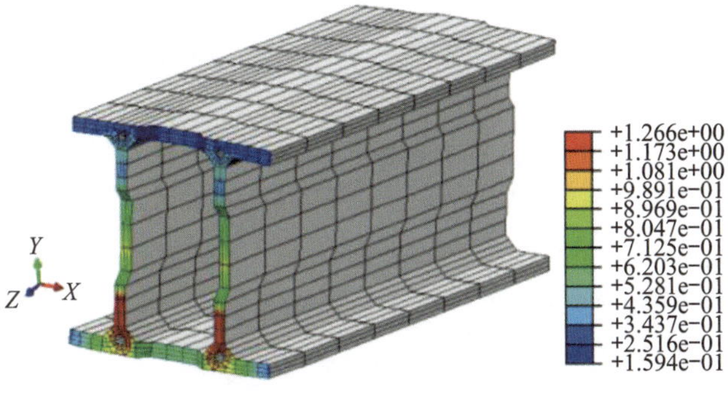

图 7 - 29　1 倍设计剪力时接触面竖向剪应力分布图（单位：MPa）

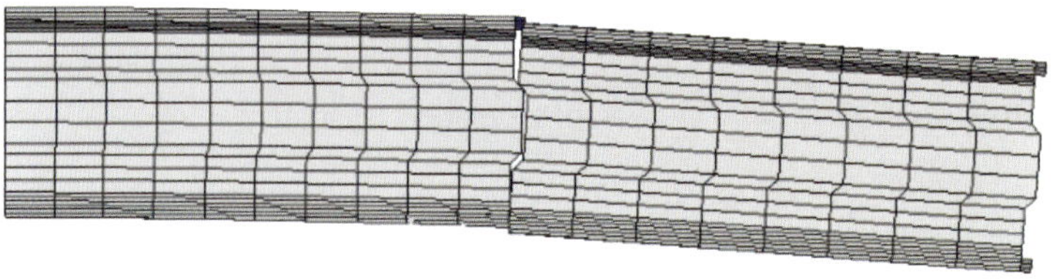

图 7-30 2.19 倍设计剪力时接触面形态

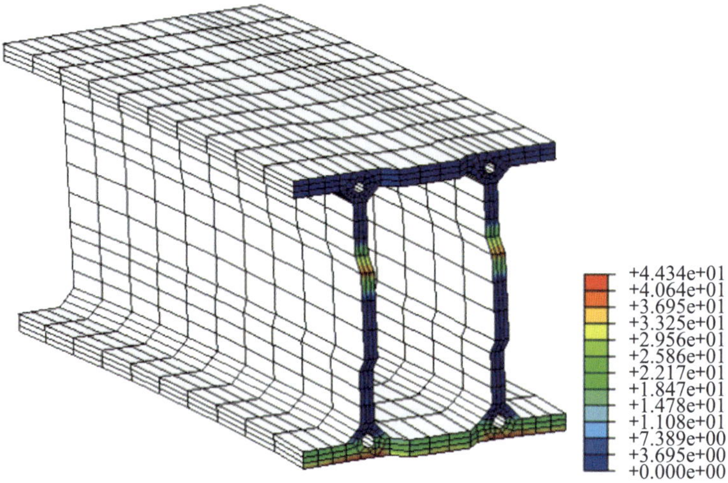

图 7-31 2.19 倍设计剪力时接触面法向压应力分布图（单位：MPa）

7.4 小结

基于以上分析，可以得出以下基本结论：

1）基于两种计算方法匹配互补验证，确保了结构分析的科学合理性，研究了梁体从弹性到接触非线性压溃全过程，确定了结构承载的极限载荷；

2）装配式超高性能混凝土桥梁在强度、刚度及结构稳定性方面都满足要求，企口剪力键抗剪作用明显；

3）结构受力机制建立在超高性能混凝土强大的抗压性能上，超高性能混凝土和高强预应力钢筋相结合，形成承载优势，可以在更大跨径上有所作为；

4）正常使用条件下，结构的抗力来自截面的预加应力，这使得结构处于全截面受压状态，确保预应力索的安全可靠性是整体结构承载的关键。

5）该桥型具有自重轻、模块化预制、现场拼接、架设方便快捷的特点。

现阶段基于数值计算，研究了这一创新结构的承载性能，拟结合缩尺试验开展进一步研究。

第 8 章　快速架设的充气膜组合受力桥梁结构研究

基于充气膜的受力原理，将充气膜体和桥面承载板组合形成两种受力结构型式。第一种型式膜体发挥了类似张弦结构支撑杆的作用，通过膜体体积增大，形成高强索和桥面板的体外支距，导致高强索张紧，产生对桥面板的向上顶推，从而提高结构承载能力；第二种型式膜体顶部直接和桥面板连接，膜体既作为充气膜的封闭膜，又等效为和膜体耦合的张拉密索，通过膜体充气变形实现膜体膨胀、张紧，实现对桥面板的上托，8 m 跨径全桥质量可控制在 1 700 kg 以内，能满足快速架设的需要。主要研究结论：1）数值分析证明了这两种结构型式的合理性，能满足强度和刚度的需要，膜体应力能控制在 250 MPa 以内，活载挠度控制在跨径的 1/200 之内；2）稳定性分析表明，两种结构体系的桥面板均能满足整体和局部稳定性要求；3）两种结构型式中尚有构造方面的细节需要进一步研究，包括膜体和桥面板的连接以及膜体的附属构造等。

8.1　引言

充气结构以其独特的优势在广大的工程领域中备受关注，在航空航天、近空间飞行器和大型建筑领域中展示了广阔的应用前景。充气结构是一种特殊的结构型式，利用压缩空气使充气织物形成预定的形状并实现预定的功能。与传统的钢结构和铝结构相比，充气结构具有自身重量轻、贮存运输体积小、架设速度快、结构阻尼大的特点。随着充气结构相关工业技术的发展，特别是高性能纤维及织物的出现，为充气结构的进一步发展创造了条件。

充气结构通过气囊内压使薄膜产生拉应力，并使结构达到相当的刚度，从而具有抵抗外载的强度和刚度。其承载能力取决于内压的大小，提高气囊内压在一定程度上可以提高结构的承载力，但不能实现大的突破，过大的内压将使薄膜产生过大的应力，容易引发安全问题，正如西班牙国际壳体与空间结构协会创始人托罗哈所说的，“最佳结构有赖于其自身受力之形体，而非材料之潜在强度。”鉴于此，为减少充气结构的局限性而充分发挥其优势，研发充气结构和其他刚性结构的组合型式是必要的。

8.2　快速架设的充气膜组合受力桥梁结构型式

快速架设的充气膜组合受力桥梁结构有两种型式：第一种型式是在桥面板下方沿跨度方向设置纵向高强钢索，高强钢索端部锚固于桥面板端部，在索的上方、桥面板的下方设置扁壳形状的充气膜体，通过膜体充气变形外推实现高强索的张紧，从而产生对桥面板的

“上托力”，结构型式由桥面板、扁壳、高强索组合而成，如图 8－1、图 8－2 所示；第二种型式是将具有一定几何外形的膜体直接和桥面板底耦合，膜体既作为充气膜的封闭膜体，又等效为和膜体耦合的张拉密索，通过膜体充气变形完成膜体膨胀、张紧，实现对桥面板的上托，结构型式由桥面板、膜体组合而成，如图 8－3、图 8－4 所示。充气膜体一般为中低压充气，其内压为 60～100 kPa，膜体一般由密闭内胆、受力层、外套三层叠合构成。密闭内胆主要提供封闭不漏气的环境，由高韧橡胶材料构成；受力层由高抗拉强度的材料构成，可采用碳纤维、聚酯纤维或在橡胶层外复合高强钢丝等材料；外套主要提供表面必要的摩阻力和抗磨耗的能力，可由帆布等材料构成。三层叠合的厚度一般在 3～6 mm 之间。

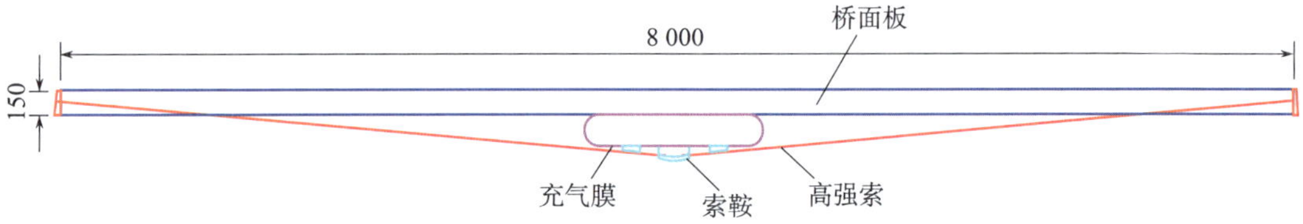

图 8－1　第一种结构型式立面示意图（单位：mm）

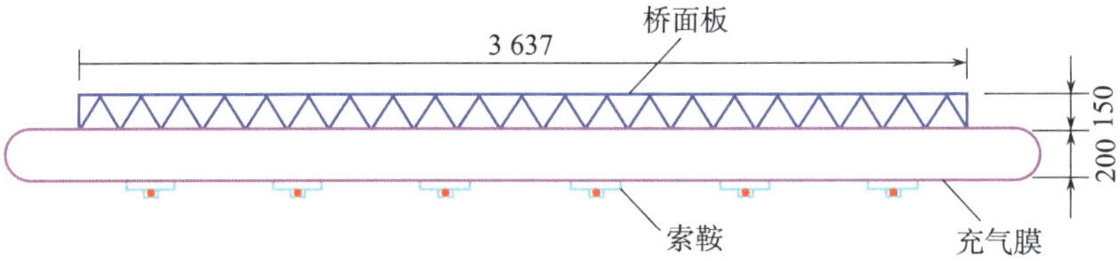

图 8－2　第一种结构型式横断面示意图（单位：mm）

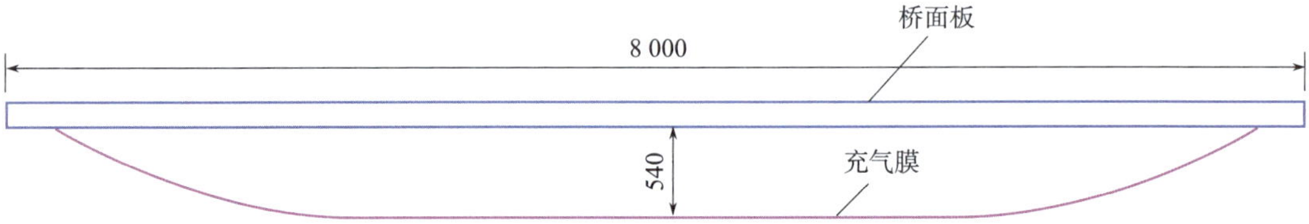

图 8－3　桥面板、充气膜组合结构立面示意图（单位：mm）

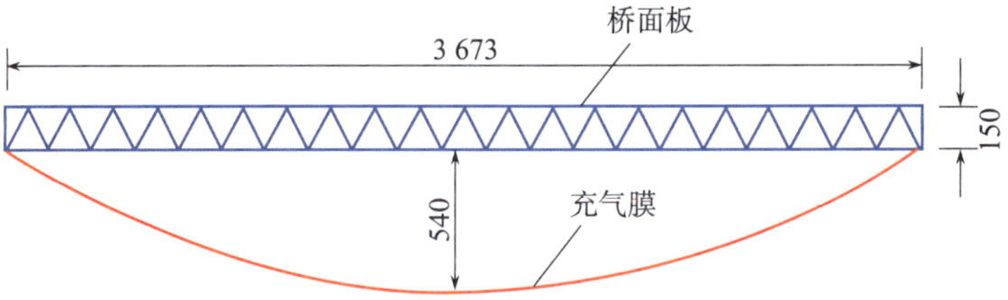

图 8－4　第二种结构型式横断面示意图（单位：mm）

桥面板采用铝合金桥面板，参照国内外铝合金桥面板和铝合金舟桥甲板结构截面进行设计，桥面板截面采用三角形多腔桁架型式，即上下面板加中间三角斜撑组成的夹心板结构型式，斜撑夹角为 60°，铝合金桥面板总厚度为 150 mm，上下面板和斜撑板以及端部竖向支撑板均为 5 mm，局部示意图如图 8－5 所示。

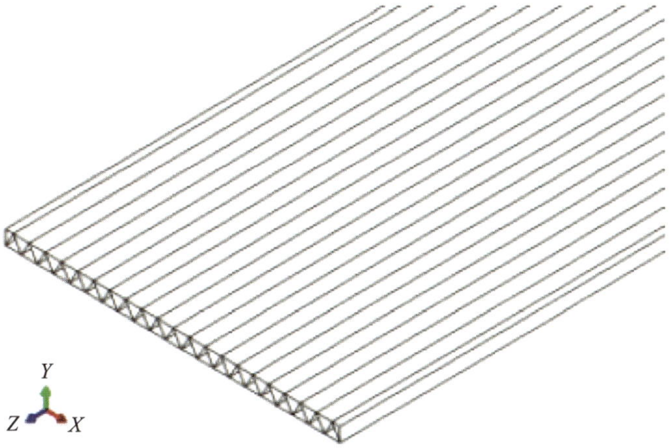

图 8－5　桥面板局部示意图

8.3　快速架设的充气膜组合受力桥梁结构承载性能研究

8.3.1　第一种组合型式

数值计算对象为一跨 8 m 桥梁，桥面宽度 3.673 m，充气膜初始态为高度 200 mm 的扁壳，纵向宽度 1 142 mm，横向宽度 4 673 mm，在膜体底面间距 607.5 mm 设置 6 道索鞍，通过索鞍实现高强索和膜体的接触作用，每个索鞍纵向前后设有两个垫块，用于实现在膜体充气膨胀时和高强索接触。

8.3.1.1　模型参数

计算模型的物理力学参数，见表 8－1，整个计算模型三维示意图如图 8－6 所示。

表 8－1　第一种组合型式的物理力学参数

模型名称	密度/(t/m³)	弹性模量/MPa	泊松比	结构厚度/mm	备注
充气膜	1.0	4e3	0.32	3	内压 0.1 MPa
桥面承载板	2.7	7.0e4	0.33	5	
高强索	7.85	1.95e5	0.3	20(直径)	
索鞍及垫块	1.1	4e4	0.37	—	
索锚板	7.85	2.1e5	0.3	—	

充气膜采用三维膜单元，桥面板采用壳单元，高强索及其锚板采用块体单元，充气膜单元尺寸为 50 mm×100 mm，桥面板单元大小为 50 mm×200 mm，索鞍、垫块和索锚板最小边尺寸为 30 mm，高强索最小边尺寸 5 mm，单元剖分如图 8－7 所示。材料本构关系采用弹性本构。充气膜底和索鞍、索锚板和桥面板端部的接触区域为绑定连接；充气膜膜

顶和桥面板板底、高强索和索鞍，以及高强索和垫块的接触区域为摩擦接触，切向摩擦系数为 0.1，法向接触为硬接触。边界条件为桥面板端部采用 50 mm 宽简支约束。

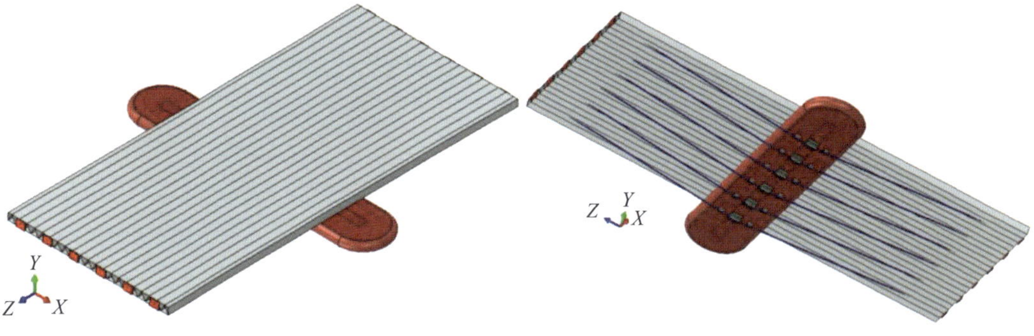

(a) 斜向下俯视　　(b) 斜向上俯视

图 8-6　整体计算模型三维示意图

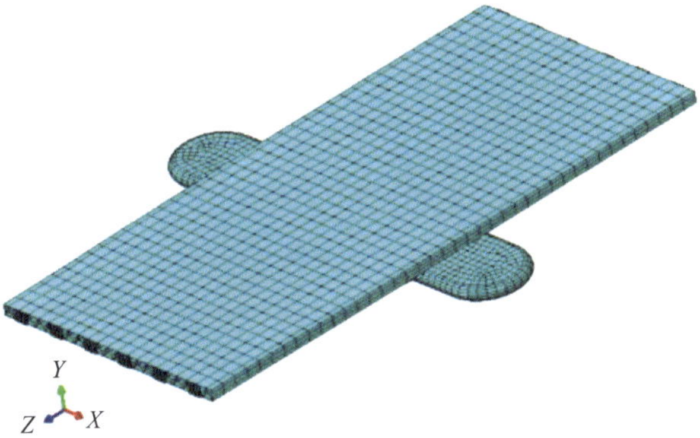

图 8-7　单元剖分示意图

载荷步划分为四步：第一载荷步为充气膜充气，分为多级加载，内压由 0 加载至 100 kPa；第二载荷步为结构自重加载；第三载荷步为 1/4 跨径最不利公路-Ⅱ级车道载荷加载，分为均布载荷和集中载荷，均布载荷取值为 10.5 kPa，分布于桥面板顶面，集中载荷为 276 kN 的集中力均匀分布在两个 0.2 m×0.6 m 的面积上，对应的载荷集度为 1 150 kPa，最大载荷步长 0.1；第四载荷步为跨中最不利公路-Ⅱ级车道载荷加载。第四载荷步施加时，第三载荷步的集中载荷失效，第三、第四载荷步的集中载荷作用位置如图 8-8 所示。

8.3.1.2　加载作用分析

（1）第一载荷步作用下的载荷效应

充气内压加载至 100 kPa 时，整体结构竖向位移云图如图 8-9 所示，膜体竖向膨胀了 103.3%，即 206.7 mm，对应的桥面板产生了 62.7 mm 的预拱度。充气加载完毕时的膜体 Mises 应力云图如图 8-10 所示，最大应力为 147.9 MPa，处于膜体设计强度范围之内。桥面板 Mises 应力云图如图 8-11 所示，最大应力为 206.0 MPa，处于高强铝合金钢

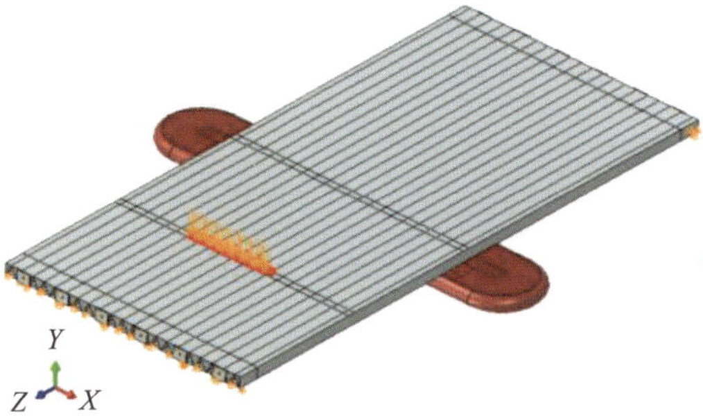

(a) 作用于四分之一跨径

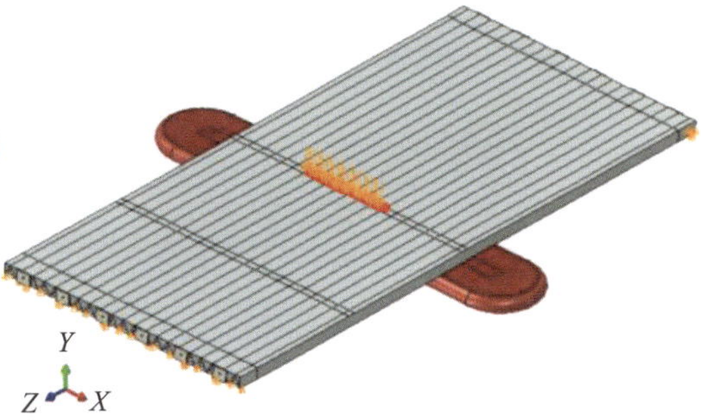

(b) 作用于跨中

图 8-8　公路-Ⅱ级集中载荷布置位置示意图

板的应力范围之内，且极值出现在端部边界支撑处，该范围的应力可以通过增设构造措施实现较大幅度的降低，跨中顶板的纵向最大受拉正应力为 69.9 MPa，跨中底板的纵向最大受压正应力为−143.2 MPa。高强钢索及锚板的跨中顶板的纵向最大应力云图如图 8-12 所示，最大值出现在钢索和锚板的锚点附近。由于钢索和锚板固结，在充气膜充气膨胀的过程中，高强钢索产生以锚点为圆心的向下转动，从而钢索在锚固段产生由于强迫位移导致的弯曲，这个极值应力就是弯曲应力和轴向拉应力的叠加，为 1 268 MPa，而距离锚固段一定距离后高强钢索受力均匀，边索为 598 MPa，次边索为 544 MPa，中索为 518 MPa，远低于高强索的设计强度 1 860 MPa，因此是安全的。同时在后面的结构细化设计阶段，可以通过设置具有微转动功能的锚固装置来消除弯曲应力，从而实现全长钢索的轴向受拉。

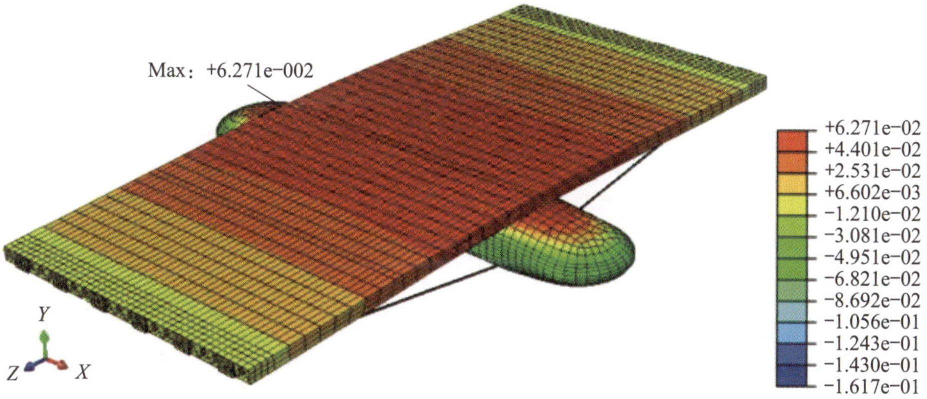

图 8-9　第一载荷步下整体结构竖向位移云图（单位：m）

（2）第二载荷步作用下的载荷效应

第二载荷步为施加结构自重，因为结构本身自重很轻，约 60 kg/m^2，重力场效应很小，限于篇幅，不再赘述。

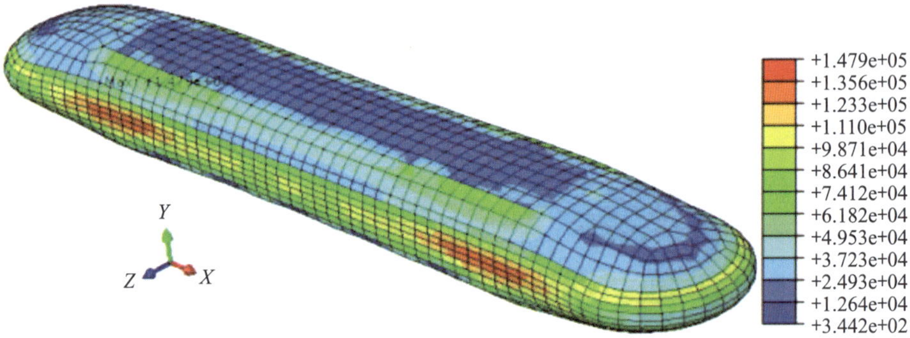

图 8－10　第一载荷步下膜体 Mises 应力云图（单位：kPa）

图 8－11　第一载荷步下桥面板 Mises 应力云图（单位：kPa）

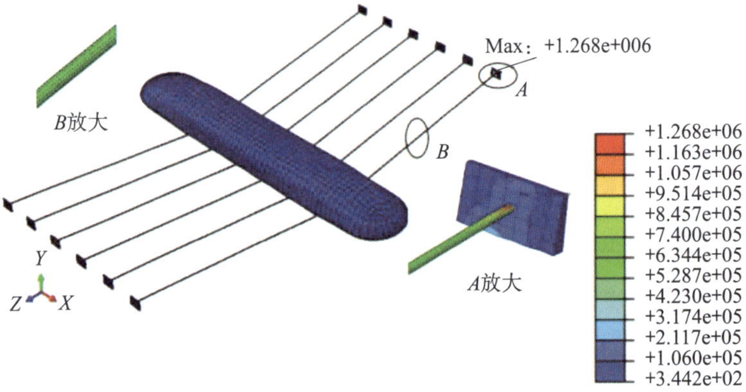

图 8－12　第一载荷步下高强钢索及锚板的纵向最大应力云图（单位：kPa）

（3）第三载荷步作用下的载荷效应

第三载荷步为施加车道载荷，均布载荷作用于全跨，集中载荷作用于 1/4 跨径。结构竖向位移云图如图 8－13 所示，整体结构的最大正向竖向位移由第二载荷步的 62.7 mm 降至 32.5 mm，对应的桥面板竖向位移为 30.2 mm，该值即为活载作用下的挠度，为跨径的 1/265，满足要求；膜体的 Mises 应力云图如图 8－14 所示，最大应力为 136.8 MPa，比第二载荷步减小 7.1%；桥面板的 Mises 应力云图如图 8－15 所示，最大应力为

167.9 MPa，最大应力位置位于桥面板跨中和膜体接触的底面；图 8 - 16 为高强钢索及锚板的 Mises 应力云图，应力峰值及位置和第二载荷步相同，距离锚固端一定距离后的边索应力为 649 MPa，次边索为 576 MPa，中索为 549 MPa，较第二载荷步应力增幅为 5.5%～7.8%。

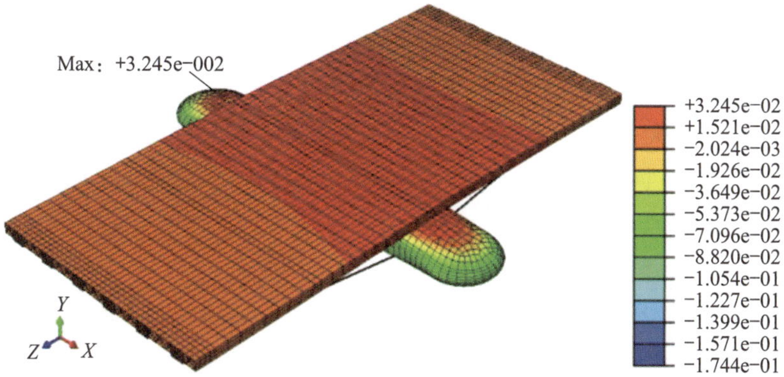

图 8 - 13　第三载荷步整体结构竖向位移云图（单位：m）

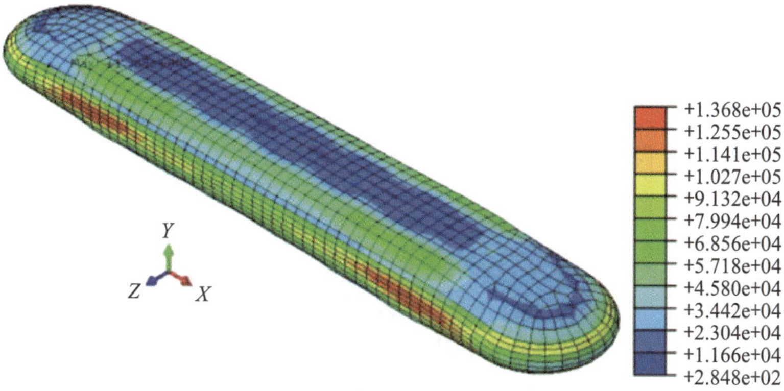

图 8 - 14　第三载荷步膜体 Mises 应力云图（单位：kPa）

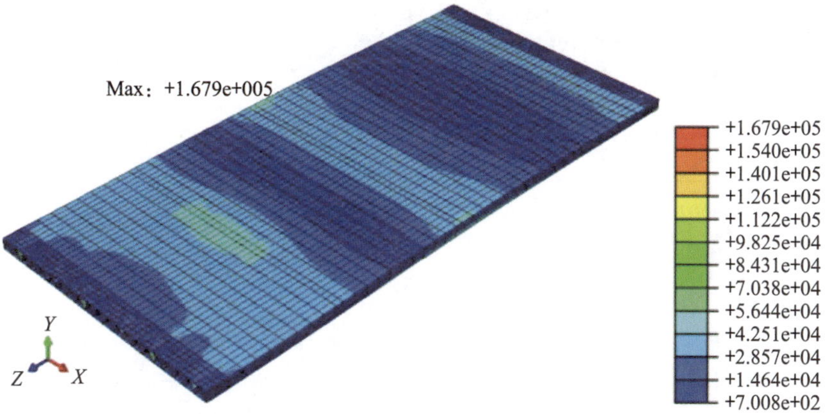

图 8 - 15　第三载荷步桥面板 Mises 应力云图（单位：kPa）

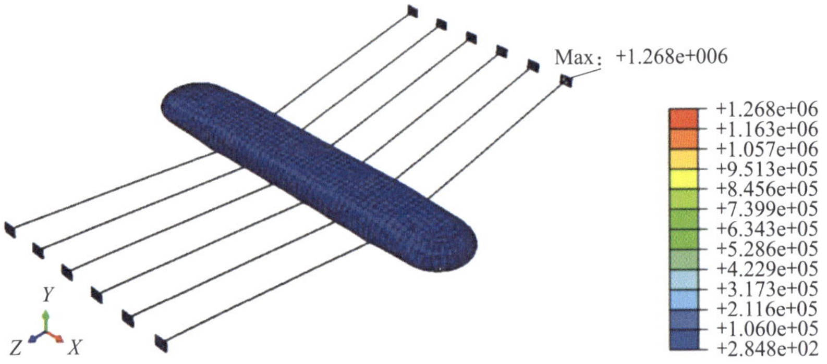

图 8－16　第三载荷步高强钢索及锚板的 Mises 应力云图（单位：kPa）

（4）第四载荷步作用下的载荷效应

第四载荷步为施加车道载荷，均布载荷作用于全跨，集中载荷作用于跨中。结构竖向位移云图如图 8－17 所示，整体结构的最大正向竖向位移由第二载荷步的 60.8 mm 降至 22.0 mm，对应的桥面板竖向位移为 17.2 mm，该值和第二载荷步差值即为活载作用下的挠度，即 42.6 mm，为跨径的 1/188，满足要求；膜体的 Mises 应力云图如图 8－18 所示，最大应力为 132.1 MPa，比第三载荷步减小 3.4%；桥面板的 Mises 应力云图如图 8－19 所示，最大应力为 147.4 MPa，最大应力位置位于桥面板跨中和膜体接触的底面；图 8－20 为高强钢索及锚板的 Mises 应力云图，应力峰值及位置和第三载荷步相同，距离锚固端一定距离后的边索应力为 665 MPa，次边索为 586 MPa，中索为 559 MPa，较第二载荷步应力增幅为 7.3%～10.2%。

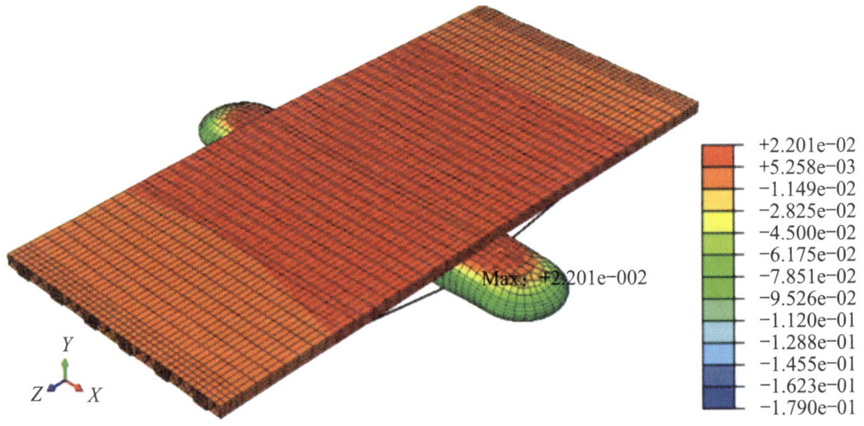

图 8－17　第四载荷步作用下整体结构竖向位移云图（单位：m）

8.3.1.3　结构稳定性分析

取车道载荷中的集中载荷位于跨中时的工况计算桥面板的稳定性，预应力等效线载荷施加于桥面板的两端支撑板的板边，跨中桥面板底和膜顶接触的部位施加等效均载作用于板底。将车道均布载荷和集中载荷作为结构稳定性分析的外载，而桥面板两端的边界约束

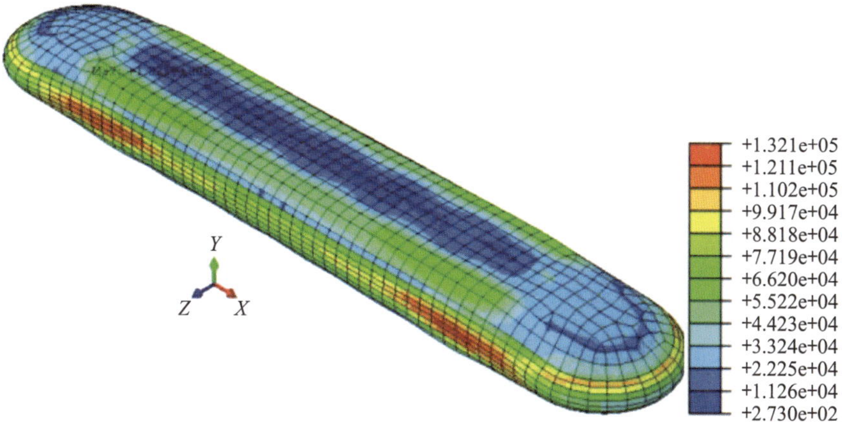

图 8－18　第四载荷步作用下膜体 Mises 应力云图（单位：kPa）

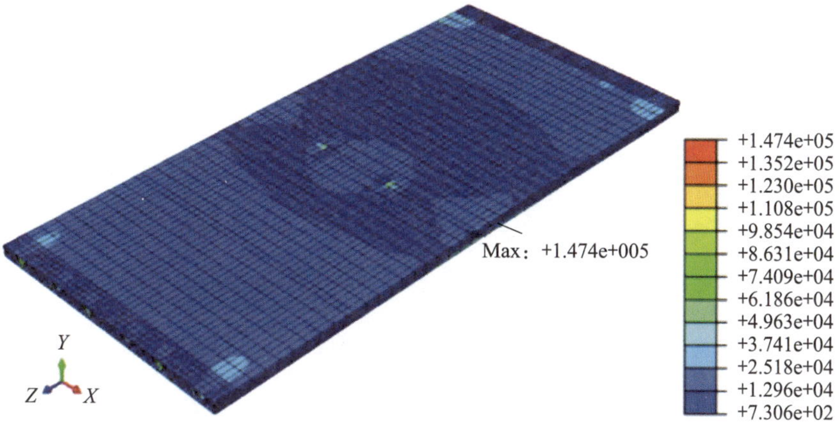

图 8－19　第四载荷步作用下桥面板 Mises 应力云图（单位：kPa）

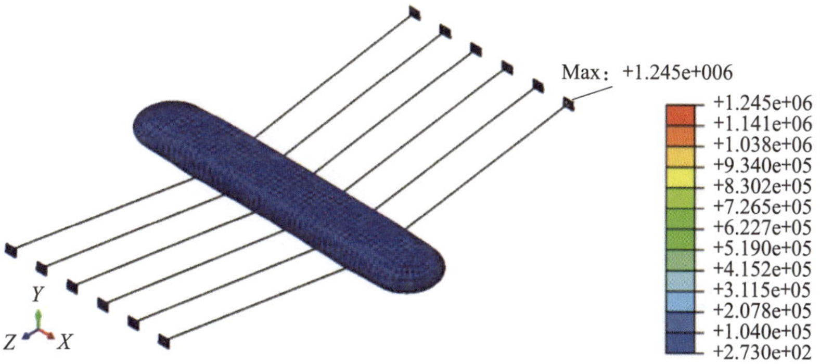

图 8－20　第四载荷步作用下高强钢索及锚板的 Mises 应力云图（单位：kPa）

条件不变，考察结构屈曲特征值，取前十阶屈曲模态。膜体等效加载示意图如图 8－21 所示，首先计算了桥面板厚度为 5 mm 时的屈曲特征值，一阶屈曲特征值为 1.76，该值较小，将桥面板厚度调整为 6 mm 计算，桥面板一阶屈曲模态如图 8－22 所示，可见一阶屈曲模态为跨中板底中央区域鼓曲失稳，这和该区域处于车道集中载荷下方且应力较大有关。最小屈曲特征值为 3.76，说明结构有一定的安全储备；桥面板前十阶屈曲模态的位置、形态及特征值见表 8－2，前十阶屈曲失稳位置均处于跨中区域，呈现跨中中央向跨中两侧变化的趋势，失稳形态均为板底及支撑板鼓曲失稳，屈曲特征值范围为 3.76～4.78。

图 8－21　膜体顶面及边界施加等效载荷（仰视）

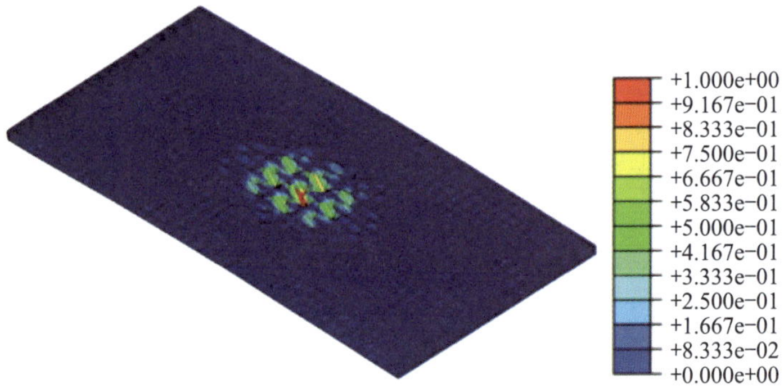

图 8－22　一阶屈曲模态

表 8－2　桥面板屈曲模态表

阶数	失稳位置	形态	屈曲特征值
一阶	跨中板底中央区域	板底及斜撑板鼓曲	3.76
二阶	跨中板底中央区域	板底及斜撑板鼓曲	3.78
三阶	跨中板底中央区域	板底及斜撑板鼓曲	4.04
四阶	跨中板底中央区域	板底及斜撑板鼓曲	4.05
五阶	跨中板底中央区域	板底及斜撑板鼓曲	4.31
六阶	跨中板底区域	板底及斜撑板鼓曲	4.32
七阶	跨中板底区域	板底及斜撑板鼓曲	4.55
八阶	跨中板底区域	板底及斜撑板鼓曲	4.56
九阶	跨中板底区域	板底及斜撑板鼓曲	4.76
十阶	跨中板底区域	板底及斜撑板鼓曲	4.78

8.3.2　第二种组合型式

数值计算对象为一跨 8 m 桥梁，桥面宽度 3.673 m，充气膜初始态为矢高 500 mm 的弧形壳。

8.3.2.1　模型参数

计算模型的物理力学参数见表 8 - 3，整个计算模型三维示意图如图 8 - 23 所示。

表 8 - 3　第二种组合型式物理力学参数

模型名称	密度/(t/m^3)	弹性模量/MPa	泊松比	结构厚度/mm	备注
充气膜	1.0	4e4	0.32	3	内压 0.08 MPa
桥面承载板	2.7	7.0e4	0.33	5	—

充气膜采用三维膜单元，桥面板采用壳单元，充气膜单元尺寸为 50 mm×50 mm，桥面板单元大小为 50 mm×50 mm。材料本构关系采用弹性本构。充气膜顶周边和桥面板底的接触区域为绑定连接。边界条件为桥面板端部采用 50 mm 宽简支约束。

载荷步划分为四步：第一载荷步为充气膜充气，分为多级加载，内压由 0 加载至 100 kPa；第二载荷步为结构自重加载；第三载荷步为 1/4 跨径最不利公路-Ⅱ级车道载荷加载，分为均布载荷和集中载荷，均布载荷取值为 10.5 kPa，分布于桥面板顶面，集中载荷为 276 kN 的集中力均匀分布在两个 0.2 m×0.6 m 的面积上，对应的载荷集度为 1 150 kPa，最大载荷步长 0.1；第四载荷步为跨中最不利公路-Ⅱ级车道载荷加载。

图 8 - 23　模型三维示意

8.3.2.2　加载作用分析

(1) 第一载荷步作用下的载荷效应

充气内压加载至 80 kPa 时，整体结构竖向位移云图如图 8 - 24 所示，膜体竖向膨胀了 6.4%，即 32 mm，膜体膨胀率较组合一中的膜体小很多，原因在于组合二中的膜体构型更为接近充气绷紧态，桥面板产生 31 mm 的预拱度。充气加载完毕时的膜体 Mises 应力云图如图 8 - 25 所示，最大应力为 211.9 MPa，位于膜体中部和桥面地板衔接的根部，除去这一区域外，其他区域的膜体应力在 70～80 MPa 之间，均处于膜体设计强度范围之内。桥面板 Mises 应力云图如图 8 - 26、图 8 - 27 所示，最大应力为 147.2 MPa，峰值应力出现在桥面底板和顶板的中部区域，这一现象是和桥面板受力机理相吻合的，即桥面板底承受膜体气压作用，而板四周和膜体固结，相当于桥面板为向上均布载荷作用下的双向受力板。

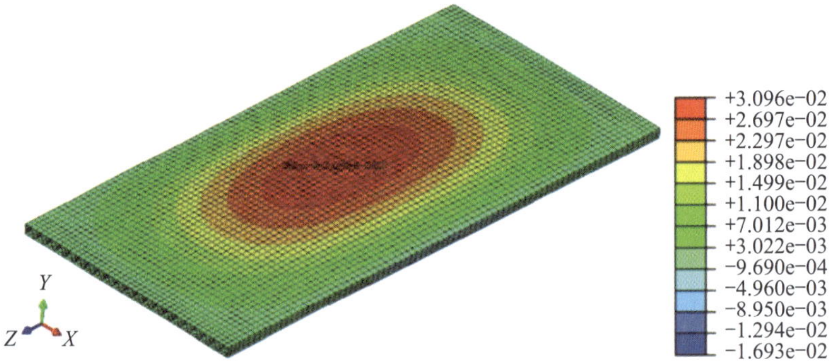

图 8-24 第一载荷步整体结构竖向位移云图（单位：m）

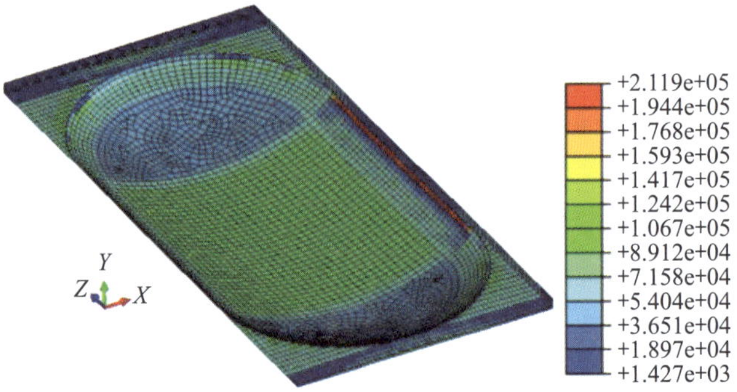

图 8-25 第一载荷步膜体 Mises 应力云图（仰视）（单位：kPa）

图 8-26 第一载荷步桥面板 Mises 应力云图（仰视）（单位：kPa）

（2）第二载荷步作用下的载荷效应

第二载荷步为施加结构自重，因为结构本身自重很轻，约 59 kg/m^2，重力场效应很小。限于篇幅不再赘述。

（3）第三载荷步作用下的载荷效应

第三载荷步为施加车道载荷，均布载荷作用于全跨，集中载荷作用于 1/4 跨径。结构竖向位移云图如图 8-28 所示，桥面板中心的最大正向竖向位移由第二载荷步的 29.9 mm 降至 1.9 mm，该值和第二载荷步差值即为活载作用下的挠度，即 28 mm，为跨径的

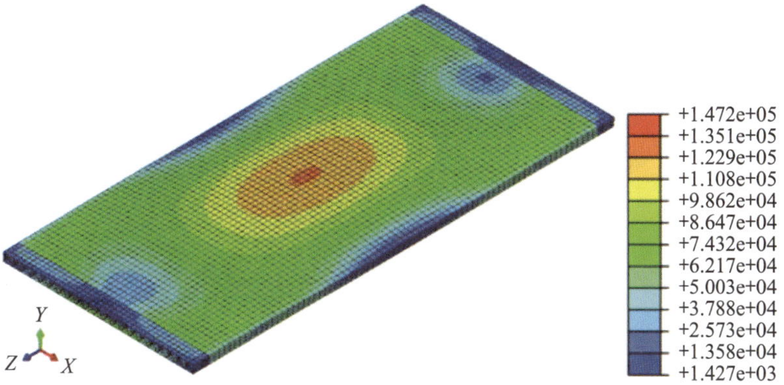

图 8－27　第一载荷步桥面板 Mises 应力云图（俯视）（单位：kPa）

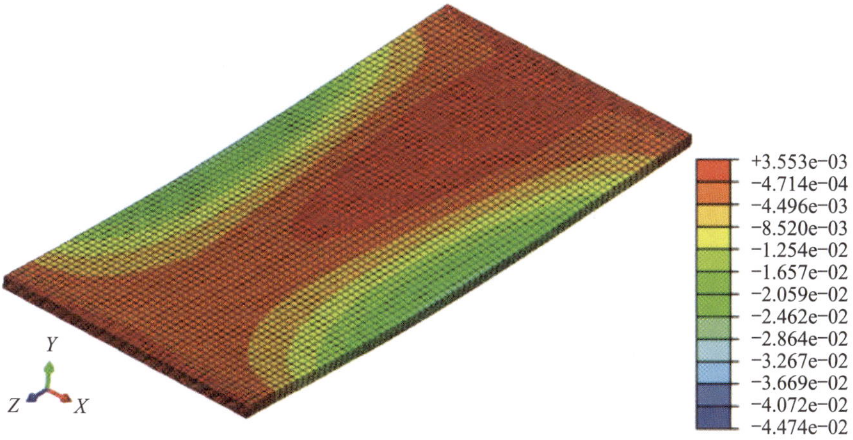

图 8－28　第三载荷步整体结构竖向位移云图（单位：m）

1/286，满足要求；膜体的 Mises 应力云图如图 8－29 所示，极值应力和第一、第二载荷步相当；桥面板的 Mises 应力云图如图 8－30、图 8－31 所示，最大应力为 154.3 MPa，相较第一载荷步增加 4.8%。

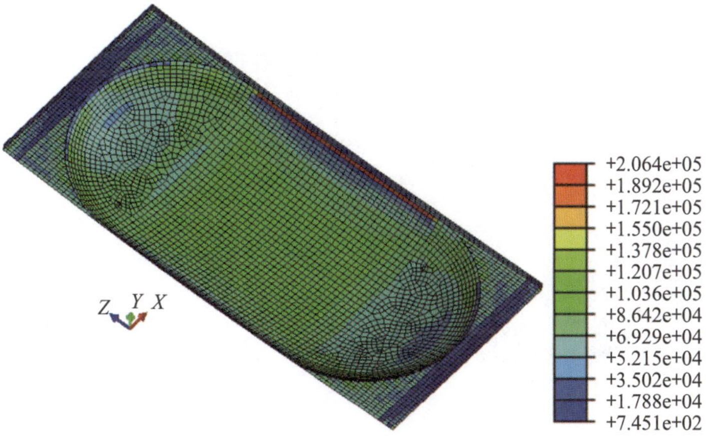

图 8－29　第三载荷步膜体 Mises 应力云图（仰视）（单位：kPa）

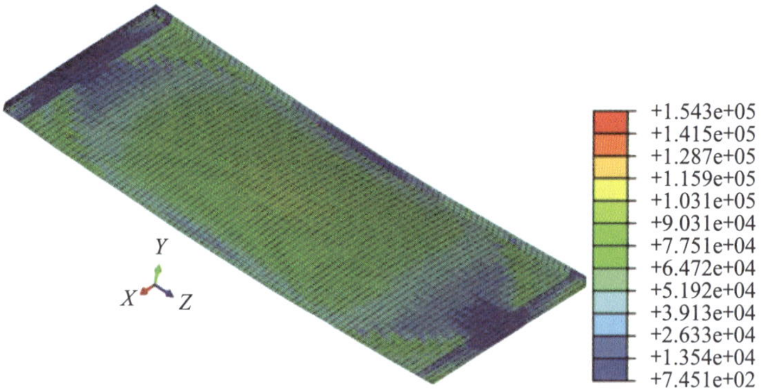

图 8－30　第三载荷步桥面板 Mises 应力云图（仰视）（单位：kPa）

图 8－31　第三载荷步桥面板 Mises 应力云图（俯视）（单位：kPa）

（4）第四载荷步作用下的载荷效应

第四载荷步为施加车道载荷，均布载荷作用于全跨，集中载荷作用于跨中。结构竖向位移云图如图 8－32 所示，桥面板中心的最大正向竖向位移由第二载荷步的 29.9 mm 降至－6.4 mm，该值和第二载荷步差值即为活载作用下的挠度，即 36.3 mm，为跨径的

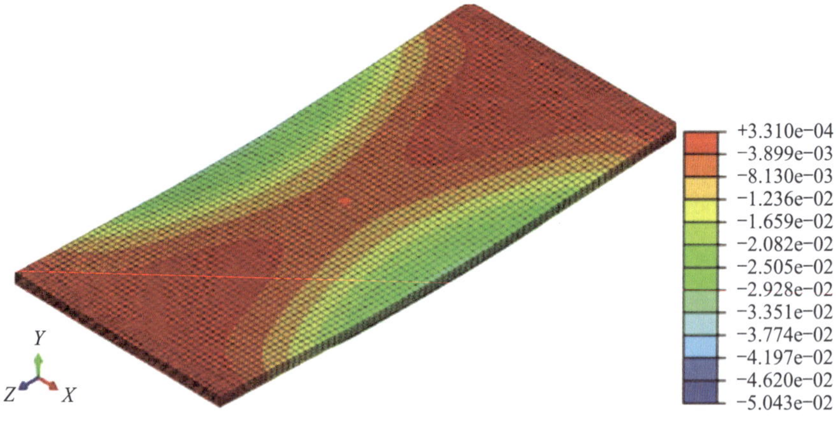

图 8－32　第四载荷步整体结构竖向位移云图（单位：m）

1/220，满足要求；膜体的 Mises 应力云图如图 8－33 所示，极值应力和第一、第二以及第三载荷步相当；桥面板的 Mises 应力云图如图 8－34、图 8－35 所示，最大应力为 156.7 MPa，和第三载荷步相当。

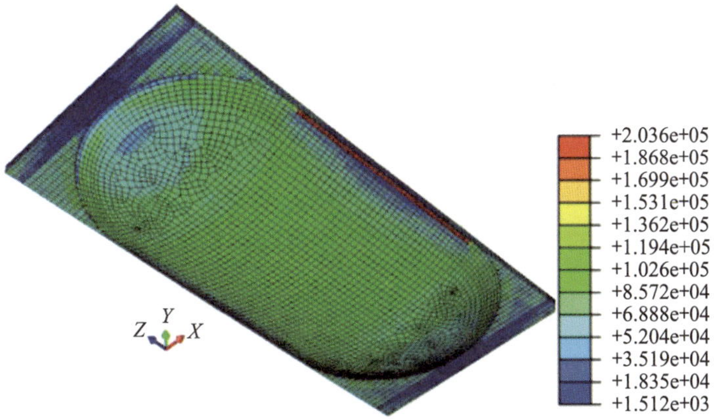

图 8－33　第四载荷步膜体的 Mises 应力云图（仰视）（单位：kPa）

图 8－34　第四载荷步桥面板的 Mises 应力云图（俯视）（单位：kPa）

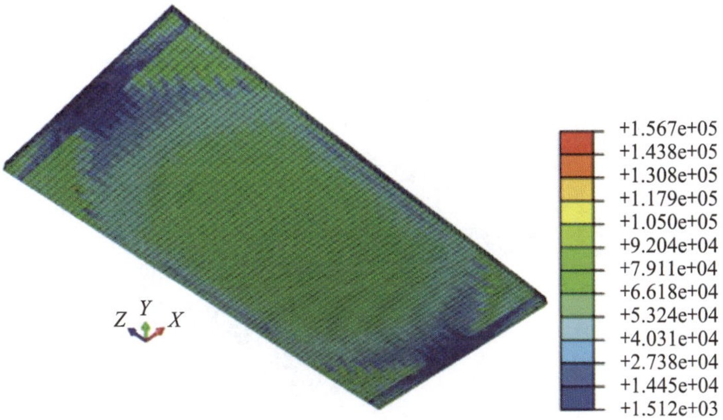

图 8－35　第四载荷步桥面板的 Mises 应力云图（仰视）（单位：kPa）

8.3.3 结构稳定性分析

将车道载荷中的集中载荷位于跨中时的膜体结构和桥面板衔接部位的膜体内力提取出来，和膜体内压一起施加于膜体顶面和膜体顶面的外边界。由于膜体顶面和桥面板板底为绑定连接，这样膜体充气的等效作用力就传递给桥面板，实现了膜体作用效应。将车道均布载荷和集中载荷作为结构稳定性分析的外载，桥面板两端的边界约束条件不变，考察结构屈曲特征值，取前十阶模态。膜体等效加载示意图如图 8 - 36 所示，桥面板一阶屈曲模态如图 8 - 37 所示。由图 8 - 37 可见，一阶屈曲模态为跨中区域板底及支撑板鼓曲失稳，这和该区域处于车道集中载荷下方且应力较大有关，最小屈曲特征值为 2.81，说明结构有一定的安全储备；桥面板前十阶屈曲模态的位置、形态及特征值见表 8 - 4，前十阶屈曲失稳位置均处于跨中区域，呈现跨中中央向跨中两侧交替变化的趋势。失稳形态均为板底及支撑板鼓曲失稳，屈曲特征值的分布范围从 2.81 延伸至 5.80。

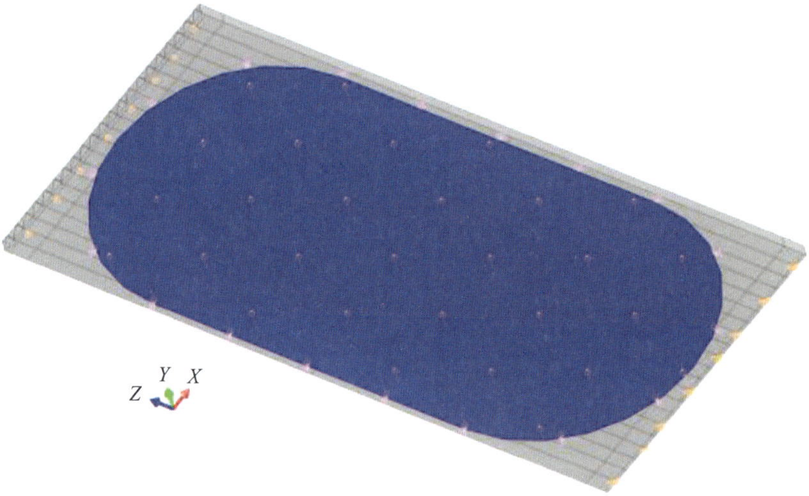

图 8 - 36　膜体顶面及边界施加等效载荷（仰视）

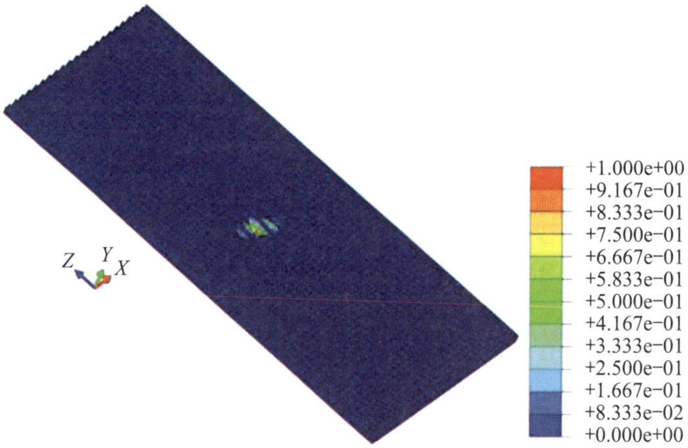

图 8 - 37　一阶屈曲模态

表 8-4 桥面板屈曲模态

阶数	失稳位置	形态	屈曲特征值
一阶	跨中板底中央区域	板底及斜撑板鼓曲	2.81
二阶	靠近跨中板底区域	板底及斜撑板鼓曲	3.13
三阶	靠近跨中板底区域	板底及斜撑板鼓曲	3.88
四阶	靠近跨中板底区域	板底及斜撑板鼓曲	4.44
五阶	靠近跨中板底区域	板底及斜撑板鼓曲	4.61
六阶	靠近跨中板底区域	板底及斜撑板鼓曲	5.00
七阶	跨中左边侧板底区域	板底及斜撑板鼓曲	5.51
八阶	跨中右边侧板底区域	板底及斜撑板鼓曲	5.58
九阶	跨中左边侧板底区域	板底及斜撑板鼓曲	5.73
十阶	跨中左边侧板底区域	板底及斜撑板鼓曲	5.80

8.4 小结

这两种桥梁结构型式都是充分利用了充气膜构型和桥面板形成组合受力的结构型式，第一种结构型式中膜体发挥了类似张弦结构支撑杆的作用，通过膜体体积变化导致高强钢索张紧，从而产生对桥面板的向上顶推并形成预应力索和桥面板的体外支距，提高了结构承载能力；第二种结构型式中膜体顶部直接和桥面板连接，膜体既作为充气膜的封闭膜，又等效为和膜体耦合的张拉密索，通过膜体充气变形完成膜体膨胀、张紧，实现对桥面板的上托。目前高强膜材的抗拉强度可达 500 MPa 以上，而上述分析的膜材最大应力在 250 MPa 以内，远低于强度限值，如采用碳素纤维材料，其抗拉强度可高达 2 000 MPa 以上，远远超过本算例中的峰值应力，可以说现有高强纤维类材料为高强膜体提供了广阔的应用空间。算例中全桥质量可以控制在 1 700 kg 以内，加压充气过程如配以自动充气功能，可大大缩短架设时间，从而为实现桥梁快速拼装提供了可能。

基于前面分析，可以得出以下基本结论：

1）提出了两种新型的快速架设的充气膜组合受力桥梁结构型式，通过数值计算验证了结构的合理性，结构型式能满足强度和刚度需要，膜体应力可控制在 250 MPa 以内，活载挠度控制在跨径的 1/200 以内。

2）桥面板稳定性分析表明，两种结构体系的桥面板均能满足整体和局部稳定性要求，第一种结构型式中桥面承载板合金板材的厚度较第二种结构型式的厚度要厚一些；

3）两种结构型式中尚有构造方面的细节需要进一步研究，包括膜体和桥面板的连接，以及膜体的附属构造等。

第9章 快速架设的环状充气式桥梁结构研究

著者发明了一种新型的快速架设的充气式桥梁结构体系，主体由充气环和其上的桥面承载板构成。以充气环作为竖向支撑基本受力构件，充气环既可以单环独立形成支撑，又可以多个单环并列拼装成一组形成支撑。当桥梁跨越山谷时，充气环可以作为支撑单元在桥梁跨度方向形成竖向支撑，从而减小桥面支撑距离。多组充气环之间以及充气环和两侧山谷之间形成填充嵌锁关系后，可以进一步减小桥面沿跨度方向支撑点的距离，从而减小桥面承载板的厚度，实现快速拼装、快速架设的目的。用于桥梁承载的充气环一般为高压充气，其内压为0.2～0.7 MPa。基于通用分析软件，对充气式桥梁的刚度及强度进行了初步验证，计算分析表明：在结构承载强度及刚度方面，这种结构体系是可行的。在构件的拼接、连接及结构体系稳定方面尚需进一步深入研究。

充气支撑环是一种气胀式结构，具有一定的承载能力，气胀式结构的承载原理是：膜囊在充气后得到较大内压，内压使膜面产生张力，膜的张力连同内压可抵抗外载荷，从而实现承力的作用。它具有重量轻、承载能力强的优点。目前充气式结构多用于航空航天、近空间飞行器和大型建筑领域，而在桥梁领域，尤其是应急快速架设桥梁领域则未见相关报道。

9.1 快速架设的环状充气式桥梁结构型式

快速架设的充气式桥梁结构用于桥梁承载的充气环一般为高压充气，其内压为0.2～0.7 MPa，充高压气环一般由密闭内胆、受力层、外套三次叠合构成。密闭内胆主要提供封闭不漏气的环境，由高韧橡胶材料构成；受力层由高抗拉强度的材料构成，可采用碳纤维、聚酯纤维或在橡胶层外复合高强钢丝等材料；外套主要提供表面必要的摩阻力和抗磨耗的能力，可由帆布等材料构成。三层叠合的厚度一般在5～10 mm之间。

图9-1给出了跨越山谷的三种型式。图9-1（a）为单组环支撑示意图，可将单跨跨度减小至二分之一；图9-1（b）为双组环支撑，可将单跨跨度减小至三分之一；图9-1（c）为多环支撑，适用于山谷较深的情况，在满足稳定的条件下，可以实现双层充气环叠合支撑。基于充气环作为支撑构件的结构型式可以有相对灵活的组合，从而适用于不同跨度、不同深度的地形。

图9-1（a）中所示的充气环外圆直径对应11.0 m，充气环断面直径为1.8 m，图9-1（b）、图9-1（c）中所示的充气环外圆直径对应5.5 m，充气环断面直径为0.6 m，单环的三维计算模型示意图如图9-2所示。横向几个单环并列拼装构成一组，如图9-3所示。

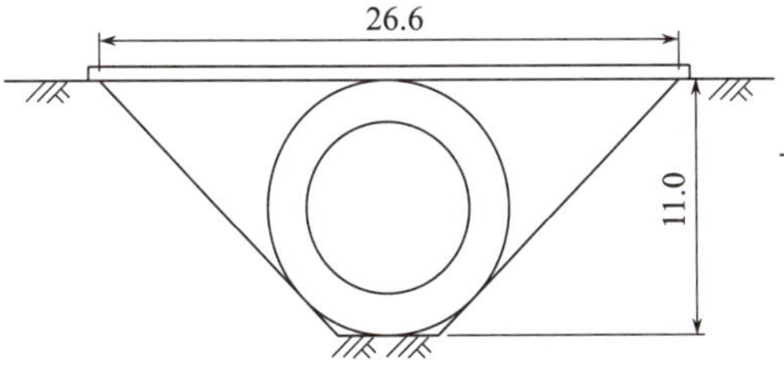

(a) 跨向单组环支撑

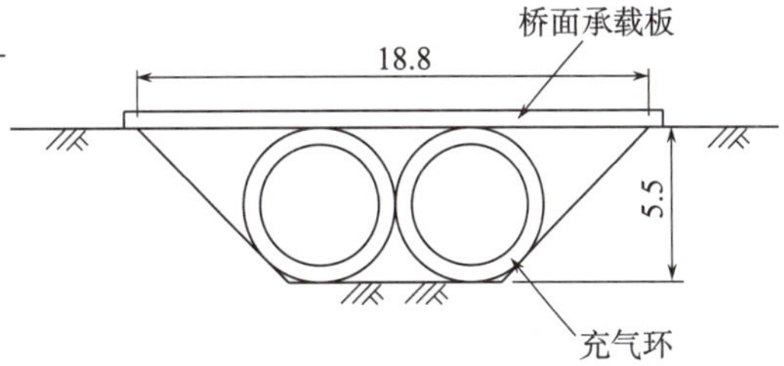

(b) 跨向双组环支撑

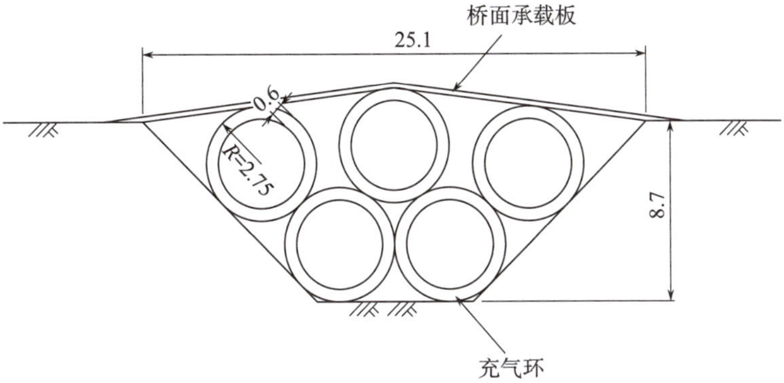

(c) 跨向多组环支撑

图 9－1　充气式桥梁结构体系示意图（单位：m）

图 9－2　单环的三维计算模型示意图

图 9－3　多环并列拼装三维示意图

9.2 快速架设的环状充气式桥梁结构体系承载性能研究

9.2.1 计算模型

物理力学模型模拟的问题涉及大变形、接触高度非线性问题，桥面承载板、山谷底部及两侧的山体以及充气环均采用三维壳单元进行分析。基于通用分析软件建立数值计算模型，模型物理力学参数见表9-1。

表9-1 模型物理力学参数

模型名称	密度/(g/mm^3)	弹性模量/MPa	泊松比	结构厚度/mm	结构宽度/m
山谷两侧山体	—	3.0e4	0.27	500	7
充气环	1.0	4e3	0.32	10/6	—
桥面承载板	7.85	2.0e5	0.3	250	6

模型尺寸：山体边界选择了相对尺寸较大的单元，大小为1 000 m×1 000 mm左右；充气环为提高接触分析精度，细分了单元，其大小为50 mm×50 mm左右；桥面承载板单元的划分尺寸介于二者之间，单元大小为500 mm×500 mm。

材料本构关系：采用弹性本构。

相互作用：充气环和山体之间为接触关系，切向摩擦系数为0.1，法向接触为硬接触；充气环和桥面承载板之间为接触关系，切向摩擦系数为0.1，法向接触为硬接触。充气环横向拼接之间为焊接。

边界条件：山谷四周为固定约束，桥面承载板两端为简支约束。

载荷：加载步分为三步，即充气环内部加压、结构自重、桥面局部载荷（6.41 kPa）。

图9-1对应的三种结构体系三维模型图如图9-4所示。

9.2.2 跨向单环承载力分析

充气环加压后的Mises应力云图如图9-5所示，峰值为70.6 MPa；桥面加载后Mises应力云图如图9-6所示，峰值为72.1 MPa，变化仅为1.5 MPa，可见在桥面施加总重102.3 t的均布载荷后，充气膜的应力并没有大幅提高，说明充气膜在受力的均衡性方面有着明显优势。膜体应力均在膜体材料设计强度范围之内。

充气环加压后的竖向位移云图如图9-7所示，桥面跨中峰值为43.9 mm，呈上拱形态；桥面加载后竖向位移云图如图9-8所示，桥面跨中峰值为−47.3 mm，二者之和即为桥跨在桥面载荷作用下的竖向位移，即91.2 mm，为跨度26.6 m的1/292，可见在桥面施加总重102.3 t的均布载荷后，跨中垂向位移在允许的范围之内，说明充气环结构在刚度方面能够满足要求。

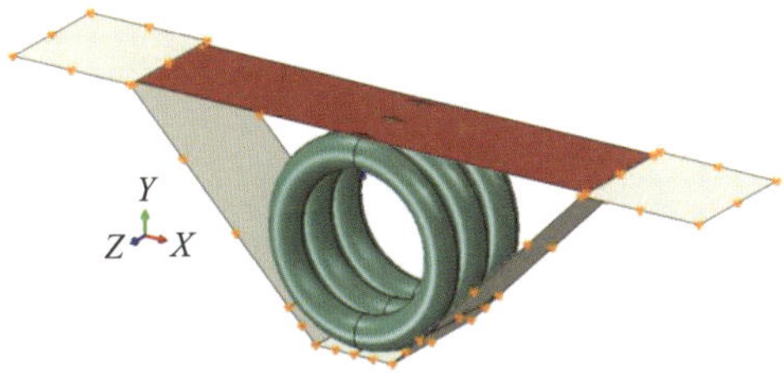

(a) 跨向单组环支撑

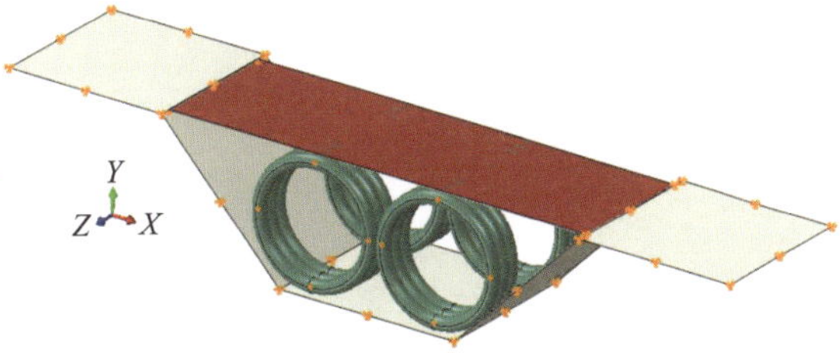

(b) 跨向双组环支撑

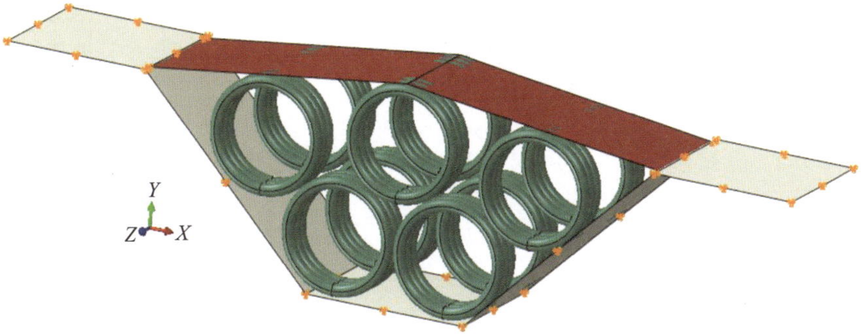

(c) 跨向多组环支撑

图 9－4 充气式桥梁结构计算模型

图 9－5 充气环加压（0.7 MPa）后结构 Mises 应力云图（单位：MPa）

9.2.3 跨向双环承载力分析

充气环加压后的 Mises 应力云图如图 9－9 所示，峰值为 41.3 MPa；桥面加载后 Mises 应力云图如图 9－10 所示，峰值为 60.7 MPa，应力增加 19.4 MPa，膜体应力均在膜体材料设计强度范围之内。

图 9-6　桥面加载（0.006 41 MPa）后结构 Mises 应力云图（单位：MPa）

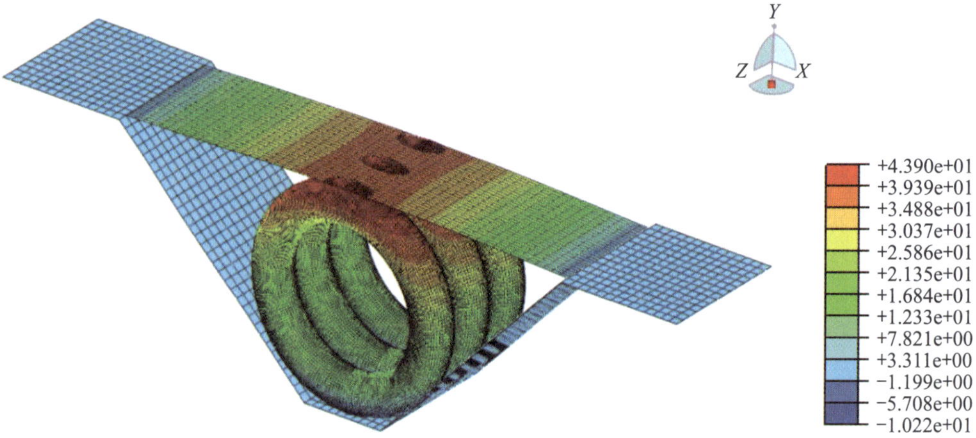

图 9-7　充气环加压（0.7 MPa）后结构竖向位移云图（单位：mm）

图 9-8　桥面加载（0.006 41 MPa）后结构竖向位移云图（单位：mm）

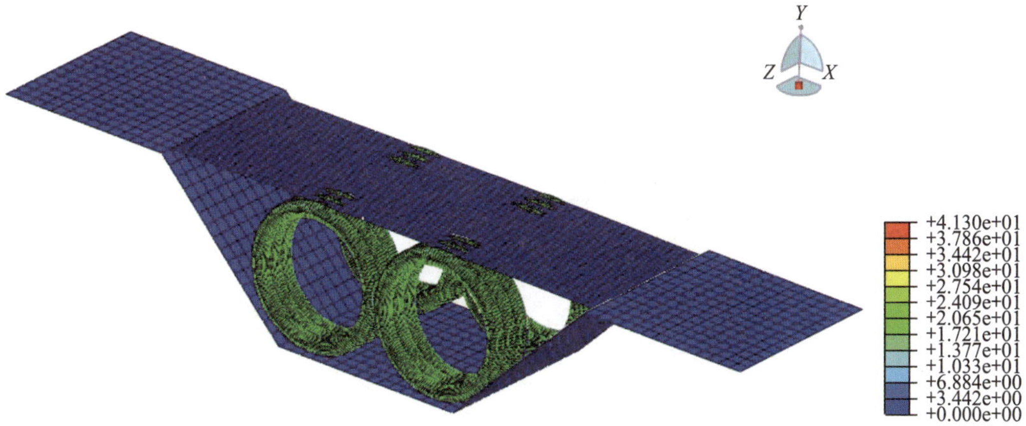

图 9 - 9　充气环加压（0.7 MPa）后结构 Mises 应力云图（单位：MPa）

图 9 - 10　桥面加载（0.006 41 MPa）后结构 Mises 应力云图（单位：MPa）

充气环加压后的竖向位移云图如图 9 - 11 所示，桥面跨中峰值为 8.1 mm，呈上拱形态；桥面加载后竖向位移云图如图 9 - 12 所示，桥面跨中峰值为－28.6 mm，为跨度 18.8 m 的 1/655，可见在桥面施加总重 72.3 t 的均布载荷后，跨中垂向位移在允许范围之内，说明充气环结构在刚度方面能满足要求。

9.2.4　跨向多环承载力分析

充气环加压后的 Mises 应力云图如图 9 - 13 所示，峰值为 52.3 MPa；桥面加载后 Mises 应力云图如图 9 - 14 所示，峰值为 58.4 MPa，应力增加 6.1 MPa，膜体应力均在膜体材料设计强度范围之内。

充气环加压后的竖向位移云图如图 9 - 15 所示，桥面跨中峰值为 10.1 mm，呈上拱形态；桥面加载后竖向位移云图如图 9 - 16 所示，桥面跨中峰值为－33.6 mm，二者之和即为桥跨在桥面载荷作用下的竖向位移，即 43.7 mm，为跨度 25.1 m 的 1/574，可见在桥面施加总重 96.5 t 的均布载荷后，跨中垂向位移在允许值范围之内，说明充气环结构在刚度方面能满足要求。

图 9－11　充气环加压（0.7 MPa）后结构竖向位移云图（单位：mm）

图 9－12　桥面加载（0.006 41 MPa）后结构竖向位移云图（单位：mm）

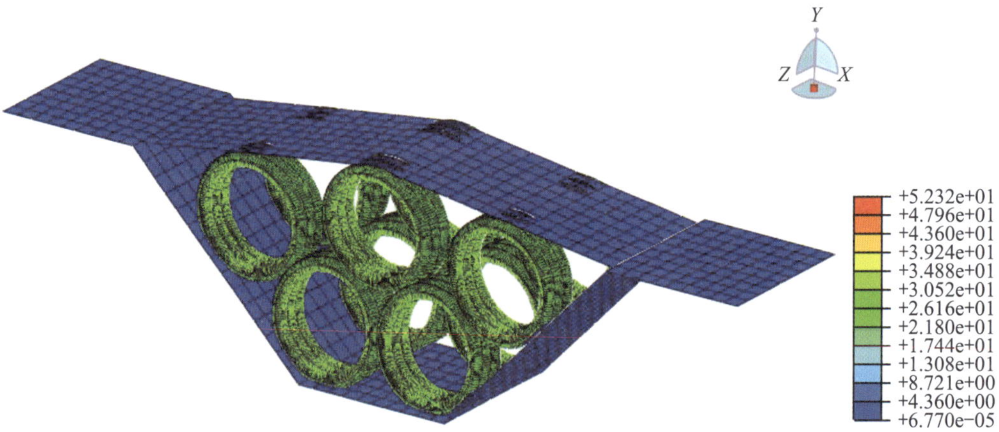

图 9－13　充气环加压（0.7 MPa）后结构 Mises 应力云图（单位：MPa）

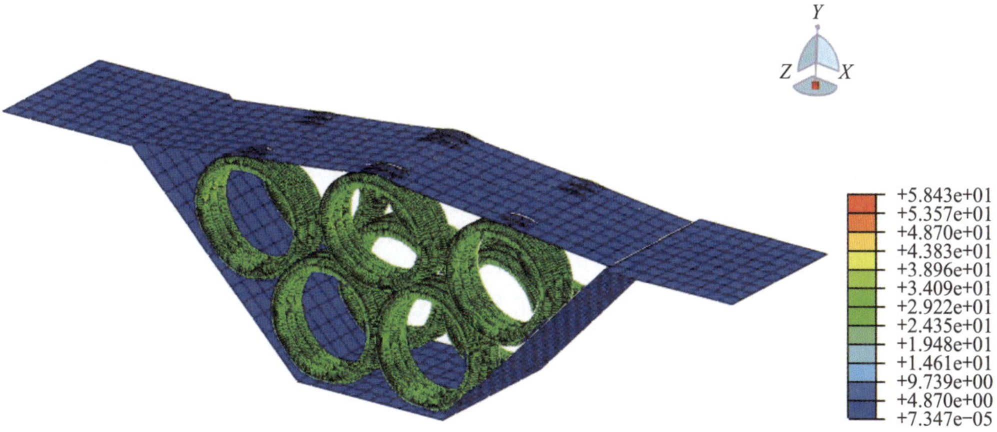

图 9-14　桥面加载（0.006 41 MPa）后结构 Mises 应力云图（单位：MPa）

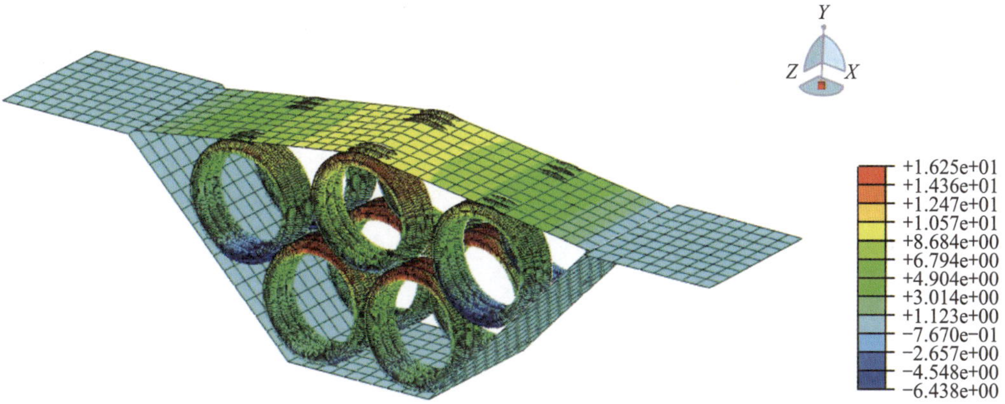

图 9-15　充气环加压（0.7 MPa）后结构竖向位移云图（单位：mm）

图 9-16　桥面加载（0.006 41 MPa）后结构竖向位移云图（单位：mm）

基于以上分析可知，充气环在强度及刚度两个方面都能满足桥梁承载要求，且具有较大的安全储备。目前高强膜材的抗拉强度可达 1 000 MPa 以上，而以上三种桥型最大的膜材应力均在几十兆帕以内，膜体厚度尚有进一步减薄的空间，但考虑到膜体厚度和刚度有一定关系，故膜体厚度也不能过薄，一般取 3～10 mm 是恰当的。

单充气环的膜体质量可控制在 80～150 kg，从而为实现快速拼装提供了可能。充气环的组合可以大幅降低桥面承载板的单跨跨径，也为桥面承载板实现快速拼装提供了可能。

结构安全除了强度、刚度以外，还有稳定性问题值得重视。充气环构成的承载体系的稳定性问题值得进一步研究，包括整体稳定和局部稳定，而这些又和充气环拼接工艺、稳定措施紧密相关。另外在构造方面还存在将充气环作为竖向支撑和桥面承载板之间的连接等问题，这些内容将是下一阶段的研究重点。

9.3 小结

发明的新型快速架设的充气式桥梁结构体系具有以下特点：

1）数值计算证明充气环在充气桥实现竖向承载方面可以满足强度和刚度的需要，膜体应力控制在几十兆帕之内，跨中竖向挠度控制在跨径的 1/290 之内，承载结构整体上是科学可行的。

2）充气环质量很小，一般能控制在 150 kg 之内，为实现快速拼接提供了方便；

3）充气环在组合方面比较灵活，既可以在跨度方向组合，又可以在山谷深度方向组合，从而可以较好地适应不同的跨越地形；

4）高强膜体材料的发展为充气环提供了较多可以选择的材料，如碳纤维、聚酯纤维、玻璃纤维等，均可满足应力需求；

5）充气环尚有稳定性问题值得进一步研究，包括整体稳定和局部稳定，另外在构造方面还存在将充气环作为竖向支撑和桥面承载板之间的连接等问题。

第 10 章　快速架设的筒状充气式桥梁结构研究

著者发明了一种新型的快速架设的充气式桥梁结构体系，基于静力分析和显示动力分析交互验证，证明该结构体系能满足强度和刚度的需要，结构体系是科学合理的，膜体应力可控制在 120 MPa 之内，跨中竖向挠度可控制在跨径的 1/500 之内。充气筒体具有重量轻的特点，方便运输搬运，直径 5 m、长度 5.3 m 的筒体能控制在 1 000 kg 之内，配以充气功能可实现桥梁桥墩的快速架设。充气筒体既可以在跨度方向连续架设，又可以通过直径的变化适应山谷不同的深度水平，从而具有较好的灵活性。高强膜体材料为充气膜体提供了较多的选择空间，如碳纤维、聚酯纤维、玻璃纤维等，均可满足应力需求。充气桥尚有构造方面的细节需要进一步研究，包括支撑座和膜体，以及支撑座和桥面板、地基之间的连接等问题。

在封闭的柔性薄膜内充气形成压力支撑膜面，内压使膜面产生张力，膜的张力连同内压可以抵抗外载荷，从而实现承载的作用。这种充气膜结构具有自重轻、架设快、承载能力强的优点，目前多用于航空航天、近空间飞行器和大型建筑领域。在装配式应急桥梁领域往往面临需要架设桥墩以实现缩短跨径的问题，同时需要桥墩快速架设成型，充气式膜结构提供了选择，膜体采用厚度很薄且柔软的纤维类材料，其性能优势在于抗拉，内部充满的气体承载优势在于抗压，二者结合后理想的结构型式是平躺的圆筒体结构，这种结构型式能实现膜体始终处于受拉状态，且有稳定的承载面，能充分发挥特有的承载性能。

10.1　快速架设的筒状充气式桥梁结构型式

快速架设的充气式桥梁由充气膜圆筒体和在其上搭设的桥面承载板构成，充气膜筒体作为竖向承载的主要构件，既可以单独形成竖向支撑，又可以多筒组合形成竖向支撑。当桥梁跨越山谷时，充气筒可以作为支撑单元在桥梁跨度方向形成竖向支撑，从而缩短桥面支撑距离，多组充气圆筒之间以及充气筒和两侧山谷之间形成填充嵌锁关系后，可以进一步缩短桥面沿跨度方向支撑点的距离，从而减小桥面承载板的厚度，达到快速拼装、快速架设的目的。用于桥梁承载的充气圆筒一般为高压充气，其内压为 0.2～0.7 MPa，充高压气筒膜一般由密闭内胆、受力层、外套三层叠合构成。密闭内胆主要提供封闭不漏气的环境，由高韧橡胶材料构成；受力层由高抗拉强度的材料构成，可采用碳纤维、聚酯纤维或在橡胶层外复合高强钢丝等材料；外套主要提供表面必要的摩阻力和抗磨耗的能力，由帆布等材料构成。三层叠合的厚度一般在 5～10 mm 之间。

图 10－1 给出了跨越山谷的两种型式。图 10－1（a）为单圆筒支撑示意图，可将单跨跨度减小至二分之一；图 10－1（b）为双圆筒支撑示意图，可将单跨跨度减小至三分之一，基于充气圆筒作为支撑构件的结构型式可以有相对灵活的组合，从而适用于不同跨度、不同深度的地形。

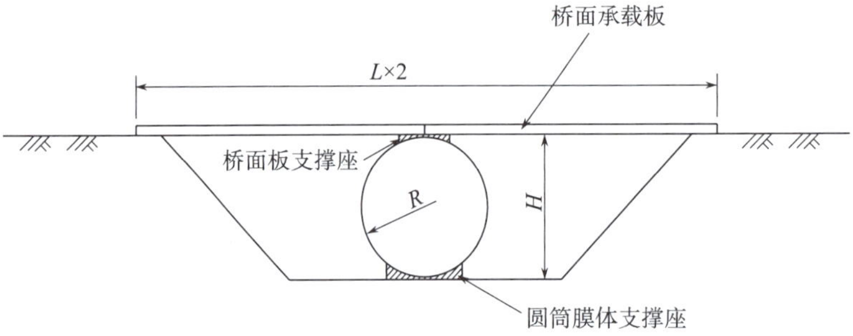

(a) 单圆筒桥墩

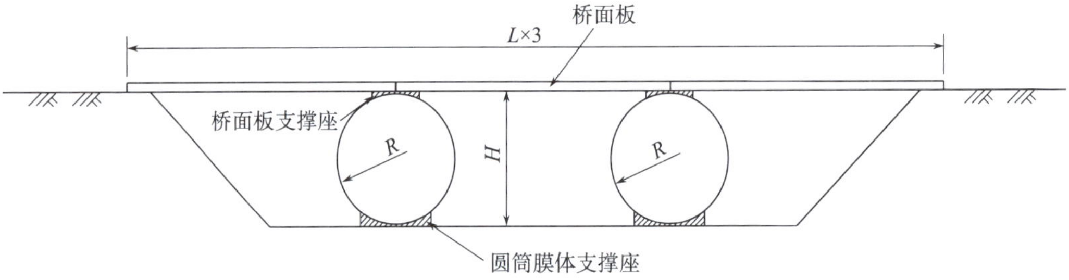

(b) 双圆筒桥墩

图 10-1　快速架设充气桥梁结构示意图

圆筒膜体三维示意图如图 10-2 所示，为了减小膜体的应力，提高膜体刚度，控制膜体整体变形，在膜体筒身间距一定距离设置高强环箍，可采用碳纤维布和膜体粘接而成，如图 10-3 所示。膜体底部设有支撑座，支撑座采用高强、高弹性橡胶材料，支撑座和筒体接触的表面，并在该处对应的圆筒膜体接触表面设置高摩擦系数的接触材料，以实现接触面之间的止滑，同时为了增加止滑的可靠性，接触面之间设有止滑栓来实现剪切锁止。底部膜体支撑座设有地锚，稳固于谷底。膜体顶部设有支撑桥面板的支撑座，其和膜体之间的止滑要求同底部支撑座。设有顶底支撑座的三维示意图如图 10-4 所示。桥面板则可以视跨越距离的长短选择多种型式，从快速架设角度优先选用装配式钢结构桥面板。

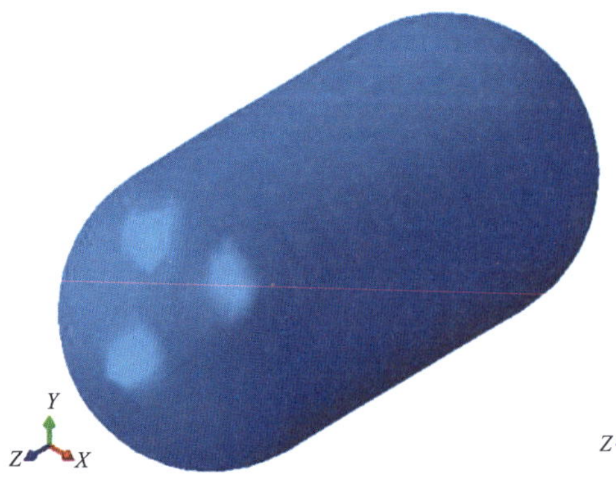

图 10-2　圆筒充气膜体示意图

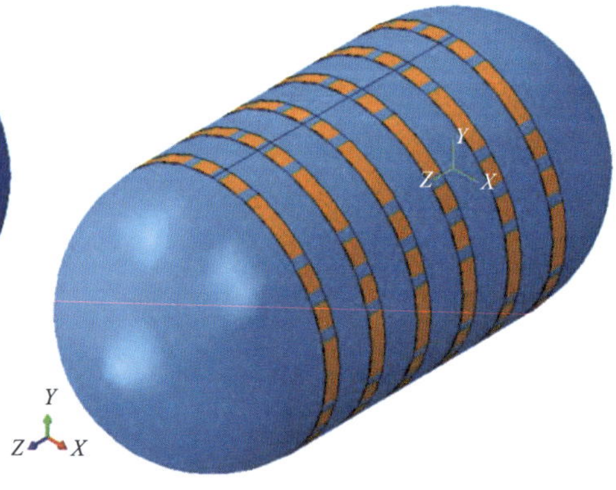

图 10-3　设置环箍的圆筒充气膜体示意图

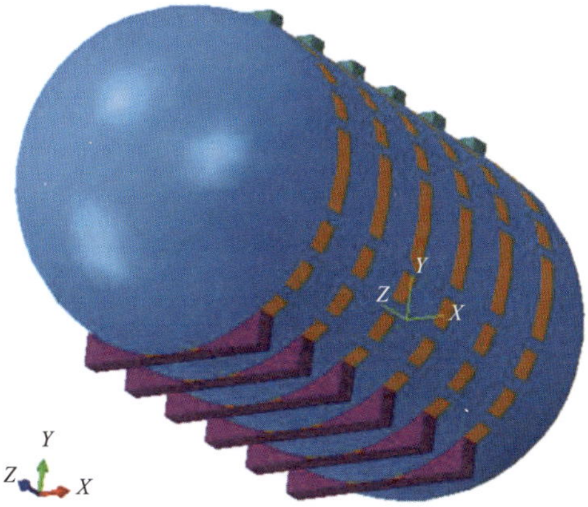

图 10-4　圆筒充气膜体上下支撑座示意图

10.2　快速架设的筒状充气式桥梁结构承载性能研究

10.2.1　计算模型

充气圆筒、环箍采用三维膜单元，桥面承载板、支撑座、车辆采用块单元。计算分析的物理力学参数见表 10-1。

表 10-1　模型的物理力学参数

模型名称	密度/(t/m³)	弹性模量/MPa	泊松比	结构厚度/mm	备注
充气圆筒	1.0	4e3	0.32	8	内压 0.5 MPa
桥面承载板	7.85	2.0e5	0.3	350	
环箍	1.0	1e4	0.31	5	
支撑座	1.1	8.0e3	0.42	—	
车辆	7.85	1.0e5	0.3	—	

模型体量：数值计算对象为 2×12 m 两跨桥梁，桥面宽度 5.3 m，充气圆筒内直径 5 m，环箍内直径 5 m，宽度 0.3 m。

单元尺寸：充气圆筒单元尺寸为 0.1 m×0.1 m，桥面承载板单元大小为 0.1 m×0.1 m×0.6 m，支撑座单元、车辆单元控制最小边尺寸为 0.1 m。

材料本构关系：采用弹性本构。

相互作用：1）绑定连接：充气圆筒和环箍之间的接触区域，充气圆筒和上下支撑座之间的接触区域，上支撑座和桥面承载板之间的接触区域；2）摩擦接触：车辆轮底和桥面板上表面，车辆右外侧和桥面导向侧板内侧，切向摩擦系数为 0.1，法向接触为硬接触。

边界条件：下支撑座底部为固结，桥面承载板板端约束为简支约束。

分析类型有两种，分别为多载荷步静力分析和模拟车辆运动作用下的显示动力分析。静力分析的载荷加载步分为三步，即充气圆筒内部加压、结构重力、桥面载荷（10 kPa）。显示动力分析的载荷步分为三步：圆筒多级分步加压和车辆在微小外力下的预接触，多级加载下的结构重力，车辆运动（总重 56 t，按照 1.39 m/s 速度行进，模拟 5 km/h 的时速）。

静力分析的三维模型图如图 10-5 所示，显示动力分析的模型如图 10-6 所示。

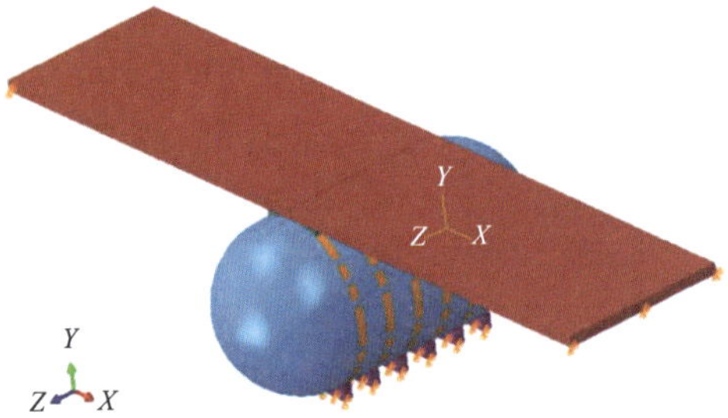

图 10-5 静力分析三维模型

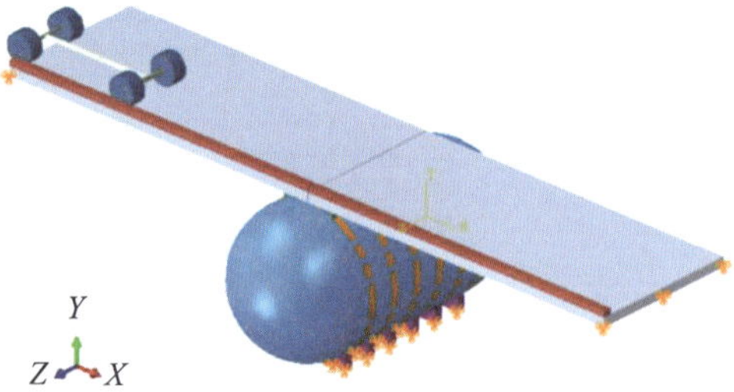

图 10-6 动力分析三维模型

10.2.2 快速架设的筒状充气式桥梁静力分析

结构在第一载荷步充气圆筒内部加压作用下结构的竖向变位如图 10-7 所示，膜体在充气作用下的 Mises 应力如图 10-8 所示，环箍的 Mises 应力如图 10-9 所示。由图 10-7 可见，结构在充气作用下，由于膜体加压后的膨胀效应，膜体顶部最大竖向位移为 Y 正向 83.27 mm，出现在环箍之间的膜体上，对应的桥梁板竖向位移为 61.63 mm。由图 10-8 可见，在充气 0.5 MPa 气压作用下膜体的最大 Mises 应力为 114.9 MPa，处于膜体设计强度范围之内；由图 10-9 可见，环箍最大 Mises 应力为 256.8 MPa，也处于环箍设计强度范围之内，从图 10-8 可明显看出环箍对膜体的约束效应。

图 10-7 充气作用下的竖向变位图（单位：m）

图 10-10 为第二载荷步即结构自重作用下结构的竖向变位，由图中可见，结构体最大竖向变位为 Y 正向 71.78 mm，对应的桥梁板竖向位移为 49.90 mm。图 10-11 为膜体在自重下的 Mises 应力云图。对比图 10-11 和图 10-8，应力分布及极值没有明显变化。图 10-12 为环箍的 Mises 应力云图，极值略有变化，为 254.0 MPa，说明在结构自重作用下，无论结构强度还是刚度，都在理想的范围内。

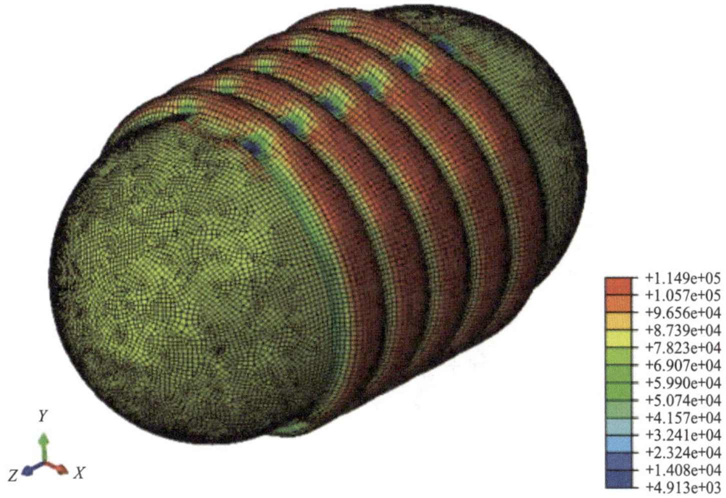

图 10－8　充气作用下膜体 Mises 应力云图（单位：kPa）

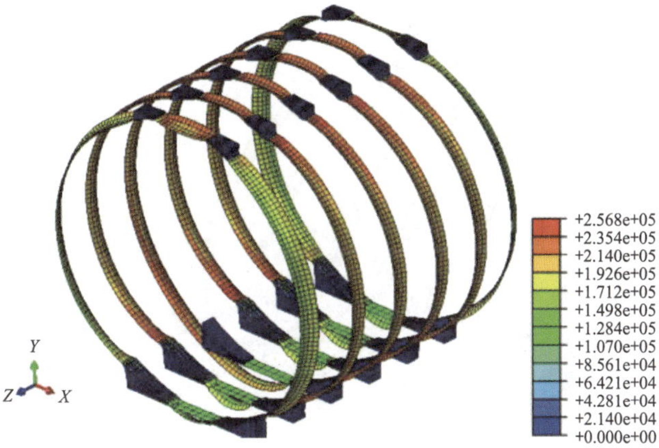

图 10－9　充气作用下环箍 Mises 应力云图（单位：kPa）

图 10－10　自重作用下的竖向变位图（单位：m）

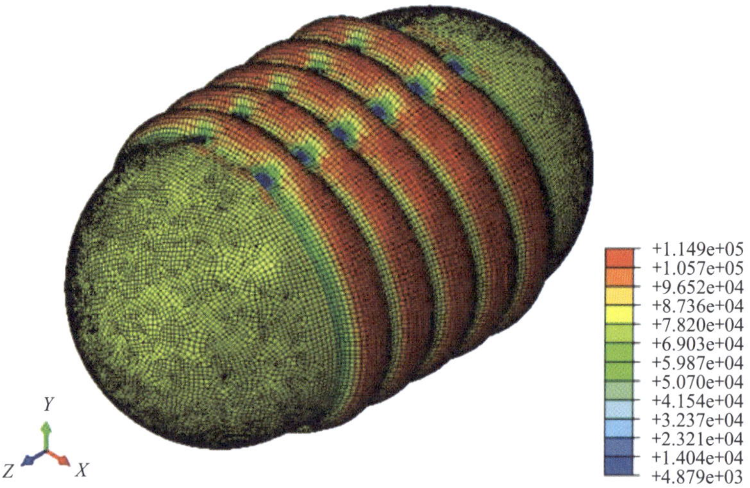

图 10-11 自重作用下膜体 Mises 应力云图（单位：kPa）

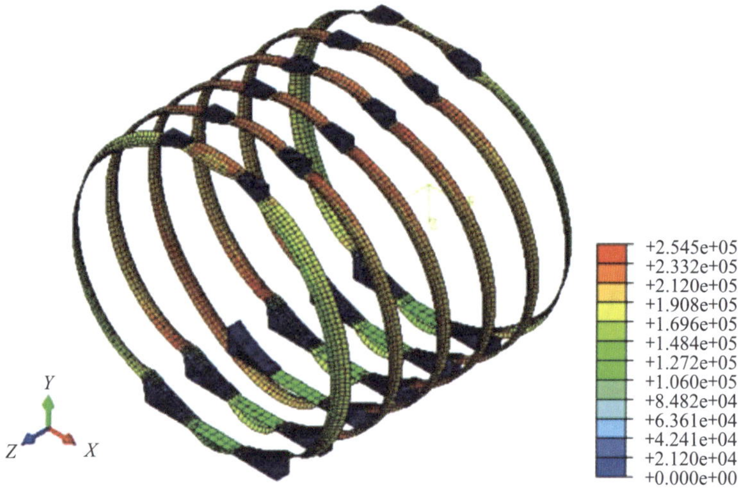

图 10-12 自重作用下环箍 Mises 应力云图（单位：kPa）

图 10-13 为结构在第三载荷步即车载作用下的结构竖向变位，由图中可见，结构体最大竖向变位为 Y 正向 40.70 mm，对应的桥梁板竖向位移为 5.32 mm，该值和第二载荷步中对应的 49.90 mm 相减，为结构在活载作用下的跨中竖向挠度，即 44.58 mm，为该桥跨径 24 m 的 1/538，基本满足要求。图 10-14 为膜体在车载下的 Mises 应力云图，对比图 10-14 和图 10-11，应力分布及极值没有明显变化。图 10-15 为环箍的 Mises 应力云图，极值略有变化，为 248.0 MPa，说明结构在车载作用下，无论结构强度还是刚度都在理想的范围内。将三个载荷步的载荷效应进行对比，不难发现，在不同的载荷步下结构变形有明显的区别，而应力极值并没有出现明显的变化，说明膜体结构具有特殊的承载优势。

图 10-13　车载作用下的竖向变位图（单位：m）

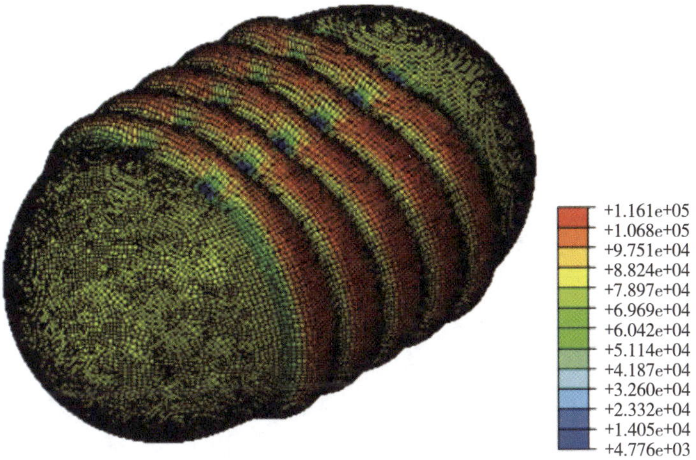

图 10-14　车载作用下膜体 Mises 应力云图（单位：kPa）

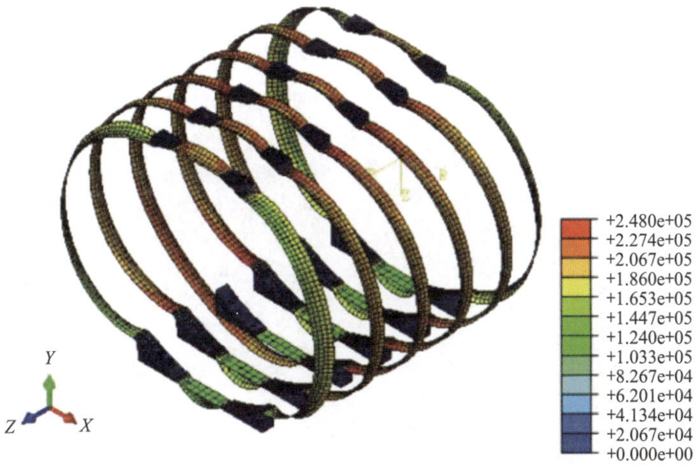

图 10-15　车载作用下环箍 Mises 应力图（单位：kPa）

10.2.3 快速架设的筒状充气式桥梁显示动力分析

显示动力分析中第一加载总时长为1.5 s，其中加载时长1 s，平衡稳定时长0.5 s；第二加载总时长为2 s，其中加载时长1 s，平衡稳定时长1 s；第三加载总时长为5.6 s，该时段为车辆按照5 km/h时速走完第一跨的时间，车辆前后轴距4 m，左右轮距1.3 m，总质量56 t。为了降低结构在载荷作用下的瞬态动力效应，在第一载荷步充气加载和第二载荷步结构自重作用均采取了分级加载模式，每一次分级加载为该载荷终值的1%。同时为了得到较为平滑的过程曲线，显示动力分析三个阶段的结果输出步长均设定为0.01 s。

为了和静力工况进行对比，图10-16～图10-24给出了三个载荷步结束时的位移和应力云图，具体参数的对比详见表10-2。由表10-2可以看出，静力分析和显示动力分析结果大体相当，只是环箍应力极值显示动力分析较大，同时可以看出无论静力加载还是动力加载，三个载荷步作用下膜体和环箍的极值应力都变化不大，且均处于膜体及环箍设计强度范围之内。

图10-16 充气作用下的竖向变位图（单位：m）

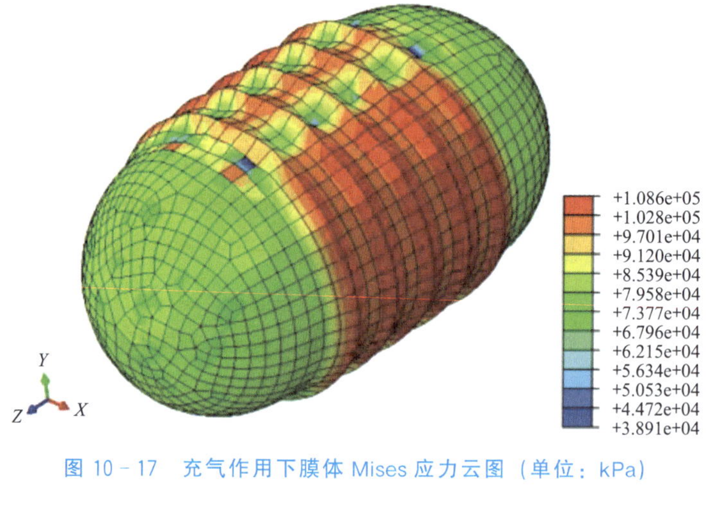

图10-17 充气作用下膜体Mises应力云图（单位：kPa）

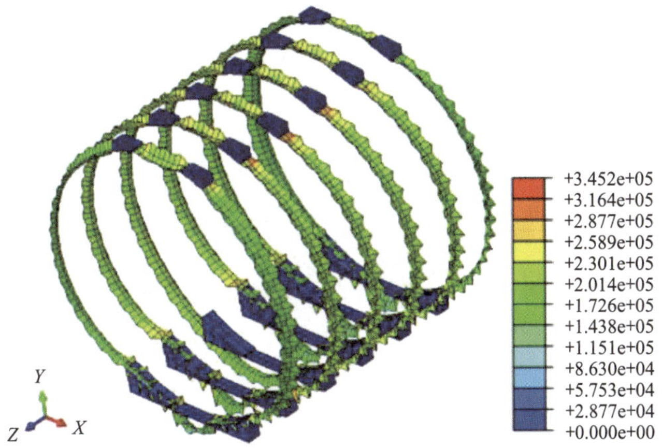

图 10-18　充气作用下环箍 Mises 应力云图（单位：kPa）

图 10-19　自重作用下的竖向变位图（单位：m）

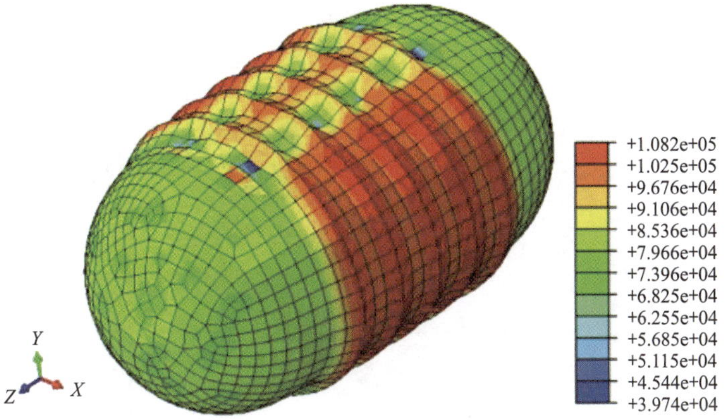

图 10-20　自重作用下膜体 Mises 应力云图（单位：kPa）

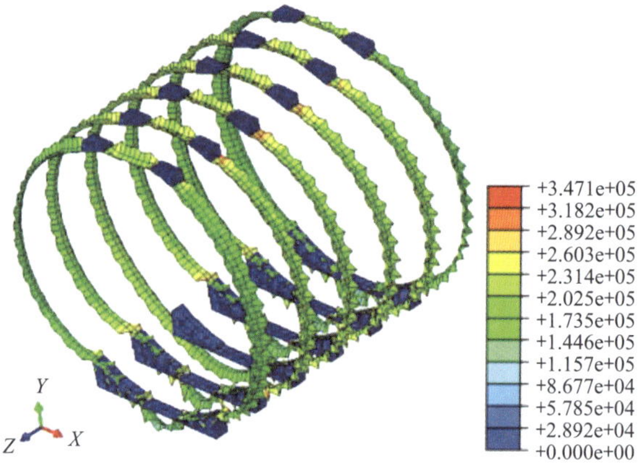

图 10-21　自重作用下环箍 Mises 应力云图（单位：kPa）

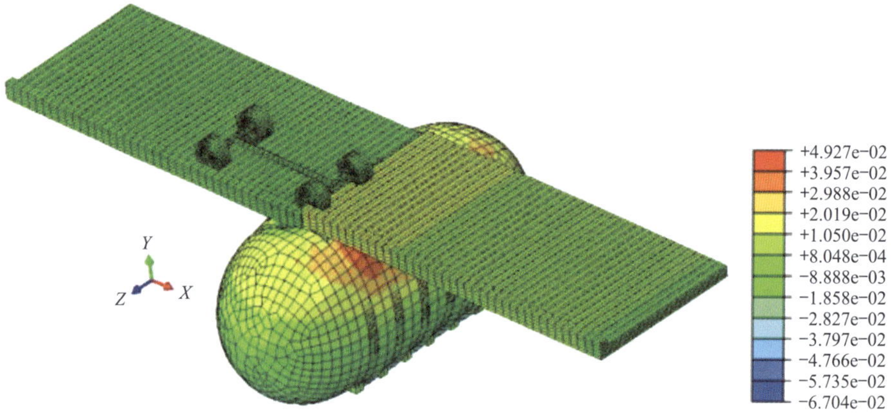

图 10-22　车载作用下的竖向变位图（单位：m）

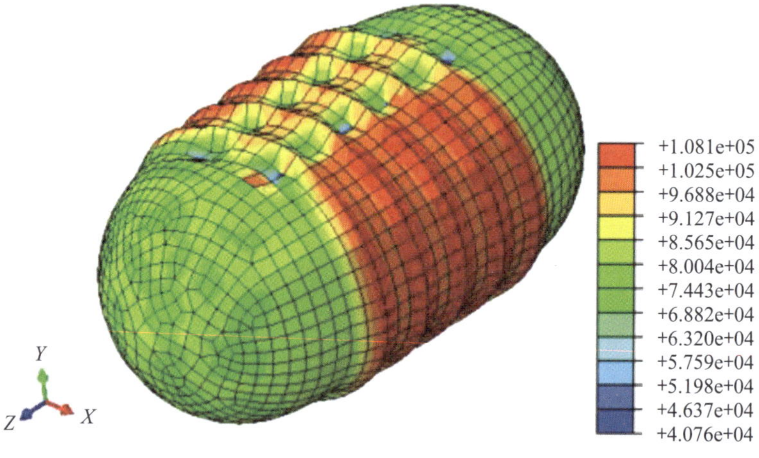

图 10-23　车载作用下膜体 Mises 应力云图（单位：kPa）

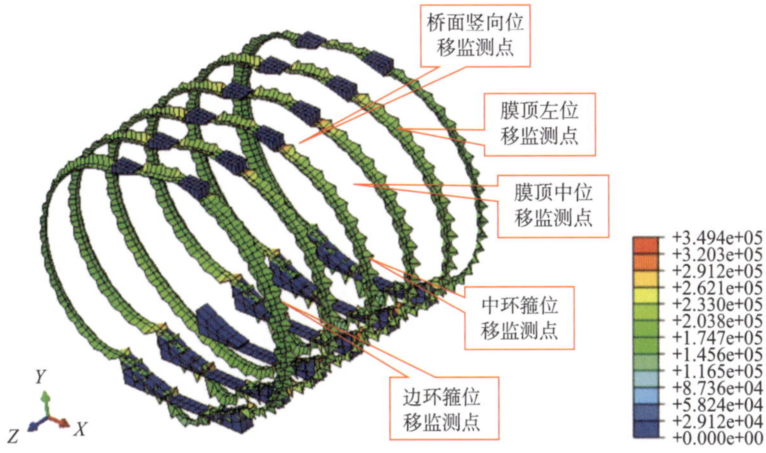

图 10－24　车载作用下环箍 Mises 应力云图（单位：kPa）

表 10－2　静力分析与显示动力分析对比表

项目	第一载荷步(充气加压)			第二载荷步(施加结构自重)			第三载荷步(车载)		
	膜体竖向位移/mm	膜体最大 Mises 应力/MPa	环箍最大 Mises 应力/MPa	膜体竖向位移/mm	膜体最大 Mises 应力/MPa	环箍最大 Mises 应力/MPa	膜体竖向位移/mm	膜体最大 Mises 应力/MPa	环箍最大 Mises 应力/MPa
静力分析	83.27	114.9	256.8	71.78	114.9	254.0	40.70	116.1	248.0
显示动力分析	80.77	108.6	345.2	63.93	108.2	347.1	49.27	108.1	349.4

图 10－25 为位移监测点设置图，图 10－26 为膜顶左、中、右三个竖向位移监测点时程曲线，从中可以看出，三个监测点形状大致相同，膜顶中监测点竖向位移值大于左右两个监测点位移值，原因在于膜顶中监测点位移是膜体表面的位移，而左右监测点处于环箍下方的膜顶表面。由于受到环箍的约束效应，其位移小于没有环箍约束的膜体表面，膜顶左右监测点在充气加压阶段是相吻合的，因为这个阶段结构体几何对称、载荷对称，而在第二载荷步即结构自重施加后，左右位移时程出现偏移，主要是因为车载偏心于桥面右

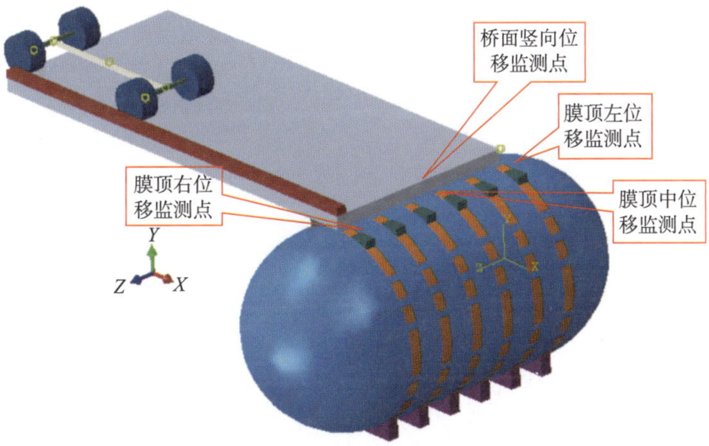

图 10－25　位移监测点设置图

侧，膜体右边承载大于左边，所以膜体右监测点位移曲线处于左监测点位移曲线的下方。从三个监测点曲线形态来看，第一加载步分级加压，膜体膨胀，竖向位移近似线性增加，加压完成后即 1.0 s 后，在平衡稳定阶段（0.5 s 内）膜体监测点出现小幅水平振荡；第二加载步结构自重分级施加，监测点竖向位移近似线性下降，施加完成即 2.5 s 后，在平衡稳定阶段（1.0 s 内）膜体监测点也出现小幅水平振荡；第三加载步车辆行进中，随着车辆向跨中移动，膜体监测点竖向位移近似呈线性下降。整个加载全过程中，膜体监测点在车辆载荷作用下竖向最大变位在 46 mm 左右，相对于结构跨径这一变位是安全的。

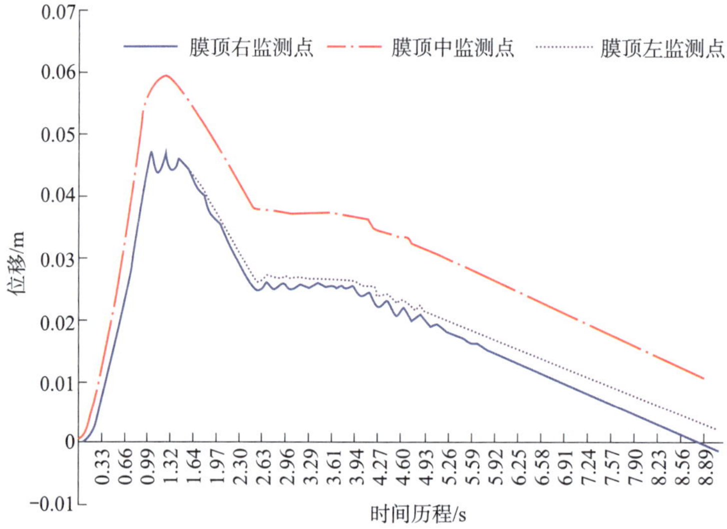

图 10－26　膜顶竖向位移监测点时程曲线

图 10－27 为桥面跨中监测点的位移时程曲线，从中可以看出，在车载作用下，竖向变位为 38.4 mm，为该桥跨径 24 m 的 1/625，满足要求。

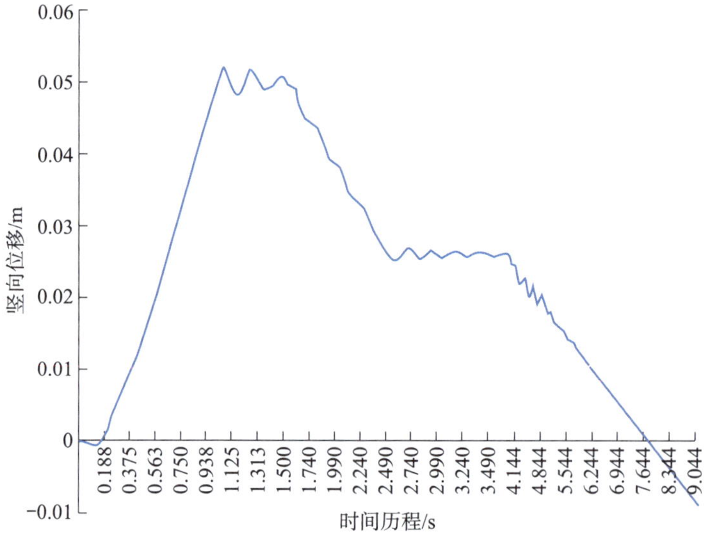

图 10－27　桥面竖向监测点时程曲线

图 10－28 给出了 t =5.67 s 时的车辆和桥面的接触应力，极值为 1.264 MPa，第三载荷步全时长平均接触应力在 0.712 MPa 左右，处于合理范围。

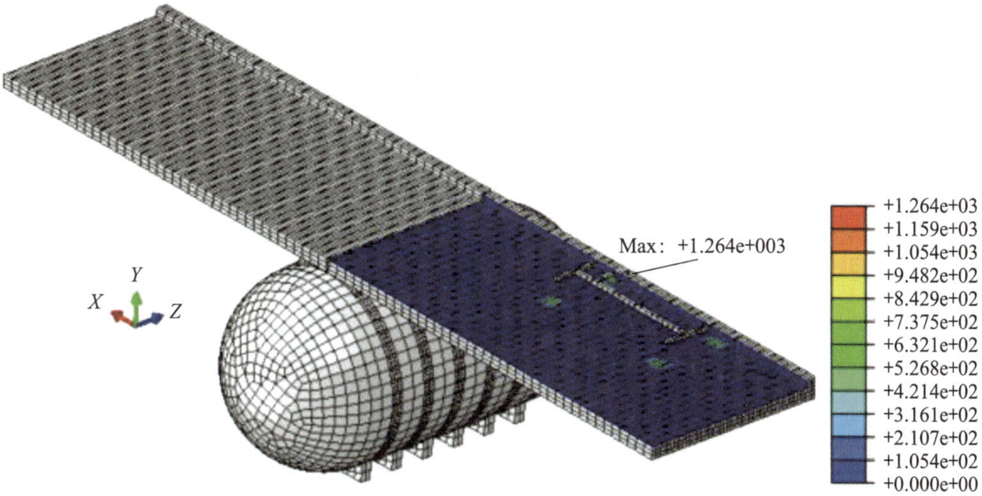

图 10－28　车辆与桥面接触压力云图（t=5.67 s）

10.3　小结

基于以上分析可知，充气筒桥墩无论在强度还是刚度上，都能满足桥梁承载要求，且具有较大的安全储备。目前高强膜材的抗拉强度可达 500 MPa 以上，而上述分析的膜材最大应力在 120 MPa 以内，远低于强度限值。环箍可采用碳纤维，其抗拉强度可高达 2 000 MPa 以上，远远超过本算例环箍 349.4 MPa 的峰值应力，可以说现有高强纤维类材料为高强膜体提供了广阔的应用空间。算例中直径 5 m 的单充气筒的膜体质量可控制在 1 000 kg 以内，加压充气过程如赋予自动充气功能，可以大大缩短架设时间，从而为实现桥梁快速拼装提供了可能。充气膜实体如图 10－29 所示。

图 10－29　充气膜实体

基于前面分析，可以得出以下基本结论：

1）著者发明了一种新型的快速架设的充气式桥梁结构体系，基于静力分析和显示动力分析交互验证，证明该结构体系能满足强度和刚度的需要，结构体系是科学合理的，膜体应力能控制在120 MPa之内，跨中竖向挠度可控制在跨径的1/500之内；

2）充气筒体具有重量轻的特点，为方便运输搬运，直径5 m、长度5.3 m的筒体质量能控制在1 000 kg之内，配以自动充气功能可以实现桥梁的快速架设；

3）充气筒体既可以在跨度方向连续架设，又可以通过直径的变化适应山谷不同的深度，从而具有较好的灵活性；

4）诸多高强膜体材料为充气膜体提供了较多的选择空间，如碳纤维、聚酯纤维、玻璃纤维等，均可满足应力需求；

5）充气桥尚有构造方面的细节需要进一步研究，包括支撑座和膜体，以及支撑座和桥面板、地基之间的连接等问题。

第 11 章　快速架设的跨越桥涵装配式结构研究

工程建设中会遇到大型装备需要跨越承载能力不足的旧桥涵的情形，如果将这些旧桥涵拆除再新建，不但造价昂贵、时间周期长，还会影响地方交通。如果采取快速架设的装配式桥梁，直接将桥涵跨越，或者通过快速架设的支撑结构来提高旧桥涵的承载能力，则会避免旧桥涵拆除新建或加固等一系列长周期、高费用问题，在较大程度上提高运输效能。

针对跨径 4 m 的小桥因承载能力不足影响运输效能的问题，特载车辆通行需要采取相应措施，具体有三种应对措施。

11.1　结构型式一——跨中销棒锁定的承载结构

11.1.1　结构型式

跨越旧桥涵装配式结构立面图如图 11－1 所示，平面图如图 11－2 所示。装配式跨越结构由六部分组成：左侧承载板、右侧承载板、连接销棒、支座垫板、栓钉和安装垫枕。

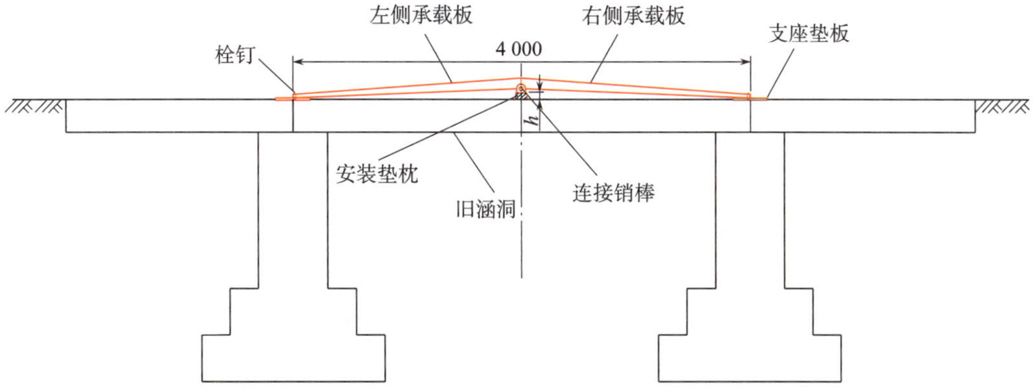

图 11－1　跨越旧桥涵装配式结构立面图（单位：mm）

左、右侧承载板立面尺寸如图 11－3 所示，局部细节如图 11－4 所示，平面图如图 11－5 所示。

左、右侧承载板以及支座垫板均采用高强铝合金 7075 材料，左、右侧承载板在跨中位置中下缘设有和承载板一同成型的卡槽，左右交错布设。现场安装就位后，通过销棒连接，其三维示意图如图 11－6、图 11－7 所示。承载板沿纵向设置为楔形，其端部尺寸仅为 30 mm，主要目的是最大程度降低承载板端部和原桥面之间的错台高度，使得车辆在承载板上通行时不会因为过大错台导致行驶不平顺，从而省去设置引道板的作业，使得装配

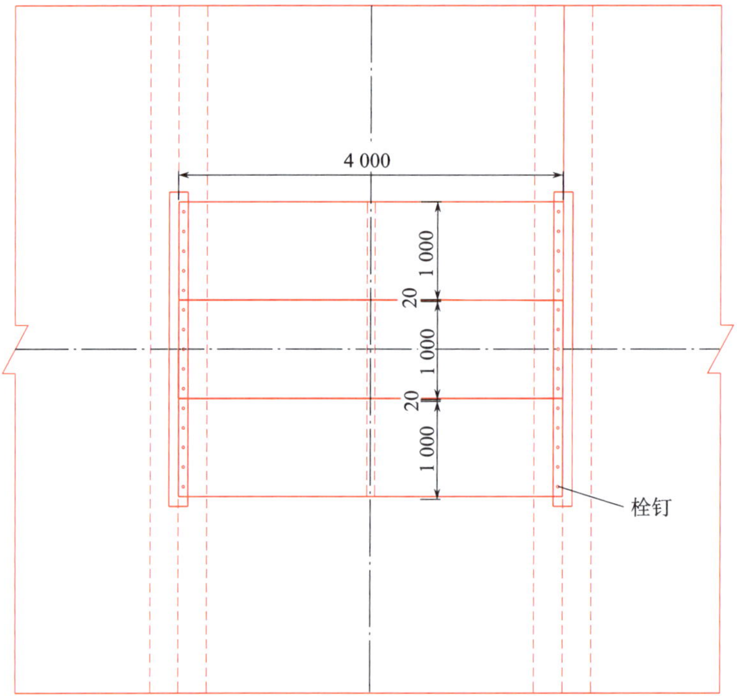

图 11-2　跨越旧桥涵装配式结构平面图（单位：mm）

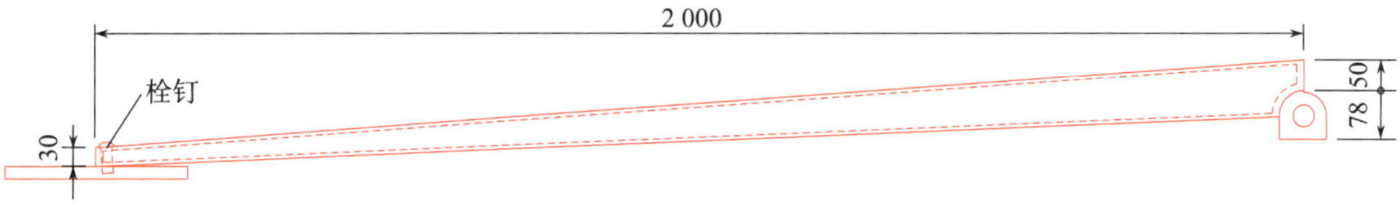

图 11-3　承载板立面图（单位：mm）

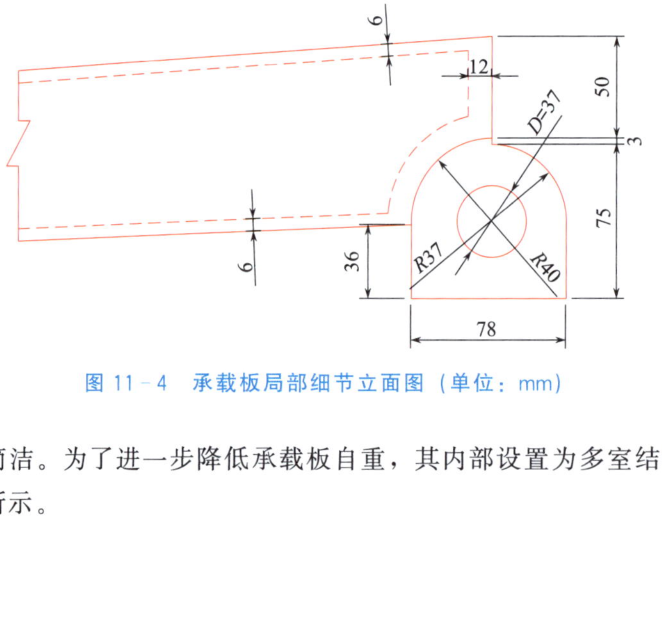

图 11-4　承载板局部细节立面图（单位：mm）

式桥跨结构更为简洁。为了进一步降低承载板自重，其内部设置为多室结构，其横断面示意图如图 11-8 所示。

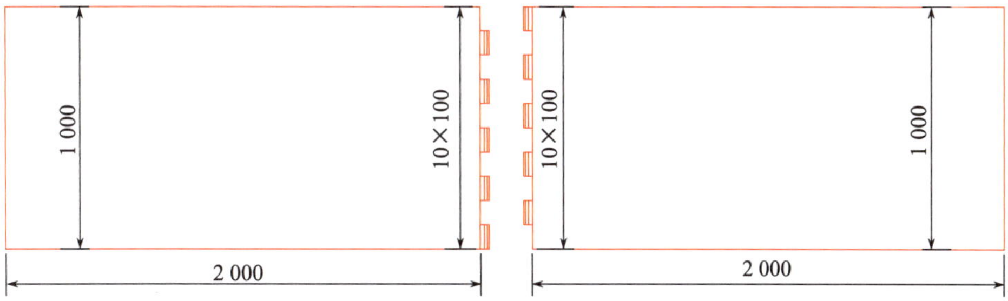

图 11-5　左、右承载板平面图（单位：mm）

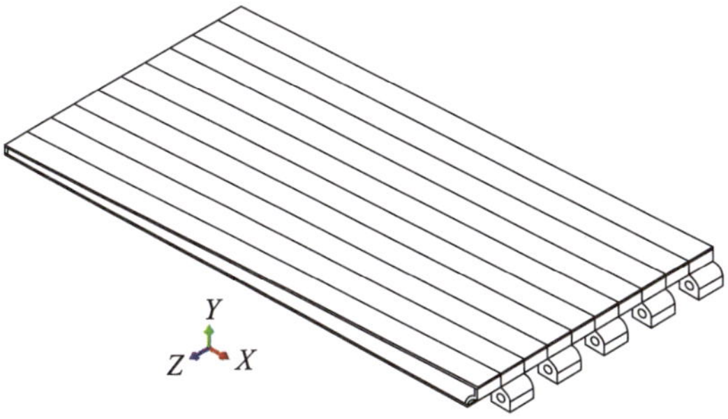

图 11-6　左侧承载板三维示意图

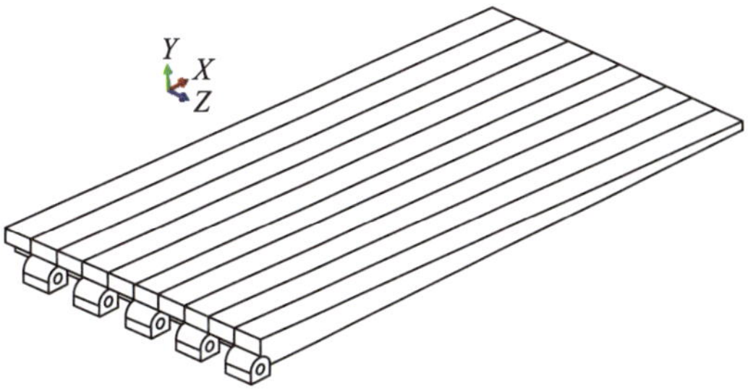

图 11-7　右侧承载板三维示意图

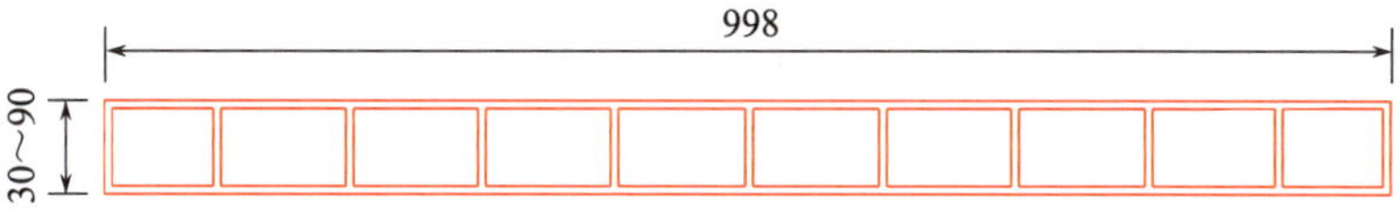

图 11-8　承载板横断面图

承载板卡槽的底板宽度为 78 mm，在承受重载下挠时，可以作为和其下旧桥面相接触的中间支座，从而发挥旧桥和承载板联合承载的功效。

另外，在安装承载板时，由于存在 80 mm 的预拱度，在跨中设置安装垫枕，安装完毕后撤出，其示意图如图 11-9 所示。安装垫枕可选用轻质木材结构，其宽度为 100 mm，高度为 60 mm，长度为 600 mm，承载板安装完成后撤去。

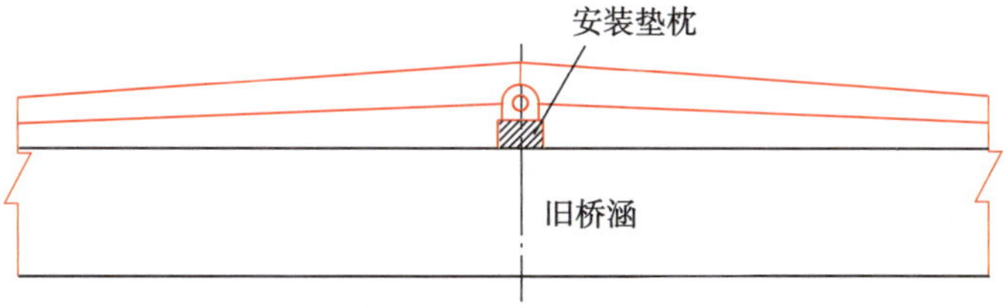

图 11-9　安装垫枕位置示意图

销棒为直径 35 mm 的高强铝合金棒，其三维示意图如图 11-10 所示。支座垫板为 300 mm 宽、20 mm 厚、3 100 mm 长的高强铝合金板，其平面图如图 11-11 所示。

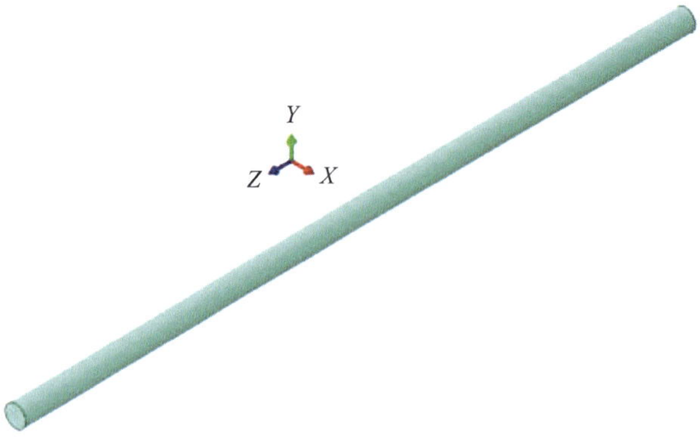

图 11－10　销棒三维示意图

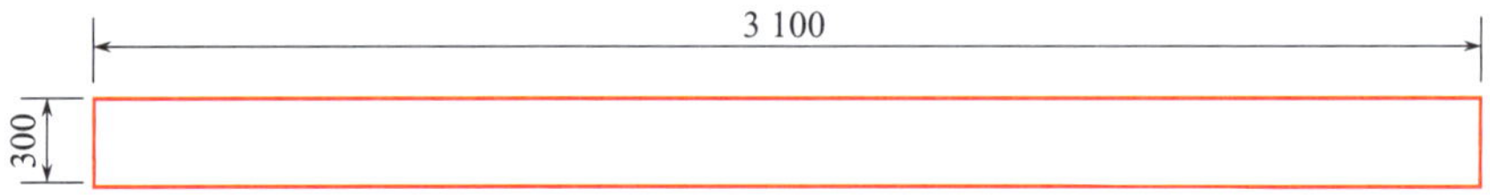

图 11－11　支座垫板平面图（单位：mm）

全桥构件质量统计见表 11－1。

表 11－1　全桥构件质量统计

构件名称	质量/kg	个数	总质量/kg
承载板(7075)	90	2	180
支座垫板(7075)	50	2	100
栓钉(7075)	0.1	30	3
销棒(7075)	3	1	3
安装垫枕(木材)	3	3	9
合计			295
每平方米质量指标			25 kg/m^2

11.1.2　承载能力分析

采用块体单元进行 1 m 宽单板条承载能力分析，模型物理力学指标见表 11－2。活载采用《公路桥涵设计通用规范》（JTG D60—2015）中的车辆载荷，针对车辆载荷中两个 140 kN 后轴，单侧纵向间距 1.4 m 两个轮压的最不利布载，其作用面积为 200 mm×600 mm，考虑三种布置方式，分别对应跨中最不利、$L/4$ 最不利和支撑处最不利。承载板计算模型及跨中最不利布载方式如图 11－12 所示。模型的边界条件为支座垫板底部固定约束，支座垫板顶面和承载板底面，以及左右承载板跨中接触面、销棒卡槽与销棒、销棒卡槽之间均为接触关系。

表 11－2　承载板材料物理力学指标

项　目	密度/(kg/m³)	弹性模量/MPa	泊松比	屈服应力/MPa
承载板	2 700	7e4	0.3	465

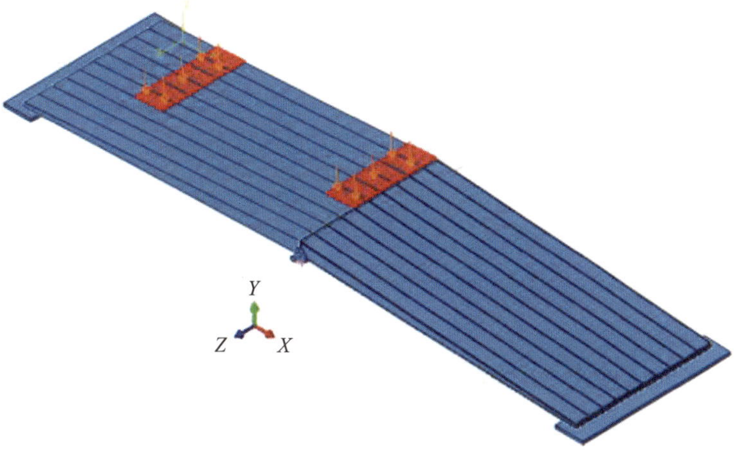

图 11－12　计算模型及跨中最不利布载方式

跨中最不利布载作用下全套结构 Mises 应力云图如图 11－13 所示，竖向位移云图如图 11－14 所示，左、右侧承载板 Mises 应力云图如图 11－15、图 11－16 所示。从图 11－13、图 11－15 可以看出，最大 Mises 应力出现在左侧承载板的销棒卡槽上，为 321 MPa。从图 11－16 可以看出，右侧承载板 Mises 应力最大值为 281 MPa，同样对应于销棒卡槽位置。从图 11－14 可以看出，结构跨中最大竖向变位为 80.4 mm。销棒的 Mises 应力云图如图 11－17 所示，对应的最大 Mises 应力为 244 MPa。承载板端面的接触面压应力云图如图 11－18 所示，接触面受压集中分布在顶部 10 mm 范围，最大接触压应力为 134 MPa。支座垫板的 Mises 应力云图如图 11－19 所示，最大应力为 67.0 MPa。

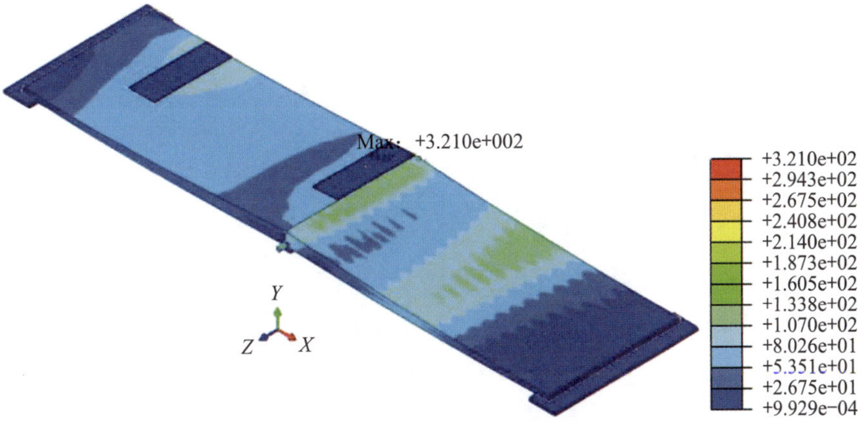

图 11－13　承载板 Mises 应力云图（单位：MPa）

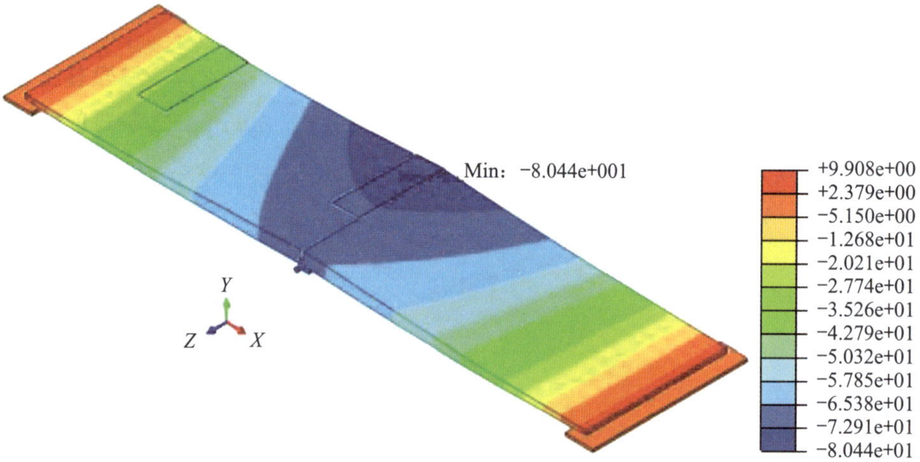

图 11-14 承载板竖向位移云图（单位：mm）

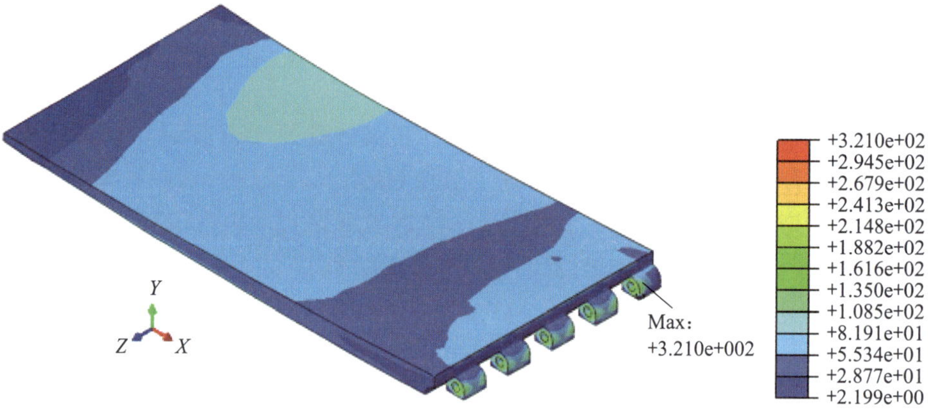

图 11-15 左侧承载板 Mises 应力云图（单位：MPa）

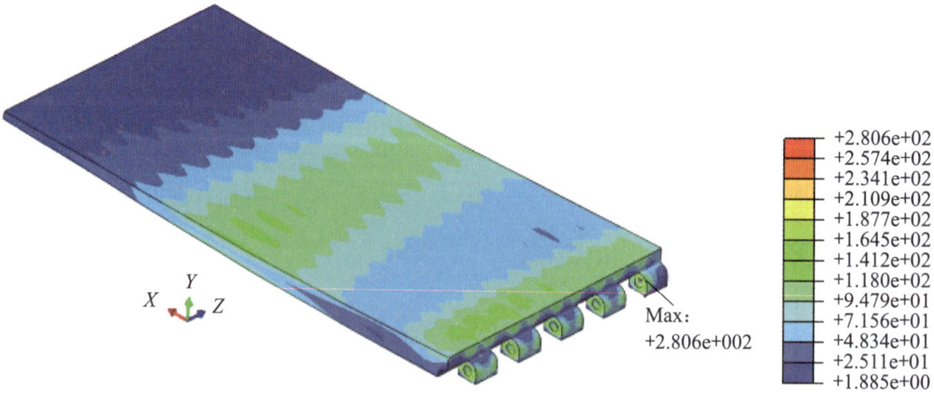

图 11-16 右侧承载板 Mises 应力云图（单位：MPa）

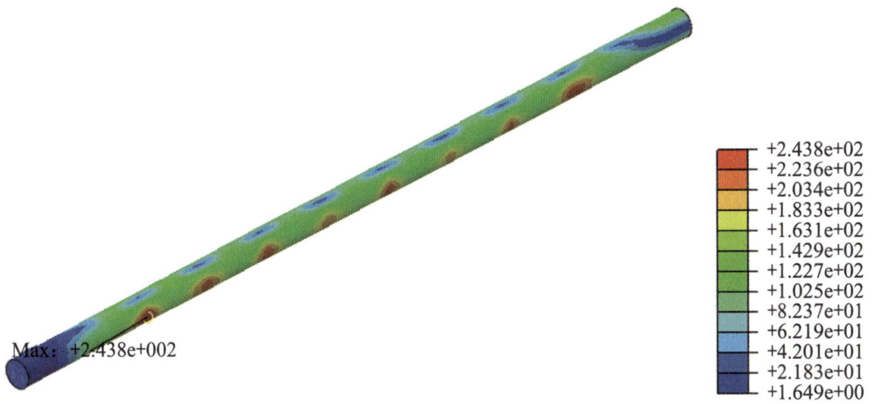

图 11 - 17　销棒 Mises 应力云图（单位：MPa）

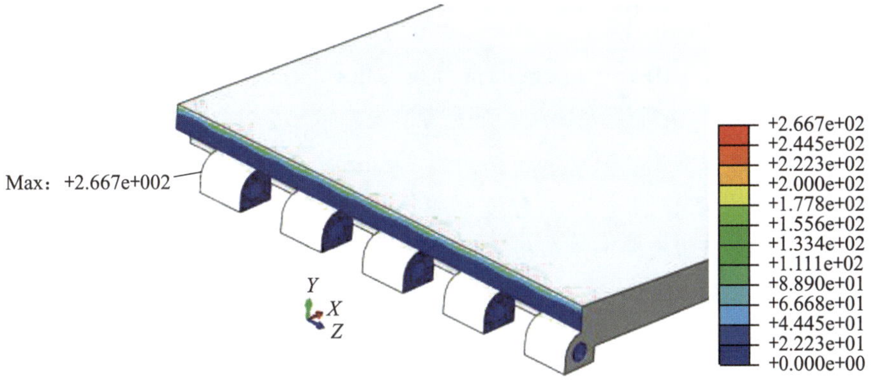

图 11 - 18　左承载板跨中端面的接触面压应力云图（单位：MPa）

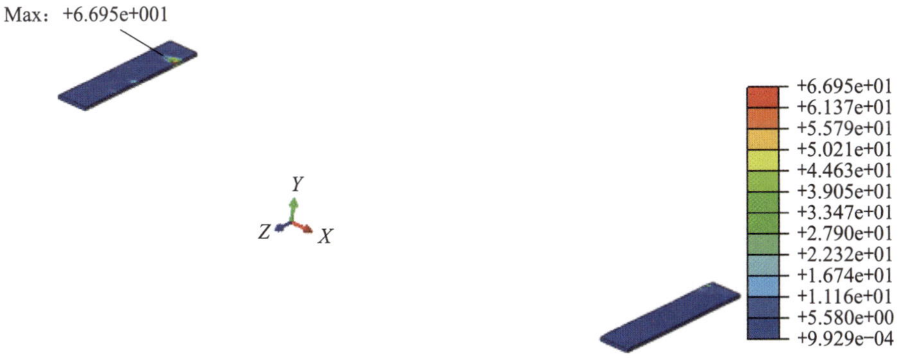

图 11 - 19　支座承载板 Mises 应力云图（单位：MPa）

从图 11 - 14 可以看出，在跨中最不利布载情况下，结构跨中最大竖向变位为 80.4 mm，而位于承载板跨中的卡槽底板距离桥面为 80 mm 预拱度，加上 20 mm 的支座垫板，减去卡槽突出跨中截面底缘的尺寸 35 mm，合计为 65 mm，小于竖向变位 80.4 mm。实际上卡槽支座已经和旧桥面顶板发生了接触，出现了联合承载模式。为了建立新、旧桥跨耦合模型，考察结构的联合受力变形行为，建立模型如图 11 - 20 所示。模型边界条件为旧桥两端简支，新桥支座垫板和旧桥顶面固定连接，新桥卡槽底面和旧桥桥面接触连接，其他接触关系同前。

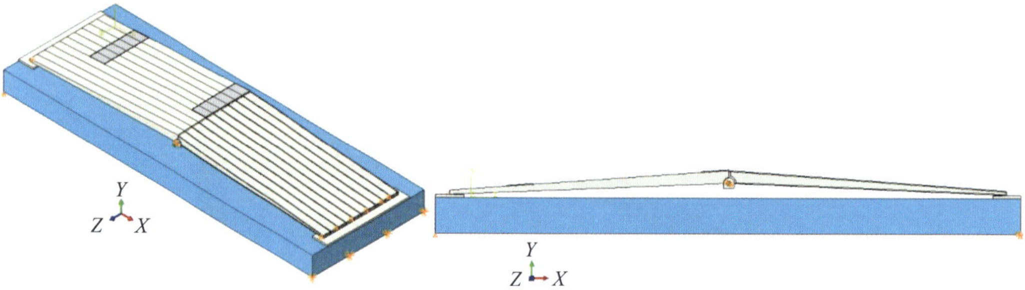

(a) 等侧视图　　　　(b) 立面视图

图 11-20　新旧桥跨耦合计算模型

图 11-21 为新旧桥跨 Mises 应力云图，图 11-22、图 11-23 分别为左、右承载板的 Mises 应力云图。从图中可以看出，Mises 峰值应力为 264.9 MPa，相对于承载板单独受力情况降低了 17.4%。图 11-24 为新旧桥跨竖向位移云图，从图中可以看出，结构最大竖向位移为 69.1 mm，相对于承载板单独受力情况降低了 14%。图 11-25 为旧桥跨竖向位移云图，从图中可以看出，其竖向位移为 0.94 mm。图 11-26 为新旧桥跨跨中接触处的压应力云图，极值为 1.34 MPa。对该区域进行压应力积分，得出接触面积的合力为 60 714 N，即新桥跨承载板向旧承载板传递了 6 t 左右的竖向力，相较于轮载直接作用在旧桥上引起的弯矩折减了 34%，效果非常明显。

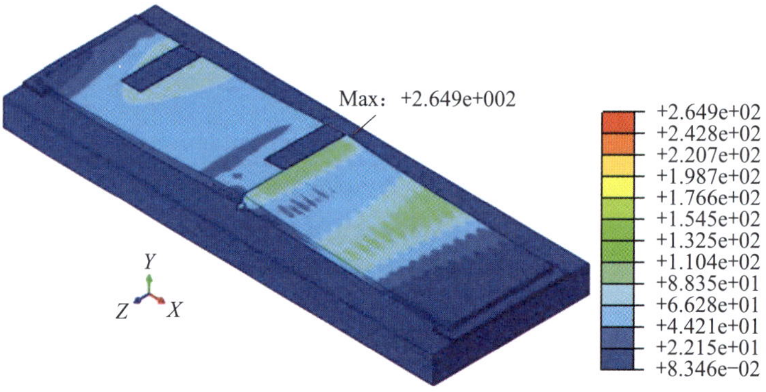

图 11-21　新旧桥跨 Mises 应力云图（单位：MPa）

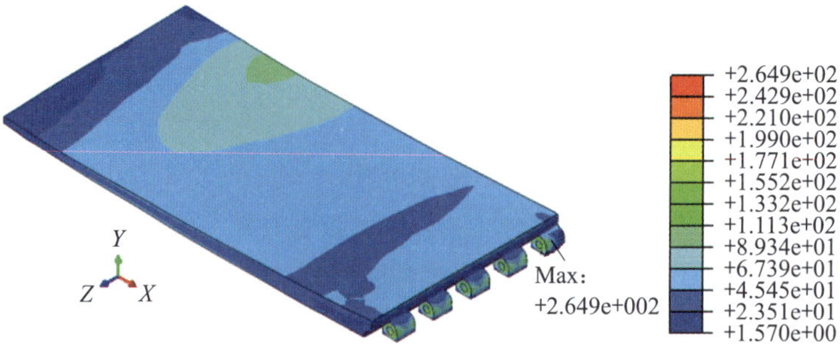

图 11-22　左承载板 Mises 应力云图（单位：MPa）

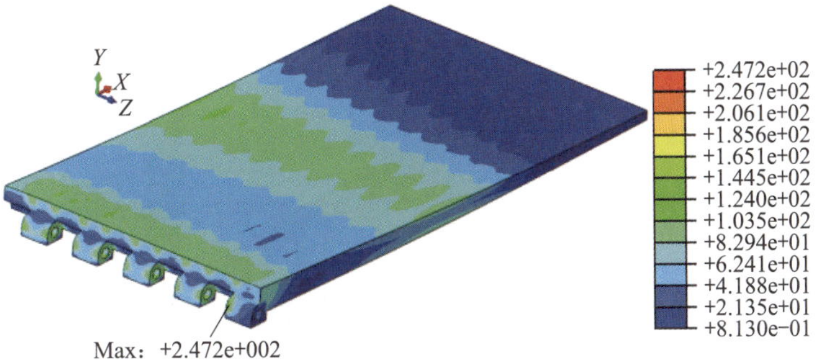

图 11 - 23　右承载板 Mises 应力云图（单位：MPa）

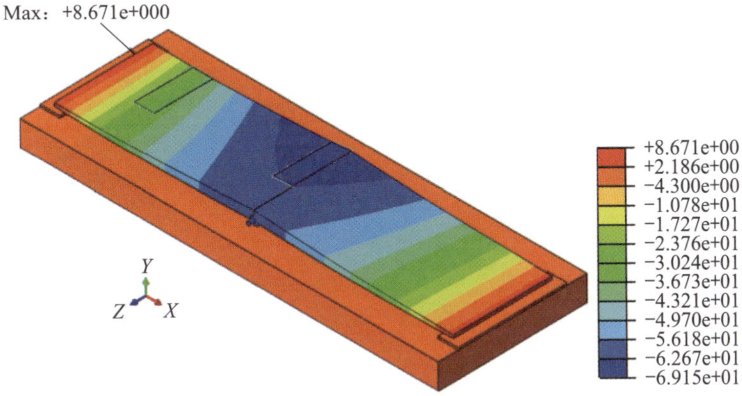

图 11 - 24　新旧桥跨竖向位移云图（单位：mm）

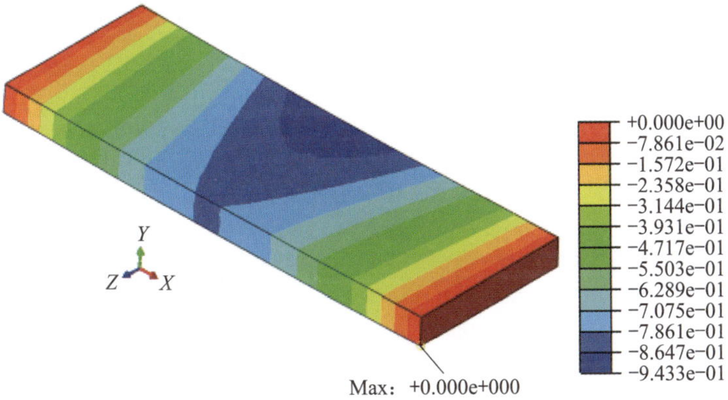

图 11 - 25　旧桥跨竖向位移云图（单位：mm）

考察承载板的整体和局部稳定问题。跨中最不利布载情形下的结构前四阶屈曲模态如图 11 - 27 所示，对应的稳定系数分别为 13.710、16.150、16.453、17.269。

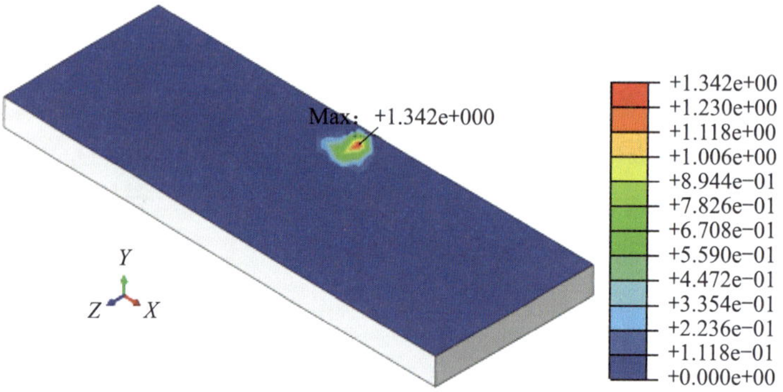

图 11-26　承载板与旧桥跨跨中卡槽支座接触处的压应力云图（单位：MPa）

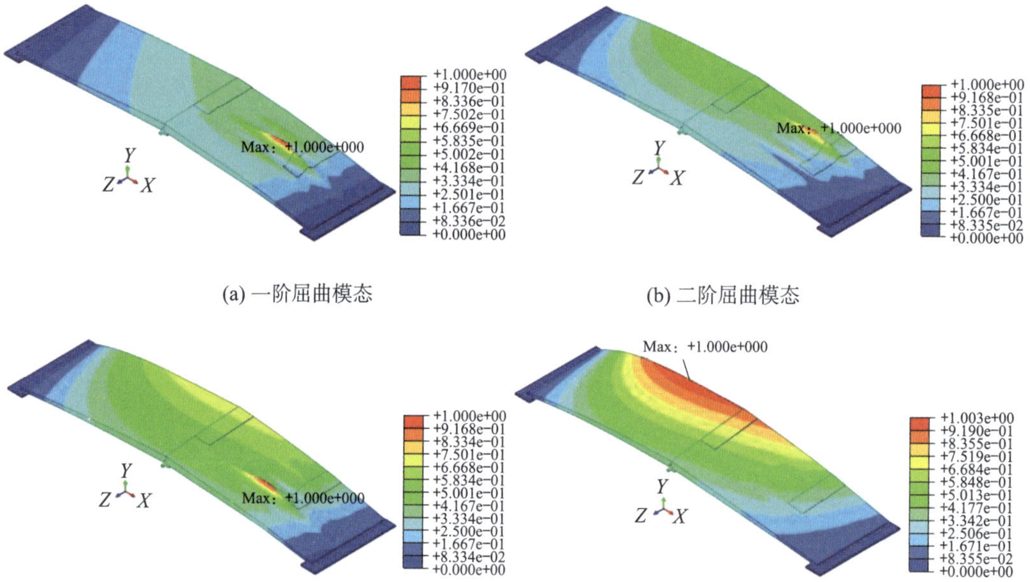

(a) 一阶屈曲模态　　(b) 二阶屈曲模态

(c) 三阶屈曲模态　　(d) 四阶屈曲模态

图 11-27　跨中最不利布载情形下的结构前四阶屈曲模态

11.2　结构型式二——由引道板和承载板构成的承载结构

11.2.1　结构型式

装配式结构由两侧的引道板、中间的承载板三部分构成，立面图如图 11-28 所示，平面图如图 11-29 所示。承载板采用 90 mm 厚的铝合金板，跨长 4 000 mm，宽 998 mm，横桥向布置 3 块。承载板由 6 mm 厚的顶底板和 5 mm 厚的 V 型腹板构成，其横断面布置图如图 11-30 所示。跨中设有 80 mm 预拱度，设有较大预拱度的目的是结构板厚较薄，在活载作用下结构下挠较大，避免板底和桥面过早接触。承载板端部放置在 20 mm 厚铝合金支座上，铝合金支座宽度 300 mm，长度 3 100 mm，该支座放置于引道板和承载板衔接处，为二者共享。支座顶设有横桥向间距 998 mm 的两排销孔座，近跨中的一排安装承载板，另一排安装引道板。承载板在支座处设有穿销孔，安装就位后，通过销棒将支座和承载板连接起来形成整体。

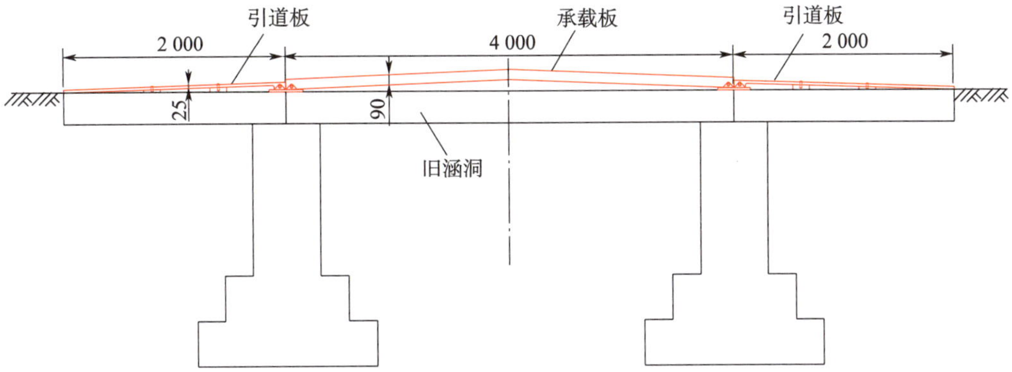

图 11－28　跨越旧桥涵装配式结构立面图（单位：mm）

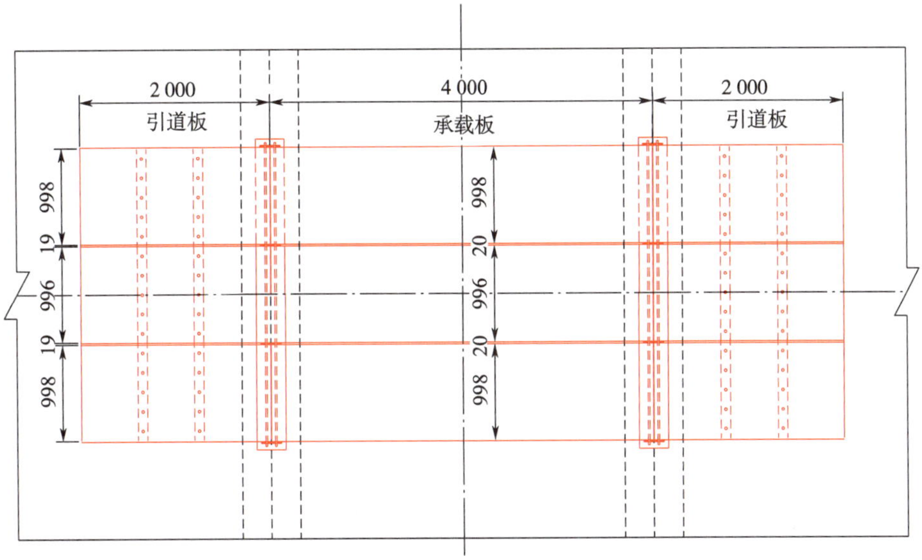

图 11－29　跨越旧桥涵装配式结构平面图（单位：mm）

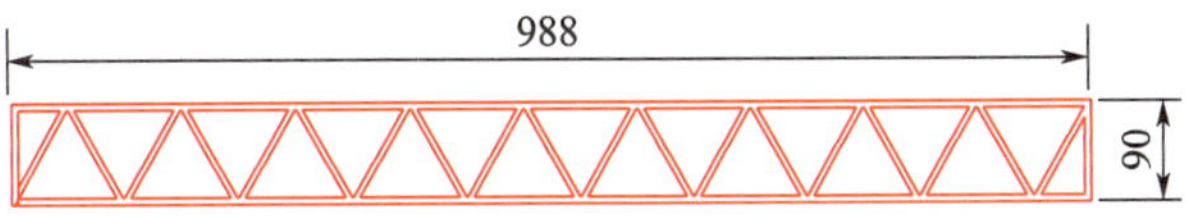

图 11－30　承载板横断面图（单位：mm）

引道板采用 25 mm 厚的实心铝合金板，跨长 2 000 mm，宽 998 mm，横桥向布置 3 块。中部间距 650 mm 设两个铝合金垫块，垫块通过栓钉和引道板固定。引道板在支座处设有穿销孔，安装就位后，通过销棒将支座和引道板连接起来形成整体。支座附件的局部细节如图 11－31 所示。设置引道板主要是为了实现承载板端部 110 mm 错台的纵坡过渡，一般这一纵坡的设置控制在 3%～5%。

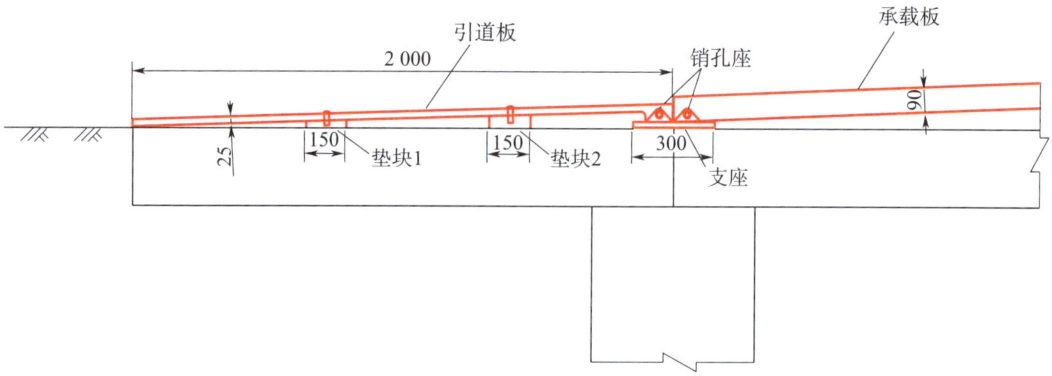

图 11－31　引道板及支座立面图（单位：mm）

销棒采用直径 18 mm 的 HPB300 圆钢筋。

全桥构件质量统计见表 11－3。

表 11－3　全桥构件质量统计

构件名称	质量/kg	个数	总质量/kg
承载板	230	3	690
引道板	144	6	864
支座(含穿销座)	51	2	102
垫块 1	9.2	6	55.2
垫块 2	10.2	6	60.2
栓钉	0.1	60	6
销棒	6.4	4	25.6
合计			1 803
每平方米质量指标			75

11.2.2　承载能力分析

11.2.2.1　承载板

采用板单元进行承载板承载能力分析，模型物理力学指标见表 11－4。活载采用车辆载荷，针对车辆载荷中两个 140 kN 后轴，单侧间距 1.4 m 两个轮压的最不利布载，其作用面积为 200 mm×600 mm，考虑三种布置方式，分别对应跨中最不利、$L/4$ 最不利和支撑处最不利。承载板计算模型及跨中最不利布载方式如图 11－32 所示。模型的边界条件为一端约束三个方向位移，另一端约束竖向位移。

表 11－4　承载板材料物理力学指标

项目	密度/(kg/m^3)	弹性模量/MPa	泊松比	屈服应力/MPa
承载板	2 700	7e4	0.3	465

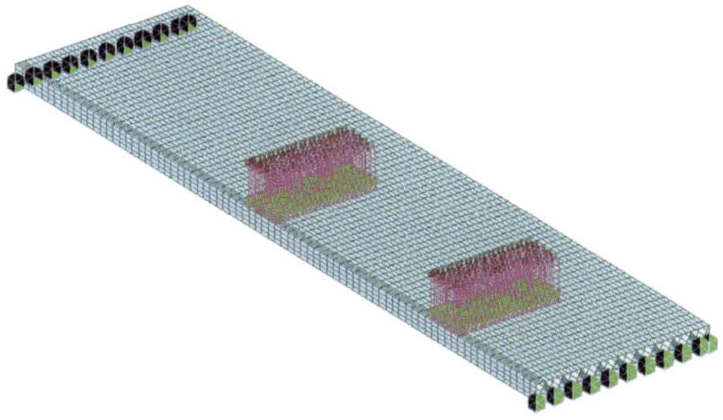

图 11-32　承载板计算模型及跨中最不利布载方式

车辆载荷重轴轮压作用下的承载板等效应力云图如图 11-33 所示，从图中可以看出，跨中最不利布载作用下结构最大等效应力为 208 MPa，位于边界约束处。除去该处外，其余区域应力分布均在 160 MPa 以内。因边界约束处为节点约束，存在应力集中现象，考虑到实际板体放置于垫板上，受力较为均匀，可以适当进行削峰处理。端部最不利布载作用下结构最大等效应力为 169 MPa，应力效应整体上小于跨中布载情况。考虑 1.45 的冲击系数以及 1.4 的组合系数后，最大等效应力为 320 MPa，7075 材料设计应力为 400 MPa，处于安全范围内。车辆载荷重轴轮压作用下的承载板竖向位移云图如图 11-34 所示，从图中可以看出，跨中最不利布载作用下结构最大竖向位移为 79.2 mm，端部最不利布载作用下结构最大竖向位移为 50.3 mm。结构位移虽然大于公路规范限值，但考虑到 80 mm 的预拱度设置，结构在活载作用下的变位能将纵向线型控制在 3%以内。

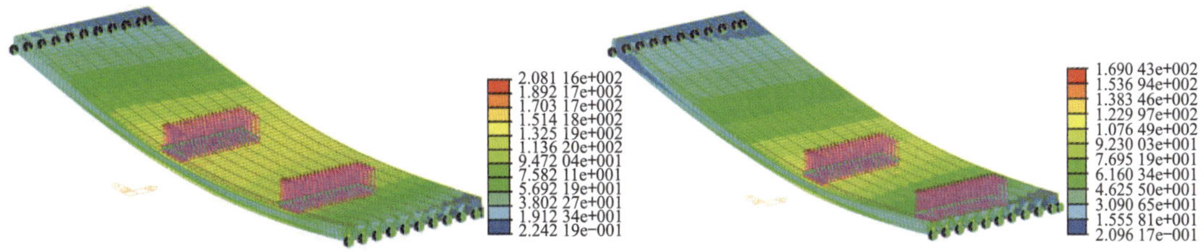

(a) 跨中最不利布载　　(b) 端部最不利布载

图 11-33　车辆载荷作用下承载板等效应力云图（单位：MPa）

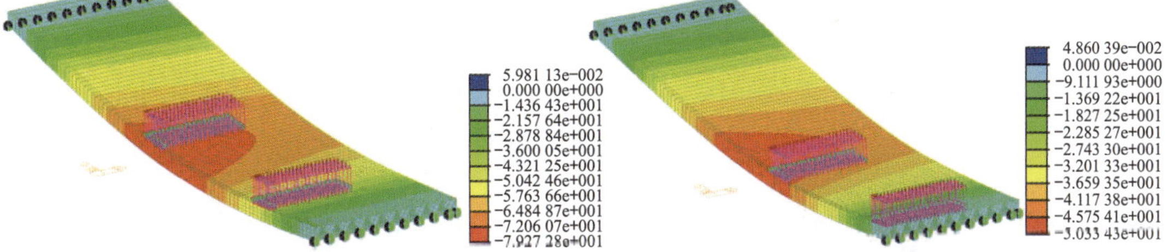

(a) 跨中最不利布载　　(b) 端部最不利布载

图 11-34　车辆载荷作用下承载板竖向位移云图（单位：mm）

考察承载板的整体和局部稳定问题。三种最不利布载情形下的结构屈曲模态如图 11-35 所示，结构一阶屈曲模态均为靠近跨中的轮压接触位置处的板的屈曲变形，对应的稳定系数分别为 7.59、7.98 和 10.4。

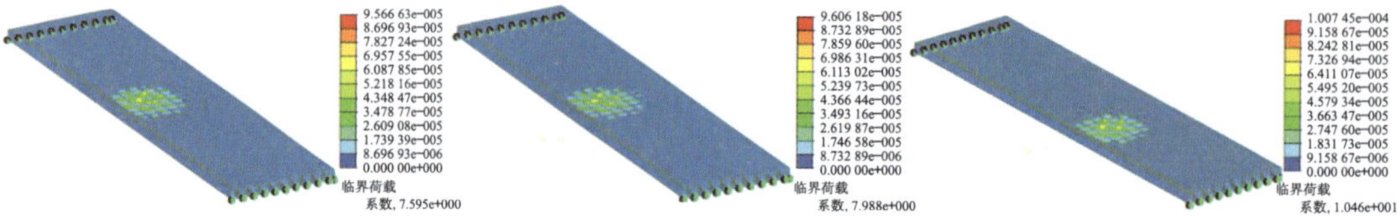

(a) 中跨不利布载　　(b) $L/4$不利布载　　(c) 端跨不利布载

图 11-35　三种最不利布载情形下的结构屈曲模态

另外值得一提的是，承载板的设计理念是以较小的板体厚度（承载板厚度仅为其跨径的 1/44）对应结构的较小的竖向刚度，在载荷作用下可以产生较大的竖向变形。在设计载荷作用下，承载板不和其下的旧桥面接触。随着载荷进一步增加，允许承载板和旧桥面接触，发挥承载板和旧桥涵联合承载的作用，但需要保证承载板始终处于弹性受力状态。在载荷作用下，较大的竖向变形可以通过设置预拱度来平衡，80 mm 的预拱度刚好和车辆载荷下的 80 mm 的竖向位移相平衡，从而确保承载板的纵坡始终控制在 3%以内。

11.2.2.2　引道板

引道板同样采用板单元分析，因引道板为 25 mm 厚的实心板，所以用一层板单元即可，模型的边界条件为一端约束三个方向位移，中间及另一端约束竖向位移，约束点纵向间距为 650 mm，模型图如图 11-36 所示。考虑三跨的跨中最不利布载方式，对应的应力云图如图 11-37 所示，位移云图如图 11-38 所示。从图 11-37 可以看出，三种最不利布载作用下，引道板最大等效应力为 139.2 MPa；从图 11-38 可以看出，三种最不利布载作用下，引道板最大竖向位移为 5.9 mm。

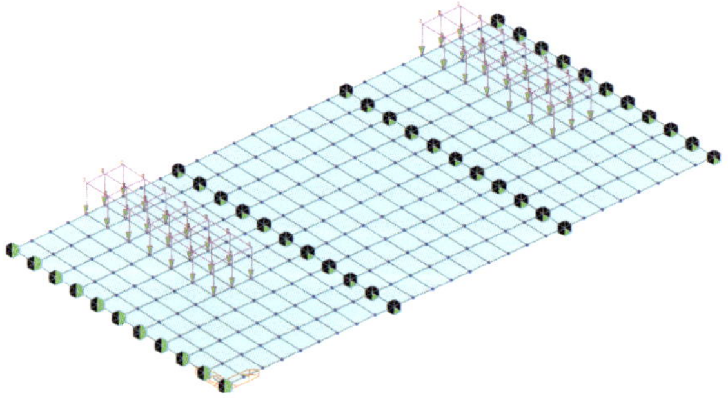

图 11-36　引道单板计算模型

考察引道板的整体和局部稳定问题。三种最不利布载情形下的结构屈曲模态如图 11-39 所示。结构一阶屈曲模态均为靠近跨中的轮压接触位置处的板的屈曲变形，对应的稳定系数分别为 51.4、61.9 和 48.2。

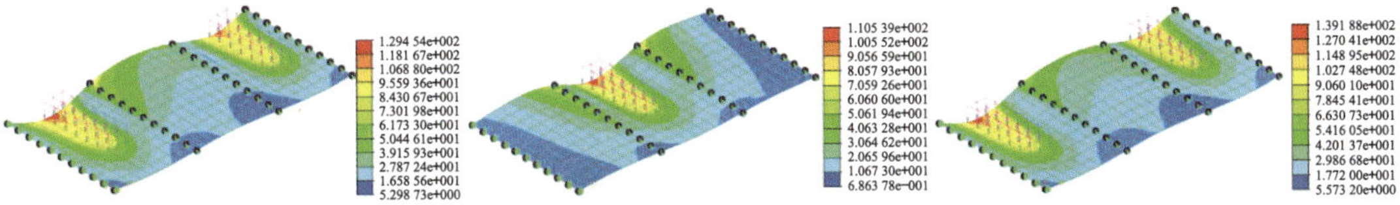

(a) 1跨(边跨)最不利布载　　(b) 2跨(中跨)最不利布载　　(c) 3跨(边跨)最不利布载

图 11－37　车辆载荷作用下引道板等效应力云图（单位：MPa）

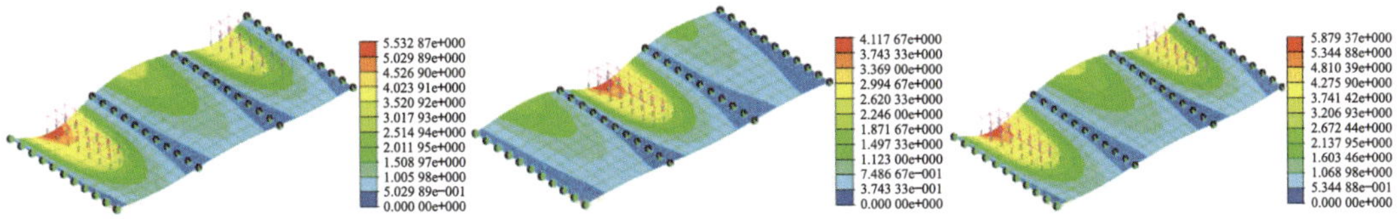

(a) 1跨(边跨)最不利布载　　(b) 2跨(中跨)最不利布载　　(c) 3跨(边跨)最不利布载

图 11－38　车辆载荷作用下承载板竖向位移云图（单位：mm）

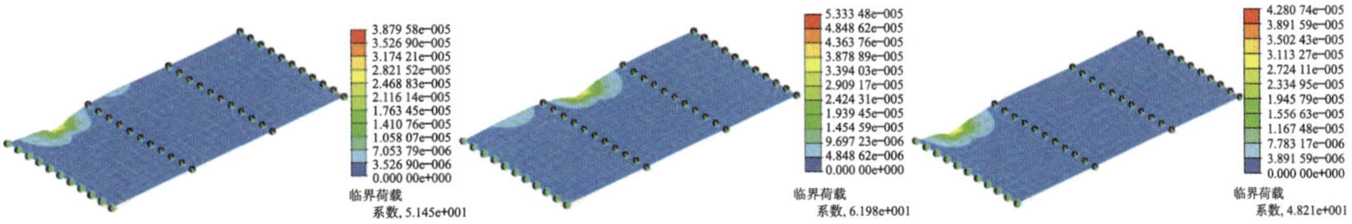

(a) 边跨最不利布载　　(b) 中跨最不利布载　　(c) 边跨最不利布载

图 11－39　三种最不利布载情形下的结构屈曲模态

11.2.3　跨越较大跨径桥涵的探讨

上述为单跨跨越 4 m 以内桥涵的装配式结构。对于跨越超过 4 m 的承载能力不足的桥涵的可行性问题，下面以跨越 12 m 小桥为例进行探讨。桥型布置立面图如图 11－40 所示，采用 3×4 000 mm 承载板组合跨越，承载板及引道板横桥向布置如图 11－29 所示。

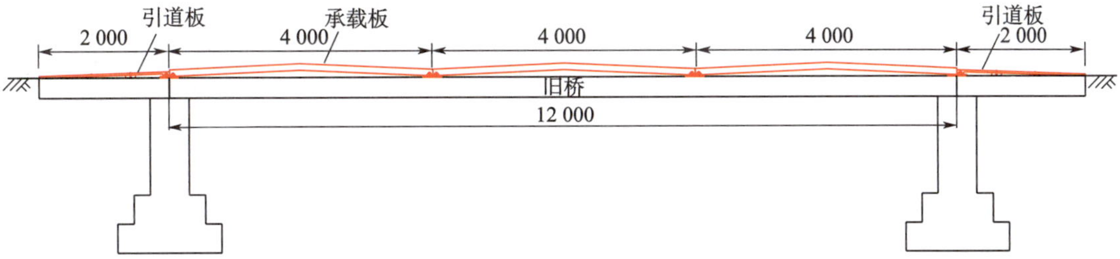

图 11－40　3×4 000 mm 组合跨越 12 m 小桥立面示意图（单位：mm）

小桥宽度为 5 m，承载板宽度为 3 m。首先计算原桥的载荷效应，然后对比架设装配式桥跨结构之后的载荷效应，关注原桥跨中、$L/4$、支点三处的弯矩和剪力分布的极值和总值。

模型采用板单元建立，以桥中线为对称线布置车道面，宽度 3 000 mm，轮距 1 800 mm，原桥和架设装配式承载板结构之后的模型如图 11－41 和图 11－42 所示。

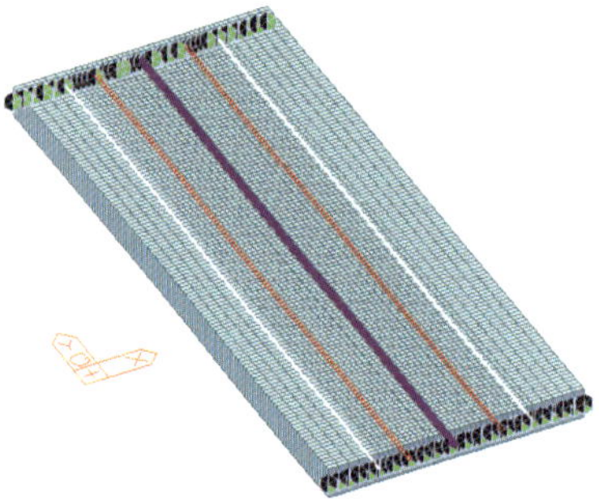

图 11－41　原桥计算模型

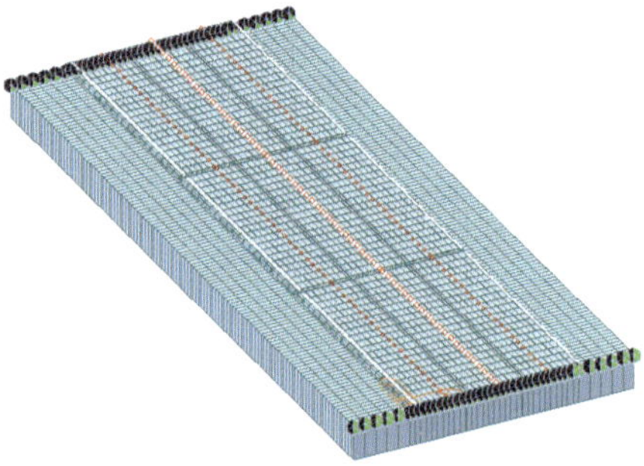

图 11－42　原桥上架设 3 跨装配式承载板模型

车辆载荷作用下原桥弯矩云图如图 11－43 所示。取跨中、$L/4$ 处和端部支点附近 3 处截面，考察其弯矩分布，如图 11－44 所示。将三处断面的弯矩分布图表示在一张图中，如图 11－45 所示。从图 11－44 可以看出，轮载线附近区域出现弯矩峰值。从图 11－45 可以看出，跨中弯矩峰值为 267 kN·m，弯矩横桥向分布较为均匀，弯矩峰值和均值差值在 40 kN·m 左右，$L/4$ 处弯矩峰值为 232 kN·m，均值为 200 kN·m。

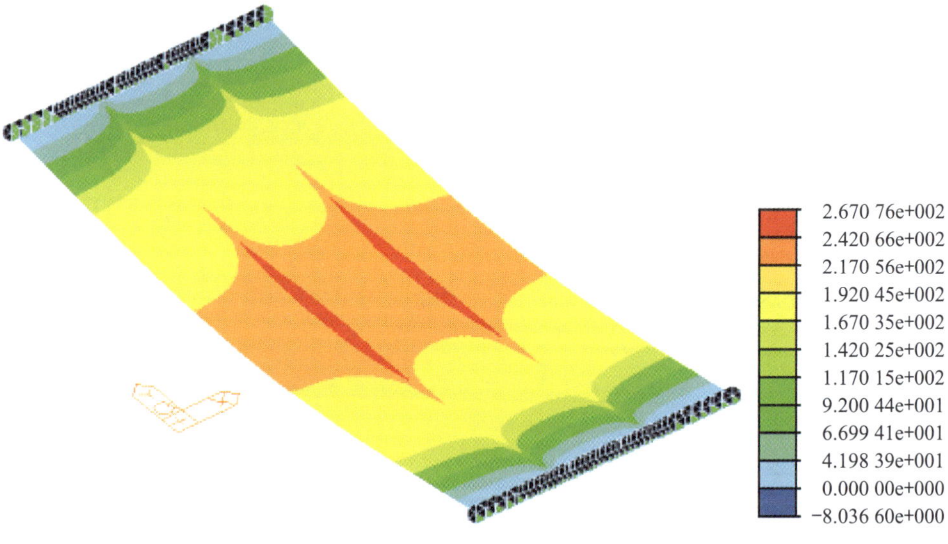

图 11－43　车辆载荷作用下原桥弯矩云图（单位：kN·m）

车辆载荷作用下原桥剪力云图如图 11－46 所示。取跨中、$L/4$ 处和端部支点附近三处截面，考察其剪力分布，如图 11－47 所示。将三处断面的剪力分布图表示在一张图中，如图 11－48 所示。从图 11－46 和图 11－48 可以看出，轮载线附近区域出现剪力峰值，峰值为 504 kN，且沿两侧快速衰减，这是由于车辆载荷 70 kN 的轮压程序作为集中力加在节点上出现的偏差，和实际轮载分布面积是不符的，应进行削峰处理，端部剪力均值 110 kN 左右。

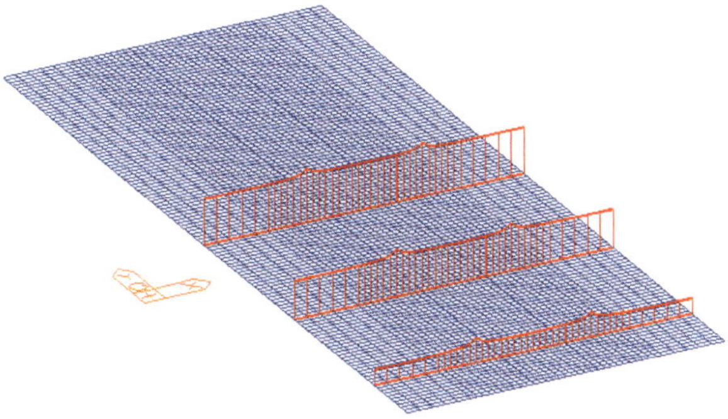

图 11－44　原桥板 3 条剖断线处弯矩分布图

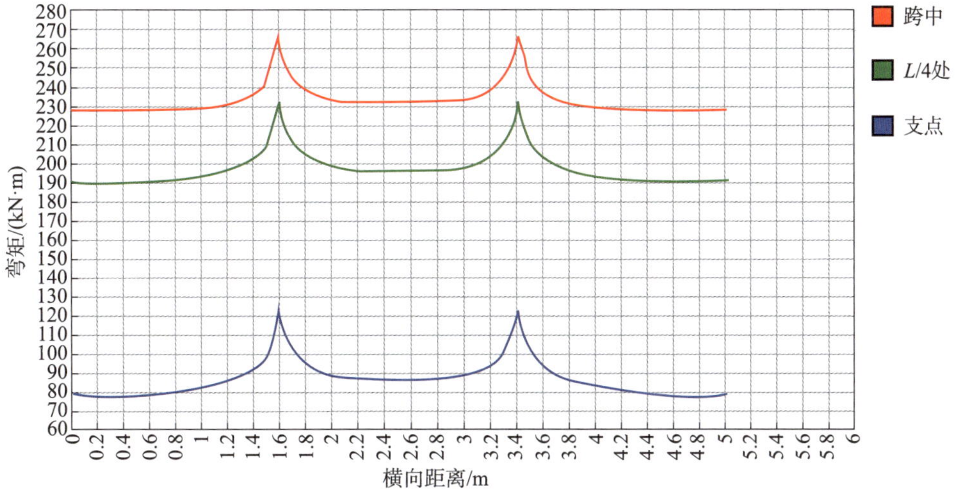

图 11－45　原桥板 3 条剖断线处横桥向弯矩分布图

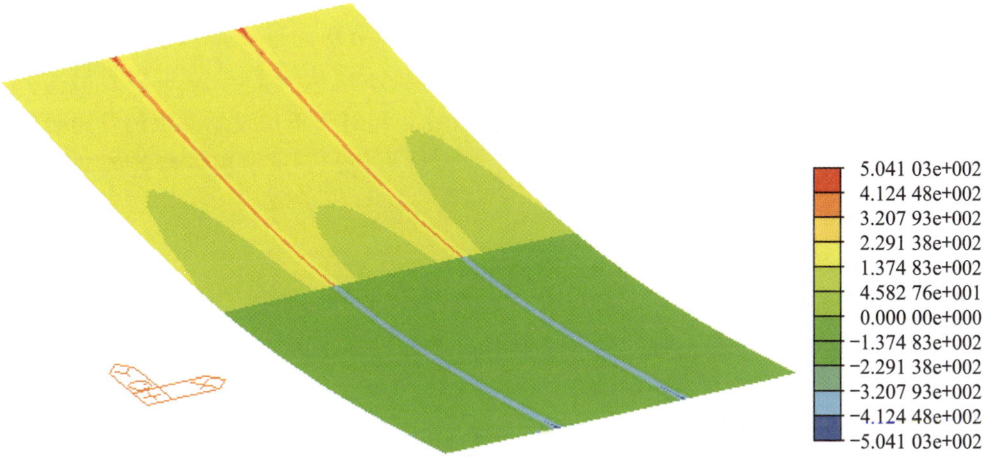

图 11－46　车辆载荷作用下原桥剪力云图（单位：kN/m）

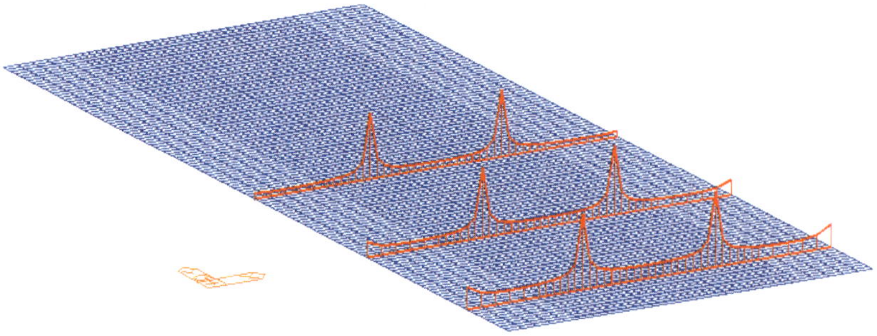

图 11－47　原桥板 3 条剖断线处剪力分布图

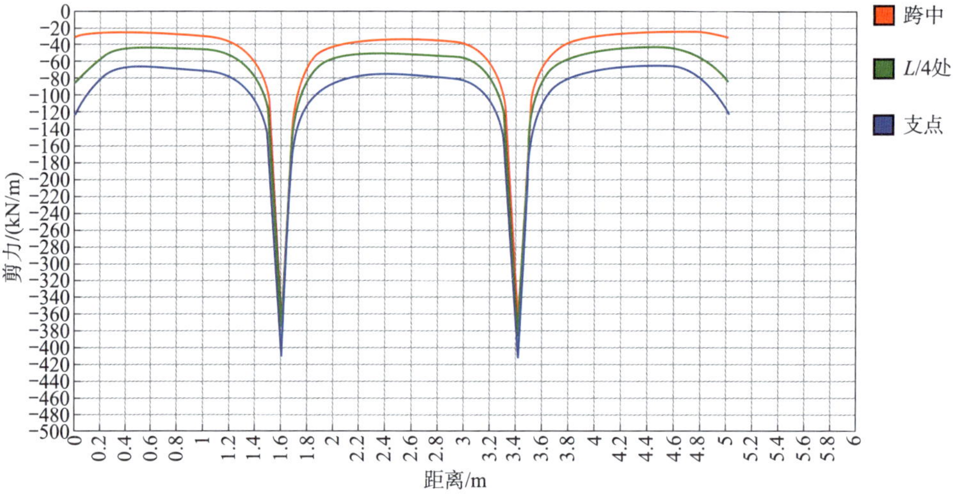

图 11－48　原桥板 3 条剖断线处横桥向剪力分布图

架设承载板后车辆载荷作用下原桥弯矩云图如图 11－49 所示。取跨中、$L/4$ 处、端部支点附近以及 $L/3$（承载板支撑）处 5 处截面，考察其弯矩分布，如图 11－50 所示，将 5 处断面的弯矩分布图表示在一张图中，如图 11－51 所示。从图 11－49 可以看出，承载板支撑处出现弯矩峰值，跨中弯矩峰值为 200 kN·m，相对于不加设承载板的弯矩峰值减少约 25%。从图 11－51 可以看出，弯矩横桥向分布较为均匀，承载板支撑处的弯矩峰值和均值差值在 37 kN·m 左右，$L/4$ 处弯矩没有明显峰值，均值为 120 kN·m，相对于不加设承载板的弯矩峰值减小 40%左右。

架设承载板后车辆载荷作用下原桥剪力云图如图 11－52 所示。取跨中、$L/4$ 处、端部支点附近以及 $L/3$（承载板支撑）处 5 处截面，考察其剪力分布，如图 11－53 所示，将 5 处断面的剪力分布图表示在一张图中，如图 11－54 所示。从图 11－52 和图 11－54 可以看出，承载板支撑处出现剪力峰值，峰值为 188 kN/m，端部剪力均值在 40 kN/m 左右。相对于不加设承载板的情况，原桥板的剪力均值减小 63.6%。

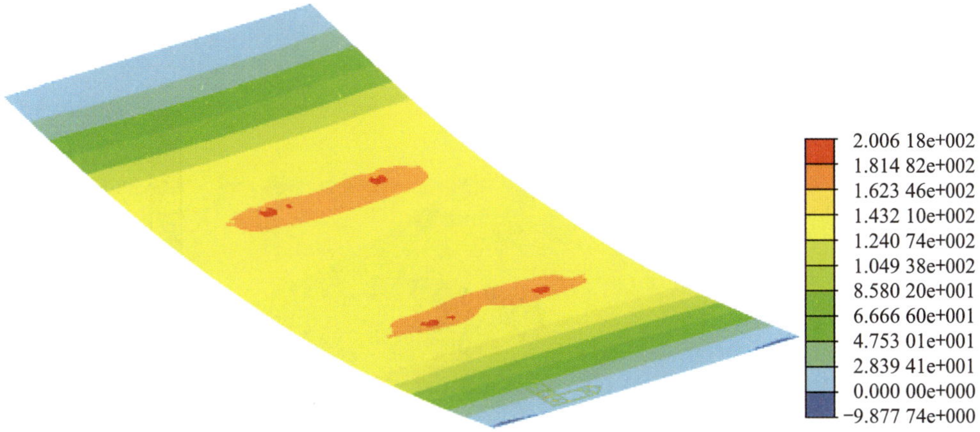

图 11－49　架设承载板后车辆载荷作用下原桥弯矩云图（单位：kN·m）

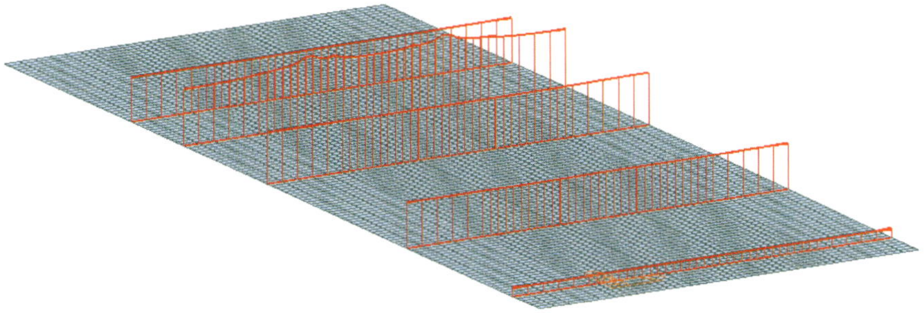

图 11－50　架设承载板后原桥板 5 条剖断线处弯矩分布图

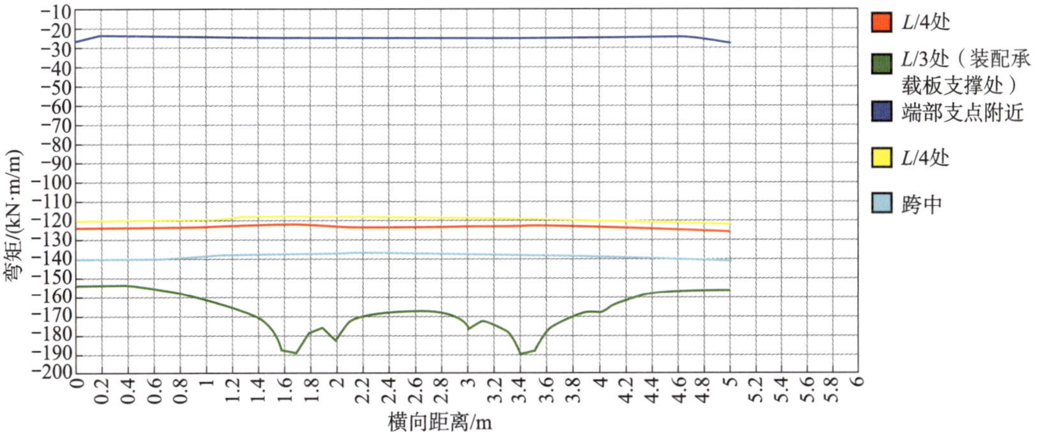

图 11－51　架设承载板后原桥板 5 条剖断线处横桥向弯矩分布图

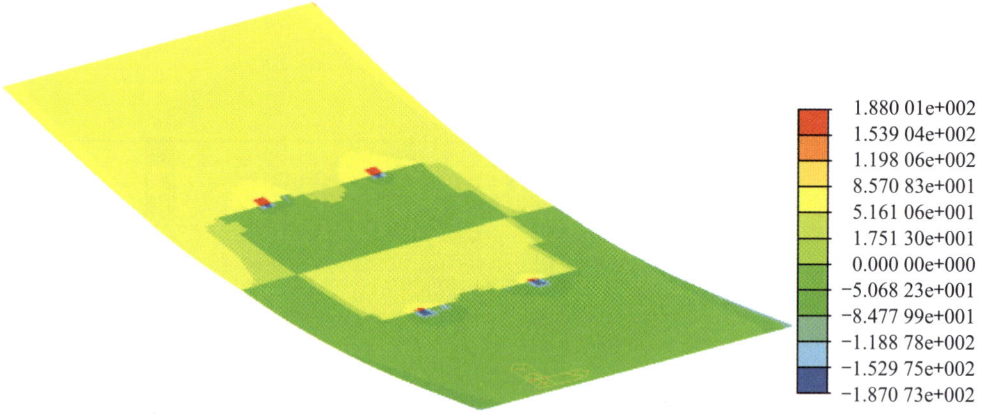

图 11－52　架设承载板后车辆载荷作用下原桥剪力云图（单位：kN/m）

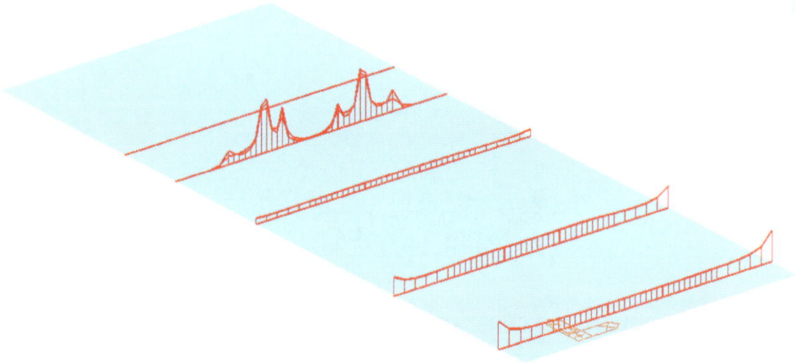

图 11－53　架设承载板后原桥板 5 条剖断线处剪力分布图

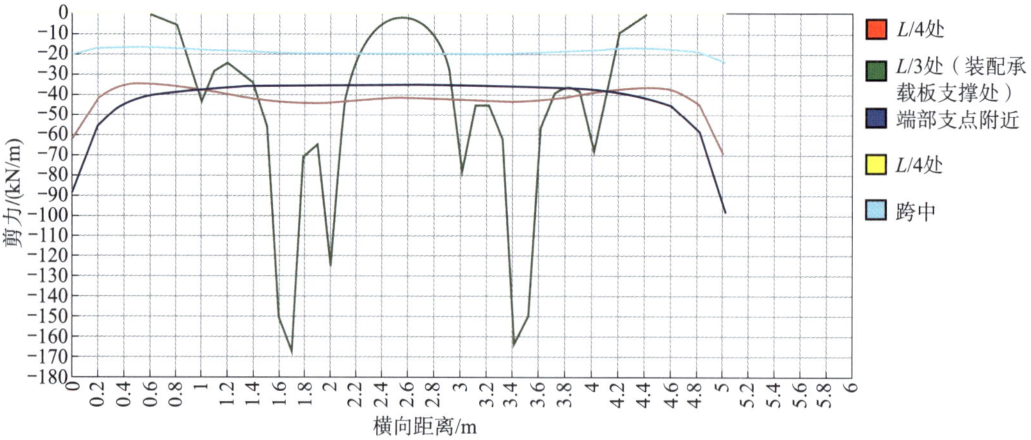

图 11－54　架设承载板后原桥板 5 条剖断线处横桥向剪力分布图

11.3　结构型式三——装配式支撑承载结构

11.3.1　结构型式

装配式支撑立柱立面图如图 11 - 55 所示，横向剖面图如图 11 - 56 所示。装配式支撑结构由上柱、支撑螺栓、下柱三部分组成。上、下柱由顶板、肋板和底板构成，支撑螺栓由螺杆、螺母构成。上柱全高 400 mm，支撑螺栓上下板净距 50～150 mm，下柱高度根据桥跨净空变化而变化。立柱支撑加固适用高度范围为 1 500～5 000 mm。

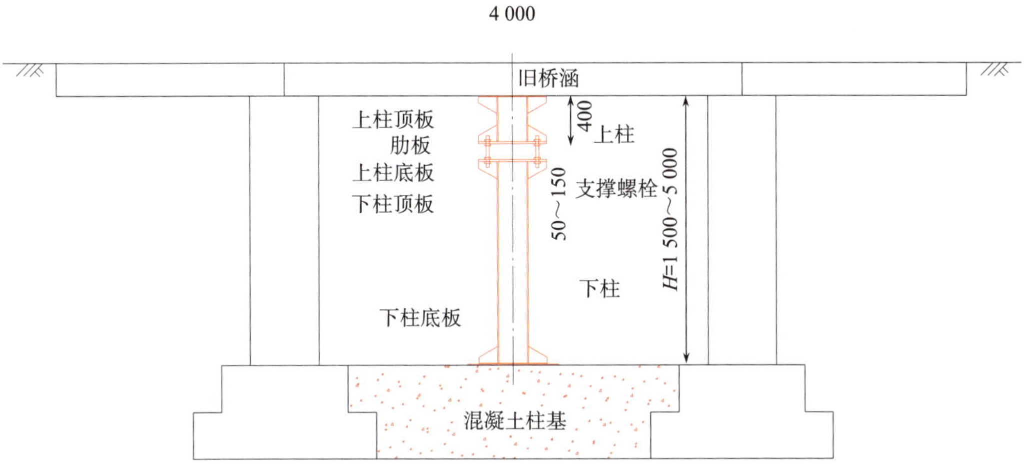

图 11 - 55　装配式支撑立柱立面图（单位：mm）

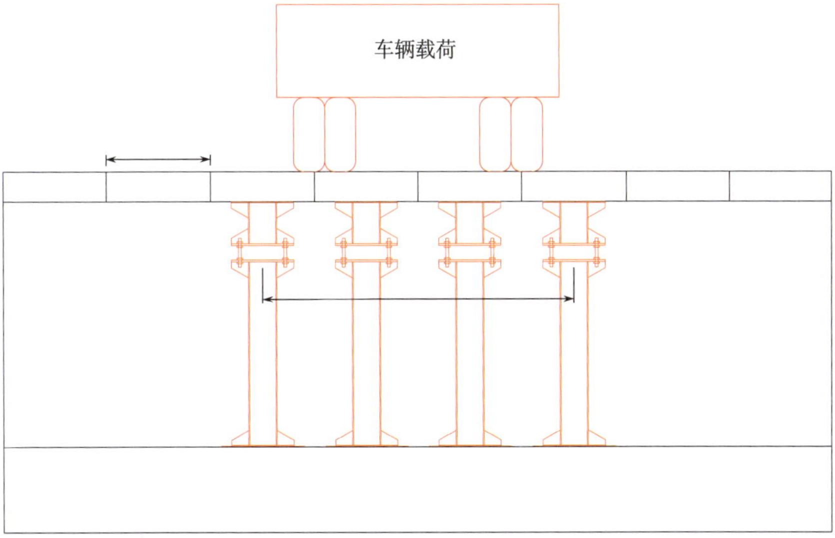

图 11 - 56　装配式支撑立柱横向剖面图（单位：mm）

装配式支撑结构中除螺杆及螺母采用直径 28 mm 的 8.8 级高强螺栓外，其余均采用 Q235－B 级钢材。上、下立柱直径 273 mm、壁厚 10 mm，肋板厚 8 mm，上柱顶板厚度 10 mm，上柱底板厚度 18 mm，下柱顶板厚度 18 mm，下柱底板厚度 10 mm。立柱支撑螺栓处剖面图如图 11－57 所示，立柱支撑三维示意图如图 11－58 所示。

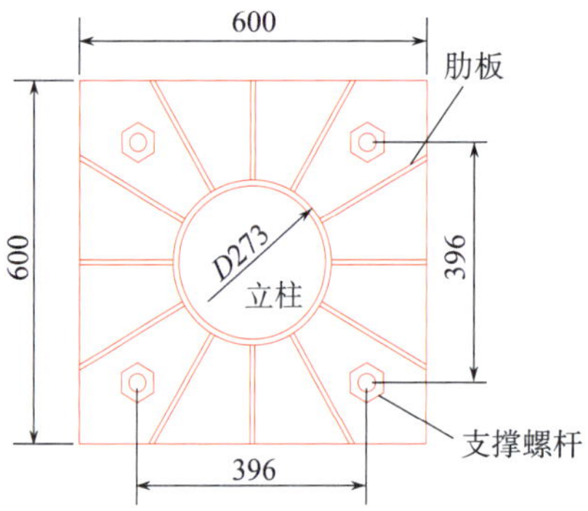

图 11－57　立柱支撑螺栓处剖面图（单位：mm）

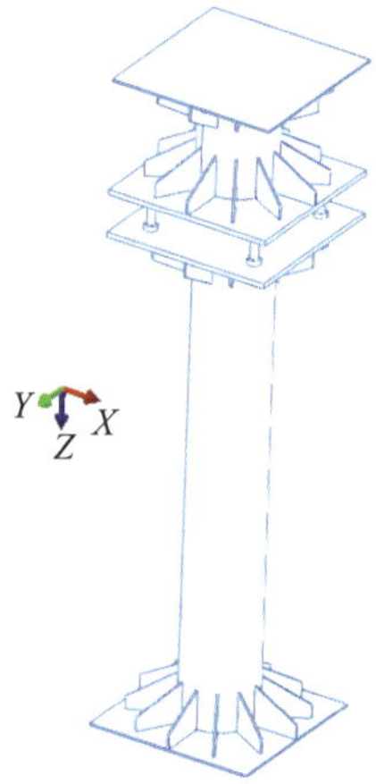

图 11－58　立柱支撑三维示意图

立柱支顶作业前首先需要建立坚实的立柱基础，一般做法是采用混凝土基础或钢结构扩大基础，确保足够的竖向支撑力。为了实现立柱和桥底板顶紧，支撑螺栓有 100 mm 的调节范围，通过旋拧螺母实现上柱顶紧梁底。为了让立柱顶、底板受力均匀，可在立柱顶板上以及立柱基础下设置干硬性水泥找平砂浆，其等级一般不低于 C20，涂抹均匀。

以立柱全高 2 300 mm 为例，单个立柱支撑结构质量统计见表 11－5。

表 11－5　单立柱支撑构件质量统计

构件名称	质量/kg	个数	质量/kg
上立柱	27	1	27
下立柱	121	1	121
立柱顶板	29	1	29
立柱底板	51	2	102
立柱肋板	1.2	48	57.6
螺栓及螺母	1.2	4	4.8
合　计			341.4

11.3.2　承载能力分析

采用块体单元进行立柱支撑和原桥耦合承载能力分析，取垂直跨径方向 1 m 板宽进行计算，模型物理力学指标见表 11－6。活载荷采用车辆载荷，针对车辆载荷中两个 140 kN 后轴，单侧纵向间距 1.4 m 的两个轮压最不利布载，其作用面积为 200 mm×600 mm，考虑四种布置方式，分别对应支点剪力最不利、$L/4$ 弯矩双轮最不利、跨中弯矩最不利和

$L/4$ 弯矩单轮最不利，四种加载模式如图 11－59 所示。立柱与原桥耦合计算模型及跨中布载方式如图 11－60 所示，为了更方便直接地对比原桥和加立柱支撑后的载荷效应情况，将原桥和加立柱支撑后的两种情况建在同一个模型中，模型的边界条件为立柱底板、桥台底面固定约束，原桥面板地面与桥台顶面、立柱支撑顶面与桥面板底为接触关系。

表 11－6　立柱支撑材料物理力学指标

项　目	密度/(kg/m³)	弹性模量/MPa	泊松比	屈服应力/MPa
立柱支撑/Q235	7 850	2.06e5	0.3	190
螺杆螺母	7 850	2.06e5	0.3	350

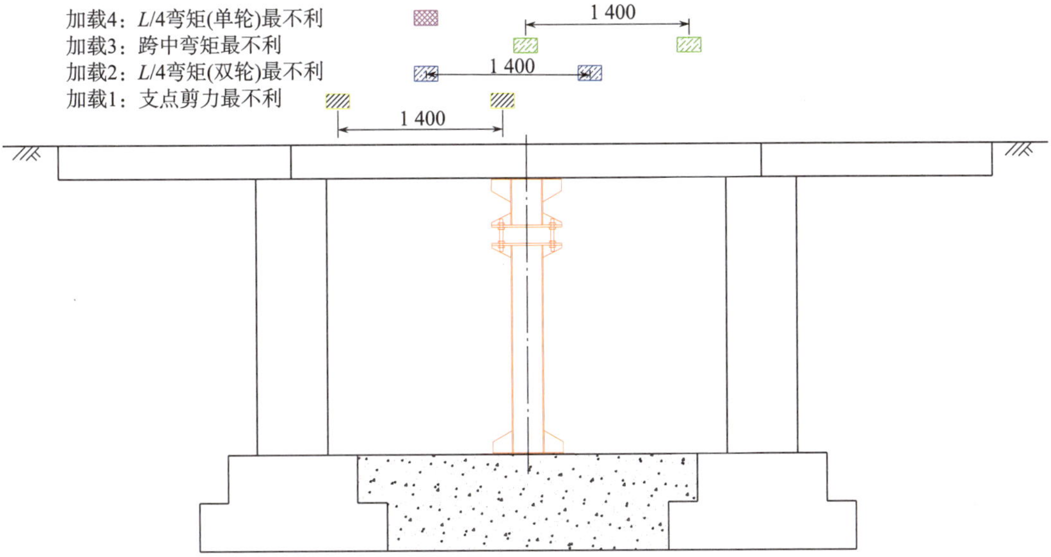

图 11－59　四种加载模式示意图（单位：mm）

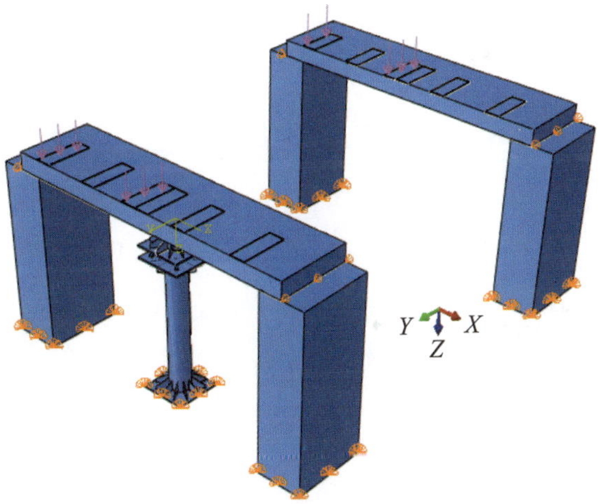

图 11－60　计算模型示意图

在四种加载模式作用下，加载模式 2 对应立柱应力极值。图 11－61 为该模式作用下的立柱与原桥耦合承载结构的 Mises 应力云图。从图中可以看出，应力峰值为 247 MPa，位于螺杆端部。立柱、去除螺杆后的立柱以及螺杆的应力云图如图 11－62 所示。从图中可以看出，去除螺杆后的立柱应力峰值为 145 MPa，峰值位于立柱顶板靠近立柱圆环处，螺杆对应应力峰值 247 MPa。四种加载模式下的应力峰值及位置见表 11－7。

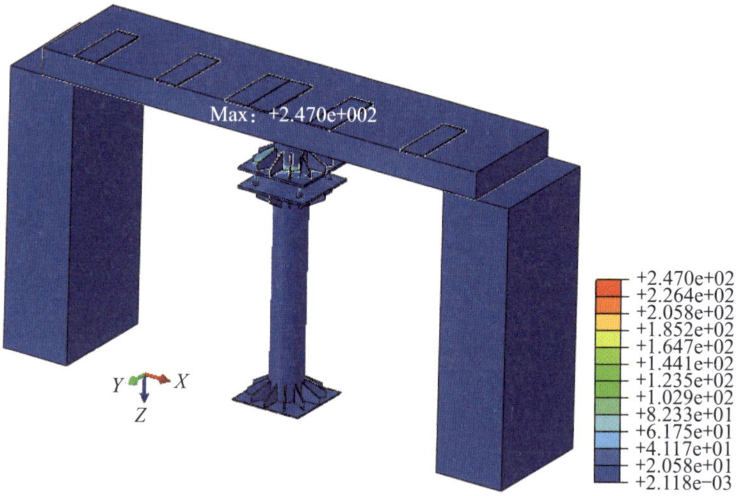

图 11－61 加载模式 2 作用下 Mises 应力云图（单位：MPa）

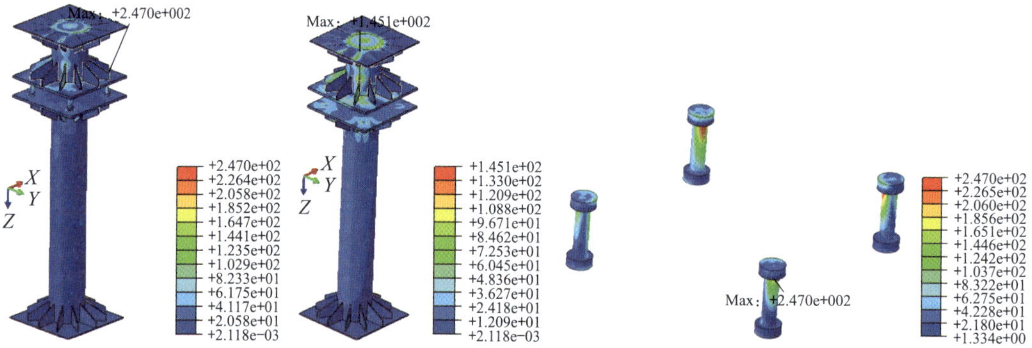

(a) 支撑立柱　　(b) 去除螺杆的立柱　　(c) 螺杆

图 11－62 加载模式 2 作用下立柱及螺杆 Mises 应力云图（单位：MPa）

表 11－7 四种加载模式下的结构应力峰值及位置

单位：MPa

加载模式	立柱（不含螺杆）应力峰值	立柱（不含螺杆）应力位置	螺杆应力峰值	螺杆应力峰值位置
模式 1	111.9	立柱顶板靠近立柱圆环处	181.0	螺杆端部
模式 2	145.1	同上	247.0	同上
模式 3	114.5	同上	209.2	同上
模式 4	76.5	同上	119.4	同上

考察四种加载模式下立柱顶板和桥面底之间的接触压应力，如图 11－63 所示。从图中可以看出，四种加载模式作用下，立柱顶板顶面接触压应力云图分布形态基本一致，压应力峰值范围为 0.64～1.13 MPa。

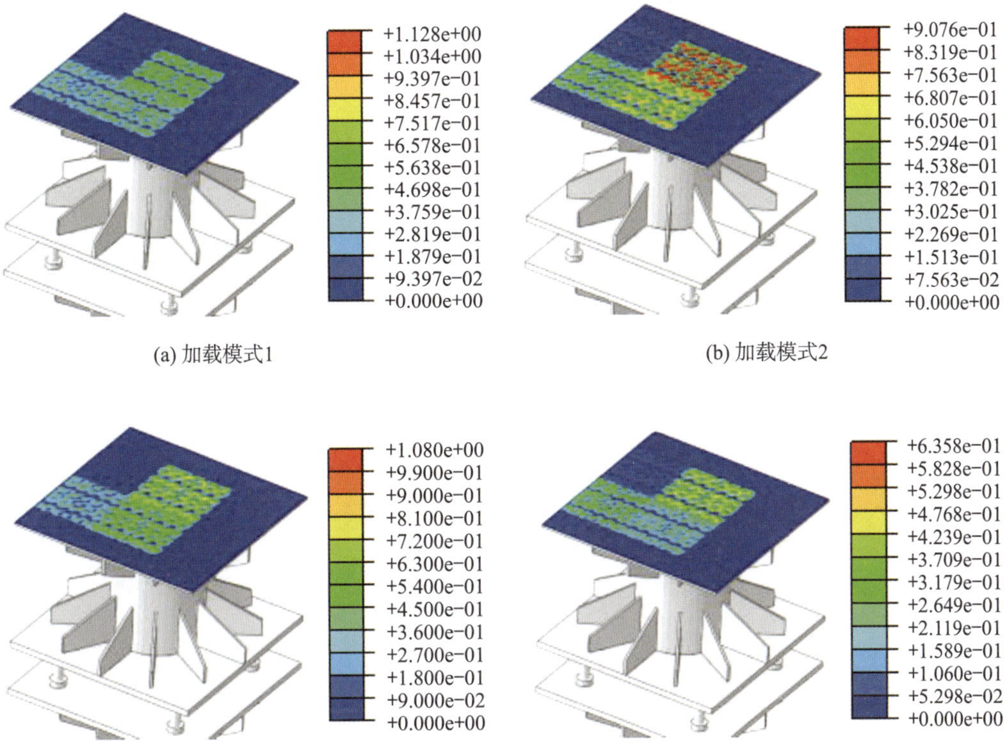

(a) 加载模式1　(b) 加载模式2

(c) 加载模式3　(d) 加载模式4

图 11－63　四种加载模式作用下立柱顶板和桥面底接触压应力云图（单位：MPa）

考察原桥面板在四种加载模式下加设支撑与不加设支撑的效应对比，进而评判支撑效果。图 11－64 为四种加载模式作用下加设立柱支撑 X 向（纵桥向）应力云图，图 11－65 为四种加载模式作用下加设立柱支撑 YZ 平面内剪应力云图，图 11－66 为四种加载模式作用下原桥（不加设立柱支撑）X 向应力云图，图 11－67 为四种加载模式作用下原桥（不加设立柱支撑）YZ 平面内剪应力云图。加设立柱支撑与不加设立柱支撑的桥面板正应力和剪应力对比分别见表 11－8、表 11－9。从表 11－8 可以看出，桥面板 X 向弯拉应力在加设支撑后大幅减小，降低幅度可达 44%～72%。从表 11－9 可以看出，桥面板 YZ 向剪应力不仅没有明显减低，反而略有增加，峰值相差约 20%，基本相当。

加载模式 2 下结构竖向位移最大，加设立柱支撑与不加设立柱支撑的桥面板在加载模式 2 下的竖向位移云图如图 11－68 所示，从图中可以看出，不加设立柱支撑对应的竖向位移最大值为 5.25 mm，加设支撑后，减小至 2.04 mm，减小非常明显。

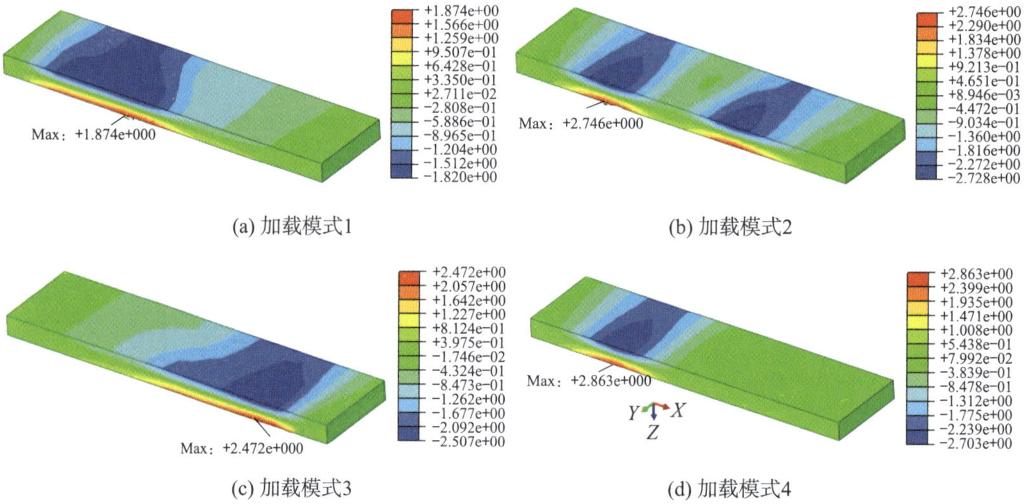

(a) 加载模式1　　(b) 加载模式2

(c) 加载模式3　　(d) 加载模式4

图 11-64　四种加载模式作用下加设立柱支撑 X 向（纵桥向）应力云图（单位：MPa）

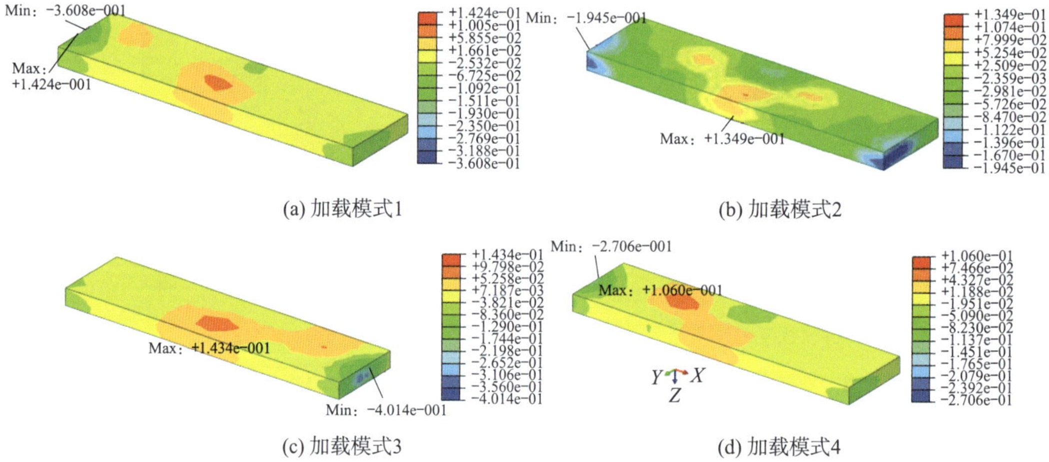

(a) 加载模式1　　(b) 加载模式2

(c) 加载模式3　　(d) 加载模式4

图 11-65　四种加载模式作用下加设立柱支撑 YZ 平面内剪应力云图（单位：MPa）

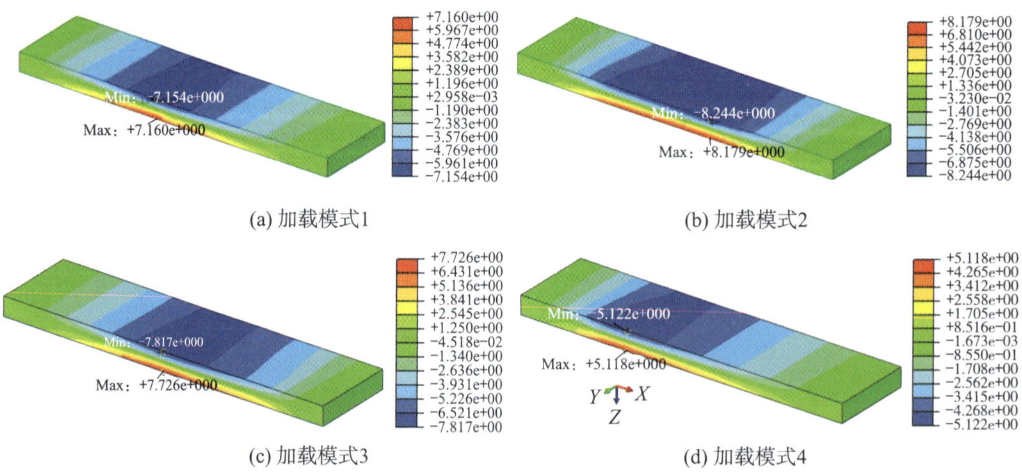

(a) 加载模式1　　(b) 加载模式2

(c) 加载模式3　　(d) 加载模式4

图 11-66　四种加载模式作用下不加设立柱支撑 X 向（纵桥向）应力云图（单位：MPa）

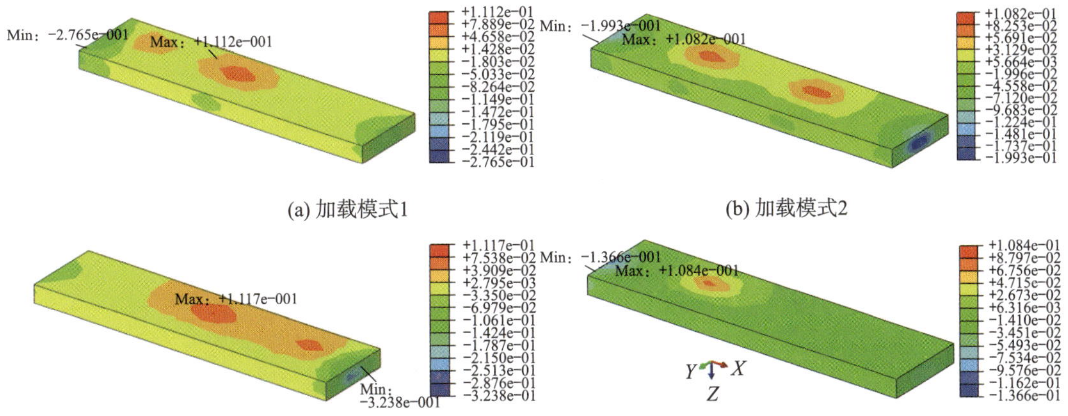

(a) 加载模式1　(b) 加载模式2

(c) 加载模式3　(d) 加载模式4

图 11－67　四种加载模式作用下不加设立柱支撑 *YZ* 平面内剪应力云图（单位：MPa）

表 11－8　桥面板正应力对比

单位：MPa

加载模式	加载模式 1	加载模式 2	加载模式 3	加载模式 4
加设立柱支撑	1.87	2.75	2.50	2.86
不加设立柱支撑	7.16	8.24	7.72	5.12

表 11－9　桥面板剪应力对比

单位：MPa

加载模式	加载模式 1	加载模式 2	加载模式 3	加载模式 4
加设立柱支撑	0.36	0.19	0.40	0.27
不加设立柱支撑	0.27	0.20	0.32	0.14

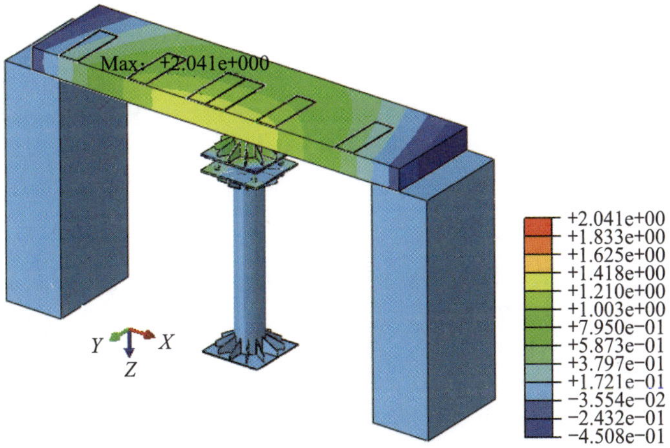

(a) 加设立柱支撑

图 11－68　加载模式 2 下结构竖向位移云图（单位：mm）

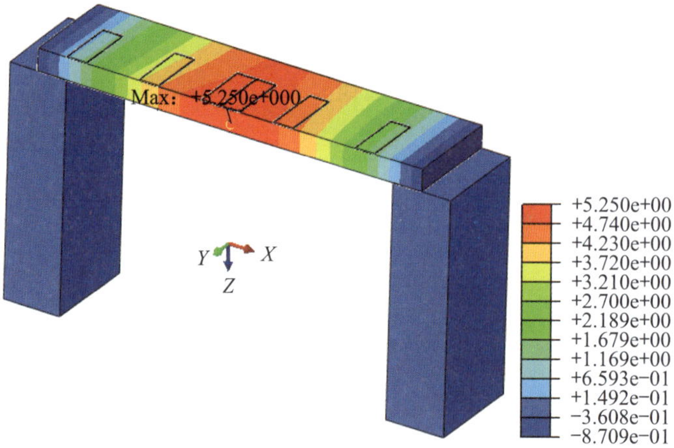

(b) 不加设立柱支撑

图 11－68　加载模式 2 下结构竖向位移云图（单位：mm）（续）

进一步考察立柱支撑的整体和局部稳定问题。加载模式 3 对应的结构前四阶屈曲模态如图 11－69 所示，均为上柱加劲肋板失稳，对应的稳定系数分别为 24.1、26.1、35.8、36.4，前十阶屈曲模态中没有出现螺杆失稳。

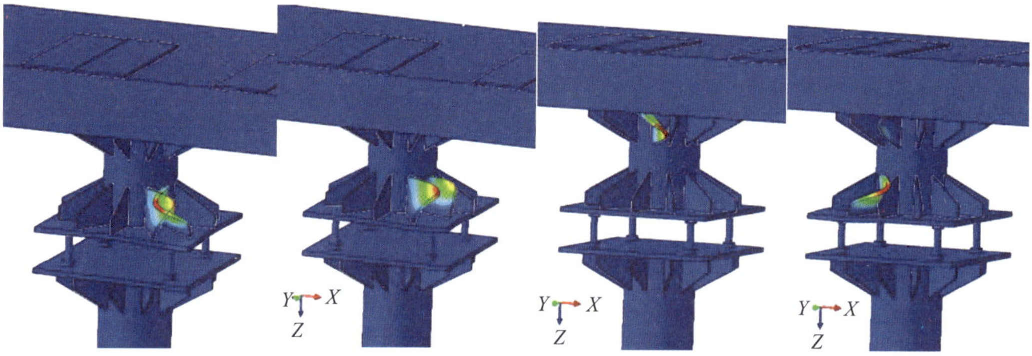

(a) 一阶屈曲模态　(b) 二阶屈曲模态　(c) 三阶屈曲模态　(d) 四阶屈曲模态

图 11－69　加载模式 3 作用下结构前四阶屈曲模态云图

11.4　小结

1）著者提出了变截面承载板通过跨中销棒锁定组合承载的装配式高强铝合金承载板承载结构，该结构具有自重超轻、架设速度快、承载能力强的特点。经研究，得出以下结论：

a）跨径 4 m 的变截面承载板可以满足车辆载荷及公路-Ⅱ级载荷要求，最大应力可控制在 321 MPa 以内，最大竖向挠度可控制在 80.4 mm 以内；

b）跨中最不利布载作用下，结构一阶稳定系数为 13.170，结构整体和局部稳定性没有问题；

c）装配式承载板有两种承载模式：新桥跨独立承载和新旧桥跨耦合承载，两种承载模式均满足要求；

d）整体结构全重 295 kg，最重结构单元为承载板，仅为 180 kg，整体结构具有搬运方便、安装简单的特点，在 4 人配合的情况下，可 5 min 完成安装工作。

2）著者提出了采用具有 V 型腹板构造的高强铝合金承载板跨越旧桥涵的装配式承载结构，该结构具有自重轻、架设速度快、承载能力强的特点。经研究，得出以下结论：

a）90 mm 厚的承载板可以满足车辆载荷及公路-Ⅱ级载荷要求，最大应力可控制在 208 MPa 以内，最大竖向挠度可控制在 80 mm 以内，结构稳定系数最小值为 7.59，满足结构稳定性要求；

b）25 mm 厚的引道板可以满足车辆载荷及公路-Ⅱ级载荷要求，最大应力可控制在 140 MPa 以内，最大竖向挠度可控制在 5.9 mm 以内，结构稳定性没有问题；

c）承载板以较小的板体厚度对应载荷作用下较大的竖向变形，随着载荷进一步增加，允许承载板和旧桥面接触，发挥承载板和旧桥涵联合承载的作用，预拱度的合理设置可以实现承载板的纵坡始终控制在 3%以内；

d）通过 4 m 桥宽板的组合运用，可以显著改善较大跨径的载荷效应，以跨越 12 m 的小桥为例，3 m×4 m 的承载板可以降低原桥弯矩峰值约 25%，降低剪力峰值约 64%，效果明显。

3）著者提出了具有可调支撑高度功能的装配式立柱支撑结构，可方便用于小桥涵抢险加固、提升载荷等级等情况，具有架设速度快、承载能力强的特点。经研究，得出以下结论：

a）由上柱、支撑螺栓、下柱三部分构成的立柱支撑结构可以满足车辆载荷及公路-Ⅱ级载荷要求，螺杆最大应力可控制在 300 MPa 以内，其他最大应力可控制在 150 MPa 以内；

b）立柱整体和局部稳定性满足要求；

c）支撑立柱对原桥面板正应力改善最为明显，降低幅度可达 44%～72%，在剪应力改善方面没有明显变化；

d）立柱支撑结构全重几百千克，具有搬运方便、安装简单的特点，在 4 人配合的情况下，可迅速完成安装工作。

第 12 章 装配式预应力高强混凝土路面技术研究

装配式路面最早实践源于装配块石路。路面面层采用 MU40 块石，块石尺寸可采用 30 cm×60 cm、50 cm×50 cm、30 cm×40 cm、25 cm×50 cm、25 cm×40 cm、40 cm×40 cm 等。块石主要尺寸为 50 cm×50 cm，其他尺寸可用于转弯等面层不规则的区域。块石厚度为 20 cm。每块块石均应上大下小，底面每边虚缩 1～2 cm 成梯形，并保证底面积不少于顶面积的 80%。块体厚度均等，落角不大于 2 cm。顶面细凿平整，凹凸不大于 0.5 cm。其他五面粗凿，底面宁可略瘦而不容许肥凸。路缘石板强度与路面块石相同，要求高度 45 cm，露面的上口细凿，石板厚度 10～12 cm，长度 70 cm 以上。块石下设置 5 cm M15 砂浆整平层，砂浆整平层必须饱满，不得出现空隙等情况。基层采用 C20 水泥混凝土浇筑，混凝土必须设缝，分仓大小为 3.5 m×3.5 m，缝采用水泥混凝土常用的假缝。

传统装配式预应力混凝土路面存在厚重、连接困难的问题，难以广泛使用；斜向预应力混凝土路面存在路面板厚重、预应力筋斜向编织布设效果不好、预应力损失大且施工工序复杂、周期长的缺点。基于装配构件、预应力、高强混凝土三者优势相结合的设计理念，发明了装配式预应力高强混凝土路面技术，实现了装配式路面和预应力技术的结合。预应力既给路面板提供了压应力储备，减薄了面板厚度，又将装配在一起的路面板紧紧连接在一起，避免了板体之间的脱离，同时也为路面板之间的企口接缝实现竖向剪力载荷传递提供必要的法向正压压应力。预应力为横纵正交双向后张预应力，沿板中线布设。单板尺寸 3 m（道路横向）×1 m（道路纵向），厚度 6～10 cm，既可沿道路横向拼接装配，又可沿道路纵向拼接装配。预应力筋采用无粘结预应力钢绞线。基于 ABAQUS 软件的数值计算，验证了这种装配式预应力高强混凝土路面的科学性和可行性。

12.1 引言

预应力混凝土路面预先在工作截面上施加预压应力，以提高混凝土结构的承载能力；装配式路面将工厂预制好的面板板块运输至施工现场进行装配，实现快速拼装修建、快速开放交通的目的；高强混凝土是指抗压强度达到 80 MPa 以上的具有良好抗压、抗弯折韧性的超高性能混凝土。

目前国内外在预应力路面领域研究多集中在现浇斜向预应力水泥混凝土领域，路面厚度在 20 cm 左右；在装配式预应力路面领域则为单板单纵向施加预应力，现场吊装拼装为整体，路面厚度在 16～20 cm 之间。本书提出的超薄、纵横预应力装配式道面研究属于首创。

基于装配构件、预应力、高强混凝土三者优势相结合的设计理念，创新发明了装配式预应力高强混凝土路面技术。首次实现了装配式路面和预应力技术的结合，预应力既给路面板提供了压应力储备，减薄了面板厚度，又将装配在一起的路面板紧紧连接在一起，避免了板体之间的脱离，同时也为路面板之间的企口接缝实现竖向剪力载荷传递提供必要的法向正压压应力。预应力为横纵正交双向后张预应力，沿板中线布设。单板尺寸 3 m（道路横向）×1 m（道路纵向），厚度 6～10 cm，既可沿道路横向拼接装配，又可沿道路纵向拼接装配。预应力筋采用无粘结预应力钢绞线。

将预应力、装配式和高强混凝土三者结合，发明的装配式预应力高强混凝土路面技术，可以实现面层超薄化以及路面构件轻型化，使现场装配作业更加快速、便捷。

12.2 装配式预应力高强混凝土路面结构型式

12.2.1 平面布置

装配式预应力高强混凝土路面横向和纵向均可实现装配拼接。装配拼接的板块可以是矩形或长方形，接触面设有企口，以实现相邻板拼接处传递竖向剪力的功能。单板纵向长度为 1 m，横向宽度为 3 m，单板沿纵向分为端板和中板，端板一侧不设企口而提供预应力筋张拉锚固侧壁，中板则为端板之间板块，上下端均设有企口接缝。图 12-1 所示为纵向 10 块单板，横向 2 块单板，共计 20 块单板构成的一个装配拼接单元，长 10 m，宽 6 m，面积为 60 m^2。

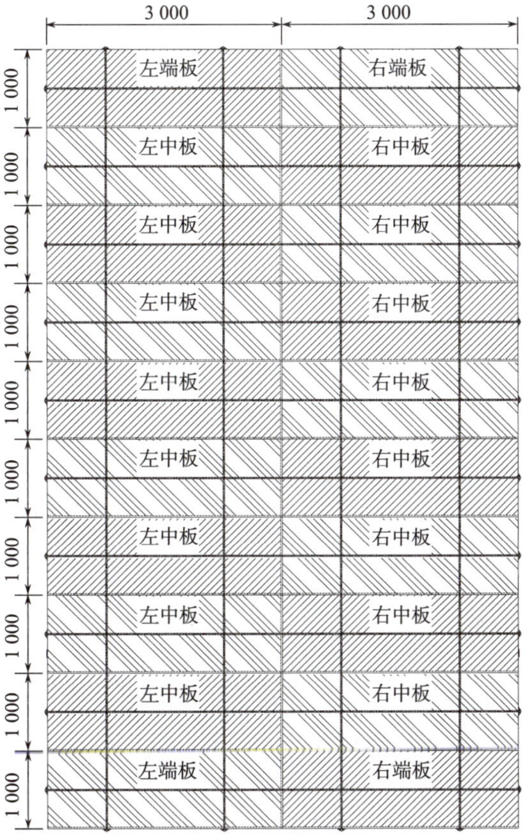

图 12-1 20 块板平面布置图（单位：mm）

12.2.2 企口接缝构造

企口接缝分为凹企口和凸企口，凹凸咬合形成一对企口接缝，如图 12－2～图 12－4 所示。

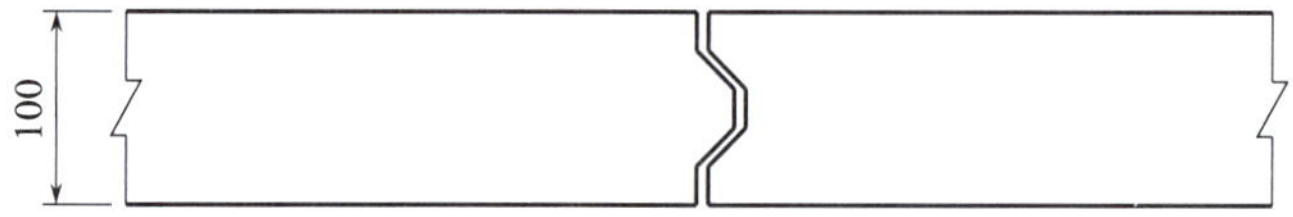

图 12－2 企口立面布置图（单位：mm）

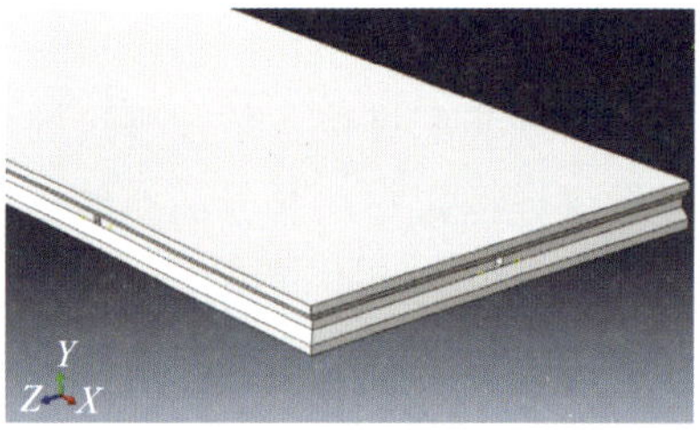

(a) 凹企口

(b) 凸企口

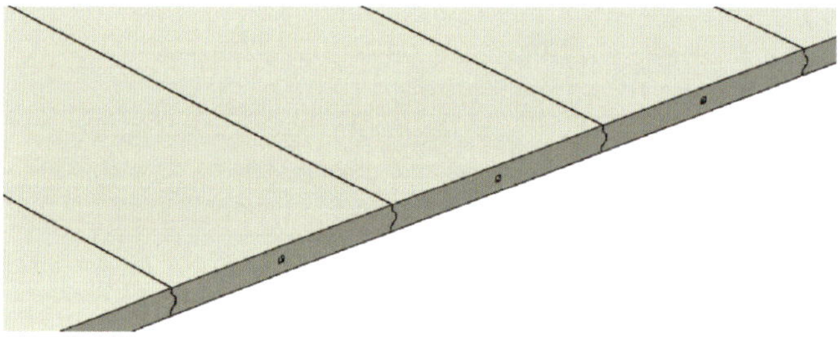

(c) 凹凸企口拼接

图 12－3 企口三维示意图（单位：mm）

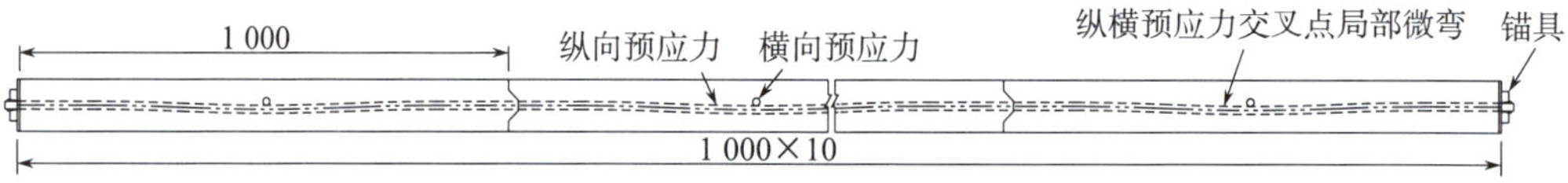

图 12－4 预应力钢筋布设立面示意图（单位：mm）

12.2.3 预应力钢筋布设

预应力钢筋沿板体中心布设，这样设置是为了让预应力筋对板体产生轴向正应力，避免产生垂直于板体的分布力、集中力或弯矩，因为这些力的作用可能会影响板体和其下基层之间的结合。单板体横向长度为 3 m，布置两道纵向预应力索，间距 1.5 m；单板体纵向长度为 1 m，布置一道横向预应力索，单板预制时精确预留预应力筋孔道，考虑到纵横预应力钢筋在平面内有交叉，可以在平面交叉点设置微弯孔道，实现纵横钢筋的相互穿越，而不对板中心线产生过大偏离。预应力钢筋选用一根 1 860 级直径 15.24 mm 的无粘结预应力钢绞线。预应力钢筋的布置示意图如图 12-4 所示，三维示意图如图 12-5 所示。预应力锚具采用夹片锚具，外套防腐套。

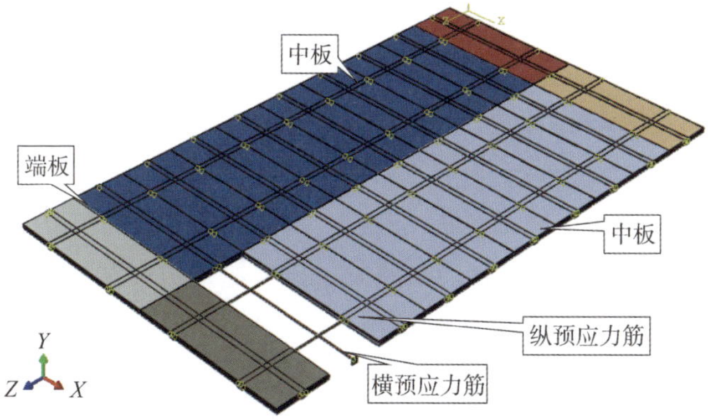

图 12-5　预应力钢筋布设三维示意图（单位：mm）

12.3　装配式预应力高强混凝土路面结构分析

12.3.1　计算模型

采用 ABAQUS 软件建立数值计算模型，如图 12-6 所示。模型物理力学参数见表 12-1。

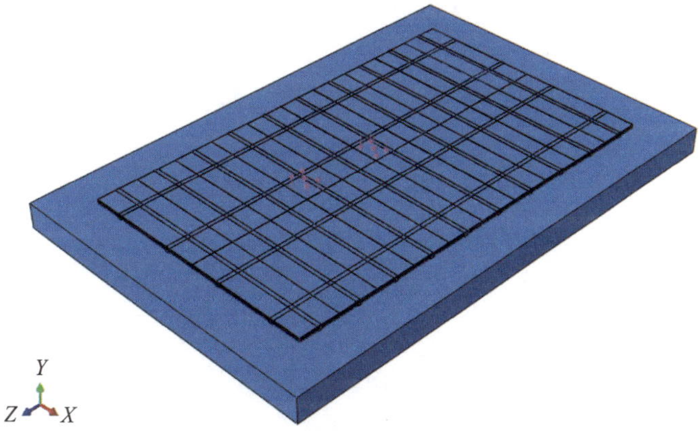

图 12-6　数值计算模型

表 12-1　模型物理力学参数

模型名称	密度/(t/m^3)	弹性模量/kPa	泊松比	温度膨胀系数	载荷
单板	2.6	5e7	0.15	—	轮压：350 kPa，作用面积 0.7 m×0.45 m 吸力：100 kPa，作用面积 0.7 m×0.45 m 作用区域如图 12-6 箭头所示

续表

模型名称	密度/(t/m³)	弹性模量/kPa	泊松比	温度膨胀系数	载荷
基层	2.2	1.0e6	0.25	—	
预应力钢筋	7.85	1.95e8	0.3	1.2e−5	930 MPa 张拉控制应力
预应力筋锚板	7.85	2.1e8	0.3	—	

模型尺寸：单板 3 m×1 m，厚 0.1 m，共计 20 块单板构成 10 m×6 m 拼装单元。基层尺寸 12 m×8 m，高度 0.6 m。

材料本构关系：单板、预应力钢筋、锚板、基层均采用弹性本构。

相互作用：单板底和基层顶之间为接触关系，接触面切向摩擦系数为 0.5，法向接触均为硬接触；单板企口接缝之间为接触关系，接触面切向摩擦系数为 0.5，法向接触均为硬接触；单板和预应力钢筋之间为接触关系，接触面切向摩擦系数为 0.1，法向接触均为硬接触。锚板和预应力钢筋端部为绑定约束。锚板和其下单板端面为绑定约束。

边界条件：基层四周为水平约束，土基底部为竖向约束。

预应力的施加采用降温模拟。定义初始温度场为 0 ℃，单束 1 860 级钢绞线在按照标准强度 50%作为张拉控制应力的情况下，对应的降温为−380 ℃。

12.3.2 工况分析

为了较为全面地把握装配板体的力学变形行为，设计三种工况，进行分析。

工况一：结构自重＋预应力。分析装配板体在自重作用和预应力作用下的力学变形行为。

工况二：结构自重＋预应力＋轮压载荷。分析装配板体在自重作用、预应力作用和承受轮载作用下的力学变形行为。

工况三：结构自重＋轮压载荷。分析装配板体在自重作用和承受轮载作用下的力学变形行为。

工况四：结构自重＋预应力＋轮压载荷＋上吸力载荷。分析装配板体在模拟快速通行时车辆造成的板顶负压作用下（上吸力载荷）的力学变形行为。

四种工况作用下，板体结构力学变形行为详见表 12-2。

表 12-2　四种工况作用下板体力学变形行为对比表

工况名称	纵向正应力/kPa	横向正应力/kPa	预应力/kPa	变形/mm
工况一:结构自重＋预应力	2.5	3.7	931.5	0
工况二:结构自重＋预应力＋轮压载荷	−1.325(板底) −3.587(板顶)	−2.327(板底) −3.587(板顶)	931.5	0.0625
工况三:结构自重＋轮压载荷	0.496(板底) −0.584(板顶)	1.185(板底) −1.244(板顶)	0	0.0601 (未收敛)
工况四:结构自重＋预应力＋轮压载荷＋上吸力载荷	−0.115(板底) −4.525(板顶)	−1.010(板底) −5.760(板顶)	931.5	−0.41

注:应力正值代表拉应力,负值代表压应力。

工况一结构自重和预应力作用下，装配板的纵向及横向正应力分布云图如图 12 - 7、图 12 - 8 所示。从图中可以看出，除去施加预应力锚固点附近区域外，板体主体纵向正应力为 2.5 MPa 左右，横向为 3.7 MPa 左右，即为压应力储备。预应力云图如图 12 - 9 所示，根部为 931.5 MPa，基本没有垂向变形。工况一条件下模型、边界及载荷均对称，所以载荷效应为轴对称。

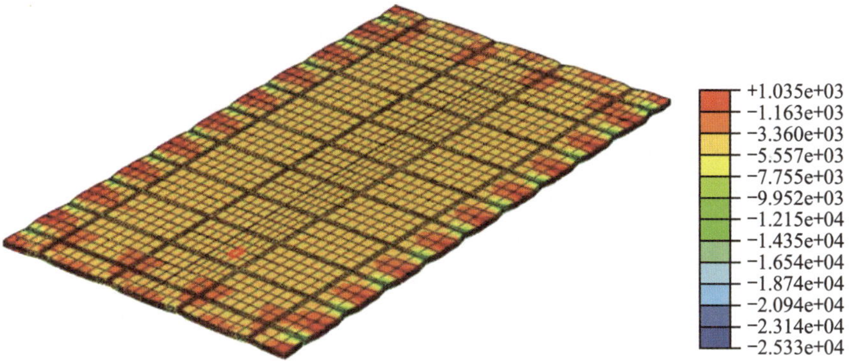

图 12 - 7　工况一横向正应力云图（单位：kPa）

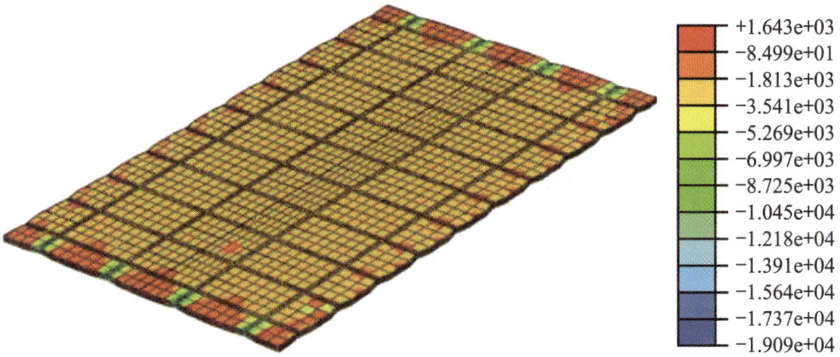

图 12 - 8　工况一纵向正应力云图（单位：kPa）

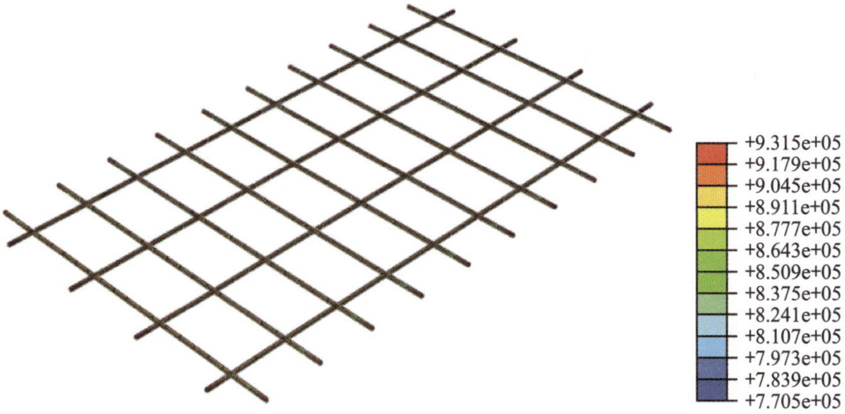

图 12 - 9　工况一预应力云图（单位：kPa）

工况二结构自重、预应力和轮载作用下，装配板垂向位移云图如图 12 - 10 所示，轮压处仅为 0.062 5 mm。轮压处板顶底正应力云图如图 12 - 11 所示。板底纵向压应力为 1.365 MPa，横向压应力为 2.327 MPa，对应的板顶压应力分别为 3.587 MPa、5.434 MPa。板底没有出现拉应力，即轮压产生的弯拉应力不足以抵消预加应力。

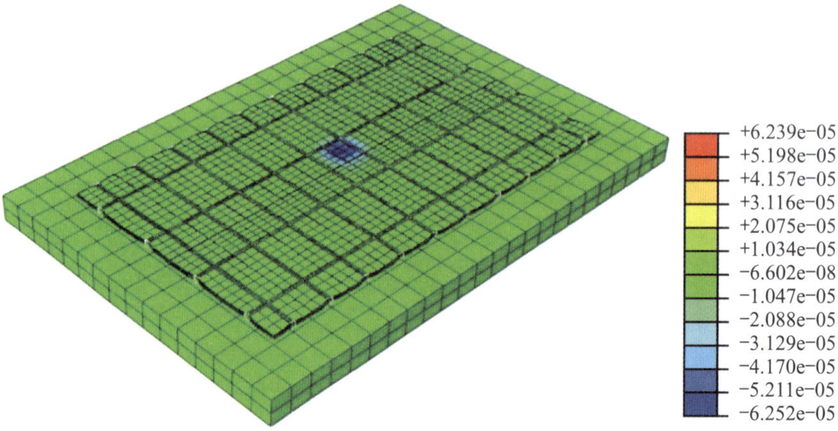

图 12 - 10　工况二垂向位移云图（单位：m）

(a) 轮压处板顶纵向压应力

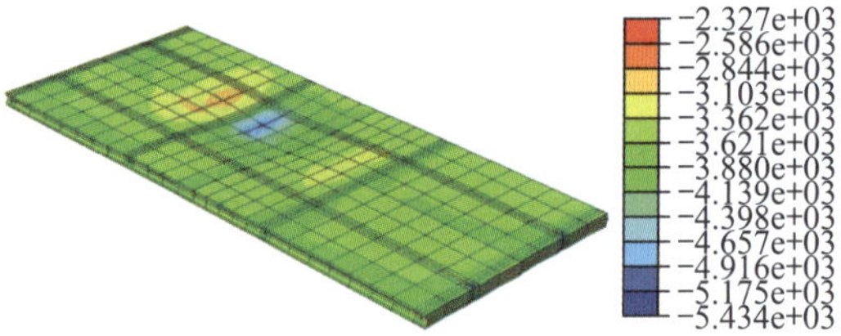

(b) 轮压处板顶横向压应力

(c) 轮压处板底纵向压应力

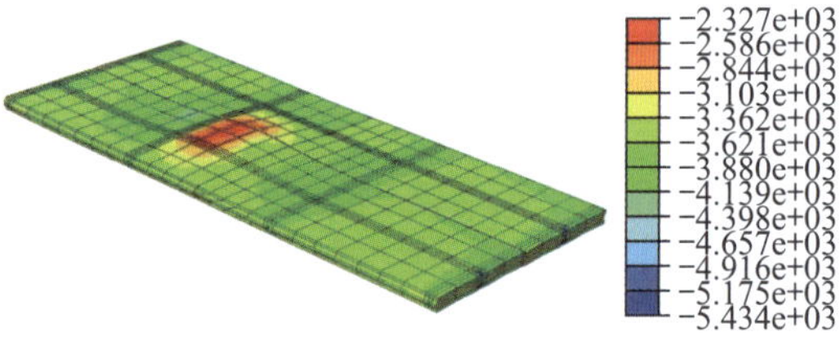

(d) 轮压处板底横向压应力

图 12 - 11　工况二轮压处板顶底纵横向正应力云图（单位：kPa）

工况三结构自重和轮载作用下，装配板垂向位移云图如图 12 - 12 所示，垂向位移和工况二相近，但计算执行到 17 步，最终未能收敛，分析原因可能是接触面相互脱开所致。轮压处板顶底正应力云图如图 12 - 13 所示。板底纵向拉应力为 0.496 MPa，横向拉应力为 1.185 MPa，对应的板顶压应力分别为 0.584 MPa、1.244 MPa。工况二、三条件下模型、边界对称，但轮载未作用在结构中心，所以载荷效应呈现非对称状态。

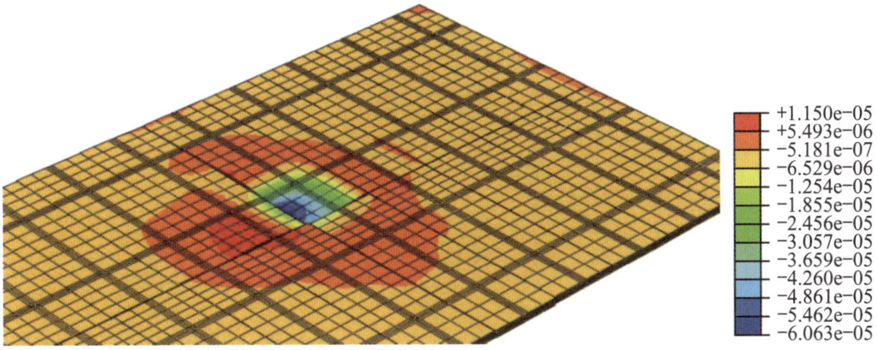

图 12－12　工况三垂向位移云图

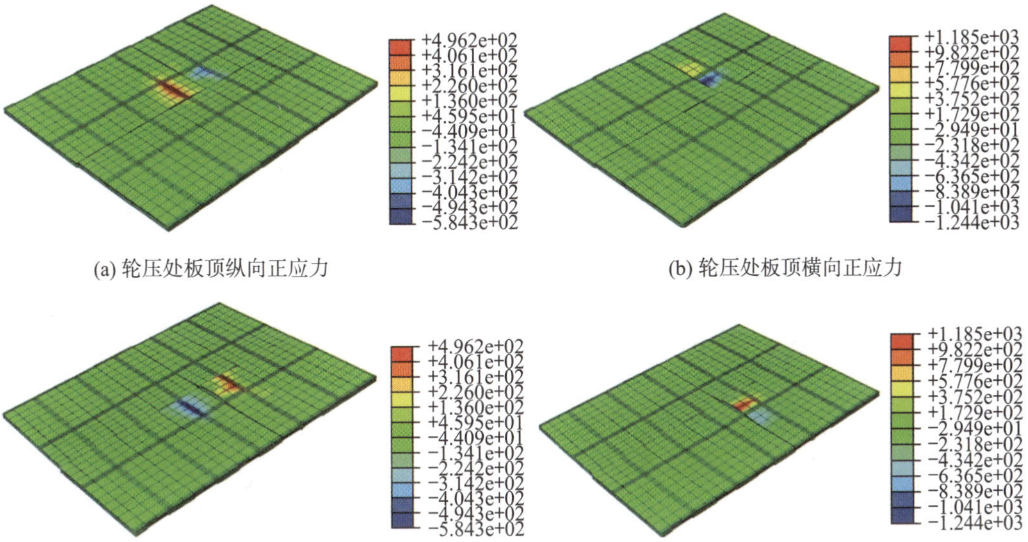

(a) 轮压处板顶纵向正应力　　(b) 轮压处板顶横向正应力

(c) 轮压处板底纵向正应力　　(d) 轮压处板底横向正应力

图 12－13　工况二轮压处板顶底纵横向正应力云图（单位：kPa）

工况四结构自重、预应力、轮载作用和上吸力载荷作用下，装配板垂向位移云图如图 12－14 所示。吸力作用处向上最大垂向位移为 0.41 mm，对应的上吸力为 31.5 kN，板体由于预应力的紧密拉结和企口接缝的嵌锁，始终为一个整体，没有出现散开的迹象。上吸力和轮压处板顶底正应力云图如图 12－15 所示。板顶纵向压应力为 0.115 MPa，横向压应力为 1.010 MPa，对应的板底压应力分别为 4.525 MPa、5.763 MPa。板顶、底没有出现拉应力，即上吸力和轮压产生的弯拉应力不足以抵消预加应力。工况四条件下模型、边界对称，但轮载、上吸力载荷未作用在结构中心，所以载荷效应呈现非对称状态。

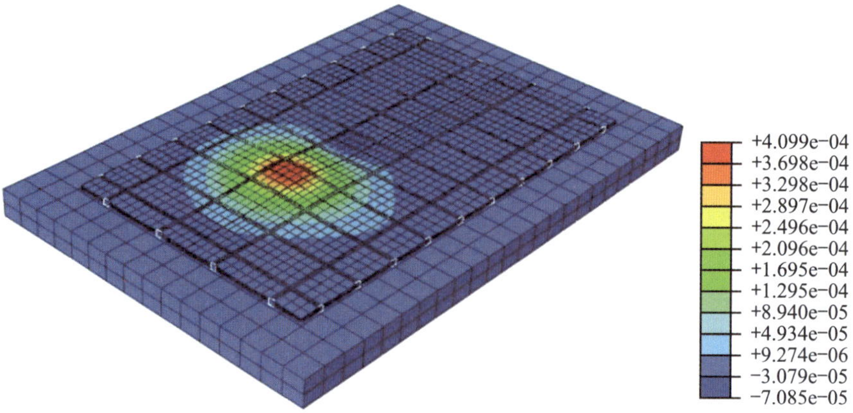

图 12-14　工况四垂向位移云图（单位：m）

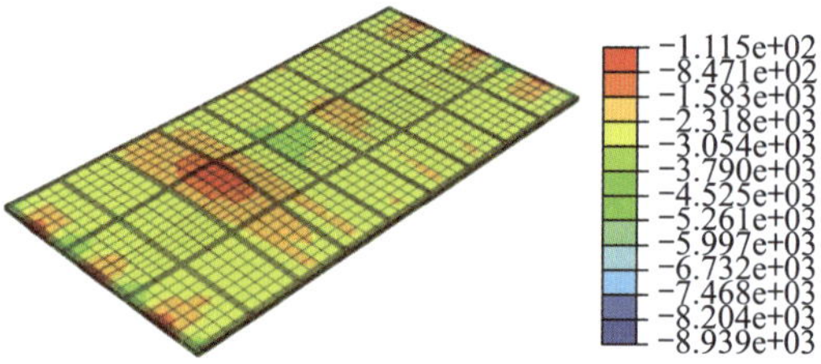

(a) 板顶纵向压应力

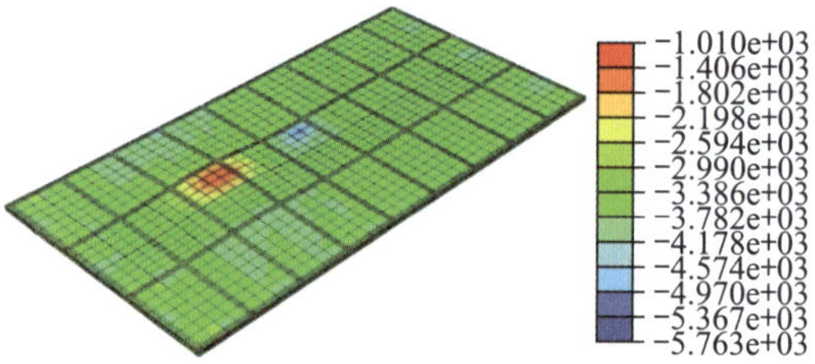

(b) 板顶横向压应力

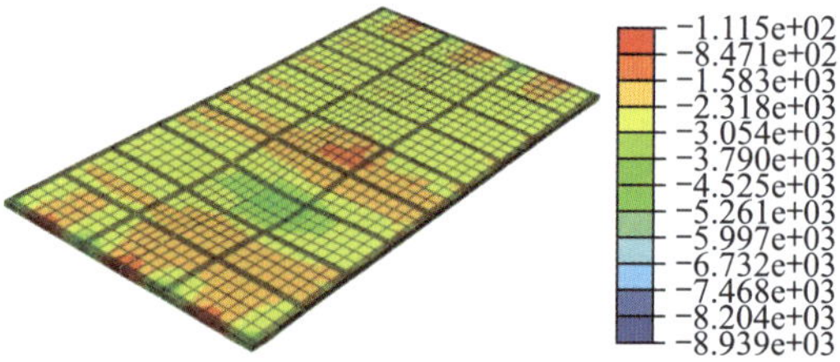

(c) 板底纵向压应力

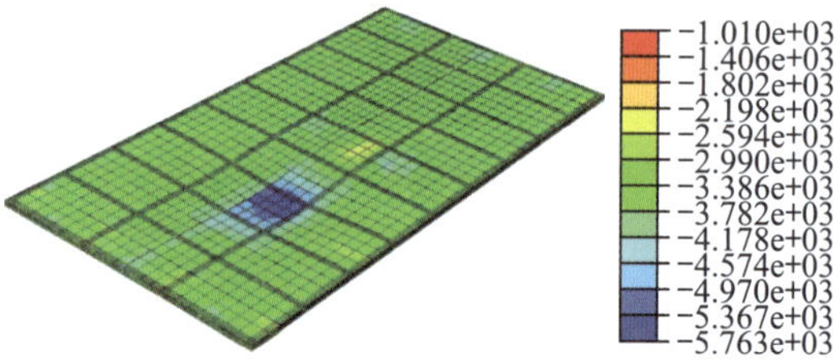

(d) 板底横向压应力

图 12-15　工况四板顶底纵横向正应力云图（单位：kPa）

12.4　小结

由以上分析可以得出以下结论：

1）预应力装配式高强混凝土路面结构受力变形满足要求，科学合理；

2）预应力给路面板提供了充足的压应力储备，在轮载作用下可以不出现拉应力，同时又将装配在一起的路面板紧紧连接在一起，避免了板体之间的脱离，增强了整体性；

3）路面板之间的企口接缝在实现竖向剪力载荷传递上是有效的，轮载受压区会通过企口缝向邻板传递应力；

4）装配板体有很强的整体性，在对抗吸力载荷方面具有优势；

5）目前板体厚度为 100 mm，在轮载作用下未出现拉应力且变形很小，有望进一步减薄板体厚度，向重量更轻、拼装更快的方向迈进。

第 13 章　新型装配式 Π 型挡土墙研究

基于装配式挡土墙的设计理念，著者提出了两种 Π 型挡土墙的结构型式：第一种是上一层挡墙结构单元支撑在下一层结构单元的肋板上；第二种是上一层结构单元面板支撑于下一层结构单元的肋板上，肋板支撑在上下结构单元之间的填土上。上层结构单元通过下层突起面板形成水平位移限定机制，以传递水平推力。通过数值仿真验证，证实了这种挡土墙机制的科学性和可靠性。研究表明：1）Π 型挡土墙结构单元之间的接触应力满足结构抗压强度；2）Π 型挡土墙结构刚度及水平变形满足要求；3）Π 型挡土墙结构整体稳定性满足要求；4）Π 型挡土墙结构相较于传统的衡重式挡土墙、扶臂式挡土墙具有较为明显的施工便捷性和造价优势。

13.1　引言

由于我国地形地貌复杂多变，道路建设中的深挖高填现象非常普遍，产生了大量的人工边坡或次生边坡。为了保证这些边坡的稳定性，挡土墙成为道路沿线最常见的构筑物。目前国内的路基挡土墙以浆片石混凝土挡墙为主，不仅材料消耗量大、工人劳动强度大、工效低，工程造价随着运输费、人工费的增长不断升高，而且施工质量难以保证，后期病害较多。轻型化、标准化、机械化、低耗化是挡土墙发展的方向，轻型装配式挡土墙是一个较好的选择。本书提出的 Π 型装配式挡土墙克服了传统装配式挡土墙需要现场焊接或绑扎钢筋、二次浇筑的问题；克服了多级装配式挡土墙墙趾设置于填土之上、变形不容易控制的问题，具有结构整体刚度大、自重较轻、架设速度快、施工效率高的特点。

在装配式挡土墙研究领域，1982 年，石中柱、张文清对预制钢筋混凝土折板挡土墙设计与施工进行了相关研究；2017 年，周晓靖研究介绍了一种装配式外阶梯形钢筋混凝土板柱式生态挡土墙；2018 年，徐健、刘泽等对装配式挡土墙预制装配化设计与施工中的墙型选择、构件连接、单元连接、模板工程、预留件定位控制、运输路径选择与吊装位置等关键问题进行了分析；2021 年，杨帆、郑洁对多层预制箱型装配式护岸结构进行了研究；同年，张信贵、陈海波等对装配式挡墙砌块开展了剪切试验研究。本书将针对公路领域新型的装配式 Π 型路肩挡土墙，基于摩尔-库仑本构，考虑土体与挡土墙的耦合接触关系，开展支挡能力研究。

13.2　Π 型挡土墙结构型式

13.2.1　结构型式一——结构单元之间独立支撑

Π 型挡墙结构单元的平面、立面和横断面布置图如图 13－1 所示。由图 13－1 可以看出，Π 型挡墙结构单元由一块面板和两块肋板构成，面板和肋板厚度均为 200 mm，在肋板和面板相交处设有加腋以增强二者之间的连接刚度。肋板底部设有宽 80 mm、高 150 mm 的搭板支撑，厚度 150 mm 的搭板放置其上，设置搭板的目的是让搭板上方的填土形成 Π 型结构单元的压重，从而产生足够的竖向压力来抵抗背后土压力作用。当然搭板也可以直接和肋板固结，一起浇筑成型，但这样会让结构单元增加吊装自重。面板和加腋高出肋板 100 mm，其作用是使下结构单元形成上结构单元位移限定机制，防止上结构单元向外滑出。肋板长度设有两种类型，分别是 2 000 mm 和 2 600 mm。其中，2 000 mm 长肋板对应 6 m（含）以下的挡墙，2 600 mm 长肋板对应 6 m 以上挡墙。面板下缘设有泄水孔，直径 100 mm。肋板和面板设有直径 50 mm 的吊孔，吊孔分别对应面板、肋板的重心位置，距离板边缘 200 mm。Π 型挡墙的横断面布置如图 13－2 所示。从图 13－2 可以看出，挡墙结构单元从下往上依次收分 400 mm，产生类似于仰斜的效果，可以减少背后土压力，提高挡墙的抵抗效率。挡墙的立面布置示意图如图 13－3 所示，由图中可以看出，依据自然地面和设计线的高差确定挡墙结构的竖向组合块数，同时挡墙需要一定的埋置深度，每一段结构单元之间可以相差 1 m 或 2 m。相差 1 m 的情况，可以设置高度 1 m 的 Π 型挡墙结构单元来实现。

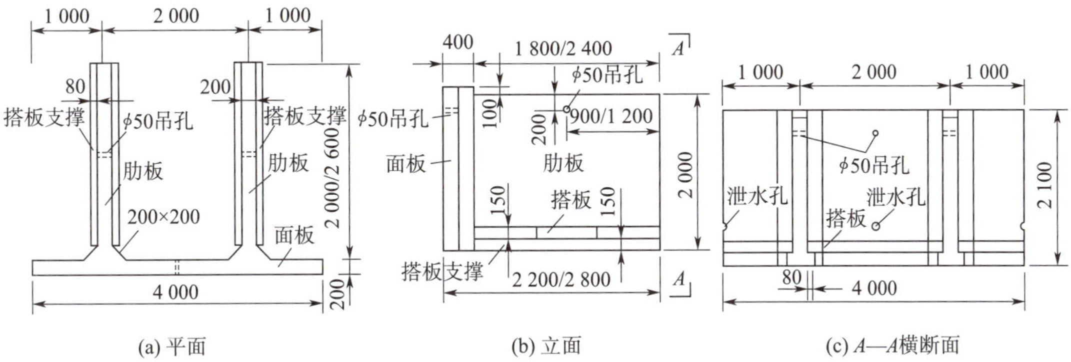

图 13－1　Π 型挡墙结构单元平面、立面和横断面图（单位：mm）

13.2.2　结构型式二——结构单元通过填土支撑

这种结构型式和第一种结构型式的区别在于，上结构单元面板支撑于其下结构单元的肋板顶部，而结构单元的肋板支撑在上下结构单元之间的填土上。挡墙结构单元的平面、立面和横断面布置图如图 13－4 所示。挡墙的横断面布置如图 13－5 所示。这种类型挡土墙特点是墙后填土必须和同层的墙体结构单元同步施工，且对桥后填土的压实度要求较高，否则在填土工后沉降的作用下，挡墙结构单元会有一定程度的相对于前支点的转角变形。

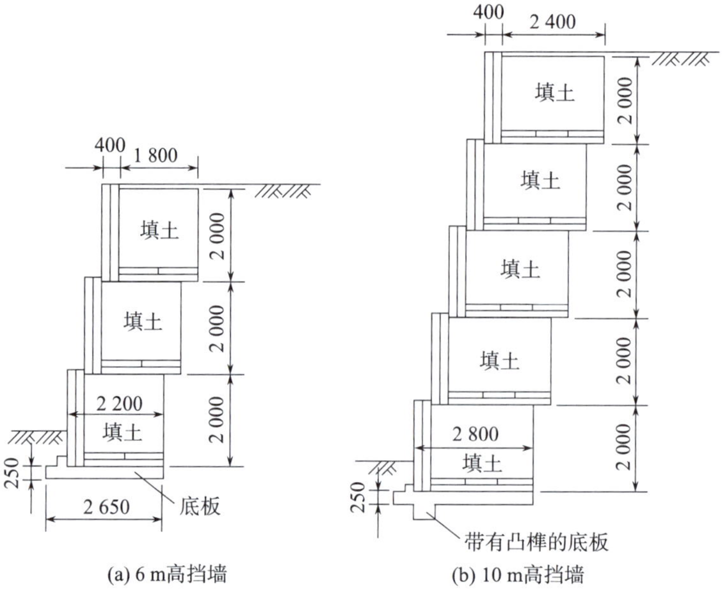

图 13－2　Π 型挡墙横断面图（单位：mm）

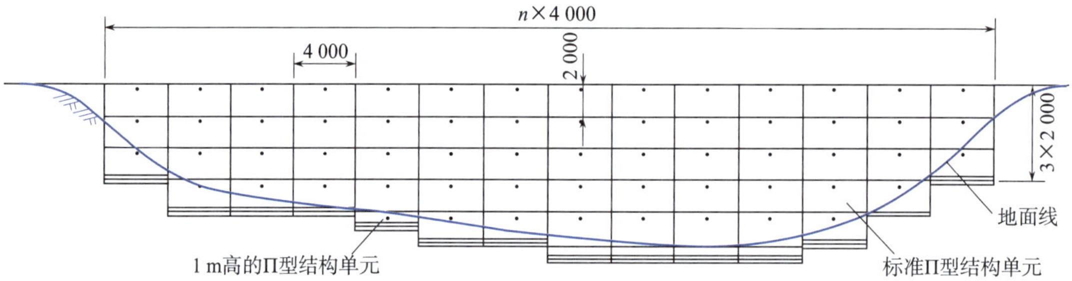

图 13－3　Π 型挡墙立面布置图（单位：mm）

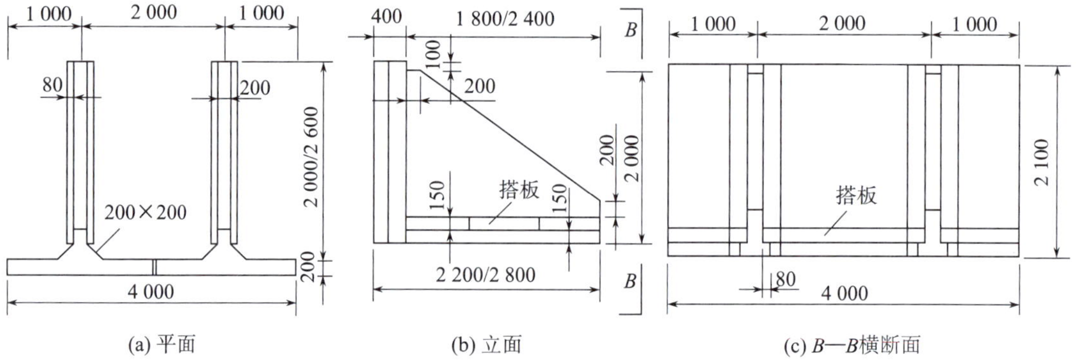

图 13－4　Π 型挡墙结构单元平面、立面和横断面图（单位：mm）

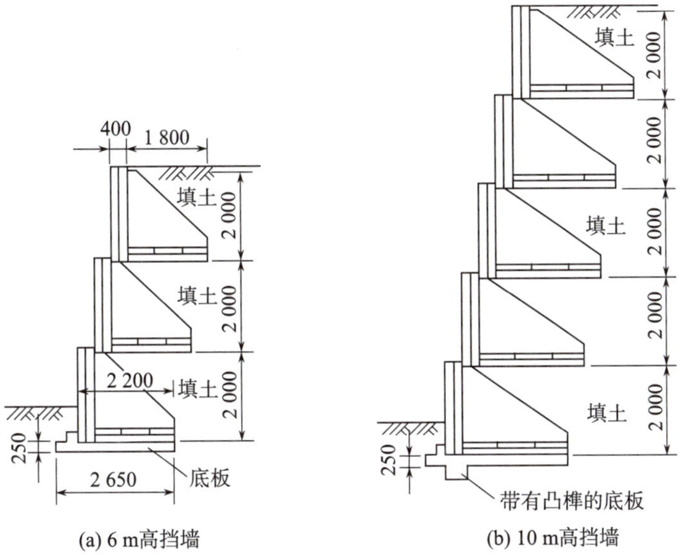

图 13-5　Π 型挡墙横断面图（单位：mm）

13.3　Π 型挡土墙支挡能力研究

数值计算软件采用了通用有限元计算软件，该类软件包含了丰富的材料模型、单元模式、载荷及边界条件，能够求解静动力等多种问题，有求解非线性方面的能力，可以在计算中真实地反映材料的非线性本构关系，实现各种复杂的边界条件，对岩土工程有较好的适用性。

13.3.1　结构型式一的支挡能力研究

13.3.1.1　计算模型及参数

选取 10 m 高路肩式挡土墙为研究对象，取 4 m 长一个挡墙结构单元段落为建模对象，建立挡墙结构单元、底板、填土、土基耦合作用模型，模型示意如图 13-6 所示，挡墙结构单元模型示意如图 13-7 所示，物理力学指标见表 13-1，模型几何尺寸如图 13-8 所示。

模型中土基、墙后填土以及单元内填土采用摩尔-库仑本构，挡墙结构单元采用弹性本构。土基及墙后填土主要考虑了砂砾土材质。本书将黏聚力设为 1 kPa，主要考虑以下两方面因素：一是砂砾土本身内摩擦角较大，而黏聚力较小；二是为了满足软件本身收敛的需要，即不能将黏聚力设为零。

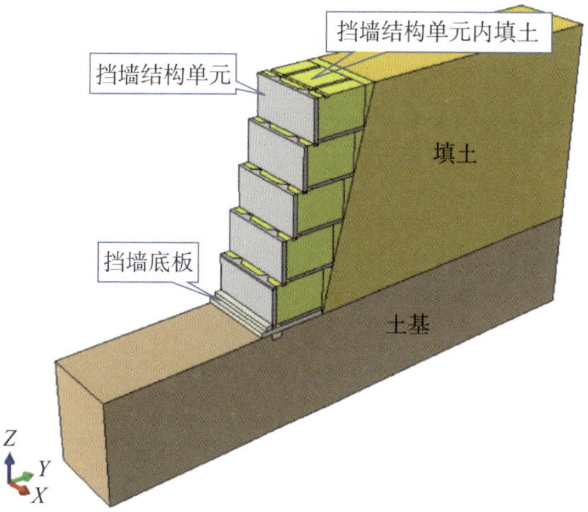

图 13－6　路肩式挡土墙三维模型

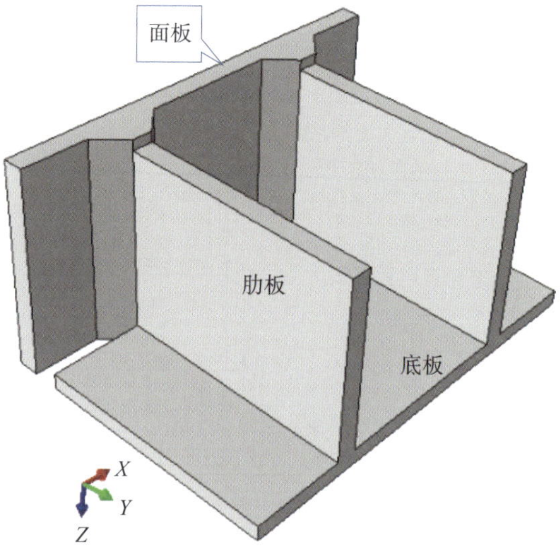

图 13－7　结构单元三维模型（示意底板和肋板固结情况）

表 13－1　模型的物理力学指标

项目	材质	容重/(kN/m^3)	弹性模量/MPa	泊松比	黏聚力/kPa	内摩擦角/(°)
挡墙结构单元（含底板）	C35 混凝土	25	3.0e4	0.2	—	—
土基	承载力 200 kPa 以上	19	2.0e2	0.25	1	30
挡墙结构单元内填土	砂砾石	20	2.0e2	0.25	5	30
墙后填土	砂砾石	19	2.0e2	0.25	1	35

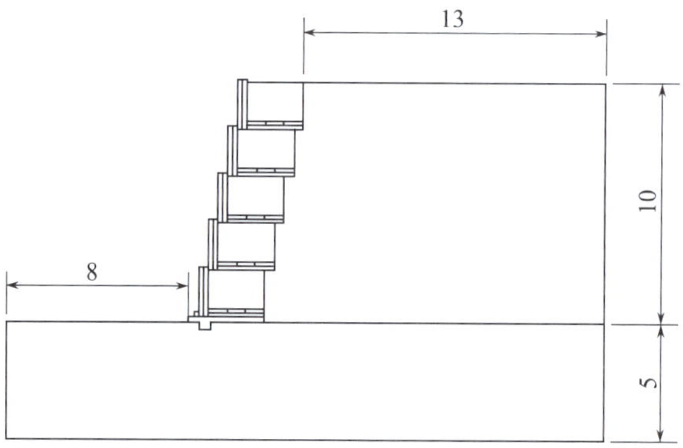

图 13－8　模型立面几何尺寸（单位：m）

边界条件为土基底 Z 向（竖向）约束，土基和填土前后为 Y 向约束，填土及土基侧壁为 X 向约束；挡墙结构单元之间为接触关系，摩擦系数取 0.3；挡墙结构单元内壁和土体之间为接触关系，摩擦系数取 0.4；不同土体之间为面面黏结关系。

载荷为挡墙结构单元和填土自重以及公路载荷产生的等代土层压力载荷，本算例中采用 1 m 厚的等代土层压力，施加于墙后土体单元顶面。

采用块体单元计算，计算模型的单元划分如图 13 - 9 所示，挡土墙结构单元及墙内填土划分尺寸为 0.05～0.2 m；墙后填土单元划分尺寸为 0.4～0.5 m；地基土单元划分尺寸为 0.4～0.7 m。

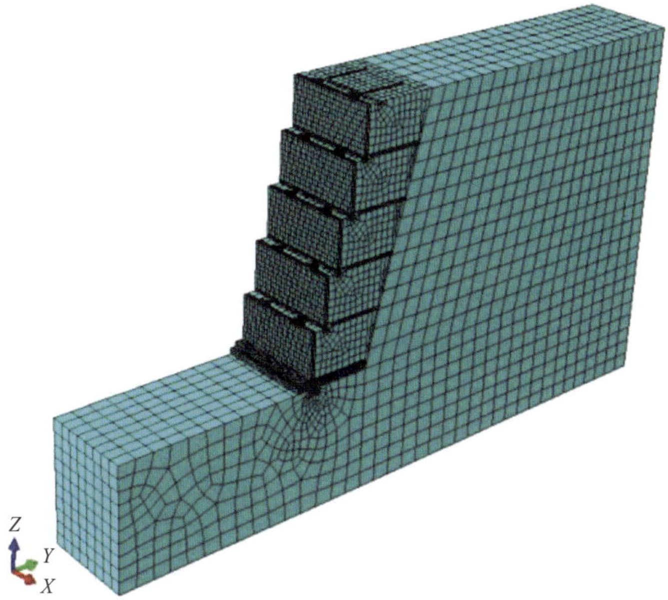

图 13 - 9 计算模型的单元划分示意图

13.3.1.2 挡土墙结构支挡能力分析

墙后填土施加 2 倍结构自重，考察模型在哪个载荷步出现不收敛，即为对应的结构失稳，其加载比例系数乘以 2 即为结构的安全稳定系数。在 1 倍结构自重作用下，结构的变形云图如图 13 - 10 所示。从图 13 - 10（a）中可以看出，挡墙及填土竖向位移最大为 8.2 mm，最大值出现在填土区域，挡墙竖向位移相对较小，最大值为 3.5 mm；从图 13 - 10（b）中可以看出，挡墙底部出现向外的水平位移，最大值为 2.7 mm，顶部出现向内的水平位移，最大值为 1.0 mm。

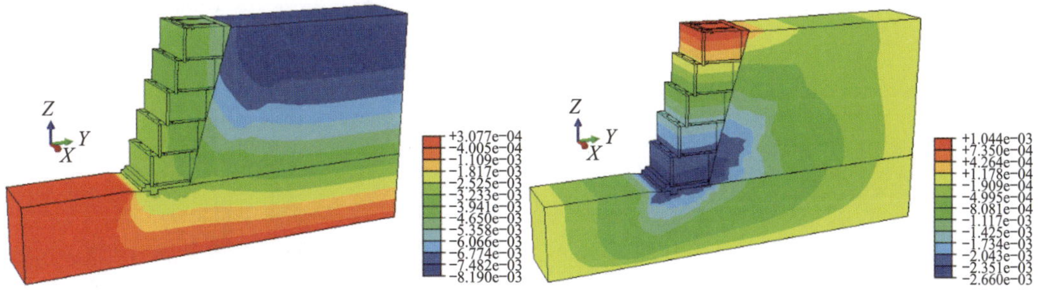

(a) 竖向位移云图　　(b) 水平位移云图

图 13 - 10 结构自重作用下位移云图（单位：m）

底层挡墙结构单元肋板顶面的接触应力分布云图如图 13－11 所示，从图中可以看出肋板顶和凹槽的接触应力最大值为 8.7 MPa，小于结构允许受压强度，说明挡墙结构单元在承载强度方面是安全的，同时看出肋板最小接触应力为 0.7 MPa，说明肋板顶面是全接触受压的状态，没有出现脱空，这一点从图 13－12 也可以看出，肋板顶面的接触间距均为负值，说明挡墙结构单元在接触关系方面也是安全的。图 13－13 为墙后填土的等效塑性应变云图，剪切带从挡墙底部后缘斜向上延伸，尚未完全贯通，说明挡墙承受主动土压力为主。

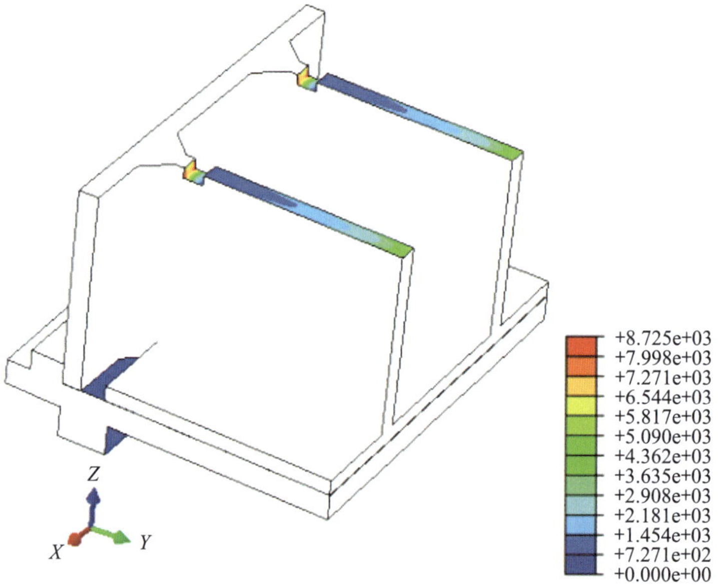

图 13－11　肋板顶接触应力云图（单位：kPa）

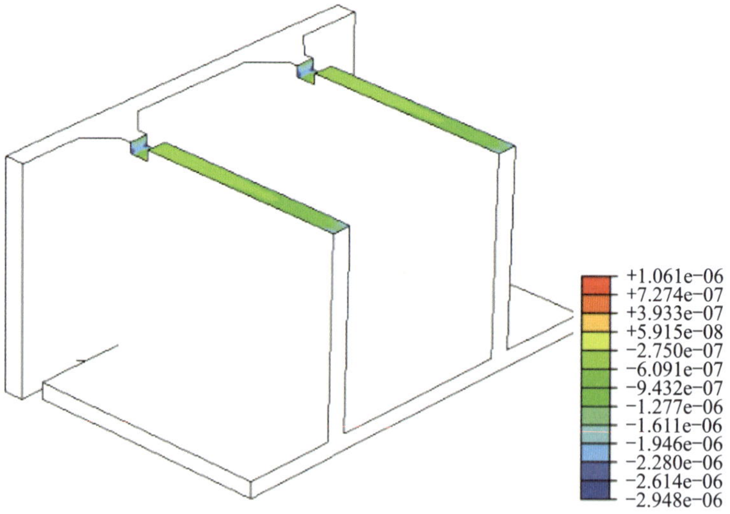

图 13－12　肋板顶接触间隙（单位：m）

继续对墙后填土加大结构自重作用系数，当计算出现发散不收敛时，其对应的结构自重系数为 1.57。挡墙及墙后填土位移矢量云图如图 13－14 所示，从图中可以看出，墙后填土位移主方向为斜向下，最大值为 12.2 mm，挡墙底部出现了 5.9 mm 的水平向外的水平位移。等效塑性应变云图如图 13－15 所示，对比图 13－13，剪切带进一步向上发展，最大剪切应变由 4.71e－02 加大至 2.25e－01，变形及塑性应变均说明了结构体在此刻已不再稳定，出现失稳的趋势。

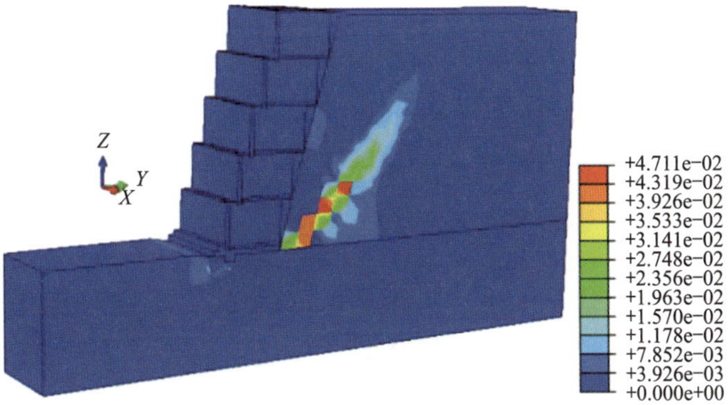

图 13－13　等效塑性应变云图（填土 1 倍重力）

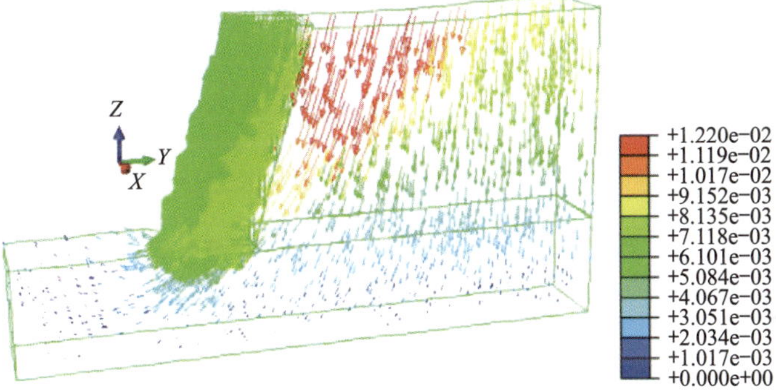

图 13－14　位移矢量云图（单位：m）

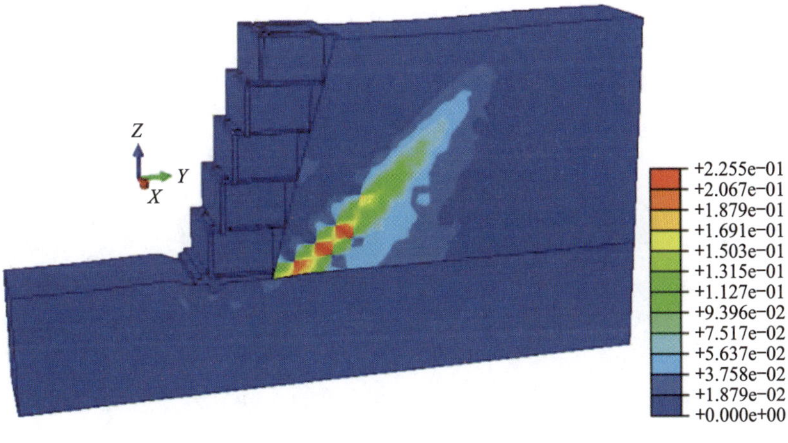

图 13－15　等效塑性应变云图（填土 1.57 倍重力）

值得关注的另外一个问题是结构的稳定性问题，由于上下结构单元连同填土直接作用在肋板上，虽然肋板本身也被填土填塞，但其终究不是铰接和固结边界，所以需要考虑挡墙单元的肋板在竖向压力作用下的稳定性问题。选取底层挡墙结构单元为计算对象，计算模型如图 13－16 所示。边界条件为：面板、肋板底部约束竖向位移；面板、肋板在单元节点按照深度 2 m、比例系数 m =20 000 kN/m^3 施加弹簧约束，模拟填土对肋板和面板的约束作用；肋板顶部施加其上各层挡墙结构单元传递下来的压力，换算为节点集中力为 F=100 kN。稳定计算屈曲模态如图 13－17 所示。从图中可以看出，一阶、二阶屈曲模态对应的稳定系数分别为 7.95 和 7.99，为肋板尾部扭曲和弯曲失稳，稳定系数大于 6，因此是安全的。

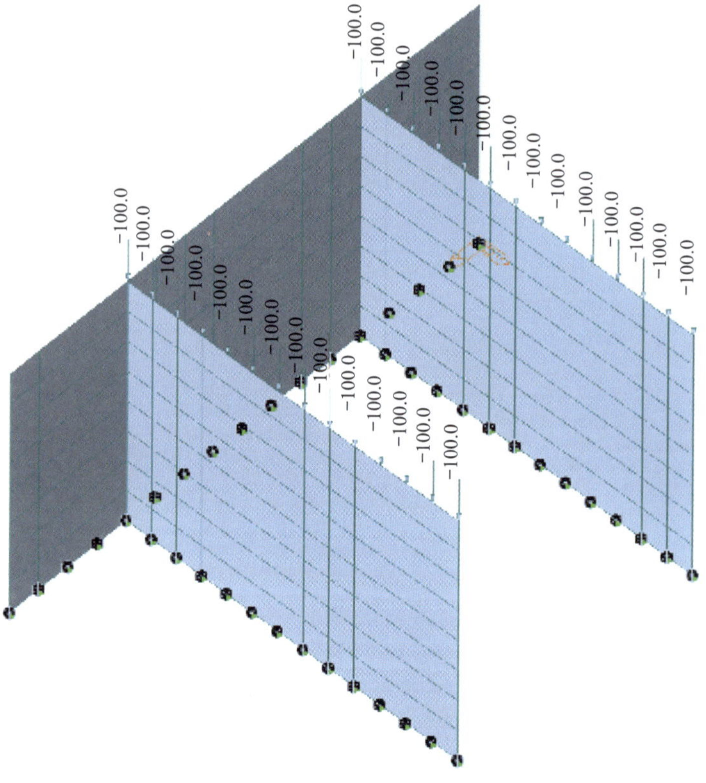

图 13－16　稳定计算模型

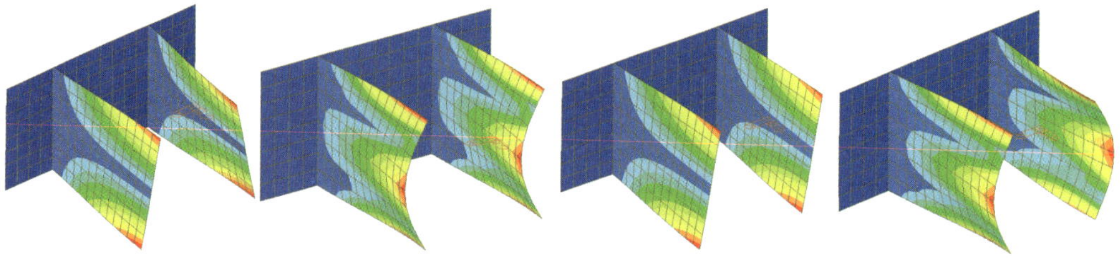

(a) 一阶模态 (7.95)　(b) 二阶模态 (7.99)　(c) 三阶模态 (127.0)　(d) 四阶模态 (127.1)

图 13－17　屈曲模态及稳定系数

13.3.2　结构型式二的支挡能力研究

13.3.2.1　计算模型及参数

与结构型式一相同，选取 10 m 高路肩式挡土墙为研究对象，取 4 m 长一个挡墙结构单元段落为建模对象，建立挡墙结构单元、底板、填土、土基耦合作用模型，模型示意图如图 13 - 18 所示，挡墙结构单元模型示意图如图 13 - 19 所示，物理力学指标见表 13 - 1。

材料本构关系以及单元划分、边界条件等内容和结构型式一相同。区别在于结构单元板底前部和相邻单元肋板顶部以及板底中后部和填土是接触关系，而结构型式一是结构单元之间的底板和肋板顶部均为接触关系。

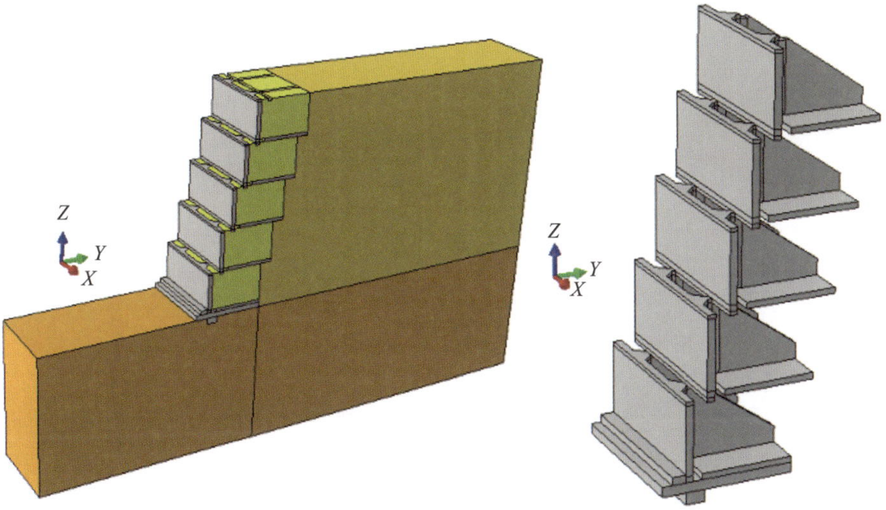

图 13 - 18　路肩式挡土墙三维模型

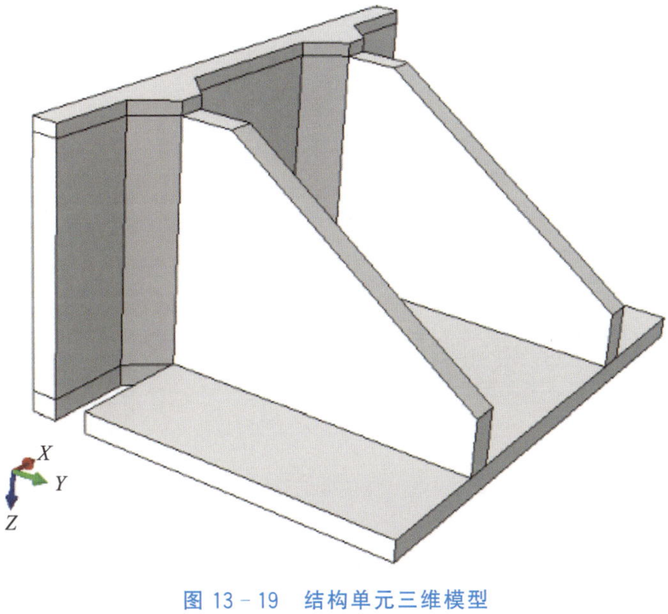

图 13 - 19　结构单元三维模型

13.3.2.2 挡土墙结构支挡能力分析

墙后填土施加 2 倍结构自重，考察模型在哪个载荷步出现不收敛，即为对应的结构失稳，其加载比例系数乘以 2 即为结构的安全稳定系数。在 1 倍结构自重作用下，结构的变形云图如图 13－20 所示。从图 13－20（a）中可以看出，挡墙及填土竖向位移最大为 12.1 mm，最大值出现在填土区域，挡墙竖向位移相对较小，最大值为 5.3 mm；从图 13－20（b）中可以看出，挡墙底部出现向外的水平位移，最大值为 3.6 mm，远小于 10 mm 的主动土压力限制，顶部出现向内的水平位移，最大值为 2.5 mm。

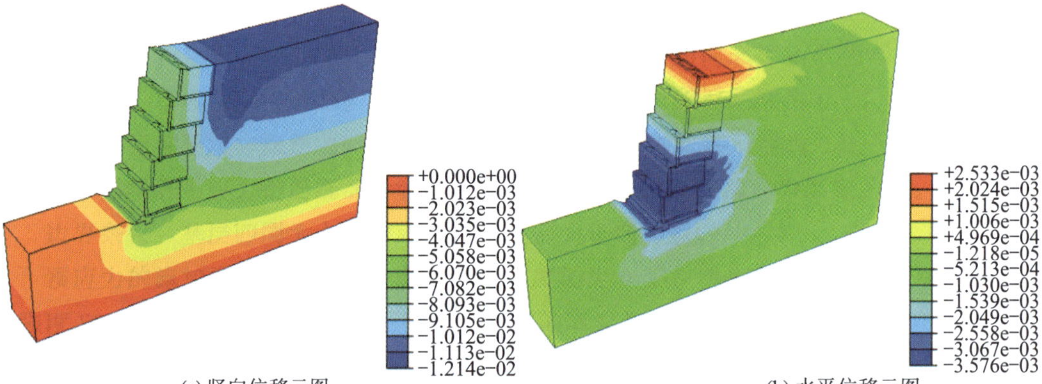

(a) 竖向位移云图　　(b) 水平位移云图

图 13－20　结构自重作用下位移云图（单位：m）

图 13－21 为墙后填土的等效塑性应变云图，剪切带从挡墙底部后缘斜向上延伸，尚未完全贯通，底板前缘出现较大的塑性应变，说明底板向外的较大水平位移导致土体较大的塑性应变。

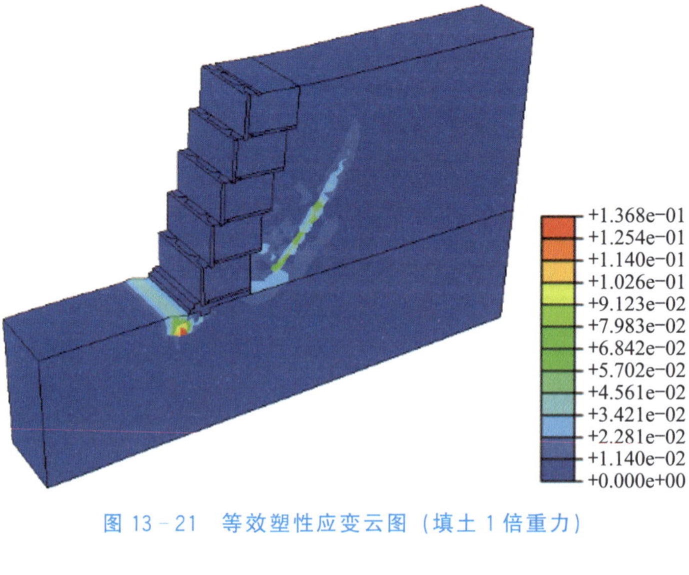

图 13－21　等效塑性应变云图（填土 1 倍重力）

继续对墙后填土加大结构自重作用系数，当计算出现发散不收敛时，其对应的结构自重系数为 1.43，挡墙及墙后填土位移矢量图如图 13－22、图 13－23 所示。从图 13－22 可以看出，墙后填土位移主方向为斜向下，最大值为 19.4 mm。从图 13－23 可以看出，挡墙中下部出现了 9.1 mm 的向外的水平位移。等效塑性应变云图如图 13－24 所示，对比图 13－21，剪切带进一步发展，主剪切变宽，墙体结构单元后缘与填土的接触带以及底板前缘土体均出现塑性区域，最大剪切应变由 1.37e－01 加大至 3.42e－01，变形及塑性应变均说明了结构体在此刻已不再稳定，出现失稳的趋势。

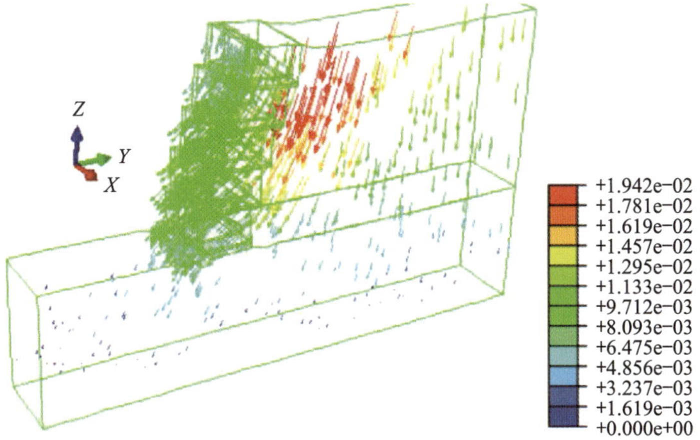

图 13－22　位移合成矢量云图（单位：m）

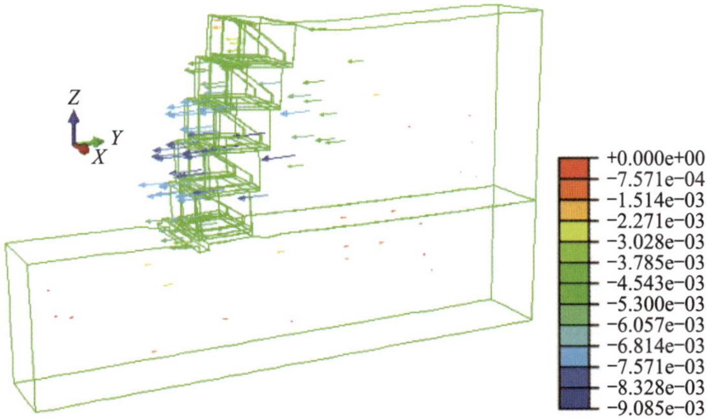

图 13－23　水平向位移矢量云图（单位：m）

13.3.3　支挡能力总结

挡土墙支挡能力的判定需从滑移稳定、倾覆稳定、地基不均匀受力导致的墙身倾斜、地基应力、墙体本身安全五个方面综合考虑，可参考《公路路基设计规范》（JTG D30—2015）附录 H 中的滑动、倾覆等稳定系数要求和结构计算要求确定。本书给出的两种新型挡土墙结构在用于 10 m 以内路肩式公路挡土墙时，滑移稳定安全系数大于 1.3；

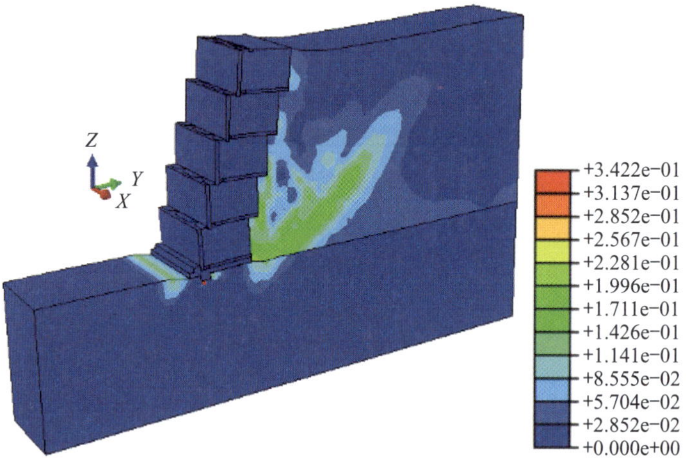

图 13－24　等效塑性应变云图（填土 1.43 倍重力）

1.43～1.57 倍结构自重作用下结构失稳时未出现倾覆破坏的趋势；挡土墙底板下土基受力较为均衡，最大压应力小于 200 kPa，最小压应力为 45 kPa；墙体变形控制在主动土压力作用下 $H/250 \sim H/1\,000$ 范围以内；墙体结构单元之间保持压应力，未出现脱开或脱空的现象；墙体接触部分的局部受压能控制在 10 MPa 以内，满足结构强度要求；结构受压稳定系数大于 6，满足规范要求。

Π 型挡土墙应理解为加筋挡土墙的变身，加筋挡土墙的面板构造大体上和 Π 型挡土墙构造相同，均有面板和肋板，只不过 Π 型挡土墙的体量一般比传统加筋挡土墙的面板构造较大。当 Π 型挡土墙进一步提高本身的抗力不足以提供必要的稳定性时，其仍可以和加筋组合，形成类似于巨型加筋挡土墙的构造来发挥联合承载作用。加筋挡土墙构造如图 13－25 所示。

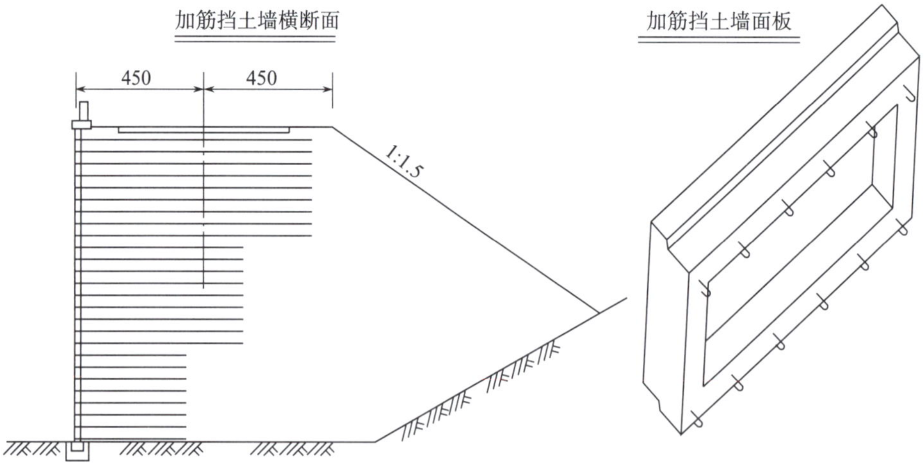

图 13－25　加筋挡土墙构造

13.4　两种 Π 型挡土墙特点对比及造价经济性分析

结构型式一相对于结构型式二有两个优点：一是可以集中将挡墙结构单元一次性施工到设计标高，再集中进行墙后填土作业，施工速度快，效率更高；二是墙体变形更小，由于是结构单元之间“硬”接触，挡墙变形更小，较小受到填土压实的影响。缺点也有一个：随着挡墙高度的增加，结构单元肋板的稳定问题必须要考虑和重视。结构型式二有两个优势：一是没有肋板稳定问题；二是结构单元重量更轻，更方便吊装；其缺点有二：一是需要墙体单元和墙后填土逐层同步施工；二是需要强调墙后填土的压实可靠性，以便控制墙体变形。

鉴于此，结构型式一适用于施工速度要求高，且墙高小于 10 m 的情形；结构型式二适用于填料好，能严格控制墙后填筑质量且墙高小于 10 m 的情形。

以高 10 m 路肩挡土墙为例，将 Π 型挡土墙和衡重式挡土墙、扶臂式挡土墙进行造价对比，见表 13 - 2。由表 13 - 2 可见，Π 型挡土墙在造价上有优势，且具有施工快捷的特点，在预制好的条件下，挡墙结构单元吊装就位后，即可开展墙后土体的填筑，不需要衡重式挡土墙的现场养护，更不需要扶臂式挡土墙的钢筋绑扎和现场养护，所以具有明显的应用前景和价值。

表 13 - 2　几种挡土墙的造价对比

项目	Π 型挡土墙	衡重式挡土墙	扶臂式挡土墙
主材	预制钢筋混凝土	毛石混凝土	现浇钢筋混凝土
综合单价	2 100 元/m^3	1 000 元/m^3	2 200 元/m^3
每延米主材数量	6 m^3	25 m^3	6.6 m^3
每延米造价	1.26 万元	2.50 万元	1.45 万元

13.5　小结

基于装配式挡土墙的设计理念，提出了两种 Π 型挡土墙的结构型式，又基于数值仿真，验证了其科学性和可靠性。研究表明：

1）Π 型挡土墙结构单元之间的接触应力满足结构抗压强度要求；

2）Π 型挡土墙结构刚度及水平变形满足要求；

3）Π 型挡土墙结构整体稳定性满足要求；

4）Π 型挡土墙结构相较于传统的衡重式挡土墙、扶臂式挡土墙具有较为明显的施工便捷性和成本优势。

第 14 章 新型山区道路拓宽方案研究

针对山区低等级道路拓宽工程，尤其是一侧高路堑、另一侧高陡崖或高陡路基的路段提出了一种新型拓宽方案，即外侧枕梁支撑、内侧锚杆拉结的悬臂承载梁方案。研究表明：1）新型拓宽方案结构合理，强度、刚度及稳定性满足相关规范要求；2）外侧枕梁及其所处的坡体是拓宽结构承载的关键，通过适当增加外侧枕梁深度，对于提高承载稳定性效果明显，对于较差的岩体建议采取地下连续墙或桩基础承载的模式更为安全；3）内侧预应力锚杆是控制承载梁在外侧偏载作用下承载结构稳定的关键，其本身的强度对于锚杆和承载梁之间的可靠连接尤为重要；4）承载梁梁体和枕梁之间的限位装置是确保承载梁和枕梁整体性的关键，也是防震、防止刹车等水平力作用下，承载梁不滑脱，不造成锚杆受剪的关键。

众多山区乡镇级道路多具有转弯半径小、路面宽度窄的特点，转弯半径最小可达 15 m 左右，路面宽度多在 3～5 m 之间。当需要通行较大体量的车辆时，弯道的宽度不足往往是制约运输的瓶颈，为此需要对弯道进行必要的拓宽。当弯道处于一侧高路堑、另一侧高陡崖或高陡路基路段时，传统的拓宽方案实施起来变得非常困难。如果采用向高陡崖或高陡路基侧拓宽的传统方案，则面临较大体量的填方问题或较大体量的挡墙问题，以及由此引发的不均沉降和界面负摩阻问题；如采取向高路堑边坡侧拓宽的传统方案，则面临较大挖方和边坡开挖边坡稳定性问题，两个方案均对植被环境造成较大影响乃至严重破坏。为此，著者提出了一种不破坏生态、施工方便快捷、造价经济合理的道路拓宽方案——悬臂承载枕梁锚杆支撑方案。目前针对这种结构受力状态和计算的研究较少，对于类似的悬挑结构体系，一般采用有限元方法进行分析。2011 年，刘晨光、周志祥等采用有限元数值模拟了整体式悬挑结构对载荷的响应，探讨了简化的计算方法。同年，周志祥等提出了用半桥-边坡复合路基结构拓宽山区道路的方法，即用钢筋混凝土框架结构强化已有道路路堤，以此为基础用悬臂结构加宽道路。2013 年，崔学常、张江涛等采用空间有限元实体模型，分析了半桥-边坡复合道路结构在载荷作用下的传力机理，以及不同地质条件对复合道路结构力学性能的影响。2015 年，王康提出了埋地式悬挑结构拓宽道路方案，并对其进行了设计分析。2017 年，袁瑞首次提出了装配式悬挑结构的设计思路，分析了装配式悬挑结构体系在山区新建整体式路基中的构造设计方案及施工工艺。同年，李月文、潘骄宇对半山桥盖梁与立柱组合体系的力学性能进行了分析，计算了独柱式桥墩和双柱式桥墩发生侧向倾覆时的临界盖梁悬臂长度。著者提出的悬臂承载枕梁锚杆支撑体系，首先从概念上明确了内外枕梁的设计理念，并根据枕梁下岩体稳定程度，设置了不同深度的枕梁类型，并基于岩土和结构耦合受力分析，探讨了结构和其下岩土的整体受力性能，为该组合体系的推广应用奠定了基础。

14.1　新型路基拓宽方案结构型式

以某拓宽工程为例，路基宽度需要由 6.3 m 拓宽至 8.5 m，路基为岩石路基，上、下边坡岩体稳定。典型路基横断面如图 14－1 所示，两种传统的拓宽方案型式如图 14－2 所示。本书提出的拓宽方案的结构立面布置如图 14－3 所示。

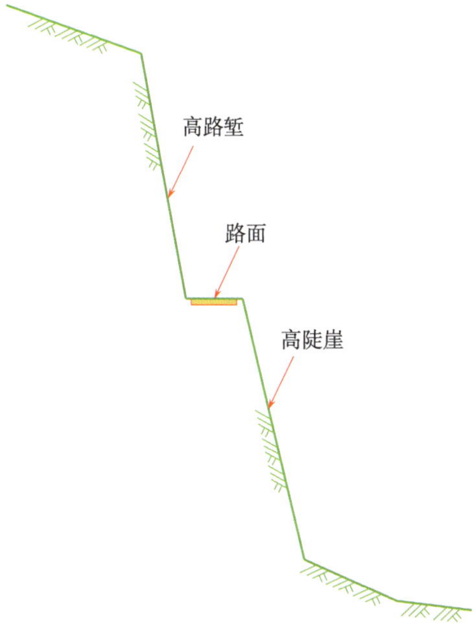

图 14－1　典型路基横断面示意图

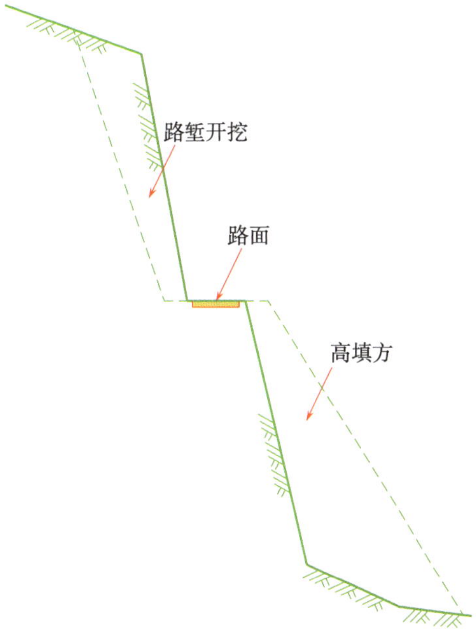

图 14－2　两种传统的路基拓宽型式

承载梁支撑于左、右设置的枕梁上，前、后枕梁中心间距 4.8 m，对于不同的岩体力学参数，外枕梁作为承受竖向载荷的最大受力点，其埋深及距离边坡边缘的距离有较为严格的限值要求，目的是确保枕梁下边坡的稳定安全。枕梁为沿道路纵向连续布设的现浇钢筋混凝土结构，遇地质变化处需设置沉降缝，枕梁强度等级一般可选 C35。枕梁通过位于其中心放置的橡胶支座支撑着承载梁体。枕梁设有限制承载梁滑移的限位棒，目的是防止承载力在其上运行的车辆水平刹车或水平地震作用下，承载梁出现相对支座的过大水平位移，外枕梁的限位棒设置于承载梁下的两个橡胶支座之间，如图 14－4 所示，限位棒采用直径 50 mm 的 HRB 400 圆钢，埋入枕梁 300 mm，外露 100 mm，插入承载梁底部对应设置的圆孔中。

承载梁在外侧偏载作用下，会产生沿右枕梁支座的顺时针转动，承载梁自重产生的转动力矩不足以平衡外侧偏载的转动力矩，所以内后侧枕梁需设置垂向锚杆，以提供必要的竖向压力。锚杆采用直径 25 mm 的 HRB 500 螺纹钢，施加 100 kN 预应力，锚杆设置自由段和固定段，锚杆孔径 50～70 mm，长度 6～12 m，锚杆设计承载力为 120 kN。内枕梁的限位棒为壁厚 5 mm 的 Q345 圆钢管，埋设在枕梁中，一方面为竖向锚杆的孔道，另

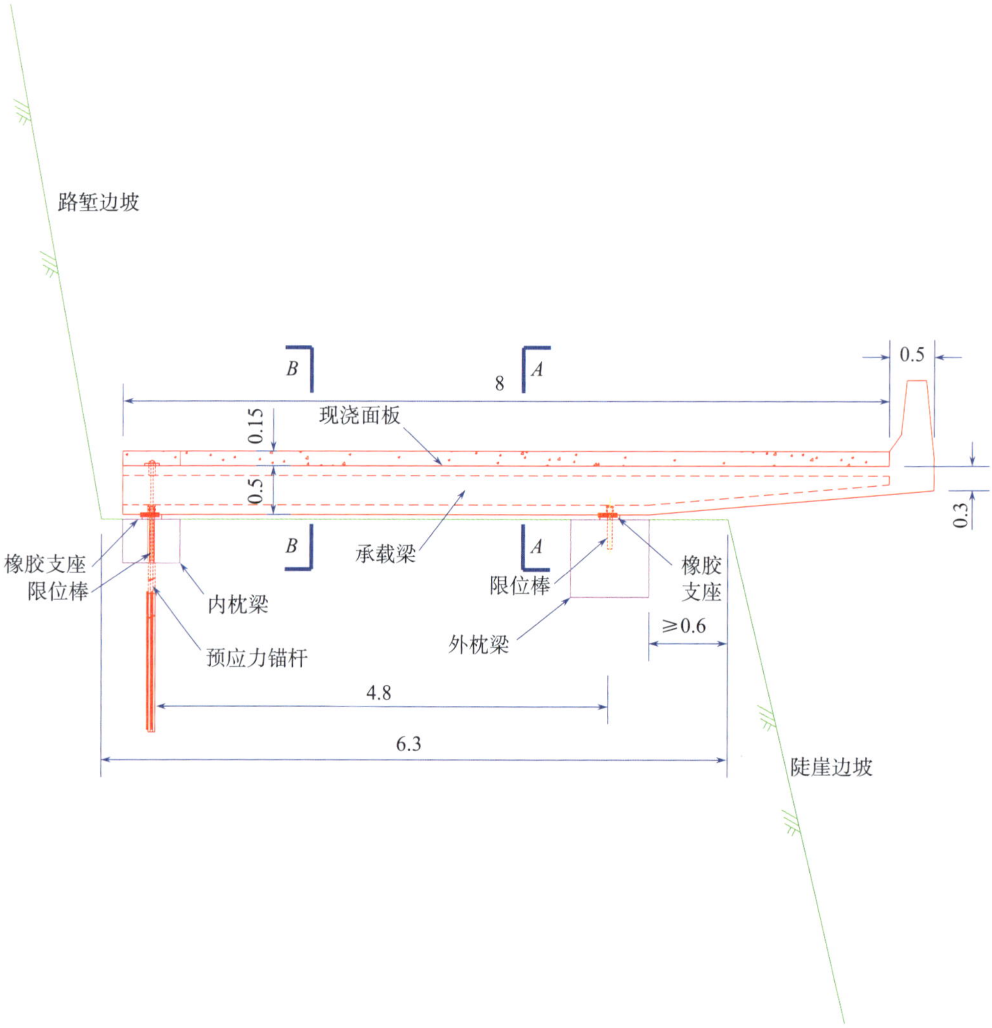

图 14-3　拓宽路基方案立面布置图（单位：m）

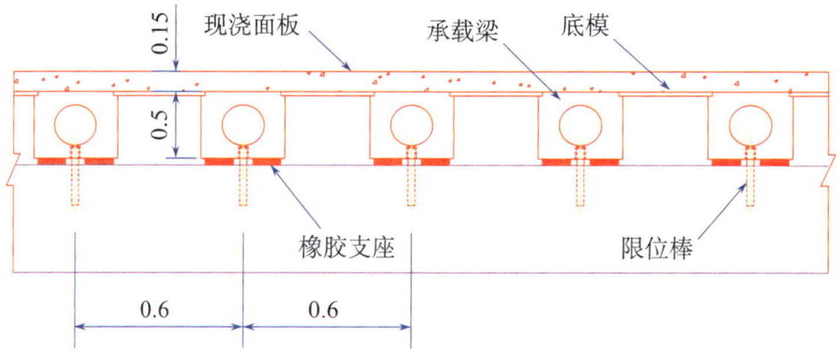

图 14-4　*A—A* 断面图（单位：m）

一方面外露部分插入承载力底部对应的插孔，形成限位嵌套机制。内枕梁竖向预应力锚杆穿过枕梁、梁体直接锚固于承载梁体顶面，通过垫板和锚栓施加预应力后固定，如

图 14－5 所示。竖向锚杆固定段通过灌注 M35 水泥砂浆形成嵌固机制，自由段则采用聚氨酯灌注，顶部锚固后采用 C40 细石混凝土封锚。

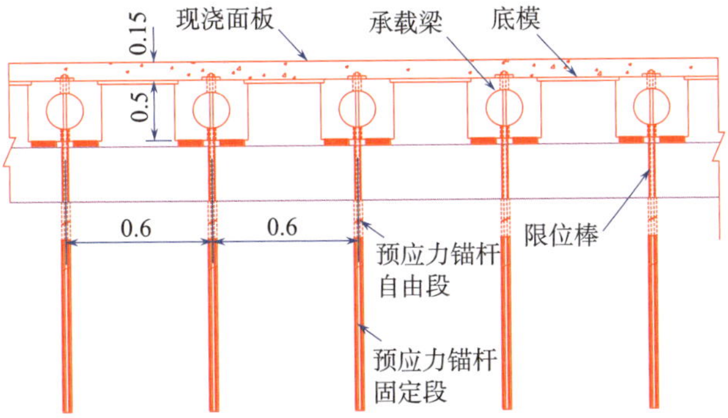

图 14－5　*B*—*B* 断面图（单位：m）

承载梁的断面尺寸为 0.6 m×0.5 m，如图 14－6 所示，顶部设有 3 cm×3 cm 的企口，以作为现浇板的底模支撑。承载梁沿道路前进方向每隔 0.6 m 净间距设置一道，当处于道路圆曲线段时，承载梁呈扇形分布，内弧间距较小，外弧间距较大，需限制最大净距不超过 0.6 m，其平面布置如图 14－7 所示。

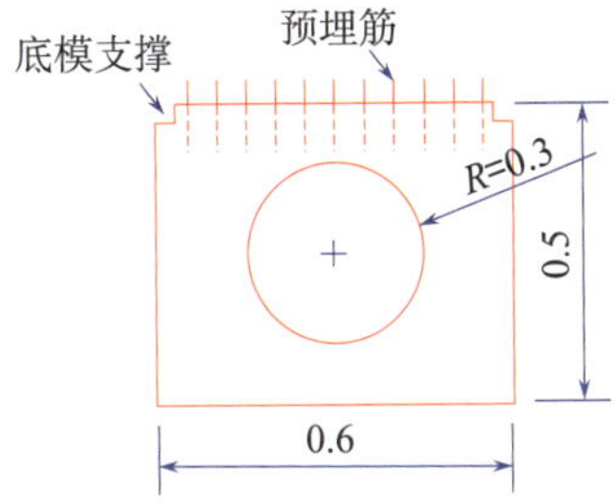

图 14－6　承载梁横断面（单位：m）

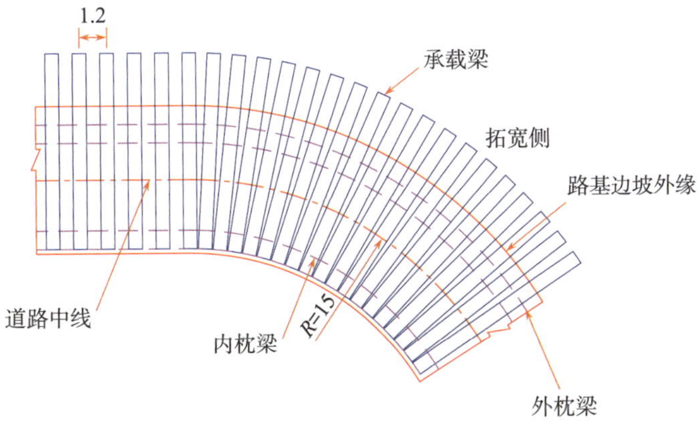

图 14－7　承载梁布置平面图（单位：m）

承载梁顶部设有预埋筋，预埋筋为封闭箍筋，现浇板钢筋为双层双向钢筋网，双层钢筋网的纵向钢筋穿过承载梁顶部预埋封闭箍筋绑扎固定。现浇板采用 C40 混凝土，厚度 0.15 m。

和一般地基上的承载梁相比，这种结构型式的特点是：外枕梁是整个结构竖向受力最大点，且处于边坡靠近外缘的位置，因此外枕梁所处边坡的稳定便成为整个结构体系承载成败的关键。路基下边坡的稳定性及承载力的勘察是非常重要和必要的。依据枕梁所处路基边坡的岩性差异，可以有三种支撑结构型式与之相适应，分别是浅基础枕梁式、地下连续墙式、桩基盖梁式，分别对应埋深很浅或直接出露地表的硬质岩体、埋深较浅的硬质岩体、埋深较深的硬质岩体。无论怎样，枕梁均需置于硬质岩体上。值得一提的是，如果是路基边坡坡率较缓，在稳定性及地基承载能力满足的情况下，可以适当放宽要求，不一定非强调基础放置在硬质岩体上，但需强调位于承载能力较高的老土上。三种支撑类型如图 14 - 8 所示。

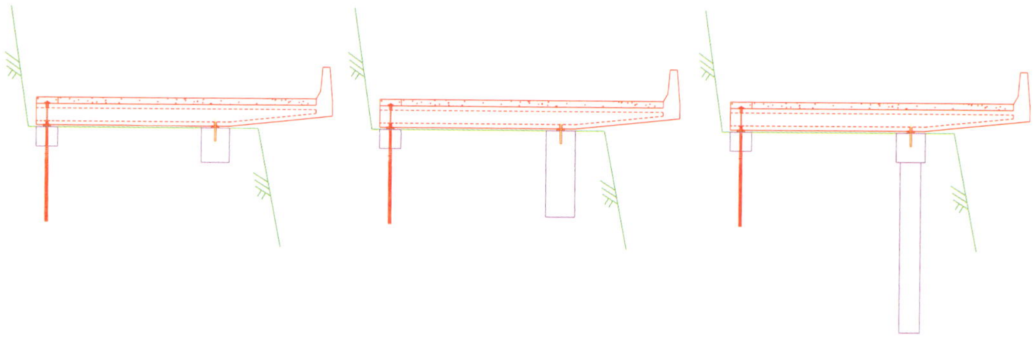

(a) 枕梁式　　(b) 连续墙式　　(c) 桩基盖梁式

图 14 - 8　三种支撑类型

14.2　新型路基拓宽方案结构承载性能研究

新型路基拓宽方案有两个关键点：一个是外枕梁所处边坡坡体的稳定性及其下地基的承载能力；另一个是内枕梁所对应的竖向锚杆的承载能力，以及竖向锚杆和承载梁连接性能的可靠性。这两点至关重要，新型路基拓宽方案的承载能力研究围绕此两点展开。

14.2.1　计算参数

计算模型的土层物理力学参数见表 14 - 1，结构构件材料物理力学参数见表 14 - 2，预应力锚杆接触特性参数见表 14 - 3。

表 14 - 1　模型物理力学参数

名称	密度/(t/m³)	弹性模量/kPa	泊松比	内摩擦角 Φ/(°)	黏聚力 c/kPa	备注
未风化或弱风化山体	2.6	1e6	0.28	32	200	Ⅲ类及以上岩体
中风化山体	2.5	8e5	0.30	28	150	Ⅳ类及以上岩体
强风化岩体	2.3	6e5	0.32	22	40	Ⅴ类及以下岩体

表 14-2 结构构件材料物理力学参数

名称	材质	密度/(t/m³)	弹性模量/kPa	泊松比	备注
承载梁	C40 混凝土	2.5	3.25e7	0.20	
枕梁	C35 混凝土	2.5	3.15e7	0.20	
预应力锚杆	PSB830 级	7.85	2.0e8	0.3	张拉预加力 100 kN，设计承载力 200 kN
橡胶支座	GJZ100×200	1.0	3.82e5	0.36	每一个枕梁支撑承载梁处顺向布置两个橡胶支座

表 14-3 预应力锚杆接触特性参数

名称	法向刚度/(kN/m³)	剪切刚度/(kN/m³)	内摩擦角 Φ/(°)	黏聚力 c/kPa
锚杆接触界面	6e5	6e4	35	200

14.2.2 计算模型

模型体量与地质分区如图 14-9 所示。模型网格剖分如图 14-10 所示。单元最大划分尺度控制在 2 m×2 m，承载梁及其所对应的岩体、锚杆、枕梁按照 0.2 m 尺度划分，整体划分单元 3 863 个。左侧和右侧边界水平约束，底边界水平和竖向约束，采用平面应变单元。模型加载共划分四个加载步：1）山体施加初始地应力；2）承载梁结构自重；3）施加桥梁规范一个车辆载荷的后轴 140 kN 载荷，并尽量靠外侧偏载布设；4）靠外侧偏载布设 300 kN 极限破坏载荷。

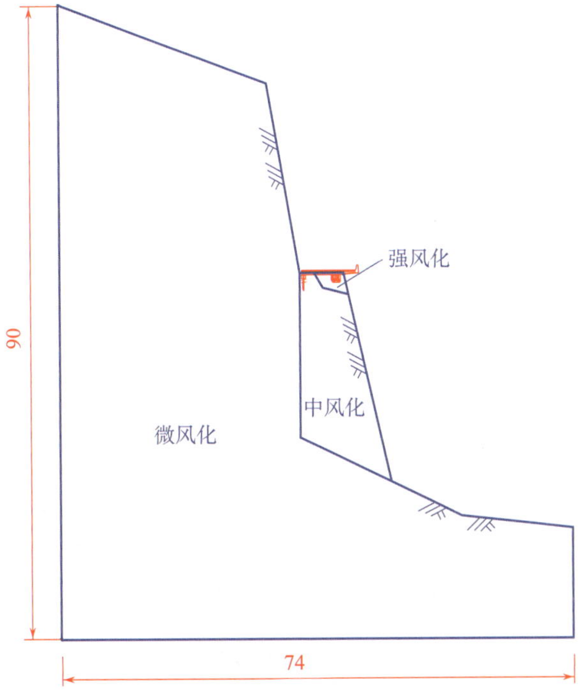

图 14-9 计算模型体量与地质分区（单位：m）

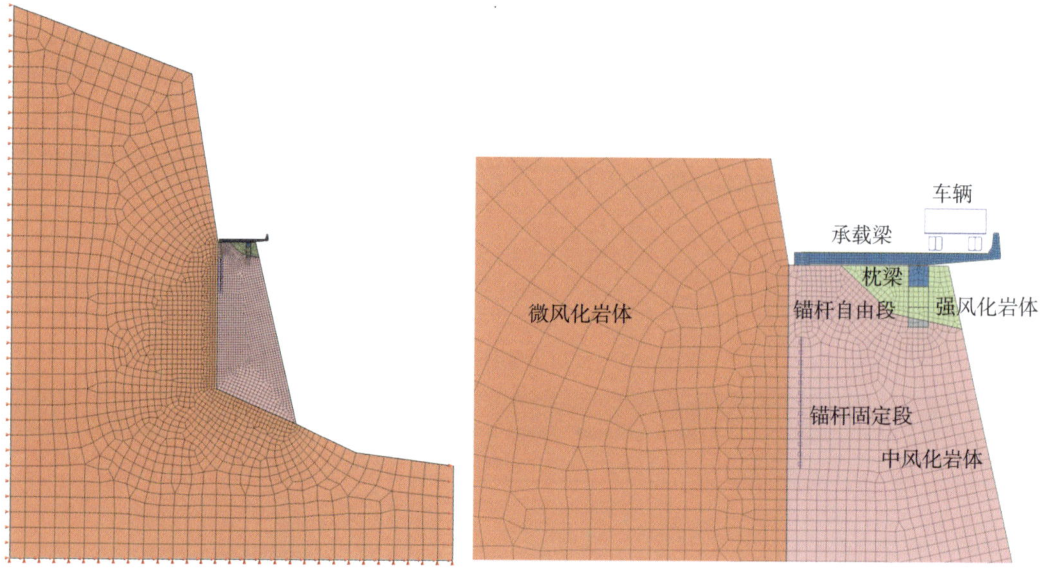

(a) 模型网格剖分整体　　(b) 模型网格剖分局部

图 14-10　模型网格剖分

设置三种枕梁埋置深度：0.8 m、1.6 m 和 2.4 m，考察不同枕梁埋置深度和结构承载稳定性的关系。稳定系数的求解采用强度折减法。

14.2.3　枕梁埋深 0.8 m 整体承载能力分析

第一阶段山体自重作用下，山体等效塑性剪应变如图 14-11 所示，对应最大剪应变 2.89×10^{-2}，出现在中风化岩层的坡脚，稳定系数为 1.319 1。山体初始竖向地应力云图如图 14-12 所示，最大竖向应力为 1 683 kPa。

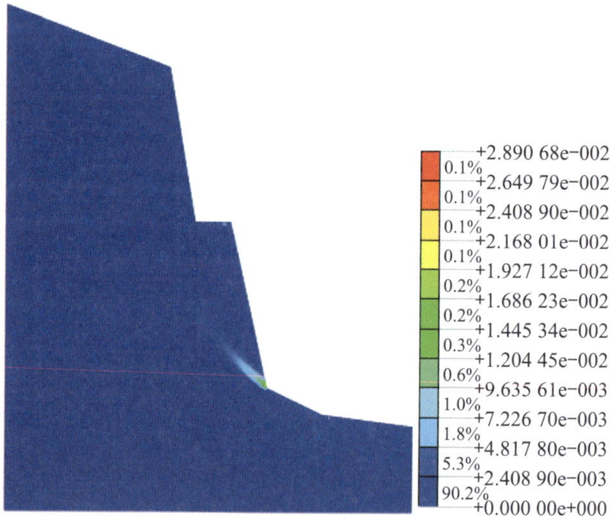

图 14-11　山体等效塑性应变云图

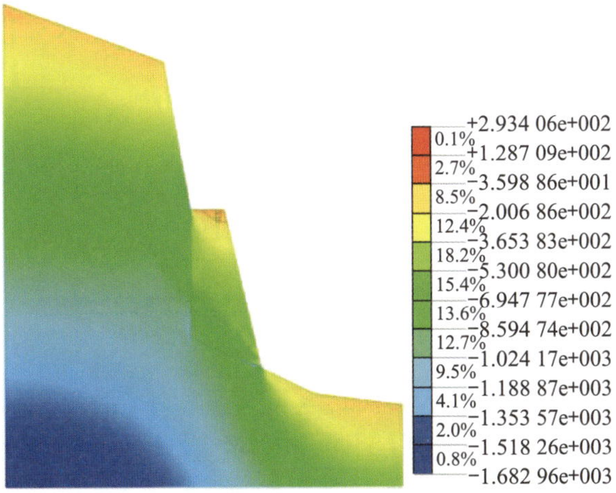

图 14－12　山体初始竖向地应力云图（单位：kPa）

第二阶段架设承载梁，承载梁在自重作用下，梁体悬臂端最大竖向位移 2.91 mm，如图 14－13 所示。山体最大竖向位移为 0.67 mm，出现在外枕梁下的岩体处，如图 14－14 所示。对应的稳定系数为 1.310 9，最大剪应变位置及形态同图 14－11。

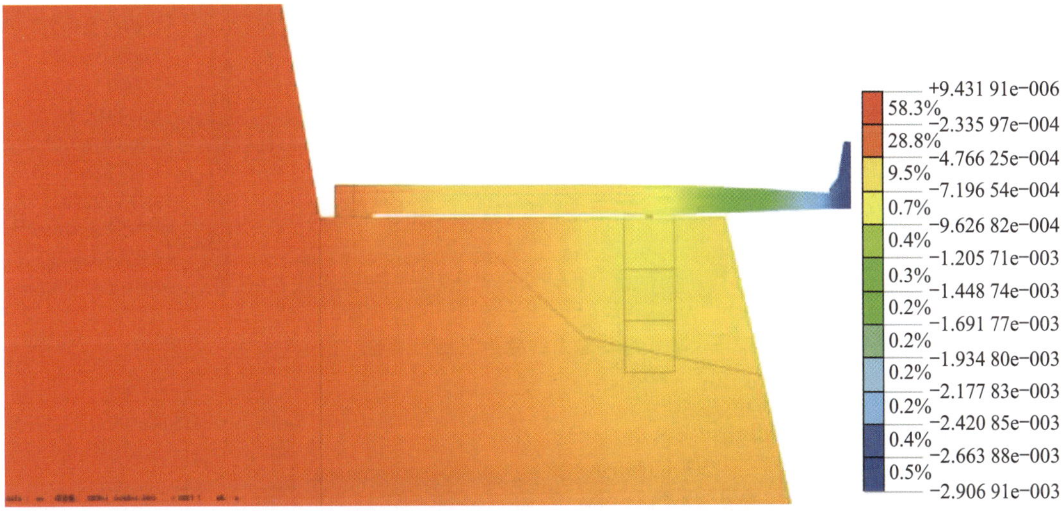

图 14－13　山体等效塑性剪应变云图（单位：m）

第三阶段锚杆张拉预应力，锚杆自由段轴力云图如图 14－15 所示，锚杆锚固段轴力云图如图 14－16 所示。该阶段对应的稳定系数为 1.314 1，最大剪应变位置及形态同图 14－11。

第四阶段靠承载梁外侧施加车辆载荷 140 kN（单轴载），竖向位移云图如图 14－17 所示，悬臂端护栏内侧对应的最大竖向位移为 8.12 mm，减去承载梁自重下的竖向位移 2.91 mm，即为活载作用下的净挠度 5.21 mm，小于悬臂长度 $L=3\ 200\ \text{mm}/600=5.33\ \text{mm}$，满足规范要求。该阶段对应的边坡稳定系数为 1.312 5，大于《公路路基设计

图 14－14 山体竖向位移云图（单位：m）

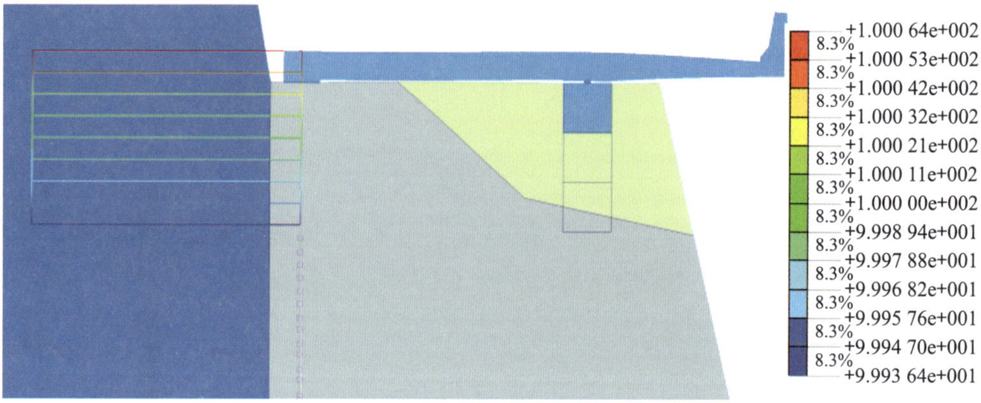

图 14－15 锚杆自由段轴力云图（单位：kN）

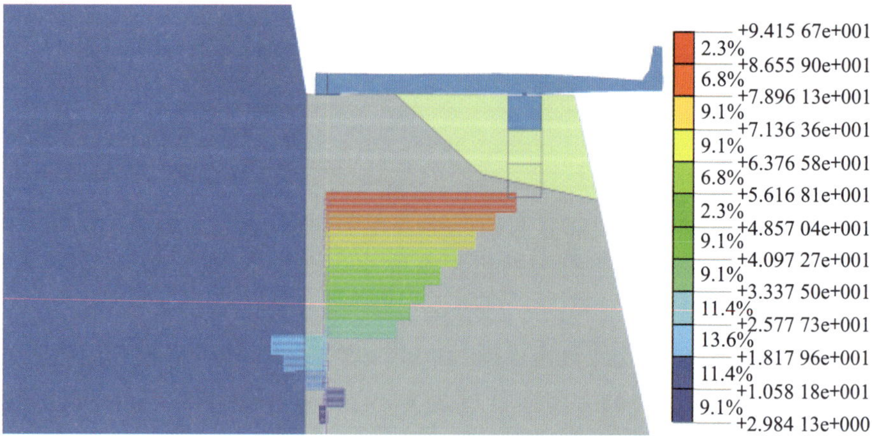

图 14－16 锚杆锚固段轴力云图（单位：kN）

规范》（JTG D30—2015）表 3.7.7 中 1.25 的规定。最大剪应变位置及形态同图 14－11。重点考察枕梁所处的强风化岩体的变形受力行为，将其单独取出，其竖向应力云图如图 14－18 所示，整体位移分布如图 14－19 所示，最大等效塑性应变云图如图 14－20 所示。由图 14－18 可以看出，最大竖向应力出现在外枕梁的内角点，为 394 kPa，其余各处均在 200 kPa 以内；由图 14－19 可以看出，强风化岩体在枕梁作用下的位移以竖向位移为主，最值出现在枕梁内侧，为 1.49 mm；由图 14－20 可以看出，等效塑性应变带由枕梁内侧向坡体外侧延伸。该阶段承载是安全的。

图 14－17　竖向位移云图（单位：m）

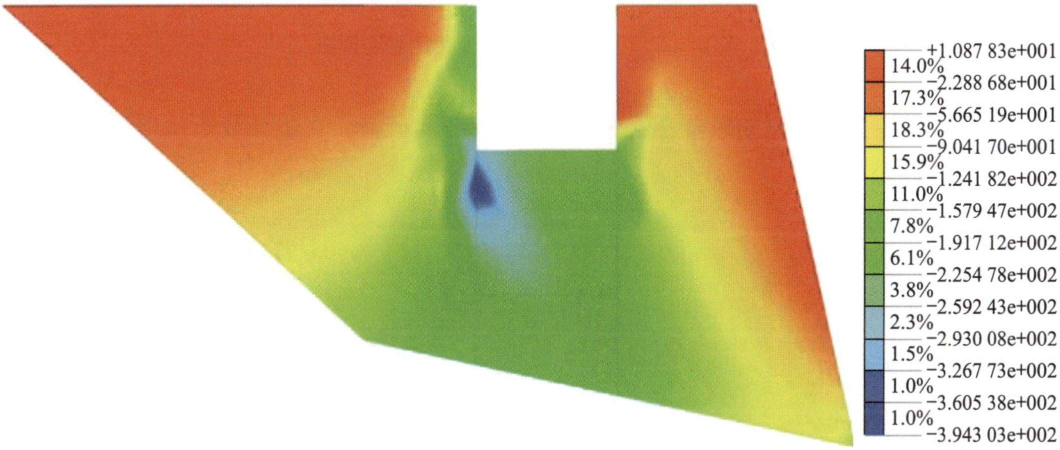

图 14－18　强风化岩体竖向应力云图（单位：kPa）

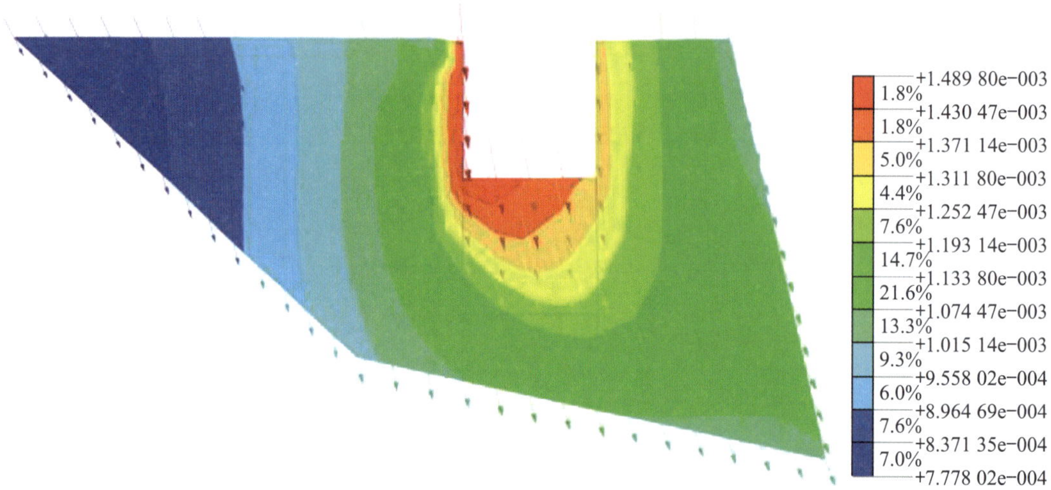

图 14－19　强风化岩体位移云图（单位：m）

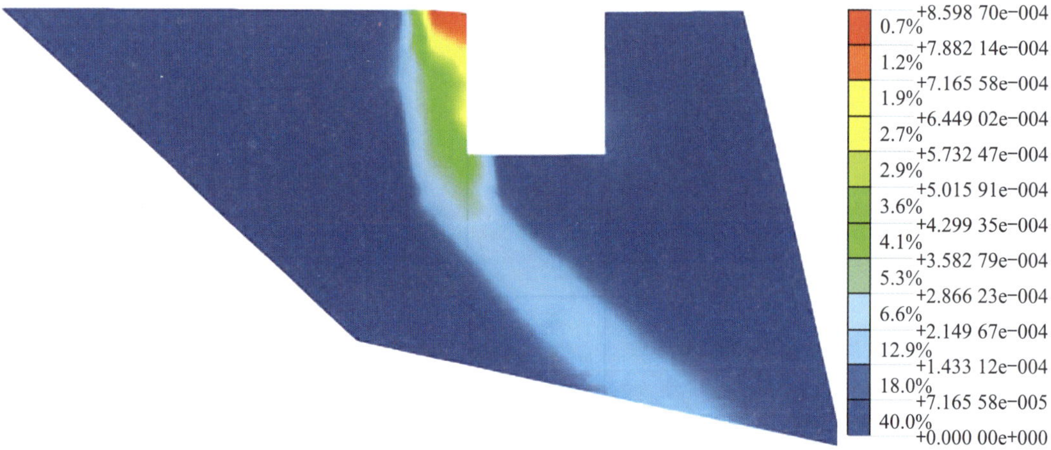

图 14－20　强风化岩体等效塑性应变云图

第五阶段施加靠外侧偏载布设的 300 kN 极限破坏载荷，在破坏载荷作用下，整体强风化岩体位移云图如图 14－21 所示，坡体向外水平位移 23.1 mm，说明此时坡体已接近破坏；山体等效塑性应变云图如图 14－22 所示，此时出现两条明显的塑性带，一条位于中风化坡脚，另一条则位于强风化岩体内；图 14－23 为强风化岩体部位的等效塑性应变云图，可以看出，此时坡体已出现由枕梁左侧起始，经枕梁下方至坡体外缘的贯通剪切带，该处控制了山体整体稳定性，此时对应的坡体安全系数为 1.177，已经不能满足规范要求。

14.2.4　枕梁埋深 1.6 m 和 2.4 m 整体承载能力分析

在其他条件不变的情况下，将枕梁基础由 0.8 m 分布加深至 1.6 m 和 2.4 m，考察坡体受力变形行为及稳定性。枕梁加深的示意图如图 14－24 所示。

图 14－21　强风化岩体位移云图（单位：m）

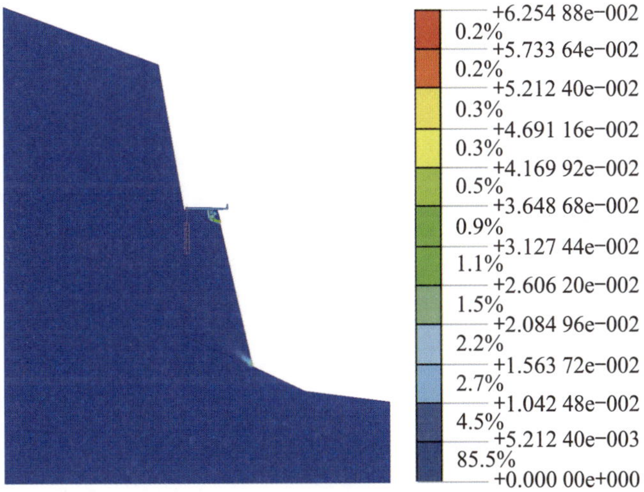

图 14－22　山体等效塑性应变云图

首先是枕梁加深至 1.6 m 的情况。经计算，前四个阶段的受力变形行为及稳定系数变化不大，均满足要求，只在第五阶段存在差异。因此针对第五阶段进行分析说明。图 14－25 对应枕梁加深至 1.6 m 时第五阶段承载梁及山体位移、应变云图，从图 14－25（a）中可以看出，随着枕梁基础的加深，其下的强风化岩体没有出现明显的侧向位移；从图 14－25（b）可以看出，山体没有出现第二条位于强风化岩体内的剪切带，仍然是中风化坡脚剪切带，其形态和位置均没有改变；从图 14－25（c）可以看出，基础的加深阻止了强风化岩体剪切带的形成与贯通，较好地提高了安全稳定性，稳定系数由中风化坡脚剪切带控制，对应的安全稳定系数为 1.306，满足规范要求。

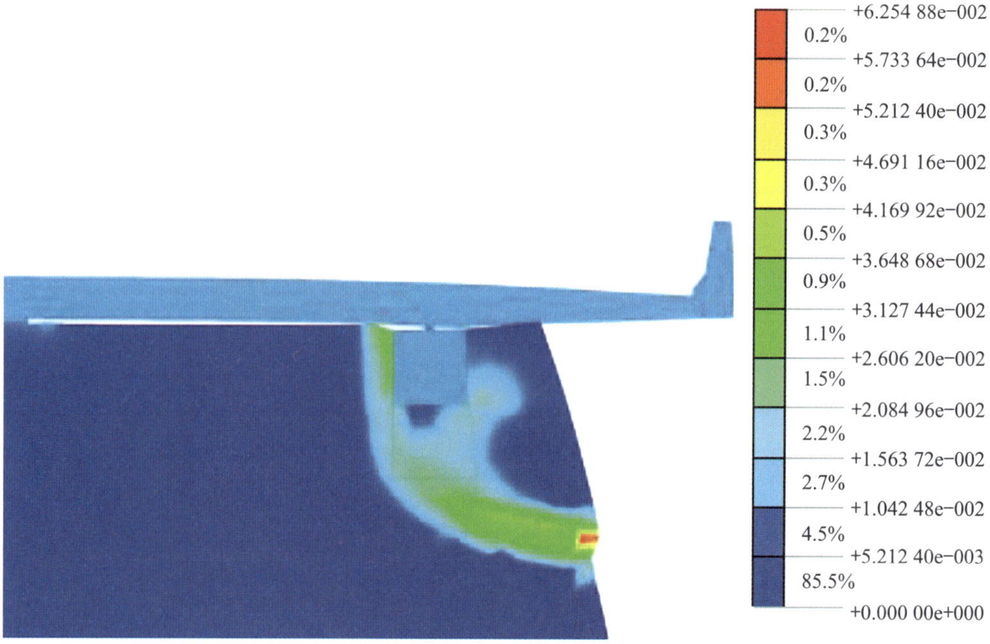

图 14－23　强风化岩体等效塑性应变云图

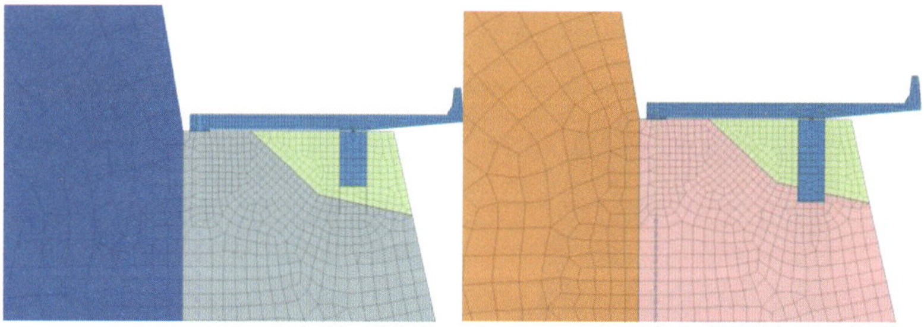

(a) 枕梁加深至1.6 m　　(b) 枕梁加深至2.4 m

图 14－24　枕梁基础加深示意图

其次是枕梁加深至 2.4 m 的情况。图 14－26 对应枕梁加深至 2.4 m 时第五阶段承载梁及山体位移、应变云图，从图 14－26（a）中可以看出，枕梁基础加深穿越强风化岩层，强风化岩体没有出现侧向位移；从图 14－26（b）中可以看出，山体没有出现第二条位于强风化岩体内的剪切带，仍然是中风化坡脚剪切带，其形态和位置均没有改变；从图 14－26（c）可以看出，基础的加深阻止了强风化岩体剪切带的形成与贯通，进一步提高了安全稳定性，稳定系数由中风化坡脚剪切带控制，对应的安全稳定系数为 1.306，满足规范要求。

三种枕梁埋深条件下的五个加载步的稳定系数对比见表 14－4。

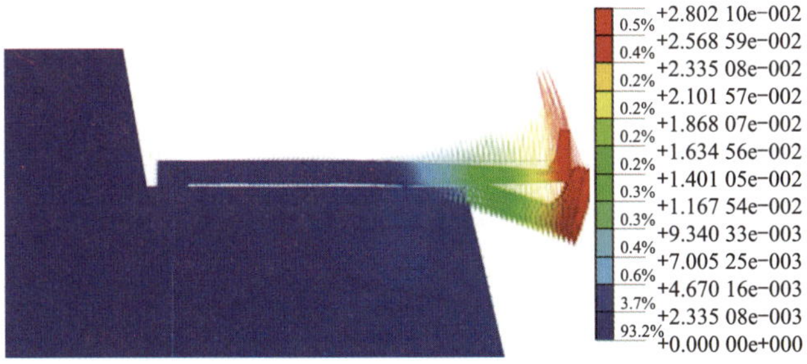

(a) 强风化岩体位移云图（单位：m）

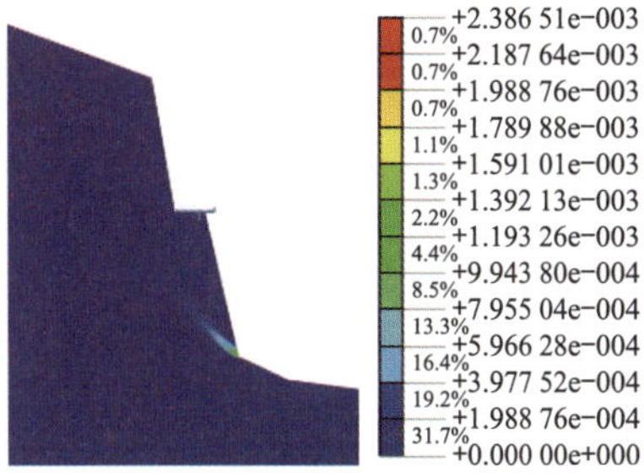

(b) 山体等效塑性应变云图

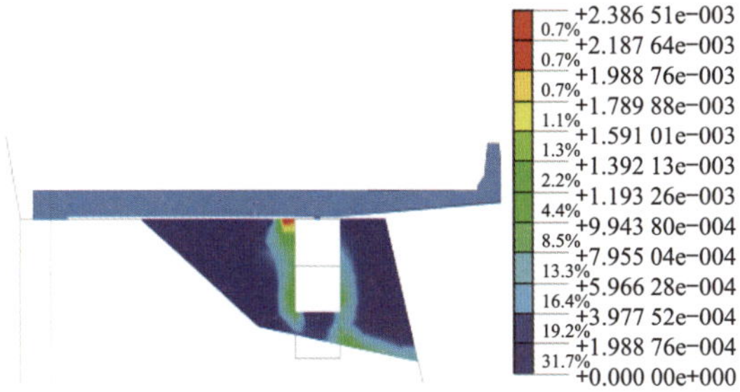

(c) 强风化岩体等效塑性应变云图

图 14－25　枕梁加深至 1.6 m 时第五阶段承载梁及山体位移、应变云图

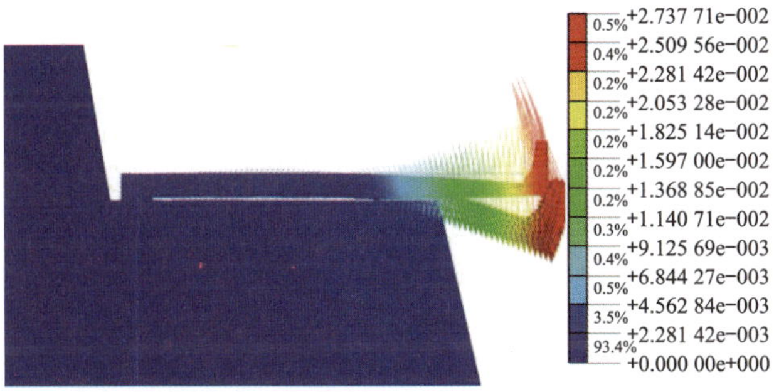

(a) 强风化岩体位移云图（单位：m）

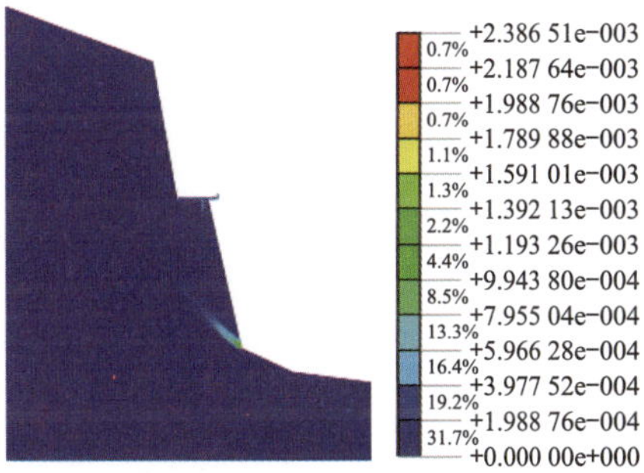

(b) 山体等效塑性应变云图

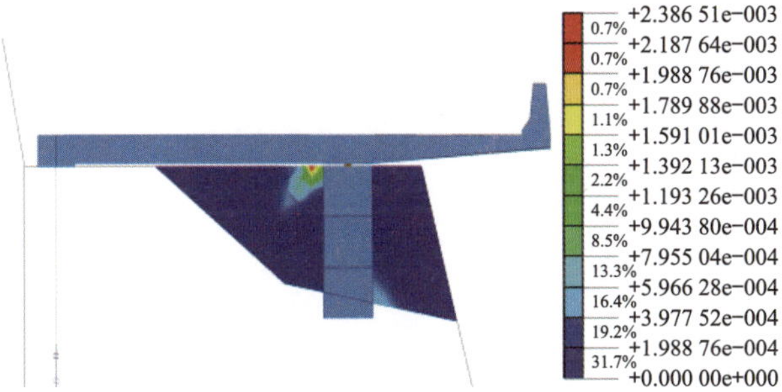

(c) 强风化岩体等效塑性应变云图

图 14－26　枕梁加深至 2.4 m 时第五阶段承载梁及山体位移、应变云图

表 14-4 稳定系数对比

名称	山体自重	梁自重	张拉锚杆	140 kN 活载	300 kN 加大活载
枕梁埋深 0.8 m	1.319	1.311	1.314	1.313	1.177
枕梁埋深 1.6 m	1.319	1.311	1.314	1.311	1.306
枕梁埋深 2.4 m	1.319	1.311	1.314	1.311	1.306

14.2.5 承载梁抗倾覆稳定性验算

承载梁的抗倾覆能力对该组合结构至关重要，下面采用最基本的抗倾覆计算公式进行验算。计算简图如图 14-27 所示。

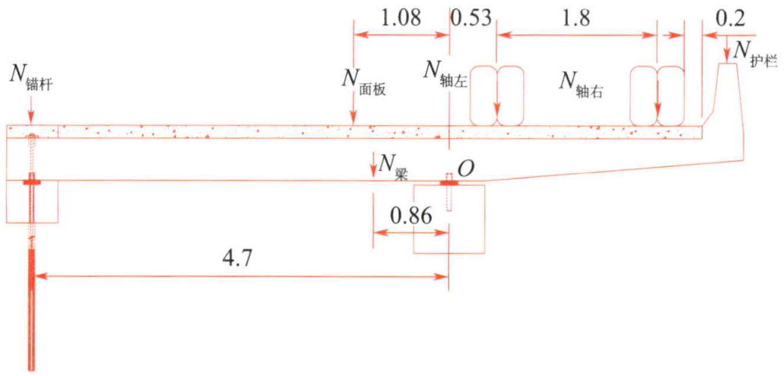

图 14-27 承载力倾覆计算简图（单位：m）

其中，$N_{锚杆}=100$ kN，$N_{面板}=33.3$ kN，$N_{梁}=49.5$ kN，$N_{轴左}=N_{轴右}=70$ kN，$N_{护栏}=7.9$ kN，倾覆力矩对外枕梁支座中心 O 点取矩，顺时针转动的倾覆力矩为：

$$M_{轴左}=N_{轴左}\times L(力臂)=70\times 0.53\ \text{kN}\cdot\text{m}=37.1\ \text{kN}\cdot\text{m}$$

$$M_{轴右}=N_{轴右}\times L=70\times 2.33\ \text{kN}\cdot\text{m}=163.1\ \text{kN}\cdot\text{m}$$

$$M_{护栏}=N_{护栏}\times L=7.9\times 2.83\ \text{kN}\cdot\text{m}=22.4\ \text{kN}\cdot\text{m}$$

$$\sum M_{倾覆}=M_{轴左}+M_{轴右}+M_{护栏}=222.6\ \text{kN}\cdot\text{m}$$

抗倾覆力矩对外枕梁支座中心 O 点取矩，逆时针转动的抗倾覆力矩为：

$$M_{锚杆}=N_{锚杆}\times L(力臂)=100\times 4.7\ \text{kN}\cdot\text{m}=470.0\ \text{kN}\cdot\text{m}$$

$$M_{面板}=N_{面板}\times L=33.3\times 1.08\ \text{kN}\cdot\text{m}=36.0\ \text{kN}\cdot\text{m}$$

$$M_{梁}=N_{梁}\times L=49.5\times 0.86\ \text{kN}\cdot\text{m}=42.6\ \text{kN}\cdot\text{m}$$

$$\sum M_{抗倾覆}=M_{锚杆}+M_{面板}+M_{梁}=548.6\ \text{kN}\cdot\text{m}$$

则抗倾覆稳定系数 $K=\dfrac{\sum M_{抗倾覆}}{\sum M_{倾覆}}=\dfrac{548.6}{222.6}=2.46$，该值大于《公路路基设计规范》（JTG D30—2015）表 H.0.2-2 中 1.5 的规定，抗倾覆稳定性满足规范要求。

14.3　新型路基拓宽方案和传统挖方方案经济性对比

选取某山区弯道拓宽道路进行造价对比分析，拓宽道路长 100 m，地质条件为中风化花岗岩，新型路基拓宽方案和传统挖方方案经济性对比见表 14－5，前者相较后者造价节省约 11%。新型路基拓宽方案除了经济上有一定优势外，还需考虑到传统方案中高路堑边坡开挖需要爆破施工，对景观及植被影响较大，往往不被当地政府所接受，同时高切坡可能诱发滑坡、崩塌等隐患，若采用相应措施会进一步增加经费。所以，该新型路基拓宽方案对于山区上游高路堑、下游高陡崖（陡坡）的路基拓宽而言，是较好的一个选择。

表 14－5　新型路基拓宽方案和传统挖方方案经济性对比

名称	工程数量	综合单价	造价/万元
传统挖方方案	开挖石方：21 000 m^3	76 元/m^3	159.6
新型路基拓宽方案	承载梁及铺装：577 m^3	2 000 元/m^3	142.1
	锚杆：1 333 m	200 元/m	

14.4　小结

针对山区低等级道路拓宽工程，尤其是一侧高路堑、另一侧高陡崖或高陡路基的路段，提出了一种新型拓宽方案，即外侧枕梁支撑、内侧锚杆拉结的悬臂承载梁方案。研究表明：

1）新型拓宽方案结构合理，强度、刚度及稳定性满足相关规范要求；

2）外侧枕梁及其所处的坡体是拓宽结构承载的关键，适当加深外侧枕梁深度，对于提高承载的稳定性效果明显，对于较差的岩体，建议采取地下连续墙或桩基础承载的模式更为安全；

3）内侧预应力锚杆是控制承载梁在外侧偏载作用下承载结构稳定的关键，其本身的强度以及锚杆和承载梁的可靠连接尤为重要；

4）承载梁梁体和枕梁之间的限位装置是确保承载梁和枕梁整体性的关键，也是防震、防止刹车等水平力作用下，承载梁不滑脱，不造成锚杆受剪的关键。

第 15 章　新型装配式索结构研究

著者提出了通过跨中设置的三角架，实现支距的空间交错布设的上下弦索的新型装配式帐篷索结构承载方案，通过张拉主动索产生整个索体结构需要的应力，以使索结构产生合理的索刚度，从而控制索结构在外载作用下的挠度，将其限定在允许的范围内。基于对索结构型式阐释、承载能力分析以及流场体型系数的研究，得出以下结论：1）新型装配式帐篷索结构选型科学合理，在充分发挥材料优势的基础上以很小的结构自重实现了较大跨径的帐篷架设；2）在 8 级风力作用下，跨径 30 m 的帐篷索结构最大索力可控制在 250 kN 以内，跨中结构最大挠度可以控制在 500 mm 以内；3）对帐篷结构流体 CFD 计算表明：帐篷结构最大体型系数分布点位于结构两侧折点处，帐篷迎风边侧体型系数的分布特点是从下而上风载荷由压力变为吸力；帐篷顶部体型系数为负值，由大到小再由小变大；帐篷背风边侧的体型系数分布较为均匀，均为吸力。帐篷顶部的体型系数均值为－0.92，风载荷计算上体型系数取值－1.3 是偏于安全的。

15.1　引言

目前帐篷多为小体量、单人或双人帐篷，而对于作业面积较大且具有较长使用周期的工程帐篷研究并未多见。

索结构由于其优异的抗拉性能、较大的跨越能力、很小的结构自重以及安装便捷的特点，成为帐篷的首选承载结构。帐篷索结构拟采用全张拉结构，全张拉结构是指结构体系中主要受力单元均为只受拉的拉索，仅靠周边的刚性边界和少量压杆连接拉索。

在索结构初始状态计算方面，可分为以设计预张力为目标的找形和以设计几何为目标的计算两类。索网等类似结构，要求具有均匀的预张力分布，在此前提下寻找合适的结构形状和网络；其他索结构，要求结构几何达到或尽量接近设计几何，在此前提下寻找得到相对均匀的预张力分布。在载荷效应计算方面，现有理论、方法或软件能够实现索结构的非线性静动力分析，但索结构的风振效应是一个多年的研究热点和难点，这一领域虽有很多研究，但尚未形成可以应用的成果。

15.2　新型装配式帐篷索结构型式

以某跨径 30 m 的帐篷索结构为例，其典型的索结构立面示意图如图 15－1 所示，其三维示意图如图 15－2 所示。其设计理念如下：就受载方向而言，索结构不但要承受帐篷网及索自身重力载荷，还要承受垂向变化的风力载荷，以及当处于高海拔或北方地区时的雪载荷，所以索结构需要考虑垂向正负两个方向受力，同时为了降低索结构的结构高度，以及在索形上有较大的支距来降低索应力，在索结构承载方案上设置了空间交错的上下弦索，在跨中通过三角架实现支距。当对上下弦索通过张拉主动索施加初始应力后，上下弦索均处于紧绷状态，产生上、下两个方向的承载刚度，从而可以承受上、下两个方向的载荷。在全张拉索结构中，索的预张力直接决定了索结构的刚度，通过合适的索初始应力，产生需要的索刚度，从而可以控制索结构在外载作用下的挠度，将其限定在允许的范围内。

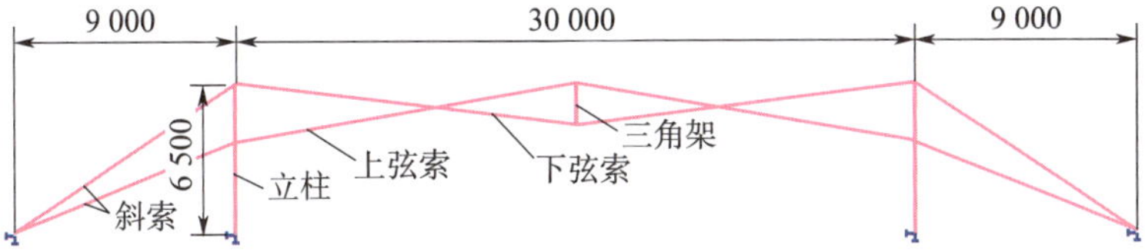

图 15－1　索结构立面示意图（单位：mm）

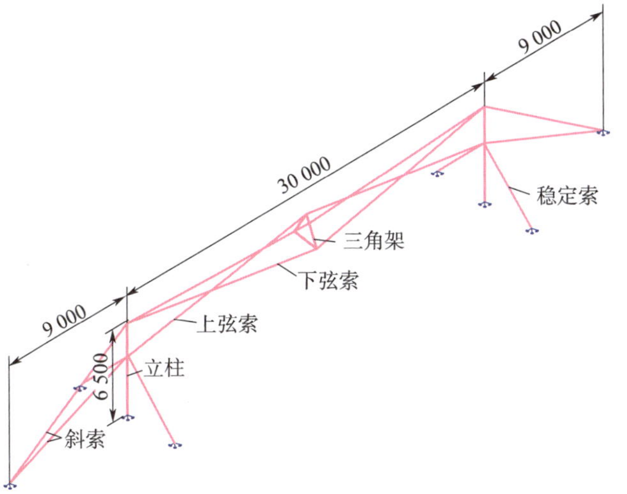

图 15－2　索结构三维示意图（单位：mm）

在本例中，立柱采用 ϕ270 mm、壁厚 12 mm 的合金结构钢。当然为了进一步降低立柱自重，也可以采用高强铝合金型材。立柱除了可以采用圆截面外，也可以采用 H 型钢、工字钢或小直径钢管焊接而成的组合构件的截面形式。立柱底部的边界条件为铰接。

上弦索及斜索采用 ϕ21 mm 的 1 670 级 $\phi 7\times 7$ 缆索，下弦索采用 2ϕ15 mm 的 1 670 级 $\phi 7\times 7$ 缆索，缆索外包 PE 防护层。

三角架采用 ϕ80 mm、壁厚 6 mm 的高强铝合金型材，呈等边三角形，每个角点内侧设有直径 35 mm 的穿孔，以使上下弦索通过穿孔后形成固定支距，通过穿孔的弦索设有夹具夹住穿孔，形成弦索和穿孔之间的相对锁定。三角架示意图如图 15－3 所示。

上弦索和边部上斜索通过设置于立柱上固定的锚座经张拉后锁定，两道下弦索锁定位置位于锚座边部，斜索锁定位置锚座中部，锚座面和锚索垂直，下弦索、斜索与锚座关系图如图 15－4 所示。

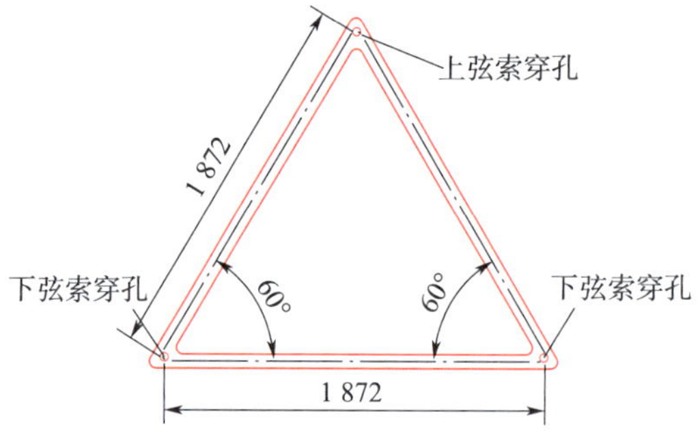

图 15－3　三角架示意图（单位：mm）

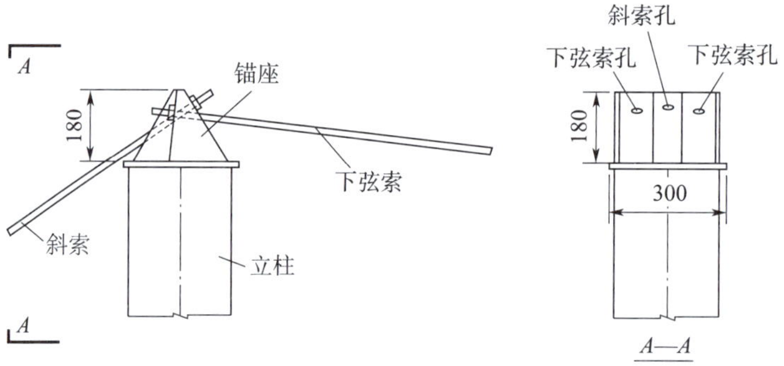

图 15－4　上下弦索、斜索与锚座关系图（单位：mm）

上弦索和边部下斜索通过立柱中线的穿孔锚固于立柱背侧的锚座上，锚座和立柱围焊牢固，上弦索、斜索与锚座关系图如图 15－5 所示。

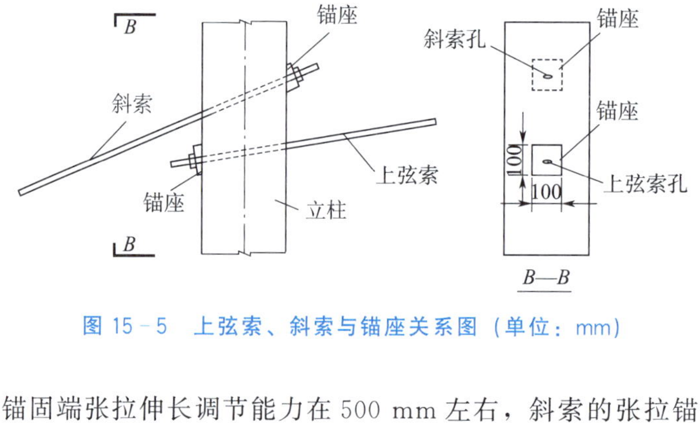

图 15－5　上弦索、斜索与锚座关系图（单位：mm）

弦索的张拉锚固端张拉伸长调节能力在 500 mm 左右，斜索的张拉锚固端的张拉伸长调节能力在 300 mm 左右，立柱在横向设有左右两道稳定索，采用 ϕ20 mm 合金钢材质，可调长度在 50 mm 左右。

立柱下端设有舌板，通过转轴和箱型基础顶部夹板相连，实现立柱和基础之间的铰接接触（见图 15－6）。箱型基础为内设纵横交叉肋板，四周钢板包封的 1 000 mm×1 000 mm×600 mm 的合金钢构件。

斜索下端部和埋入地下的锚板栓接固定。埋入地下提供斜索拉力的锚固件可以是锚杆、重力式锚墩或埋置式锚板。当斜索需要的抗力较大时，如大于 150 kN 时，锚固件的设置往往需要花费较大的时间周期，且需要小型机械的现场作业，从而影响架设的便捷性。

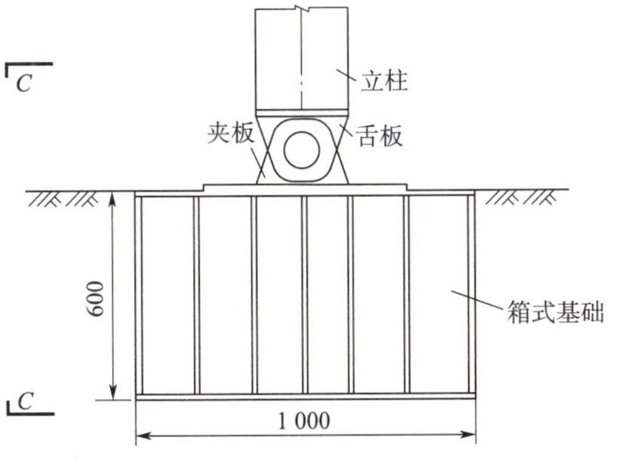

图 15－6　立柱与箱式基础的关系图（单位：mm）

除了上述配置斜索来提供帐篷索拉力的方案外，还有另外一种设置斜撑柱配合垂向重力索结构提供帐篷索拉力的方案，立面示意图如图 15－7 所示，三维示意图如图 15－8 所示。该方案相较第一种方案的差异仅在于斜撑柱配合垂向重力索替代了第一种方案中的边斜索，其优势在于将第一方案中的斜索拉力转化为斜撑柱的压力，而斜撑柱通过埋入地面以下的一定深度（通常是 1 200 mm 以上）且具有一定接触面积（800 mm×800 mm）的柱靴转化为对地基的压力，柱靴下土基提供被动土压力，较第一种方案的边索锚固件在实操层面代价较小，施工较为便利。另外重力索只承担竖向拉力，可以采用配重压的方式提供重力，配重可设计为制式模块装填水或土的型式，方便就地取材。

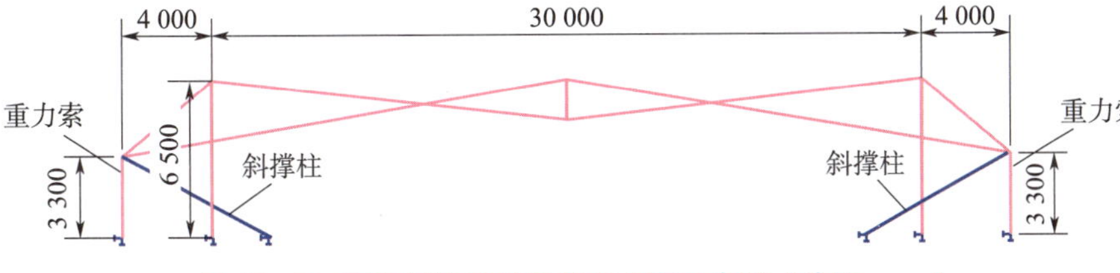

图 15－7　配有斜撑柱的索结构立面示意图（单位：mm）

索结构可以在横向 4～6 m 间距布设，从而可以形成较大规模的帐篷面积。上层索体上和边索上距离一定间隔（通常是 1～2 m）设置挂件，可将帐篷网或帐篷的篷布和索挂件绑扎固定，从而形成较大面积的帐篷区域。其示意图如图 15－9 所示。

随着跨径进一步增大，为了产生较好的索力及刚度，可以将跨中的支架适当调大，以产生更大的支距，同时还可以在边部和跨中之间增设三角架，以取得更大范围的支距效应。其示意图如图 15－10 所示。

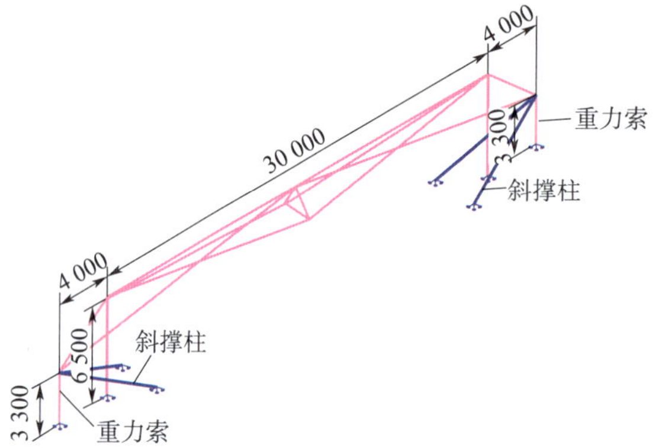

图 15－8　配有斜撑柱的索结构三维示意图（单位：mm）

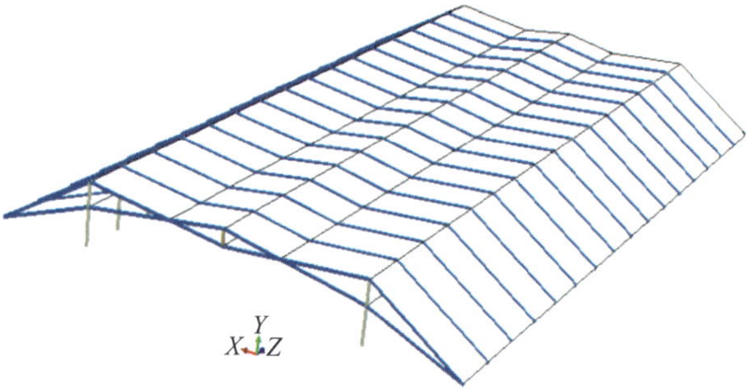

图 15－9　索结构形成的帐篷区域三维示意

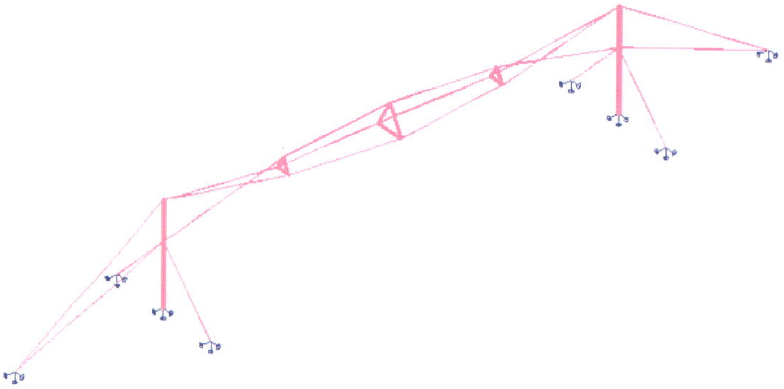

图 15－10　更大跨度的架设方案

15.3　新型装配式帐篷索结构承载性能研究

新型装配式帐篷索结构属于柔性承载结构，结构强度与结构的变形均需要控制在合理范围。

15.3.1　计算参数

结构构件物理力学参数见表 15－1。

表 15-1　结构构件物理力学参数

名称	材质	密度/(t/m^3)	弹性模量/kPa	泊松比	构件截面/mm
立柱	7075 铝合金	2.8	7.05e4	0.35	$D=275$，$t=2$
三角架	7075 铝合金	2.8	7.05e4	0.35	$D=80$，$t=6$
上弦索	1 670 级高强钢丝拉索	7.85	1.9e8	0.3	$\phi21$
上弦索	1 670 级高强钢丝拉索	7.85	1.9e8	0.3	$\phi15$
斜索	1 670 级高强钢丝拉索	7.85	1.9e8	0.3	$\phi21$
立柱稳定索	Q345	7.85	2.0e5	0.3	$\phi20$

15.3.2　计算分析模型

上下弦索、斜索、重力索采用索单元，立柱、三角架、斜撑柱采用梁单元，整体结构为索梁受力体系。索单元划分长度 1 m，梁单元长度 1.2 m，边索、重力索根部约束为铰接，立柱、斜撑柱根部为铰接，弦索、边索和立柱之间为铰接接触。结构计算分为两部分：首先进行结构找形分析，主要解决主动索施加张拉力作用下的结构整体变形形态和结构的初始受力，结构本身的自重也要在此阶段同步考虑，其中，帐篷自重按照重力等效的原则，通过增大索体密度的方式来加以考虑；其次是考察结构在初始态基础上的结构承载能力，该阶段的载荷主要考虑风力。

结构基本风压考虑为 0.3 kPa，相当于八级以上风力，参照《建筑结构载荷规范》(GB 5009—2012)，帐篷索结构顶部的体型系数按照±1.3 考虑，正号代表压力，负号代表吸力。风压作用于帐篷结构顶面，按照每一个索节点对应的帐篷结构面积将风压载荷转化为索节点的集中载荷，考虑正负风压垂直两个载荷工况。

风压标准值 $w_k=\beta_z\mu_z\mu_s w_0$，其中风振系数 β_z 取 1.0，风压高度变化系数 μ_z 取 1.0，风载荷体型系数 μ_s 取±1.3，$w_0=0.3$，索结构横向间距为 5 m，索节点间距为 1.0 m，则节点风载荷 $F=w_kA=1.0\times1.0\times(\pm1.3)\times0.3\times5\times1$ kN$=\pm1.95$ kN，近似取±2 kN。考虑下弦索接触帐篷为两道索，对应的节点则为±1 kN。加载示意图如图 15-11 所示。

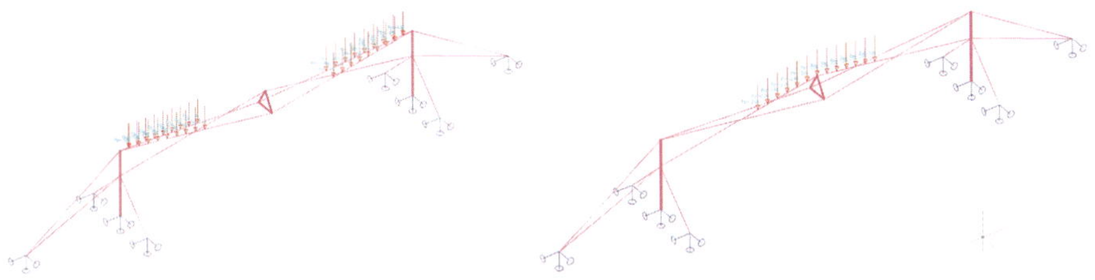

(a) 下弦索加载风压　　(b) 上弦索加载风压

图 15-11　弦索结构施加风压载荷示意图

15.3.3 索结构承载能力分析

（1）初始阶段找形分析

按照零状态为图纸几何基准的模式进行索梁结构找形分析，主动索设置于下弦索和立柱连接的位置，主动索的张力为 50 kN，找形结果如图 15－12 所示，结构内力图如图 15－13 所示。从图 15－12 可以看出，在主动索张拉控制力作用下，跨中三角架相对于零状态，上挠 68.7 mm，下弦索距离立柱约 1/4 跨径的区域下挠 78.1 mm，上弦索距离立柱约 1/4 跨径的区域下挠 43.6 mm，这是由于考虑了索和帐篷自重所导致的。这一点从图 15－14 上可以更为清晰地看出。从图 15－13 可以看出，上下弦索索力较为均匀，上弦索索力为 40.0～40.3 kN，下弦索索力为 50.0～50.3 kN，边索中上边索的索力最大，为 119.9～120.0 kN，下边索索力为 41.89～41.9 kN。

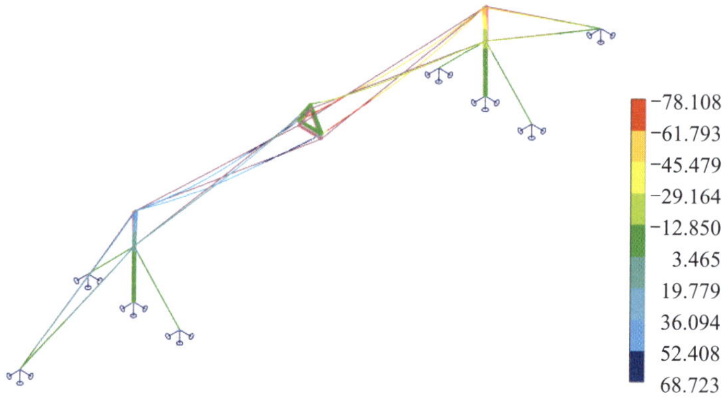

图 15－12　弦索结构张拉后位形（单位：mm）

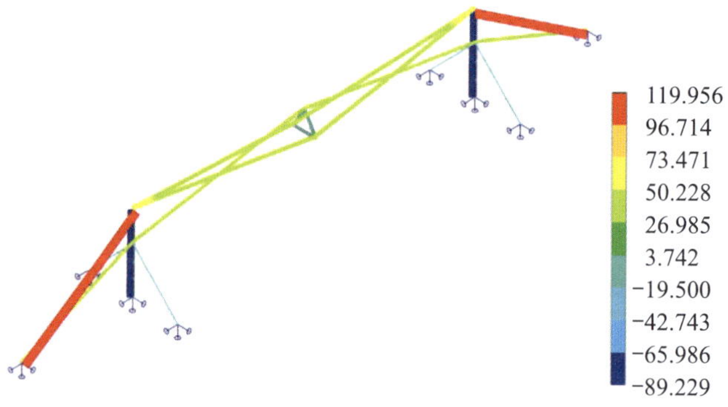

图 15－13　弦索结构张拉后初始内力（单位：kN）

另外一种设置斜撑柱配合垂向重力索的结构找形结果如图 15－15 所示，结构内力图如图 15－16 所示。主动索设置位置和张拉力与第一种方案相同。从图 15－15 可以看出，在主动索张拉控制力作用下，跨中三角架相对于零状态，上挠 94.5 mm，下弦索距离立柱

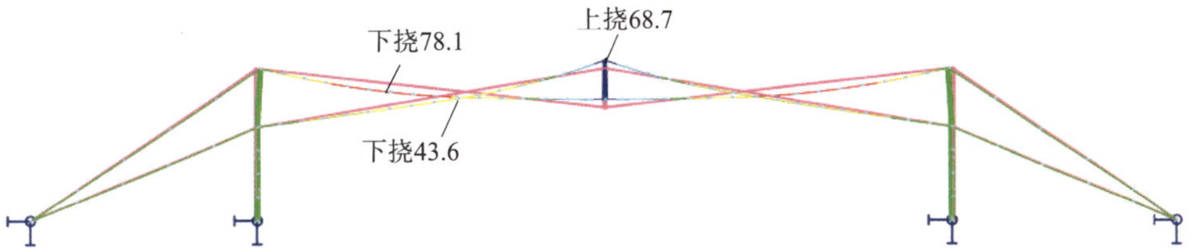

图 15-14　弦索结构张拉后立面位形（单位：mm）

约 1/4 跨径的区域下挠 68.4 mm，上弦索距离立柱约 1/4 跨径的区域下挠 32.1 mm。相对于前方案，跨中上挠有所增大，1/4 跨径下挠有所减小，索体整个找形形位有所上移。从图 15-16 可以看出，上下弦索索力较为均匀，上弦索索力为 38.6～38.9 kN，下弦索索力为 50.0～50.3 kN，边索中上边索的索力最大，为 120.5.8～120.6 kN，下边索索力为 49.3 kN。索力和第一种方案基本相当。四个斜撑柱的内力均为 82.2 kN。

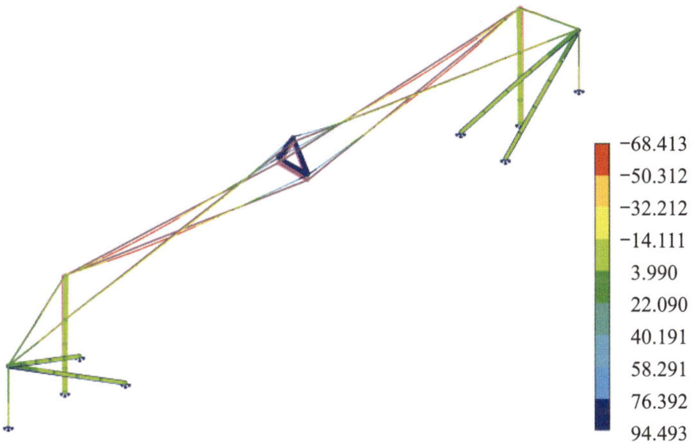

图 15-15　弦索结构找形结果（单位：mm）

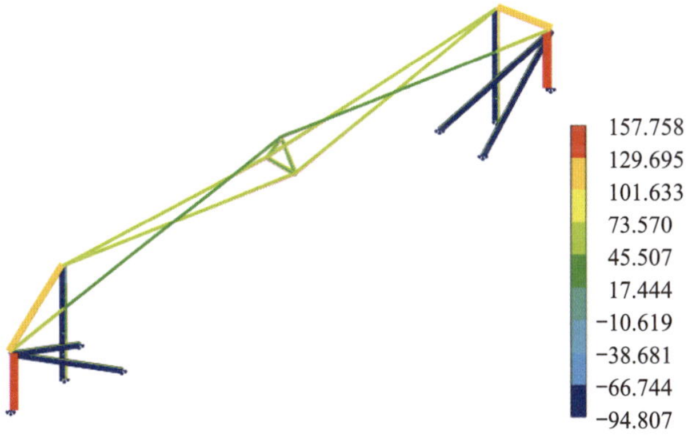

图 15-16　弦索结构张拉后初始内力（单位：kN）

（2）风载荷作用分析

在风吸力作用下，上弦索最大上挠 300 mm，跨中三角架上挠 104.9 mm，如图 15-

17 所示。索结构轴力图如图 15－18 所示，上边索索力最大，为 101.5 kN，立柱受压，轴力为 61.2～75.7 kN。

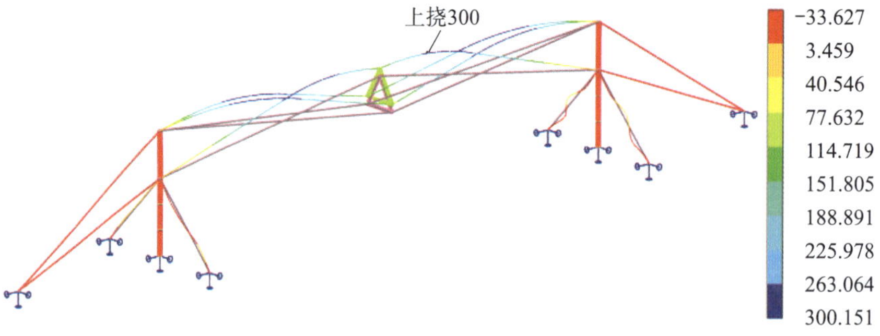

图 15－17　风吸力作用下的索结构位移（单位：mm）

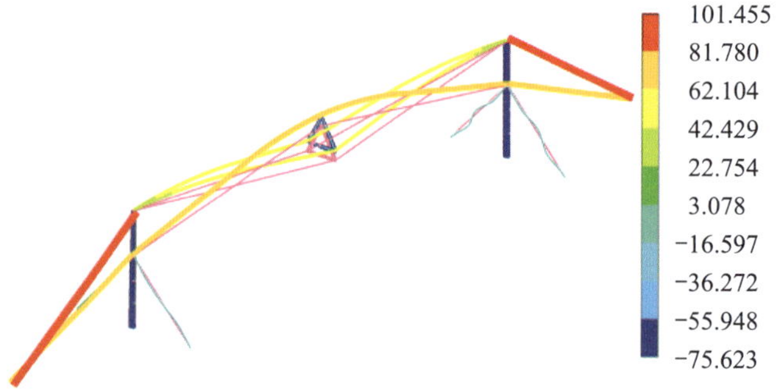

图 15－18　风吸力作用下的索结构轴力图（单位：kN）

在风压力作用下，上弦索最大下挠 674 mm，跨中三角架下挠 323 mm，如图 15－19 所示。上弦索之所以出现较大下挠，是因为上弦索在风压作用下竖向变位时，出现一定的应力松弛，但其最大下挠点尚处于跨中三角架下挠后的位置上方，不会影响内部有效净空。索结构轴力图如图 15－20 所示，上边索索力最大，为 218.1 kN，立柱受压，轴力为 156.2～163.9 kN。

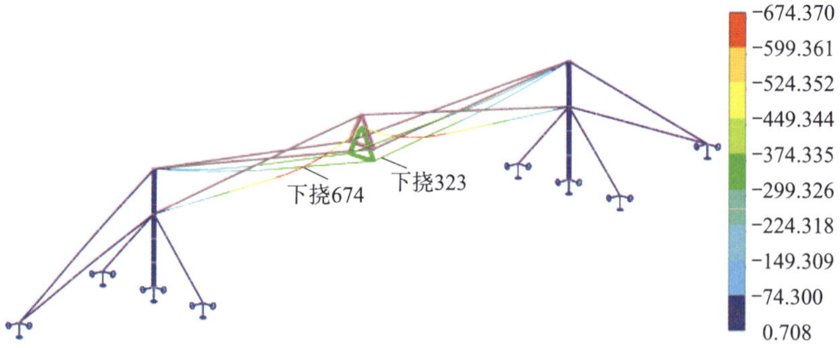

图 15－19　风压力作用下的索结构位移（单位：mm）

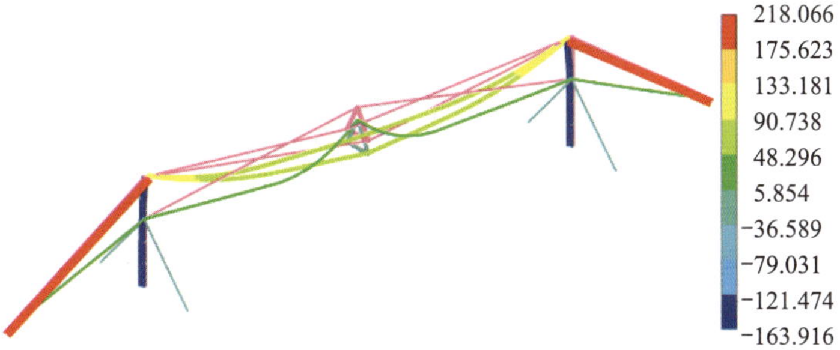

图 15－20　风压力作用下的索结构轴力图（单位：kN）

另外一种设置斜撑柱配合垂向重力索的结构在风载荷作用下的变位及轴力图分别如图 15－21～图 15－24 所示。在风吸力作用下，上弦索最大上挠 468.2 mm，跨中三角架上挠 245.7 mm，如图 15－21 所示。索结构轴力图如图 15－22 所示，重力垂索索力最大，为 189.0 kN，立柱和斜撑柱受压，轴力为 77.4～110.7 kN。

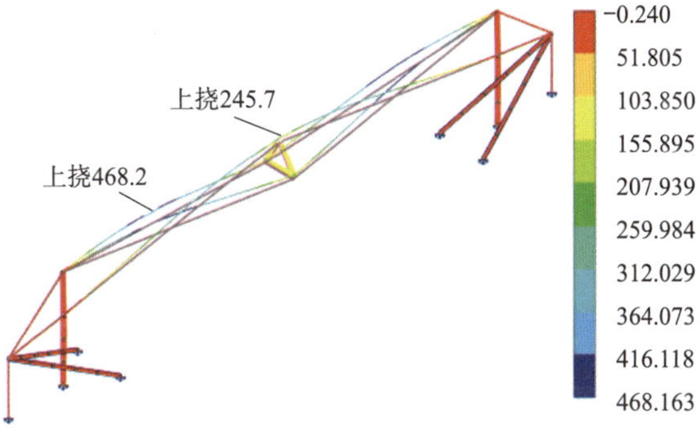

图 15－21　风吸力作用下的索结构位移（单位：mm）

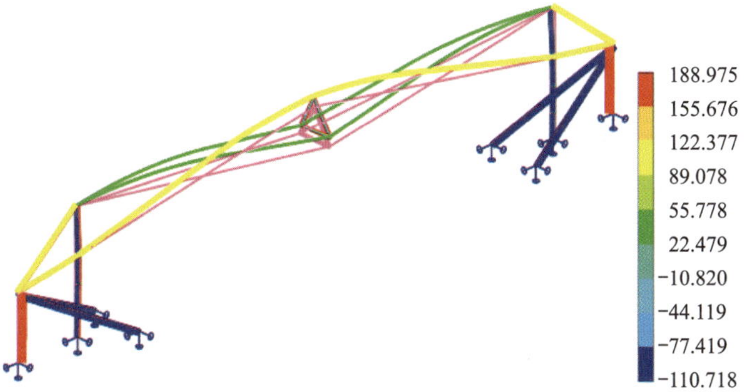

图 15－22　风吸力作用下的索结构轴力图（单位：kN）

在风压力作用下，上弦索最大下挠 957.7 mm，跨中三角架下挠 485.3 mm，如图 15－23 所示。索结构轴力图如图 15－24 所示，垂索索力最大，为 351.6 kN，立柱和斜撑受压，轴力为 164.2～251.5 kN。和第一个方案相比，索力和立柱压力均有增大。

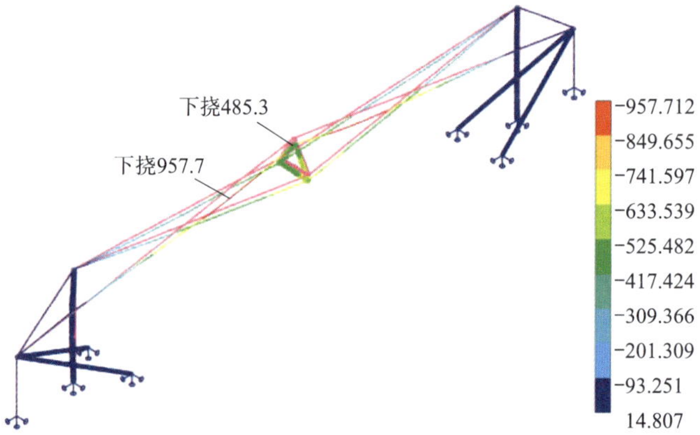

图 15-23　风压力作用下的索结构位移（单位：mm）

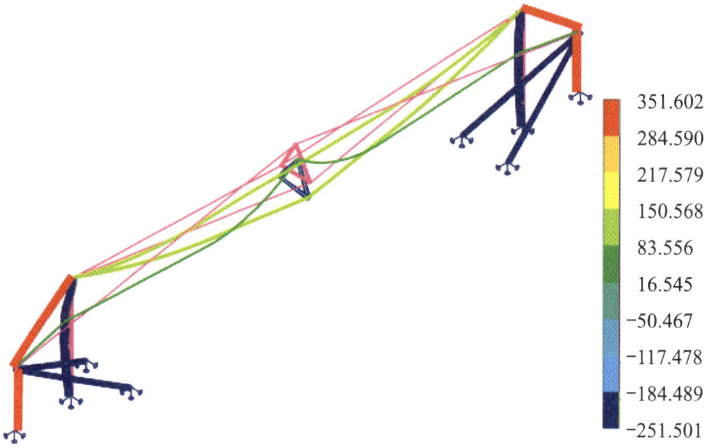

图 15-24　风压力作用下的索结构轴力图（单位：kN）

15.4　帐篷结构风载荷体型系数计算

以雷诺数 Re 为参数得到的不可压缩流的 Navier-Stokes 方程是不封闭的，不能直接求解，需要考虑附加应力项形成封闭方程，附加应力项成为不同湍流模型解决流体力学的关键。本算例采用 k—w（SST）模型进行求解。帐篷结构采用 A 类地貌、风速 20 m/s 进行数值计算，计算域的选取如下：帐篷结构来流方向取 150 m，尾流方向取 250 m，空气域高度取 35 m，空气域计算全长 450 m。核心区域网络最小尺寸为 0.3 m，网格数量约为 2.5 万。计算域上顶面采用光滑壁，计算域底面和帐篷表面采用无因次距离壁。流体域计算模型如图 15-25 所示。采用稳态 CFD 分析。关注点为帐篷结构的体型系数，依据体型系数的计算公式建立自定义输出项，稳态 CFD 计算体型系数分布云图如图 15-26 所示，选取帐篷结构边界线上代表点进行体型系数标记，如图 15-27 所示。从图 15-26、

图 15－27 可以看出，帐篷结构最大体型系数分布点位于结构两侧折点处，边 1 分布特点是从下而上风载荷由压力变为吸力；边 2 至边 5 均为吸力，边 2 至边 4 体型系数由大到小，边 5 体型系数由小变大；边 6 体型系数分布较为均匀，均为吸力。对边 2 至边 5 取均值为－0.92，由此可见，上节体型系数取值－1.3 是偏于安全的。流场速度分布云图如图 15－28 所示，从图中可以看出，流速最大值出现在边 1 和边 2 的转折处，对应的风速为 32.3 m/s，边 2～边 5 从下而上风速递增梯度比较大，说明了该区域为高吸力负压区，边 6 整体风速很小，且风速变化较小，说明该区域对应较小的负压区。

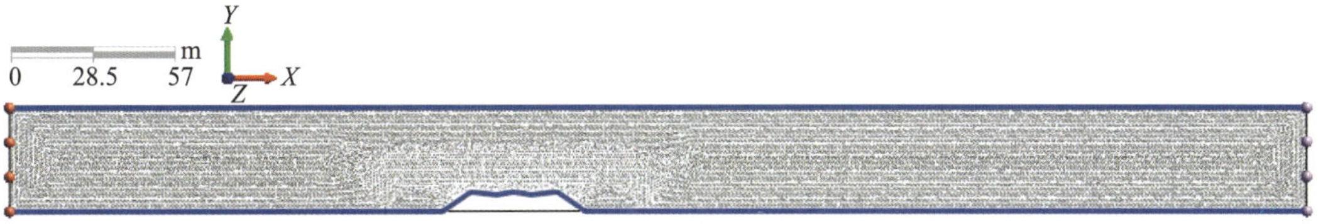

图 15－25　流体域计算模型（单位：m）

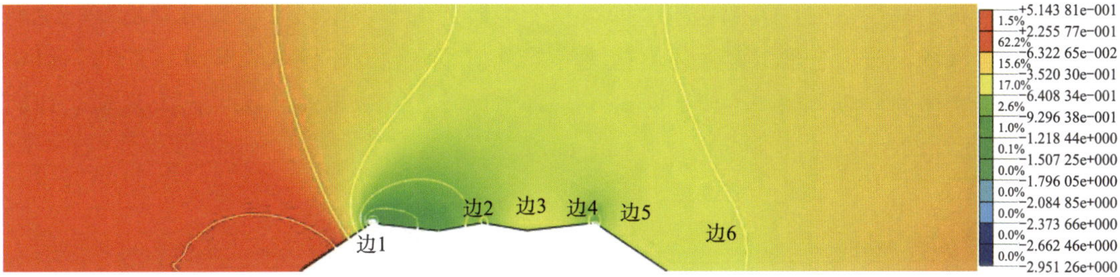

图 15－26　帐篷结构体型系数分布云图

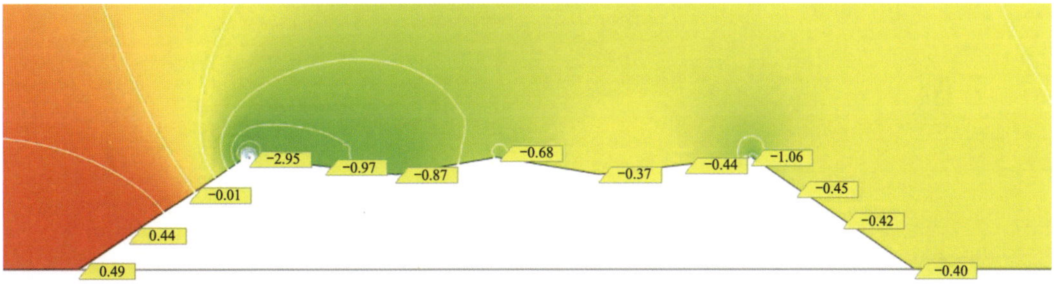

图 15－27　帐篷结构体型系数代表点标记图

图 15－28　帐篷结构流场速度分布（单位：m/s）

15.5 小结

本书通过对新型装配式帐篷索的结构型式阐释、承载能力分析以及流场体型系数的研究，得出以下结论：

1）新型装配式帐篷索结构选型科学合理，在充分发挥材料优势的基础上以很小的结构自重实现了较大跨径的帐篷架设；

2）在8级风力作用下，跨径30 m的帐篷索结构最大索力可控制在250 kN以内，跨中结构最大挠度可控制在500 mm以内；

3）帐篷结构流体CFD计算表明：帐篷结构最大体型系数分布点位于结构两侧折点处，帐篷迎风边侧体型系数的分布特点是从下而上风载荷由压力变为吸力；帐篷顶部体型系数负值由大到小再由小变大；帐篷背风边侧的体型系数分布较为均匀，均为吸力。帐篷顶部的体型系数均值为－0.92，风载荷计算上体型系数取值－1.3是偏于安全的。

索结构属于柔性结构，风载作用下的结构变形属于大变形范畴，其变形幅度在一定程度上会影响风场，最为合理的解决方案应为考虑几何非线性的流固耦合计算（FSI），但在实践中由于索体的初应力如何在流固耦合中合理考虑存在一定困难，本书尚未找到合理的解决方案，期待下一阶段的研究能解决这个问题。

第 16 章　新型倒刺锚杆结构研究

著者发明了一种新型倒刺锚杆，由母体锚杆和子体倒刺构成。母体锚杆一般采用 HRB 400 或 HRB 500 粗钢筋，子体倒刺为四周带有外扩薄片（如倒刺）的中空结构，既可以通过内置螺纹和母体锚杆螺纹连接固定，也可以通过焊接和母体螺杆连接。子体倒刺沿母体锚杆呈一定间距布设。成孔后锚杆放入时，倒刺结构的外扩薄片在孔壁约束下，呈微收缩状态紧贴孔壁滑动。由于孔壁表面呈凹凸糙面，到达预定位置后，锚杆在向外拉力作用下，倒刺外扩薄片会顶住孔壁。如果孔壁为硬质岩石，外扩薄片和孔壁之间则为硬接触关系；如果孔壁为软质岩石或土质，外扩薄片则会刺入孔壁，扩大作用范围，提高承载力。基于数值计算软件，研究了倒刺锚杆在硬质岩壁中的力学行为，得出了倒刺锚杆具有高承载力的结论。倒刺锚杆制作简便，倒刺结构兼具锚杆对中支架的作用，很有应用发展前景。不足之处在于，倒刺锚杆由于倒刺直接和孔壁接触，在作为永久锚杆时，一般只能用于无腐蚀或微腐蚀环境，不宜应用于腐蚀环境。

锚杆一般由放置于孔道的直粗钢筋和后注浆体构成，其承载力主要取决于三方面：锚杆钢筋的受拉能力、注浆体和孔壁的粘结能力、锚杆钢筋和注浆体之间的粘结能力。在确定锚杆材质和直径即可确定锚杆受拉能力的情况下，如何提高注浆体和孔壁的粘结能力，以及锚杆钢筋和注浆体之间的粘结能力，是提高锚杆承载能力的关键。其中，注浆体和孔壁粘结能力更为关键。倒刺锚杆正是针对这一问题而提出的。

16.1　倒刺锚杆结构构造

倒刺结构典型的构造示意图如图 16－1、图 16－2 所示。倒刺和锚杆组合拼装图如图 16－3、图 16－4 所示。CAD 尺寸图如图 16－5 所示。

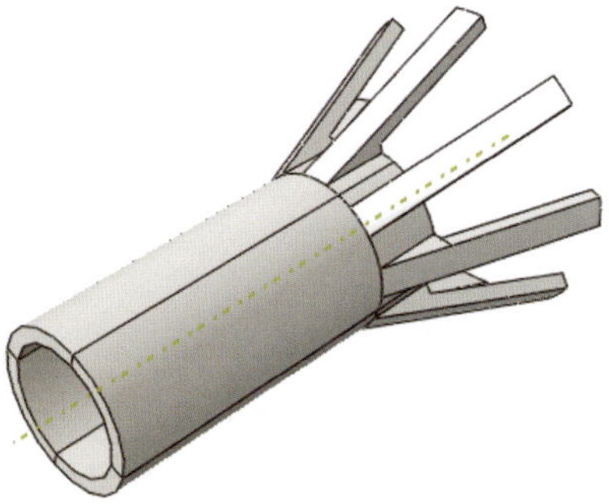

图 16－1　圆形倒刺结构

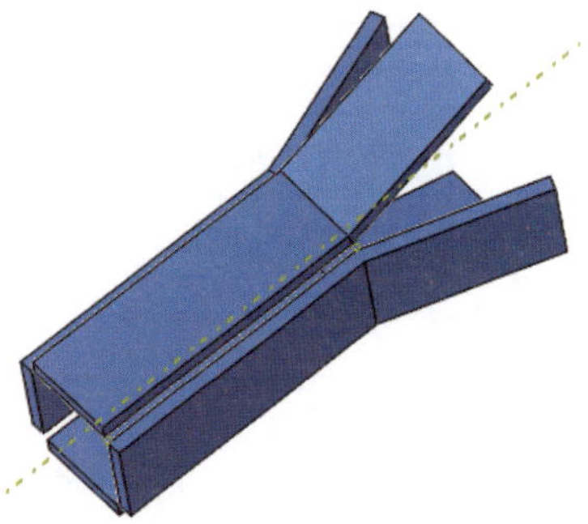

图 16－2　方形倒刺结构

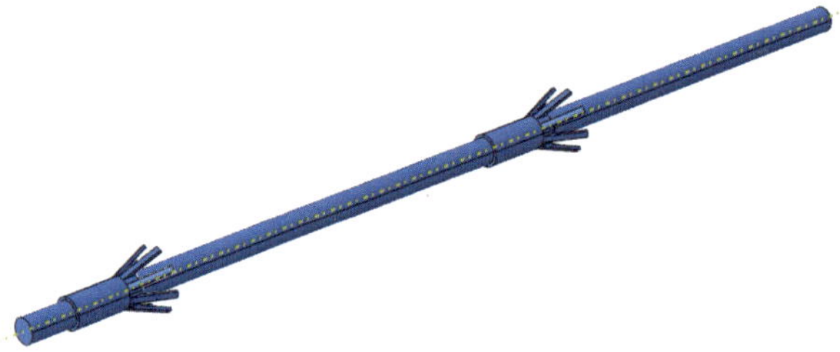

图 16-3　圆形倒刺与锚杆组合

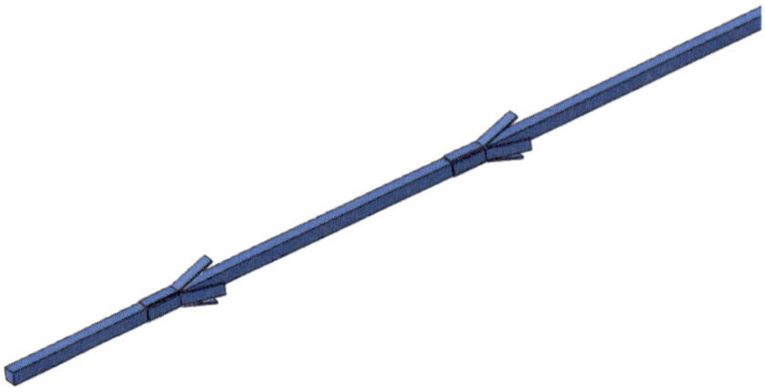

图 16-4　方形倒刺与锚杆组合

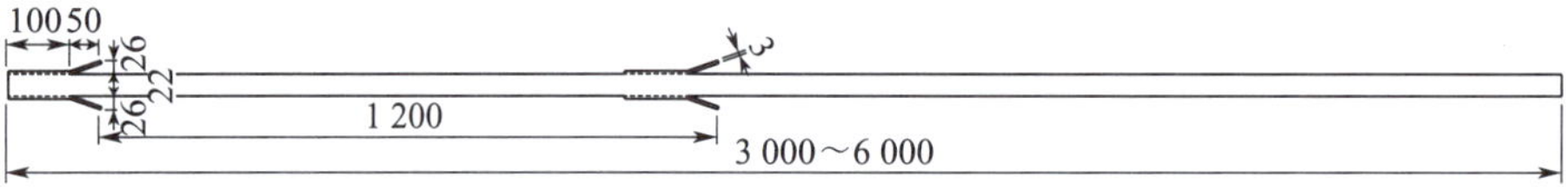

(a) 方形倒刺锚杆立面图

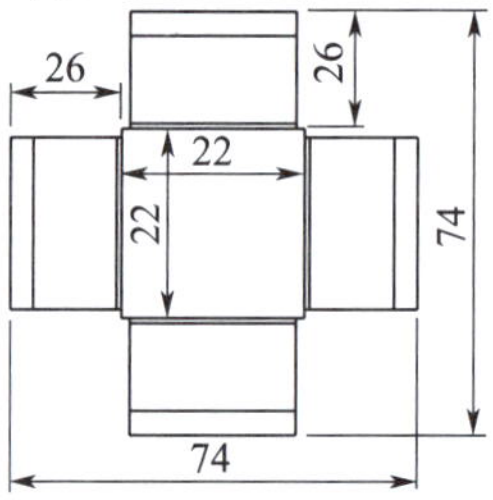

(b) 方形倒刺锚杆断面图

图 16-5　方形倒刺锚杆几何尺寸图（单位：mm）

16.2　倒刺锚杆承载性能研究

16.2.1　计算模型

物理力学模型模拟问题涉及大变形、接触高度非线性问题，采用平面应变单元进行分析，模拟倒刺锚杆插入岩孔、拔出岩孔全过程。物理力学模型尺寸如图 16-6 所示。

采用 ABAQUS 软件建立数值计算模型，如图 16-7 所示。模型物理力学参数见表 16-1。

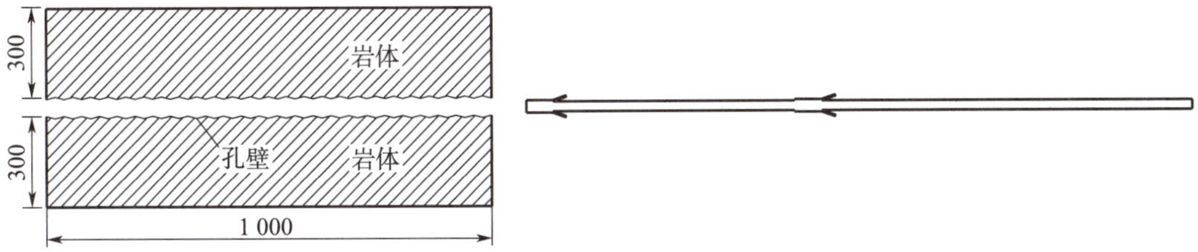

图 16－6　方形倒刺锚杆几何尺寸图（单位：mm）

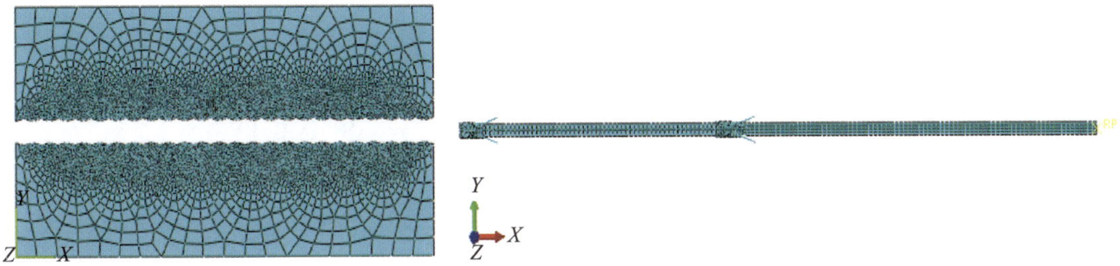

图 16－7　数值计算模型

表 16－1　模型物理力学参数

模型名称	密度/(g/mm³)	弹性模量/MPa	泊松比
倒刺	7.85	2.0e5	0.3
锚杆	7.85	2.1e5	0.3
孔壁岩体	2.6	3.5e4	0.2

模型尺寸：倒刺外扩薄板、锚孔凹凸转折处为了提高分析精度，防止接触面发生侵彻问题，细分单元，其大小为 1 mm×1 mm 左右，锚杆杆体单元边长大小为 5～10 mm 左右，锚孔孔壁外扩 300 mm 为岩体，由孔壁向外逐渐放大单元尺寸。

材料本构关系：倒刺采用高强钢弹性本构，锚杆采用四级钢弹性本构，孔壁岩体采用微风化花岗岩岩体弹性本构。

相互作用：倒刺外扩薄片钢和孔壁之间为接触关系，切向摩擦系数为 0.6，法向接触为硬接触。孔内注浆体和孔壁之间为绑定约束。

边界条件：孔壁岩体外侧为水平约束和竖向约束，倒刺锚杆轴线水平为竖向约束。

载荷：倒刺锚杆根部施加水平向左的强迫位移，即向左插入岩体 1 000 mm，然后向右外拉 200 mm。

16.2.2　工况一——不考虑注浆时插入与拔出承载力分析

倒刺锚杆初始位置距离锚孔端部 62.5 mm，向左插入 937.5 mm。不同时刻的锚杆和孔壁位置关系及应力云图如图 16－8～图 16－10 所示。

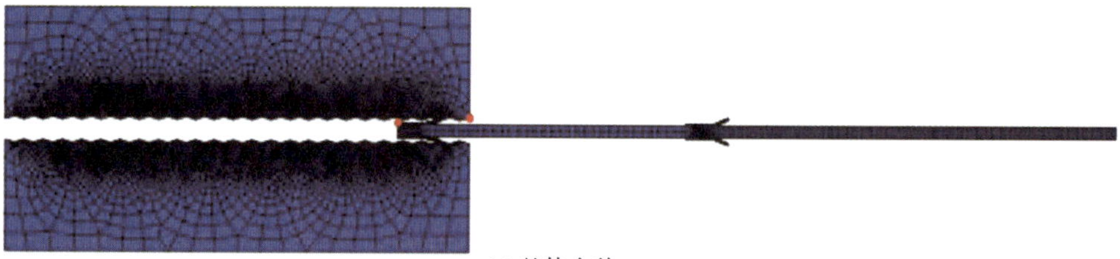

(a) 整体全貌

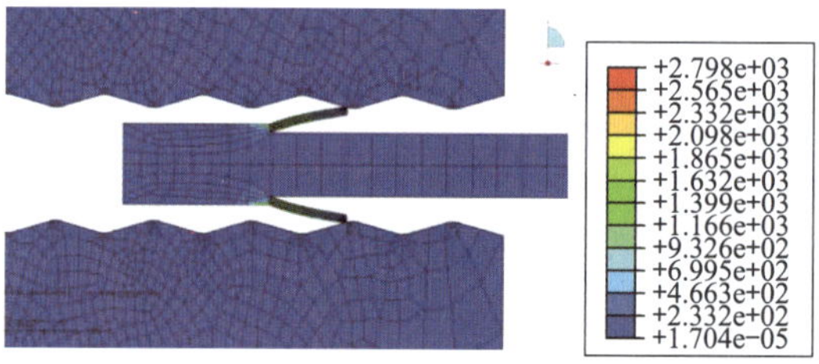

(b) 局部应力云图

图 16－8　插入锚孔 62.5 mm 的位置关系及 Mises 应力云图（单位：10^2 kPa）

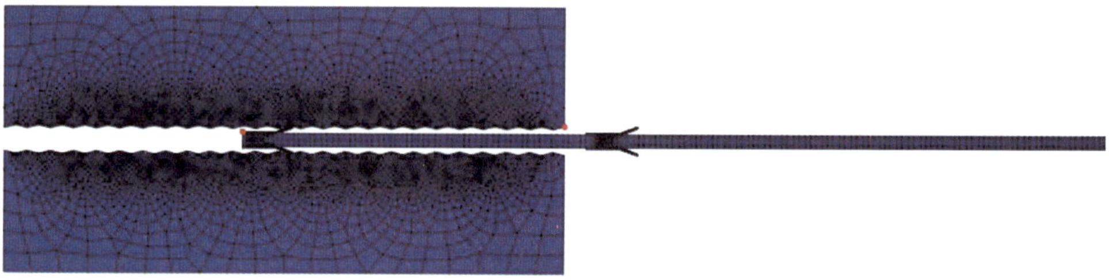

(a) 整体全貌

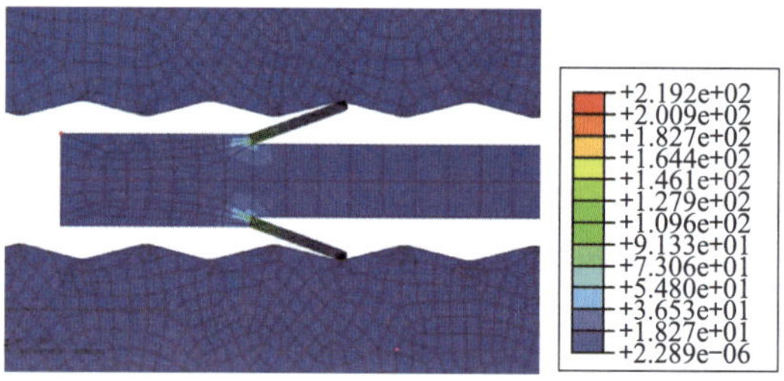

(b) 局部应力云图

图 16－9　插入锚孔 615 mm 的位置关系及 Mises 应力云图（单位：10^2 kPa）

由图 16－8～图 16－10 可以看出，在倒刺锚杆插入的过程中，倒刺外扩薄钢板始终和孔壁接触。当倒刺外扩薄钢板处于孔壁凸起部位时，Mises 应力最大，可达 279.8 MPa，当倒刺外扩薄钢板处于孔壁凹入部位时，Mises 应力最小，为 21.9 MPa。

向外拔出的过程如图 16－11 所示。

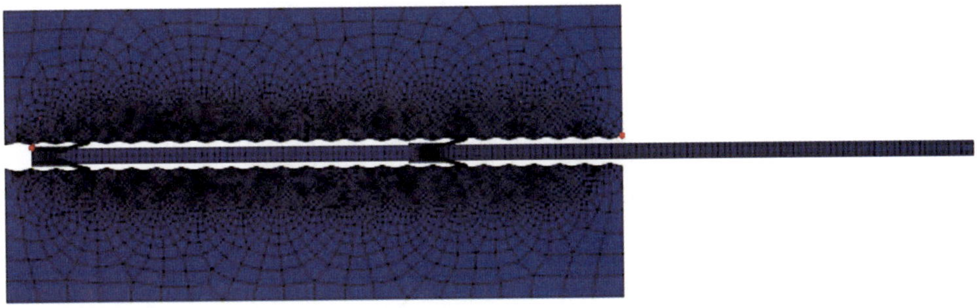

(a) 整体全貌

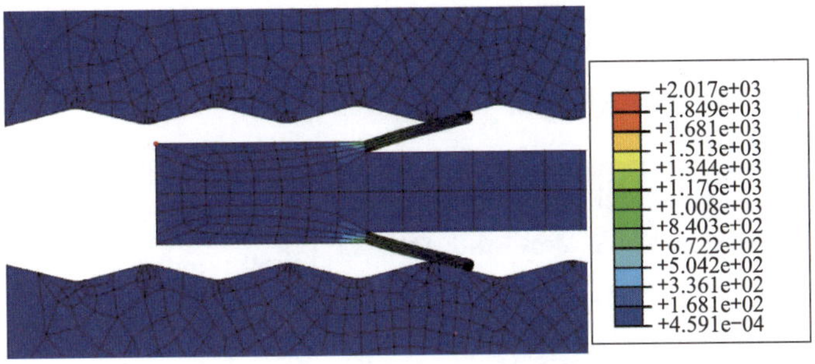

(b) 局部应力云图

图 16－10　插入锚孔 937.5 mm 的位置关系及 Mises 应力云图（单位：10^2 kPa）

由图 16－11 可以看出，由于孔壁假定为理想的硬面，且凹凸处进行了倒角光滑处理，倒刺锚杆在外拉过程中，并未发生“卡住”计算不收敛等问题，带有一定切向摩擦的法向光滑接触导致了外拉过程中倒刺锚杆外扩薄钢板不断收缩、扩张，同时其 Mises 应力也发生相应的变化，变化区间为 61.2～333.1 MPa。

在插入、外拉阶段将锚杆根部合并为一点受力，用来捕获锚杆在插入、外拉过程中的推力和抗拔力大小，如图 16－12 所示。

由图 16－12 可以看出，在插入阶段的前 1.75 步前，倒刺锚杆中一个倒刺插入孔壁，当倒刺锚杆外扩薄钢板位于孔壁凸起处时，对应锚杆根部推力峰值为 320 N/mm，当倒刺锚杆外扩薄钢板位于孔壁凹入处时，对应锚杆根部推力低值，呈波峰波谷交替状态；在插入阶段的 1.75 步后、2.00 步前，倒刺锚杆中两个倒刺均插入孔壁，导致锚杆根部推力增大至 620 N/mm，该阶段也呈波峰波谷交替状态；在拔出阶段（对应载荷步 2.00），锚杆根部合力变为正值（抗拔力），其力的幅值为 1 180 N/mm，换算为整个锚杆的抗拔力为 25.96 kN。由此看出倒刺锚杆在理想孔壁的情况下，其纵向的抗拔力为推进时抗力的 2 倍左右，易进不易出。

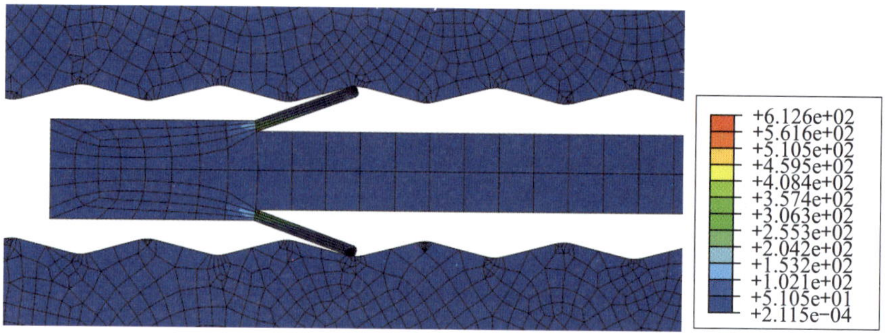

(a) 倒刺外扩薄钢板处于孔壁凹处

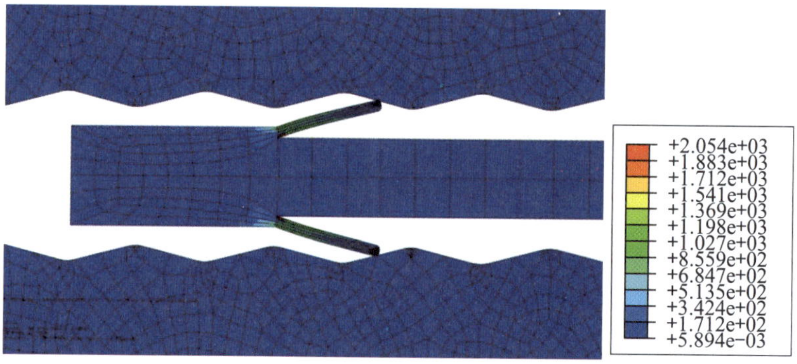

(b) 倒刺外扩薄钢板处于孔壁凹凸中部

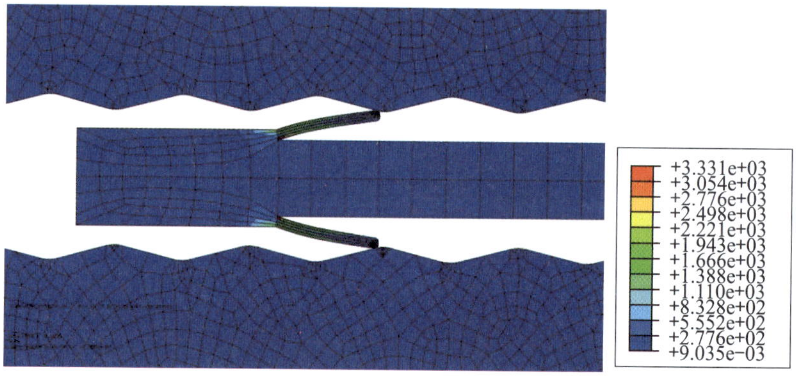

(c) 倒刺外扩薄钢板处于孔壁凸处

图 16-11 锚杆外拉过程中 Mises 应力云图（单位：10^2 kPa）

16.2.3 工况二——考虑注浆时插入与拔出承载力分析

采用单元生死技术模拟倒刺锚杆插入后的注浆体，如图 16-13 所示。外拉受力终态应力云图如图 16-14 所示。由图 16-14 可以看出，注浆体阻止了倒刺锚杆外扩薄钢板的运动，从而产生很大的 Mises 应力，其最大 Mises 应力为 1 387 MPa。

在插入、外拉阶段将锚杆根部合并为一点受力，用来捕获锚杆在插入、外拉过程中的推力和抗拔力大小，如图 16-15 所示。

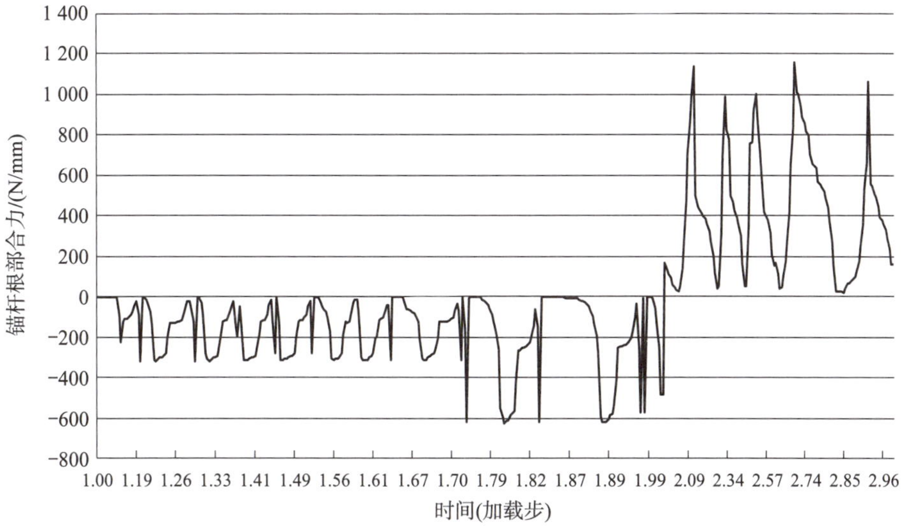

图 16－12　锚杆插入和外拉过程中锚杆根部合力曲线图

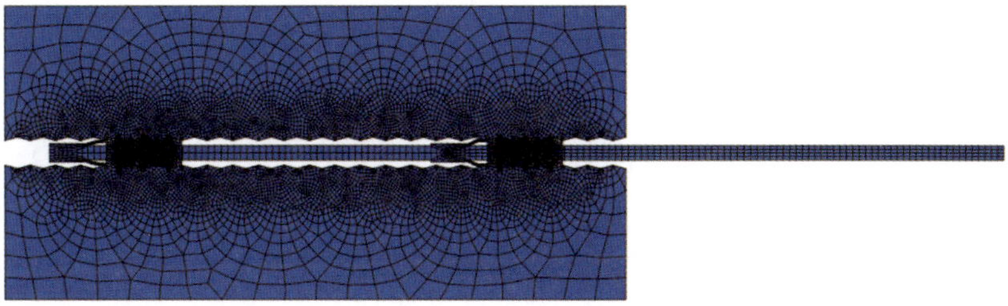

图 16－13　注浆段、锚杆和孔壁岩体关系图

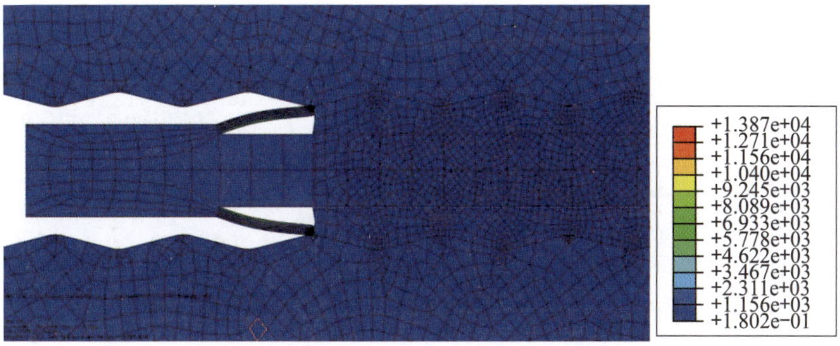

图 16－14　锚杆外拉过程中 Mises 应力云图（单位：10^2 kPa）

由图 16－15 可以看出，倒刺锚杆在倒刺外扩薄钢板抵住水泥砂浆后，锚杆根部的抗拔力急剧增大至 30 000 N/mm，换算成整个锚杆体抗拔力则为 660 kN，即 66 t 力，相较不考虑灌浆的锚杆增大近 25 倍。

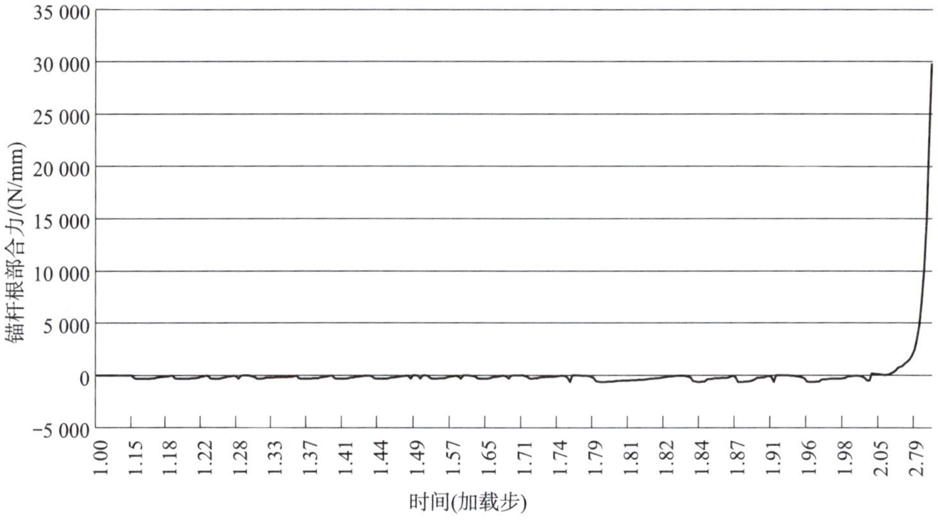

图 16－15　锚杆插入和外拉过程中锚杆根部合力曲线图

16.3　小结

发明的新型倒刺锚杆具有以下明显特点：

1）由于倒刺的存在，提高了锚杆的抗拔承载能力。成孔后锚杆放入时，倒刺结构的外扩薄片在孔壁约束下，呈微收缩状态紧贴孔壁滑动。到达预定位置后，由于孔壁表面呈凹凸糙面，锚杆在向外拉力作用下，倒刺外扩薄片会顶住孔壁。如果孔壁为硬质岩石，外扩薄片和孔壁之间则为硬接触关系，不考虑灌注水泥浆体，倒刺锚杆的抗拔力可达几十千牛。

2）如果考虑注浆体，倒刺锚杆的抗拔能力会大幅提高，可达几十吨。

3）带刺锚杆制作简便，有较为广阔的市场前景。倒刺锚杆由母体锚杆和子体倒刺构成，母体锚杆一般采用 HRB 400 或 HRB 500 粗钢筋，子体倒刺为四周带有外扩薄片（如倒刺）的中空结构，既可以通过内置螺纹和母体锚杆螺纹连接固定，也可通过焊接和母体螺杆连接，倒刺结构兼具锚杆对中支架的作用。

4）倒刺锚杆由于倒刺直接和孔壁接触，在作为永久锚杆时，一般只能用于无腐蚀或微腐蚀环境，不宜应用于腐蚀环境。

第 17 章　某场地高边坡和洪水综合治理工程研究

某场地选址于两侧南北走向山脊间的深切V字形沟谷中，面临南、北、东三面突出的岩土问题：南、北两侧高边坡稳定和东侧山谷洪水治理。三侧岩土问题在时空上呈耦联、递进关系，有相当大的治理难度，在系统阐述三侧岩土问题工程地质特征的基础上，科学合理制定了防护治理对策。研究及实践表明：工程地质的准确把握是岩土治理的基础和前提，而对治理工程全局概念性的把控又是指导勘察设计有的放矢的关键。治理设计与治理勘察紧密结合是岩土治理工程成败的核心要素；选址于山谷的工程防洪是关键问题，需建立通畅的排洪渠道，依据场地重要性等级科学合理地制定防洪标准，确定频遇流量；对于小型滑坡治理，优先采取清方处理措施更为合理，对于清方后的耸立高边坡仍需进行稳定性分析、评价，确定合理的防护对策，确保整个边坡的安全。

17.1　引言

极限平衡分析法是目前最主要的边坡稳定评价方法，在圆弧破坏、平面破坏、曲面倾倒破坏等评价方法的基础上，许多学者从不同角度研究其破坏机制及其演化属性，如基于极限分析中上限法与非线性摩尔-库仑破坏准则及岩体内正应力属性，和强度折减法结合，建立了边坡稳定系数的分析法，基于应力-应变软化模型变形分析，揭示边坡的演化破坏全过程。但极限平衡分析法的力学模型与破坏模式相对简单，易造成评价结果偏离工程实际，存在较大误差的缺陷。随着计算机技术的发展，数值分析方法特别是以有限元和离散元为代表的数值方法得到广泛应用，有限元应力分析的缺点是不易搜索最容易出现的潜在滑移区域和破坏演变过程，离散元的不足之处是缺乏严密的理论基础。本书在边坡稳定性分析中，采取了极限平衡法、数值分析法相结合的手段，将二者取长补短，互为验证，从而提高了治理方案分析计算的可靠性。

常用的特小流域计算方法有推理公式法、林平一法和经验公式法等。林一平法最大特色是针对坡地汇流特点，专门研究提出了坡地洪峰计算方法，该方法的不足之处在于汇流计算过程中将流域内河道假定为单一对称的矩形河道，与山谷实际地形有一定的差别。地区综合经验公式是在缺乏资料的情况下计算洪峰流量的一种简易方法，不足之处在于未充分考虑下垫面影响因素。相比于上述两种计算方法，推理公式法的优势在于方法结构简单，参数较少，对资料条件要求不高，特别适用于小流域的设计洪水计算。本书通过实测资料推求的暴雨参数及洪水经验参数，可以使计算结果更加符合小流域暴雨洪水特性。

17.2 工程概况

工程位于峰山北部山区，峰山属侵蚀构造变质岩中高山区，区内山体较陡，海拔标高一般 700～1 000 m，相对高差 100～300 m。该工程的某场地选址于两侧东西走向山脊间的深切 V 字形沟谷中，场地两侧山体陡峭，属于两山夹一沟的典型地形，沟底非常狭窄，没有场地建设所需的自然条件。为了满足场地功能，需要将该处现状沟底以近似垂直的坡率下挖 10 m 左右，这样这块场地面临三处突出的岩土问题：即两侧高边坡防护和所处山沟的防洪排水。场地平面示意图如图 17－1 所示，三维数字地形图如图 17－2 所示。

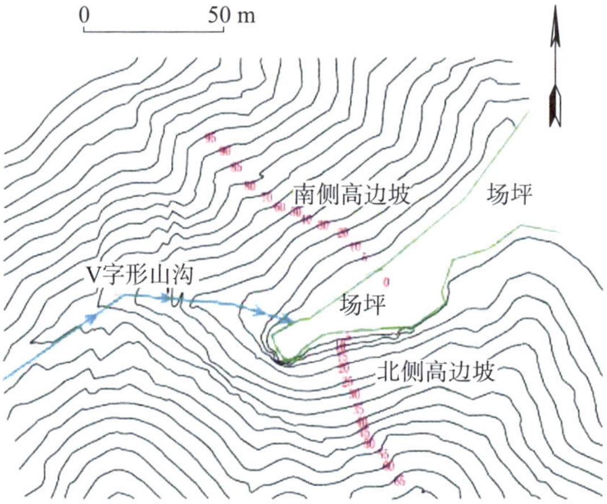

图 17－1 场地平面示意图

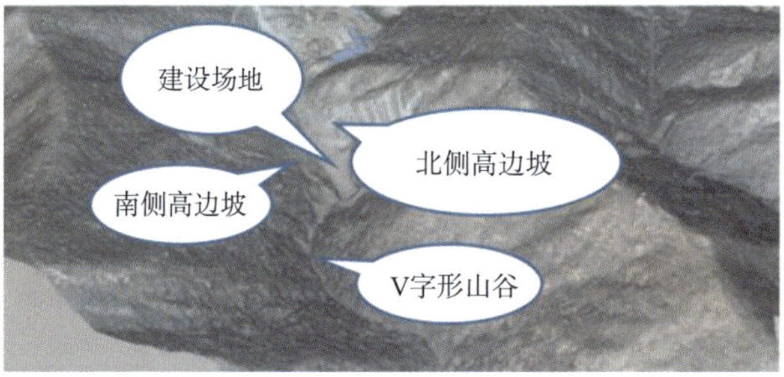

图 17－2 场地三维数字地形图

北侧高边坡，从坡脚至坡顶约 50 m，坡率 1∶0.5，出露岩石的岩性主要为角闪斜长变质岩、二长变质岩，呈强风化至中等风化，有两条断裂带小角度和高边坡坡面斜交穿过，这两条断裂是影响高边坡稳定的最关键因素；西侧高边坡，坡面有一较大堆积体，主要物质为块碎石土、砂及人工堆积碎石等，物质成分复杂，厚度达 11.5 m，方量约 5 万方，是目前边坡潜在滑动变形的主要物质成分；V 字形山谷从场地至源头近 1 000 m，汇水面 40 万 m^2，平均纵坡 15%，其下游正冲建设场地。概括起来说，该场地处于北侧高边坡、南侧滑坡、东侧山谷洪水的正下方，受到来自东、西、南三方面的威胁，任何一方处理不当，将直接影响场地安全，加之场地空间狭小（建筑场地仅有 800 m^2），没有缓冲的空间，对治理工作提出了很高的要求，必须做到彻底、安全、可靠。

17.3　场地东侧高边坡治理

17.3.1　边坡地质情况

北侧高边坡范围内发育 2 条断层，编号分别为 F1、F2。F1 和 F2 断层控制一条厚度 4～7 m 的破碎带，破碎带破碎程度较高，多为块状、碎块状，岩石中可见高岭土、泥质，出露面多见岩石掉块。F1 和 F2 断层分别为破碎带的西面和东面边界。边坡勘察断面划分如图 17－3 所示。F1 断层倾向 280°，倾角 53°～60°，在边坡中南部出露（6 剖面处），与边坡小角度斜交，如图 17－4 所示，夹角约 20°，在边坡出露处倾角为 53°，并向坡内发育 10～30 cm 宽的蚀变带；F2 断层仅在边坡最南端出露（8—8 剖面处），出露处倾向 252°，倾角 54°。根据野外调查及钻孔施工，推断 F2 断层向北斜插入坡内，向坡内倾向有所变化，大致与 F1 断层倾向相同，为 280°；F2 断层自边坡出露处向南倾向为 252°，F1 断层在边坡最南端向南产状也有所变化，其倾向与 F2 断层相同，倾向为 252°。F2 断层可见有 3～5 cm 厚断层泥。断层立面示意如图 17－5 所示。受构造控制，工程范围内发育节理，主产状分别为：186°∠82°、145°∠19°和 18°∠33°。

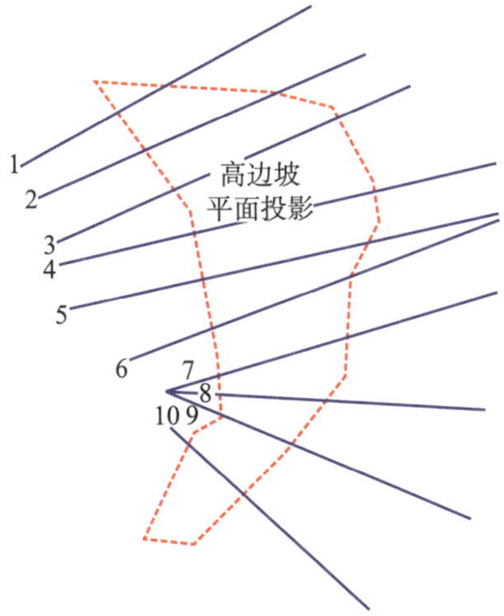

图 17－3　勘察断面平面布置

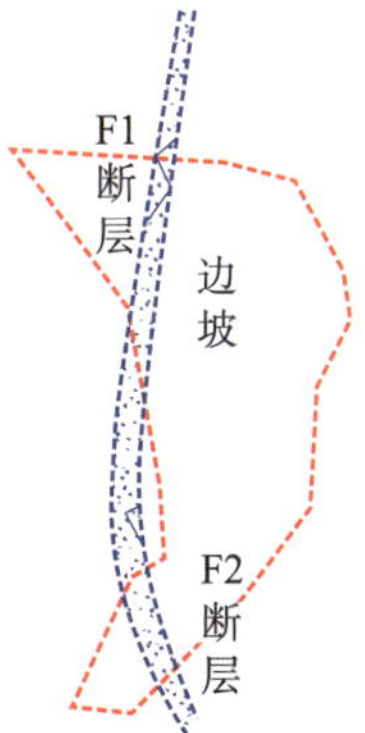

图 17－4　F1、F2 断层破碎带平面示意图

17.3.2　边坡稳定性计算

岩土边坡的 C、Φ 值选取采用反算法、经验法及实验指标综合确定，设计推力选用“自然工况、暴雨工况及地震工况”三种工况进行计算，推力较大者作为设计推力。其中，自然工况 $\gamma=24\ kN/m^3$，$C=15$ kPa，$\Phi=25.5°\sim34°$，暴雨工况 $\gamma_{sr}=26\ kN/m^3$，$C=12$ kPa。$\Phi=25°\sim33°$。稳定性计算主要采用极限平衡法，适当进行数值模拟校核，推力计算主要采用传递系数法，综合考虑形成了高边坡稳定性计算。具体参数及计算结果见表 17－1。

图 17-5　F1、F2 断层立面示意

表 17-1　参数指标、稳定系数及设计推力

代表断面	计算工况	稳定系数	C /kPa	Φ /(°)	安全系数	出口推力/(kN/m)	抗力/(kN/m)	设计推力/(kN/m)
2—2	自然	1.17	15	25.5	1.3	2 650	1 600	1 050
	暴雨	1.15	12	25	1.2	2 400		
	地震	1.12	15	25.5	1.15	2 100		
3—3	自然	1.16	15	29.5	1.3	3 100		3 200
	暴雨	1.12	12	28.0	1.2	3 200		
	地震	1.11	15	29.5	1.15	2 500		
4—4	自然	1.15	15	35	1.3	3 700		3 700
	暴雨	1.12	12	34.5	1.2	3 500		
	地震	1.11	15	35	1.15	2 800		
5—5	自然	1.12	15	28	1.3	2 700		3 000
	暴雨	1.07	12	26.5	1.2	3 000		
	地震	1.06	15	28	1.15	2 300		
6—6	自然	1.12	15	34	1.3	1 600		1 700
	暴雨	1.07	12	33	1.2	1 700		
	地震	1.06	15	34	1.15	1 100		

17.3.3　边坡治理设计

高边坡治理设计遵循了“抓住关键、划分主次、分区对策、综合治理、经济适用”的基本治理理念，抓住断层破碎带的空间位置这一主要控制因素，结合典型断面的稳定计算成果，综合运用主、被动加固措施，联合排水构造措施，最终形成系统性的综合治理方案。加固治理的立面图如图 17-6 所示，共有 5 种治理措施联合应用。

1）预应力锚索墩＋挂网喷射砼防护。一级坡面采用 4 排预应力锚索进行加固治理，锚索长度为 15～27 m，锚固段长均为 8 m，每孔锚索由 $5\times\Phi_s15.2$ mm 高强度低松弛的 1 860 级钢绞线组成，锚索水平间距 4.0 m，垂直间距 4.0 m，钻孔直径为 150 mm，倾角

24°，锚墩嵌入坡面 20 cm，采用 C35 钢筋混凝土现浇。

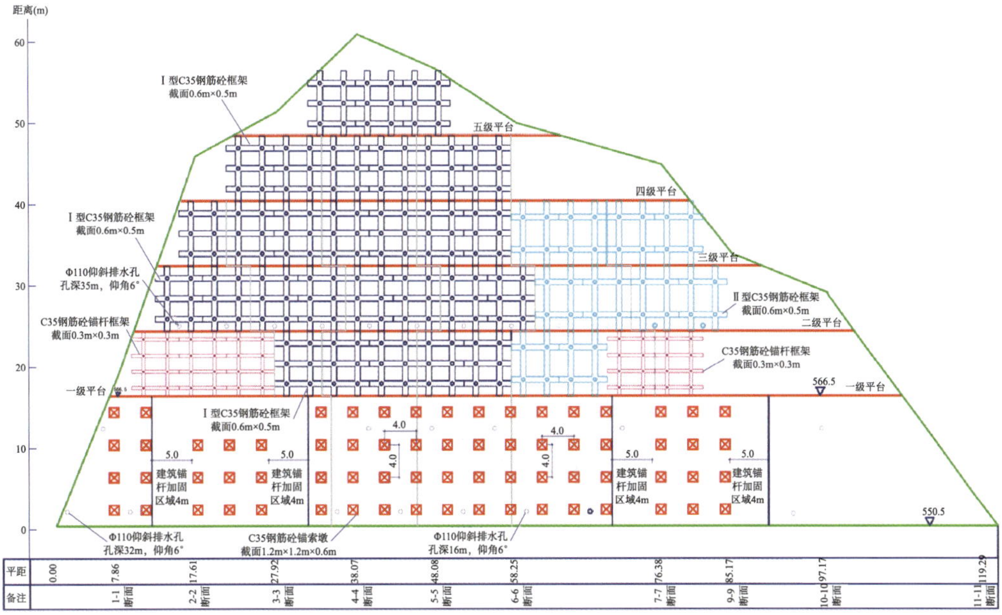

图 17-6　高边坡加固治理立面图

2）预应力锚索框架。按照“强腰固脚”的加固理念，为分担下滑力，于二级～六级边坡坡面分别设置 2～3 排预应力锚索进行加固治理，其中 2—2 至 5—5 断面每级坡面采用 3 排Ⅰ型框架锚索，锚索长度为 20～34 m，锚固段长均为 8 m，每孔锚索由 5×Φ15.2 mm 高强度低松弛的 1 860 级钢绞线组成，锚索水平间距 3.0 m，垂直间距 2.5 m，钻孔直径为 150 mm，锚索倾角均为 24°。锚索端部设钢筋砼框架，每片框架由 2 根竖梁和 3 根横梁组成，框架梁截面尺寸均为 0.6 m×0.5 m，采用 C35 钢筋混凝土现浇。6—6 断面至 7—7 断面每级坡面采用 2 排Ⅱ型框架锚索。

3）框架锚杆。为加强隧道顶部坡脚抗剪切破坏，隧道顶部二级坡面如图 17-6 所示采用 4 排框架锚杆进行加固治理，锚杆长为 8 m、9 m，由一根 Φ25 螺纹钢组成，锚孔直径 110 mm，水平间距 3.0 m，垂直距离 2.0 m；锚杆端部设置框架，框架梁截面尺寸为 0.3 m×0.3 m，采用 C35 钢筋混凝土现浇。

4）Φ110 mm 仰斜排水孔。为截排断层破碎带内地下水，于一级坡脚（垂直地面 1.5～2.0 m 位置）、一级坡坡顶附近（距离一级平台垂直 4.0 m 位置）、三级坡脚（距离二级平台垂直距离 1.0 m 位置）分别设置一排 Φ110 mm 仰斜排水孔，三级坡脚孔间距 6 m，孔深 16～35 m，仰角 6°，设 13 孔；一级坡脚、坡顶附近孔间距 4 m，梅花形间隔布置，设 16 孔，共 29 孔。

5）平台砼挡水埝。为截排三级坡脚仰斜排水孔排出的地下水，二级平台增设挡水埝，挡水埝尺寸为 0.4 m×0.4 m 梯形，厚 30 cm，采用 C20 砼现浇。典型的边坡治理断面图如图 17-7 所示。

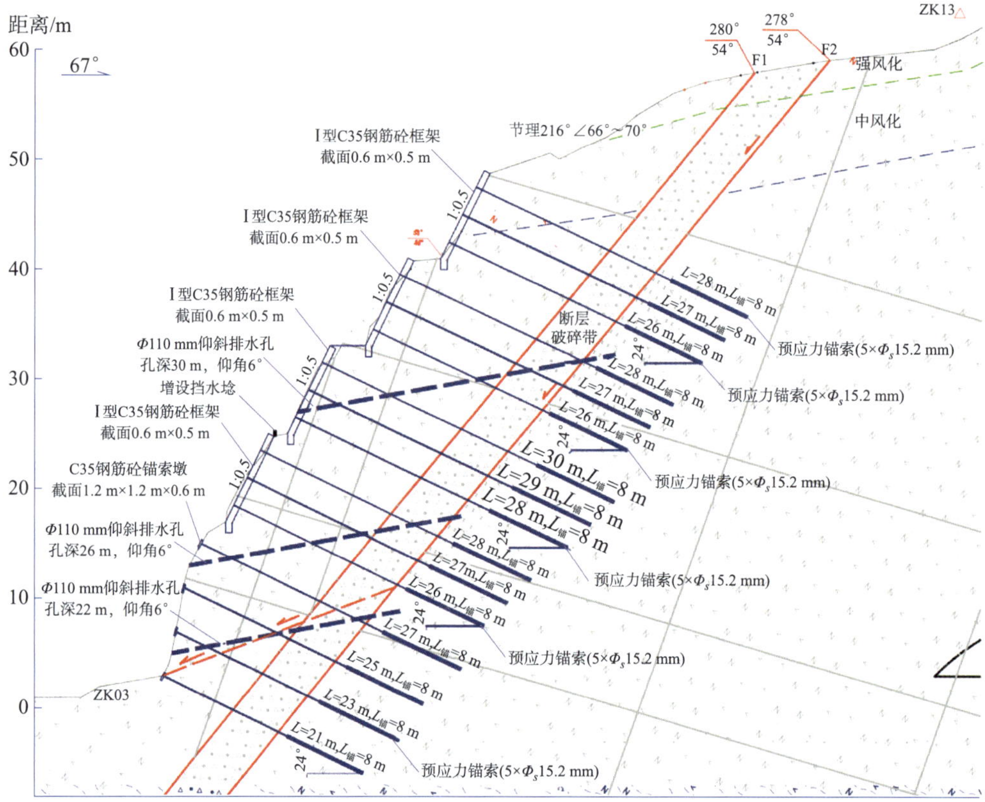

图 17-7　边坡典型断面（3 断面）治理设计图

17.4　场地南侧山谷来洪治理

场地东侧山谷来洪治理本应和南侧滑坡一同治理，因为二者在空间位置上耦联，但建设单位批复的投资预算未能将西侧滑坡体治理纳入，需要另行申请经费，有一定的时间周期，但山谷来洪治理又刻不容缓，只能人为地划分为两个阶段，即分期实施，一期为排洪工程，紧后为二期南侧滑坡边坡治理工程，二者相辅相成，相互衔接。排洪工程是决定整个场地、建筑安全的关键工程，必须高度重视。该场地处于峰山北部山区 V 字形深切沟从东向西延伸的正下方，山势陡峻，沟谷狭窄，山体汇水面积大，如果处理不当，场地将十分危险。

17.4.1　百年一遇洪水计算

百年一遇洪水量的准确计算是排洪科学设计的前提，为此，基于国内相关规范，采用了 5 种计算方法进行计算，又经科学分析，最终合理取值。5 种计算方法及结果见表 17-2，综合分析后按照洪水流量 $Q_{1\%}=20\ m^3/s$ 进行排洪渠设计。

表 17－2　百年一遇来洪量计算表

设计依据	计算公式	流量/(m^3/s)
《滑坡防治设计规范》	$Q_p = 0.278\varphi S_p F/\tau^n$	19.60
铁一院法推理公式	$Q_p = \left[\frac{k_1(1-k_2)k_3}{x^n}\right]^{(1-n'y)^{-1}}$	19.51
太原工大数理统计法	$Q_p = 2\,212.8(1+1.04\lg T)/(t+10.4)^{0.83}$	20.08
城建局图解法	$Q_p = 1\,017(1+1.7\lg P)/t^{0.73}$	19.99
《公路涵洞设计规范》	$Q_p = 0.278(S_p/t_n - \mu)F$	18.60

17.4.2　排洪渠断面尺寸确定

谢才公式或曼宁公式适用于理想沟渠，对于有急转弯或纵坡突变的沟渠，则需要采用无压力临界流计算公式确定水深和壅水位，进而确定沟渠截面尺寸。依据《公路涵洞设计规范》（JTG/T 3365－02—2020）中 7.2.1 的规定来确定排洪渠截面尺寸，设涵渠净宽 2.5 m，求渠涵净高，具体计算公式见式（17－1）～式（17－6），符号释义见相关规范。经计算，h_q =2.875 m，设计上排洪渠净截面尺寸取值为 2.5 m×3.0 m。

$$V_k = \sqrt[3]{\frac{Q_p g}{\varepsilon B_k}} \tag{17－1}$$

$$A_k = \frac{Q_p}{\varepsilon V_k} \tag{17－2}$$

$$V_{qs} = \frac{V_k}{0.9} \tag{17－3}$$

$$h_{qs} = 0.9h_k \tag{17－4}$$

$$h_q = h_{qs} + \frac{V_{qs}^2}{2g\phi^2} - \frac{\overline{V}^2}{2g} \tag{17－5}$$

$$H_1 = H_{qs} + h_q \tag{17－6}$$

17.4.3　排洪渠平面、纵断面设计

排洪渠从东侧 V 字形沟谷出口高程处以导流槽（长度 19.58 m）型式起，沿西侧山体以 41.75%纵坡由南向北，逐步将洪水引入西侧山体 C30 钢筋砼截面尺寸 2.5 m×3.0 m 的排洪渠，进而引至场坪内。场坪内排洪渠以 1.5%的纵坡沿南侧山体坡脚场坪边界线由东向西，进入截面尺寸 2.5 m×3.0 m 的 C30 钢筋砼盖板明涵（盖板明涵穿越场坪道路），涵洞出口洪渠和整个场地的标准断面排洪渠过渡衔接，形成整个场地的完整排水体系。为保障排洪渠从南侧山体引至场坪，南侧山体坡脚设置坡脚挡墙，南侧边坡最南侧 9 m 范围由于场地狭小，坡面采用锚杆挂网喷砼防护。平面布置图如图 17－8 所示，纵断面布置如图 17－9 所示，整个排洪渠从上至下依次由 C25 砼导水槽、钢筋混凝土敞口排水渠、钢筋混凝土盖板排水渠、盖板明涵（和进场道路斜交）和场地标准排洪沟衔接的渐变段 5 部分

构成，最大纵坡 41.75%，最小纵坡 1.5%。特别值得一提的是，由于南侧滑坡治理在第二期工程实施，位于其坡脚的排洪沟采取了集排洪、行车、防塌方三种功能于一体的装配式排洪渠型式，如图 17－10 所示。设计理念主要基于三点考虑：1）防止二期竣工前滑坡局部坍塌覆盖排洪渠造成阻水，引发水患；2）排洪渠处于场坪内部，占用了部分原本就已紧张的场坪面积，加设盖板后的标高和场地标高同高，车辆、设备及人员均可在其上活动，从而不影响场坪有效的使用面积；3）加设盖板后，盖板和渠身、渠底形成四铰刚构体系，受力更加稳定，盖板按照公路-Ⅱ级载荷和覆土 5 m 载荷最不利包络设计。

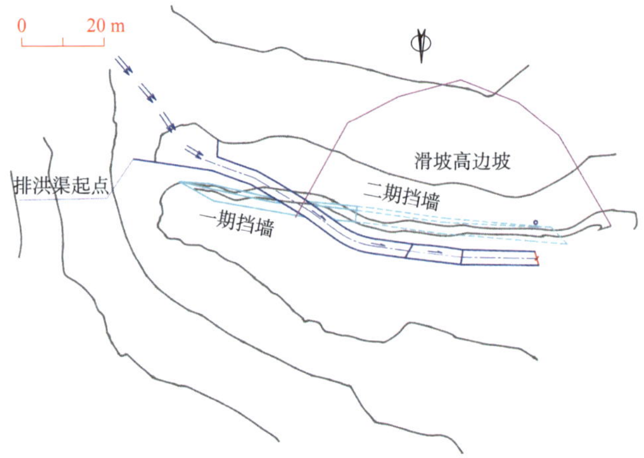

图 17－8　排洪渠平面布置示意图

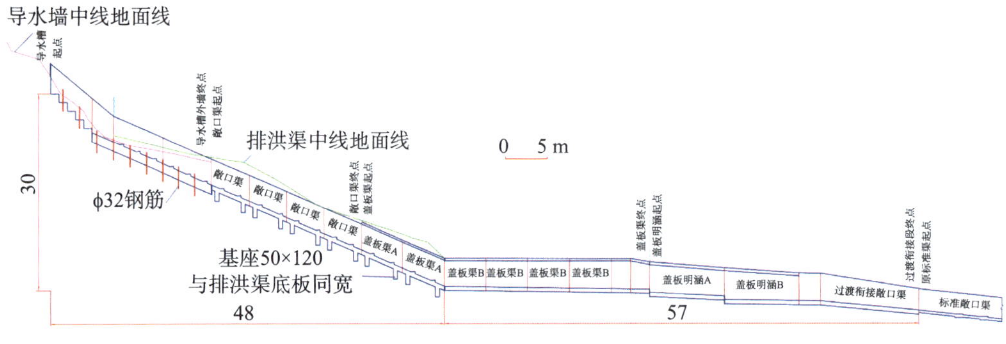

图 17－9　排洪渠纵断面布置图（单位：m）

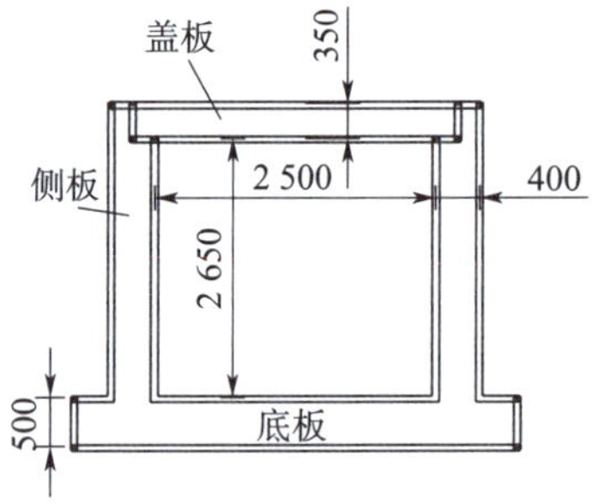

图 17－10　装配式盖板渠横断面（单位：mm）

17.5 场地南侧滑坡体及高边坡治理

南侧边坡位于 V 字形沟西侧，山体陡峻，边坡表层出露松散堆积体，下伏基岩为涞水杂岩，岩性主要为角闪斜长变质岩、二长变质岩。坡体总长约 80 m，南段长约 56 m，走向 330°，坡度 30°～50°，前缘较陡，地表植被稀少；北段长约 24 m，走向折向西为 285°，坡角 30°左右，地表多为植被覆盖，该滑坡由人工堆积块石、砂组成，属堆积层滑坡，滑坡体最厚约为 11.5 m，属浅至中层滑坡，滑坡体体积最大 $5\times10^4 m^3$，属小型堆积层滑坡。滑坡体立面如图 17－11 所示，勘测布线平面如图 17－12 所示。

图 17－11 滑坡体立面图

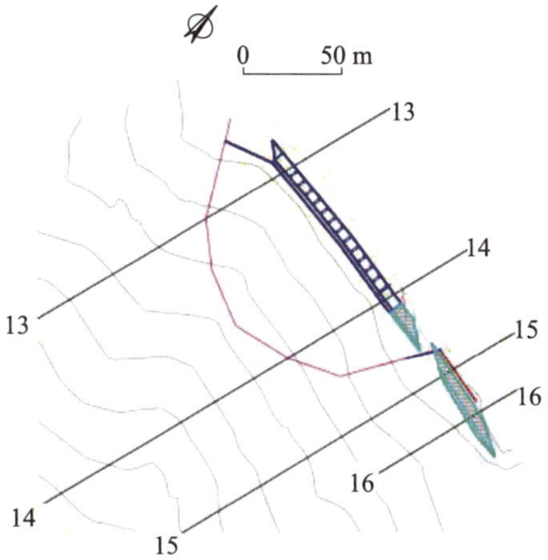

图 17－12 勘测布线平面示意

17.5.1 滑坡体变形特征

组成滑体的碎、块石土等人工堆积物结构松散，稳定性较差，在无降雨及地震的情况下，滑体无明显滑动变形，仅见表面石块掉落。修建场地时坡脚清理松散土体致使坡脚变陡，削弱了滑体前部支撑，使得堆积体稳定性进一步降低。2020 年 8 月 18 日傍晚，当地突发强降雨，致使滑体前缘出现滑动变形，变形长度约 10 m，高约 5 m，体积约 100 m^3。滑坡导致下方路面堵塞，施工场地内积水无法排出，场地施工设备被淹没。该堆积层滑坡最大变形范围南北向宽 80 m，高 110 m，平均厚度 6 m，体积约 5 万方，为堆积体沿片岩顶面与坡脚开挖后形成的滑动变形。

17.5.2 滑坡体稳定性分析

堆积层滑坡整体稳定性选取代表剖面 13—13、14—14 采用极限平衡法计算，其中 C、Φ 值选取采用反算法、经验法综合确定，按“自然工况、暴雨工况及地震工况”三种工况对其稳定性进行检算，土体容重 $\gamma=19\sim21\ kN/m^3$，黏聚力 $C=8\sim10\ kPa$，内摩擦角 $\Phi=19°\sim20°$，堆积层滑坡目前处于不稳定状态，稳定性计算见表 17－3。

表 17－3　堆积层滑坡整体稳定系数计算表

代表剖面	计算工况	C /kPa	Φ/(°)	稳定系数 F_s
13—13	自然	10	20	1.04
	暴雨	8	19	1.02
	地震	8	19	1.01
14—14	自然	10	20	1.05
	暴雨	8	19	1.03
	地震	8	19	1.02

17.5.3　滑坡体后方高边坡稳定性分析

滑坡清方刷坡后堆积层下伏变质岩，其片理 16°∠46°，与场坪呈斜角度顺倾，整体基本稳定，但该边坡下伏变质岩为薄层至中厚层，厚度 3～5 m，该层表层岩性较软，以薄层为主，局部有泥质充填，清方后边坡最高达 36 m，属于似层状结构，最大的破坏模式为平面型块体破坏，后缘控制节理 116°∠78°，主破裂面为片理 16°∠46°组合下的平面型块体破坏，破坏模式如图 17－13 所示，赤平投影如图 17－14 所示。滑坡刷方后边坡局部存在平面型块体破坏，按自然工况和地震工况分别对其稳定性进行计算，结果如图 17－15、图 17－16 所示。由图 17－15 可知，13—13 剖面在自然工况下稳定系数为 1.059，地震工况下的稳定系数为 1.015，均不满足规范要求。由图 17－16 可知，14—14 剖面在自然工况下稳定系数为 1.305，地震工况下的稳定系数为 1.284，稳定性尚可。由此可知，典型剖面 13—13 地段边坡稳定性不满足要求，需要加固处理。

图 17－13　高边坡控制节理和片理组合下破坏模式

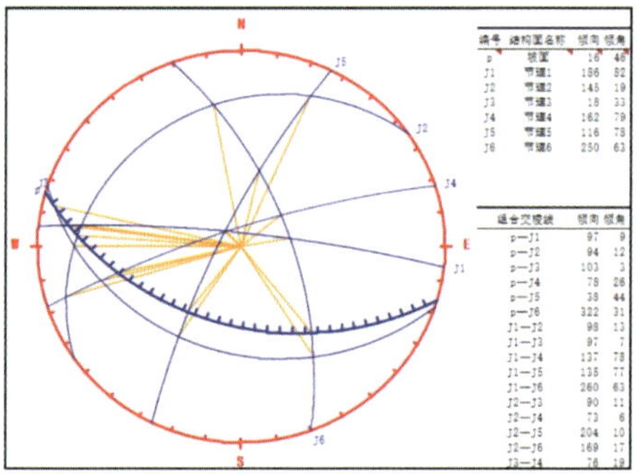

图 17－14　高边坡赤平投影分析图

17.5.4　南侧滑坡及高边坡治理设计

滑坡体最厚处约为 11.5 m，滑体体积最大约 $5\times10^4\,m^3$，属小型滑坡，滑体物质为碎、块石土，滑坡前部近乎直立，抗滑段被削弱后改变了原有的力学平衡，从而引起上部滑体失稳变形。目前滑坡处于欠稳定状态，如不及时治理，变形范围会进一步加大，对场地造成较大的安全威胁。鉴于堆积体量较小，同时考虑到整个工程场地狭小，采用大面积清除

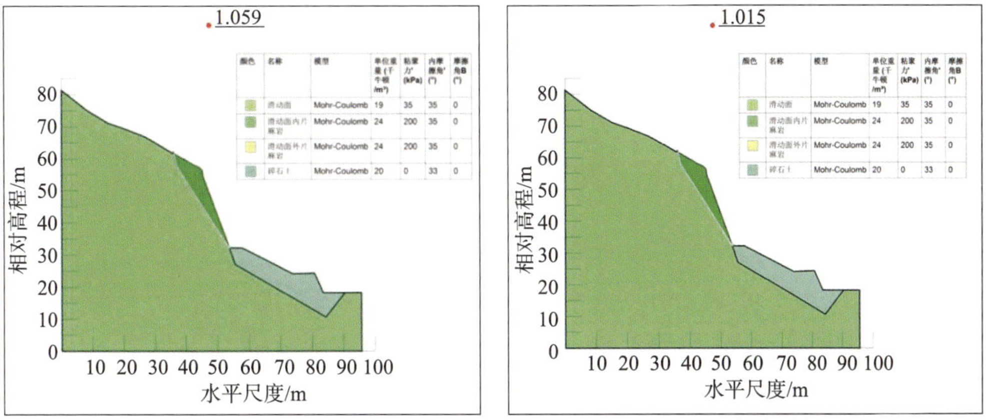

(a) 自然工况　　　　(b) 地震工况

图 17 - 15　13—13 剖面稳定系数

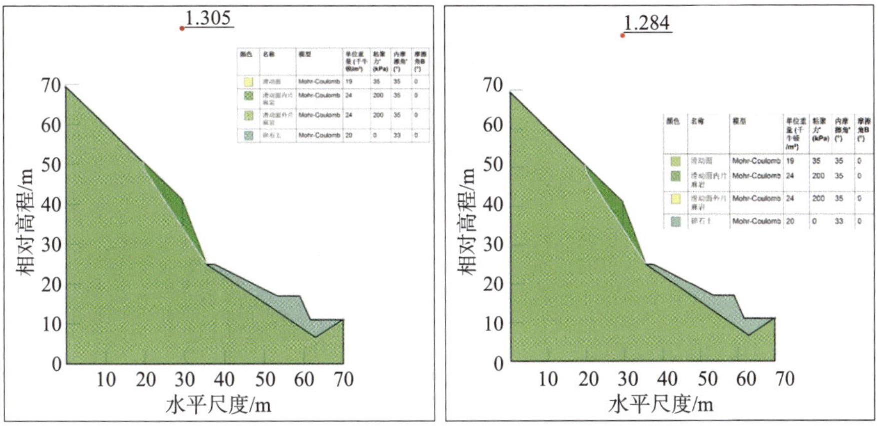

(a) 自然工况　　　　(b) 地震工况

图 17 - 16　14—14 剖面稳定系数

堆积体不但可彻底解除滑坡对场地的永久威胁，而且可以增加场地场坪使用面积。鉴于此，提出了对堆积层滑坡体进行大面积清方处理为主，同时辅之以必要防护加固的处理对策。施工分三级，一级～三级坡高 6～15 m，坡率 1∶0.4～1∶2；两级坡之间设置宽 2.0～5.5 m 平台，刷方后一级坡、二级坡残留一部分堆积体，存在堆积层滑动变形风险，对 13—13 剖面残留堆积层滑坡进行稳定性及滑坡推力计算，具体见表 17 - 4。对刷方后存在高边坡本着“固脚强腰”的设计思路，坡脚采用 C20 砼挡墙进行强支挡，13—13 剖面坡脚挡墙外部采用地梁锚索加固，对高边坡腰部采用预应力锚索墩进行加固治理，其余坡面采用锚杆挂网喷砼加固防护，加强地表截排水和疏干坡体内地下水多项措施进行综合整治。典型综合治理断面（13—13）如图 17 - 17 所示，对应的边坡稳定性分析如图 17 - 18 所示，可知加固后边坡在自然工况下的稳定系数为 1.313，地震工况下的稳定系数为 1.236，均满足规范要求。

表 17－4　13—13 剖面残留堆积层滑坡稳定系数及推力计算表

代表剖面	计算工况	稳定系数 F_s	C /kPa	Φ /(°)	安全系数	出口处推力/(kN/m)	设计推力/(kN/m)
13—13	自然	1.04	10	20	1.3	400	400
	暴雨	1.02	8	19	1.2	280	
	地震	1.01	8	19	1.15	258	

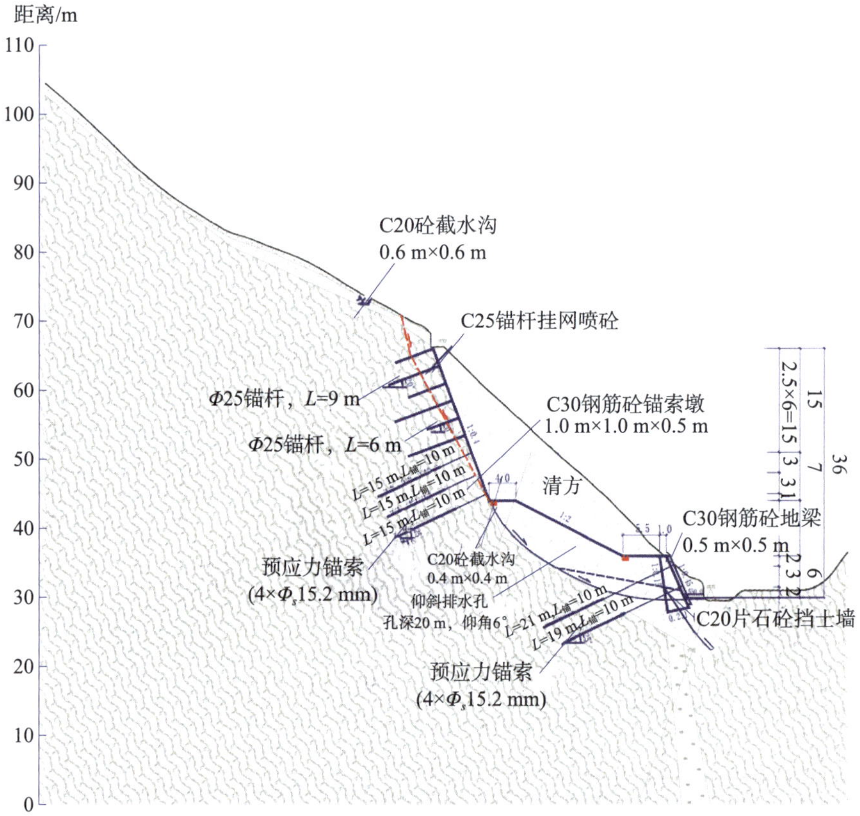

图 17－17　典型综合治理断面图

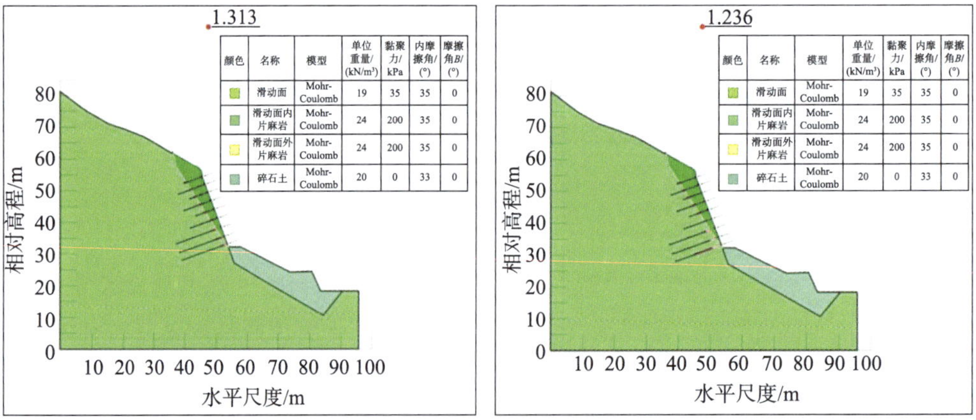

(a) 自然工况　(b) 地震工况

图 17－18　加固后边坡稳定系数

17.6　小结

面积 800 m^2 的场地竟然面临东、西、南三处突出的岩土问题，且三处问题都有各自的特殊性。三处岩土问题空间上不但耦联，时间顺序也呈递进关系，有一定的治理难度。目前东侧高边坡已治理完毕，正在实施南侧山谷来洪治理，西侧高边坡治理尚未开始，正在申请经费。从整个治理设计过程而言，经历了从认识模糊到认识清晰、从定性判断到定量分析的过程。归纳总结起来可以得出以下四个基本结论：

1）工程地质的准确把握是岩土治理的基础和前提，而工程地质勘察成果的针对性和有效性，又离不开对工程地质和治理工程的概念性和经验性的把握，治理设计与治理勘察密不可分。本工程中的东侧断层、南侧来洪、西侧滑坡体的勘察及治理过程充分体现了工程地质勘察与岩土工程治理设计相结合的紧密性。

2）在山谷中选址工程防洪是关键问题，需建立通畅的排洪渠道，依据场地重要性等级科学合理地制定防洪标准，确定频遇流量。

3）集排洪、行车、防塌方三种功能于一体的装配式排洪渠，不但施工快捷，防护可靠，而且节省场地，排洪有效，经实践证明是成功的。

4）对于小型滑坡治理，优先采取清方处理措施更为合理，对于清方后的耸立高边坡仍需进行稳定性分析、评价，确定合理的防护对策，确保整个边坡的安全。

参考文献

［1］ 黄绍金，刘陌生．装配式公路钢桥多用途使用手册［M］．北京：人民交通出版社，2002.

［2］ 肖叶桃．装配式公路钢桥的类型、特点及其应用［J］．国防交通工程与技术，2007（3）：85－88.

［3］ 苏善根，喻忠权，郝海龙．装配式公路钢桥的演变［J］．公路，2010（7）：39－42.

［4］ 朱永焯，徐关尧，苟明康．ZB－200型装配式公路钢桥的研究设计［J］．国防交通工程与技术，2004（1）.

［5］ 徐关尧，孙宏才，田平．“321”装配式公路钢桥安全性评价［J］．国防交通工程与技术，2009（2）：9－12.

［6］ 欧阳初，马广顺，徐关尧，等．装配式钢桥健康监测及安全评价系统的设计［J］．钢结构，2010（12）：4645－4662.

［7］ 邢文榜．大件运输中桥梁通过性快速评定方法研究［J］．中外公路，2011（3）：217－220.

［8］ 蒋建军，蒋劲松．321战备钢桥在彻底关大桥打通抢建工程中的应用［J］．西南公路，2008（4）：66－72.

［9］ 严波，周余辉，宋殿义．装配式公路钢桥临时加固梁桥实例分析［J］．公路，2009（2）：22－24.

［10］ 张毅刚．张弦结构的十年（三）——张弦成形结构的概念及发展［J］．工业建筑，2009，39（12）：84－89.

［11］ 中华人民共和国交通运输部．JTG 3362—2018：公路钢筋混凝土及预应力混凝土桥涵设计规范［S］．北京：人民交通出版社，2018.

［12］ 周新年．工程索道与柔性吊桥——理论设计案例［M］．北京：人民交通出版社，2008：245－247.

［13］ 周新年，郑丽凤，游明兴，等．柔性吊桥设计理论及其应用研究Ⅳ//简易柔性悬索桥总体设计方案研究——福建省建瓯市慈口悬索桥例析［J］．福建林学院学报，2001，21（3）：203－206.

［14］ 周新年，郑丽凤，冯建祥，等．柔性吊桥设计理论及其应用研究Ⅰ//福建省简易柔性悬索桥分析研究［J］．福建林业科技，2000，27（2）：72－74.

［15］ 黄绍金，刘伯生．现代索道桥［M］．北京：人民交通出版社，2004：154－180，243.

［16］ 王小桃，周新年，冯辉荣，等．基于VB 6.0的悬链线理论单跨索道侧型图设计［J］．福建农林大学学报（自然科学版），2012，41（2）：149－152.

［17］ 景天虎，李青宁．悬索桥主缆成桥线形确定的有限元新算法［J］．世界桥梁，2012，40（1）：42－46.

［18］ 田仲初，卜铭，黄宏辉，等．临时索道桥的成桥状态确定与载荷试验研究［J］．长沙交通学院学报，2005，21（2）：21－25.

［19］ 张其林．铝合金结构在我国的应用研究与发展［J］．施工技术，2018，47（15）：13－17.

［20］ 陈宝春，杨亚林，孙潮．铝桥的应用与发展［J］．世界桥梁，2004（2）：68－70.

［21］ TOMASZ SIWOWSKI. Aluminum Bridges－Past，Present and Future［J］．Structural Engineering International，2006，16（4）：286－293.

［22］ 陈爱军，邵旭东．铝合金在桥梁工程中的应用［J］．建筑技术开发，2005，32（11）：64－66.

［23］ GB 50429—2007：铝合金结构设计规范［S］．北京：中国计划出版社，2008.

[24] 程晓东．新型铝合金结构在城市人行天桥中的应用 [J]．桥梁建设，2007 (6)：37-41.

[25] Aluminum Association. Aluminum design manual [S]. 8th ed. Washington D C：Aluminum Association，2012.

[26] Aluminum design manual [S]. 8th ed. Washington D C：Aluminum Association，2005.

[27] WERNER MADERM，AUGUST PIEPER. Schwansbell Bridge Celebrating 50th Birthday [J]. Structural Engineering International，2006，16 (4)：356-359.

[28] TOMASZ SIWOWSKI. Test and Finite Element Analysis of an "Aluminium - Light weight Concrete" Composite Girder [J]. Structural Engineering International，2006，16 (4)：319-325.

[29] 叶耀先，岡田憲夫．地震灾害比较学 [M]．北京：中国建筑工业出版社，2008.

[30] 胡立成，赵世宜，吴娟，等．重大地质灾害公路军事运输保障研究 [J]．国防交通工程与技术，2009 (4)：3-5.

[31] 张孝伦，张瑜洁．汶川地震公路抢修与保畅主要措施 [J]．武汉工业学院学报，2009 (3)：80-84.

[32] 庄卫林，蒋劲松．四川公路桥梁震后抢通、保通及恢复技术 [J]．西南公路，2010 (2)：33-37.

[33] 杨世坚，窦鹏．外军渡河桥梁器材的新进展 [J]．后勤科技装备，2006 (5)：39-41.

[34] 宋一凡．公路桥梁动力学 [M]．北京：人民交通出版社，2000.

[35] LARRARD F D，SEDRAN T. Optimization of ultra - high - performance concrete by the use of a packing model [J]. Cement and Concrete Research，1994，24 (6)：997-1009.

[36] RICHARD P，CHEYREZY M. Reactive powder concretes with high ductility and 200-800 MPa compressive strength [J]. ACI Special Publication，1994，144：507-518.

[37] RICHARD P，CHEYREZY M. Composition of reactive powder concretes [J]. Cement and Concrete Research，1995，25 (7)：1501-1511.

[38] 阎培渝．超高性能混凝土（UHPC）的发展与现状 [J]．混凝土世界，2010 (9)：36-41.

[39] 中国混凝土与水泥制品协会 UHPC 分会．2019 年度中国超高性能混凝土（UHPC）技术与应用发展报告 [J]．混凝土世界，2020 (2)：30-43.

[40] 陈宝春，季韬，黄卿维，等．超高性能混凝土研究综述 [J]．建筑科学与工程学报，2014，31 (3)：1-24.

[41] GU C P，YE G，SUN W. Ultrahigh performance concrete Properties，applications and perspectives [J]. Science China Technological Sciences，2015，58 (4)：587-599.

[42] SHI C J，WU Z M，XIAO J F，et al. A review on ultra high performance concrete：Part Ⅰ. Raw materials and mixture design [J]. Construction and Building Materials，2015.

[43] 邵旭东，樊伟，黄政宇．超高性能混凝土在结构中的应用 [J]．土木工程学报，2021，54 (1)：1-12.

[44] 胡立成，赵世宜，吴娟，等．重大地质灾害公路军事运输保障研究 [J]．国防交通工程与技术，2009 (4)：3-5.

[45] 唐雅芳．气囊膜形态、结构特性与新型膜材力学性能试验研究 [D]．上海交通大学，2006：1-60.

[46] 罗福午．从帐篷到充气结构 [J]．建筑技术学报，2002，33 (7)：43-46.

[47] 江锡虎，谢步瀛，王恒．充气结构的空间造型分析研究 [J]．工程图学学报，2006 (2)：72-78.

[48] LUCHSINGER R H，CRETTOL R. Experimental and Numbercial Study of Spindle Shaped Tensairity Girders [J]. International Journal of Space Stuctures，2006，21 (3)：119-130.

［49］ 陈务军．膜结构工程设计［M］．北京：中国建筑工业出版社，2005.

［50］ 黑尔措格．充气结构［M］．上海：上海科学技术出版社，1983.

［51］ 冯远红，闫文魁，殷继刚，陈务军．拱形气肋充气阶段力学性能分析与试验［J］．空间结构，2009，15（2）：74－75.

［52］ 冯远红，杨风雷，闫文魁．拱形气肋承载力分析与试验［J］．工业建筑，2009（S2）：398－400.

［53］ 于宁．充气筒结构的承载能力分析［D］．哈尔滨工业大学，2009.

［54］ 赵大鹏．大型充气膜结构特性分析与高强膜材试验研究［D］．上海交通大学，2007：1－99.

［55］ 江锡虎，谢步瀛，陈慧进．充气膜结构非线性分析的 ANSYS 实现［J］．结构工程师，2006，22（1）：38－42.

［56］ 庄茁．连续体和结构的非线性有限元［M］．北京：清华大学出版社，2002.

［57］ 刘平，付功义．充气膜结构的充气压力变形［J］．工业建筑，2012（S1）：290－293.

［58］ 陈忠达，王秉纲．公路挡土墙设计［M］．北京：人民交通出版社，1999.

［59］ 郑颖人，陈祖煜，王恭先，凌天清．边坡与滑坡工程治理［M］．北京：人民交通出版社，2007.

［60］ 纪文利，唐广辉．装配式钢筋混凝土挡土墙的设计与施工［J］．铁道标准设计，2003（10）：111－112.

［61］ 范瑛．多级挡土墙压力传递效应与沉降规律研究［D］．武汉理工大学，2013.

［62］ 石中柱，张文清．预制钢筋混凝土折板挡土墙的设计与施工［J］．市政技术，1982（1）：8－15.

［63］ 杨帆，郑洁．浅谈多层预制箱型装配式护岸结构设计［J］．武汉：中国水运，2021，21（9）：97－99.

［64］ 张信贵，陈海波，严利娥，等．装配式挡墙砌块剪切试验研究［J］．混凝土，2021，376（2）：115－119.

［65］ 徐健，刘泽，黄天棋，等．装配式挡土墙设计与施工的关键问题研究［J］．城市建设理论研究，2018（6）：88－91.

［66］ 周晓靖．装配式钢筋混凝土生态挡土墙的技术应用［J］．中华建设，2017（11）：140－141.

［67］ 黄琴龙，凌建明，唐伯明．旧路拓宽工程的病害特征和机理［J］．同济大学学报（自然科学版），2004，32（2）：197－201.

［68］ 孙伟，龚晓南．高速公路拓宽工程变形性状分析［J］．中南公路工程，2004，29（4）：53－55.

［69］ TERAYAMA T，YAMAMOTO Y，TAYA M. Development of non－cut－and－cover widening of Urban－road shield tunnels for on－and－off－ramps［J］．Tunnelling and Underfround Space Technology，2006，21（3）：458.

［70］ 龚先兵，杨明辉，赵明华，等．山区高陡横坡段桥梁桩基承载机理模型试验［J］．中国公路学报，2013，26（2）：56－62.

［71］ 刘晨光，周志祥，毛久群．整体式悬挑结构与岩土共同作用研究［J］．重庆交通大学学报（自然科学版），2011，30（6）：1303－1362.

［72］ 李月文，潘骄宇．半山桥下部结构组合体系抗倾覆稳定性设计［J］．公路交通技术，2017，33（5）：47－52.

［73］ 周志祥，郑文，游涛．用半山桥-边坡复合路基结构拓宽山区道路研究［J］．重庆交通大学学报（自然科学版），2011，30（4）：743－746.

［74］ ZHOU ZHIXIANG，LI FANG，WANG QUJUE. Laterally cantilevered space frame for the roadway widening in steep－sloped moubtainous areas［J］．Structual Engineering International，2008，18

(3)：254－258.

[75] 崔学常，张江涛，郑文．半桥-边坡复合道路结构空间力学行为分析 [J]. 重庆交通大学学报（自然科学版），2013，32（6）：1115－1118.

[76] 王康．悬挑板在山岭重丘区改建公路中的设计与应用 [J]. 有色金属文摘，2015，30（3）：122－124.

[77] 袁瑞，程远志．装配式悬挑结构在山区新建道路中应用探讨 [J]. 工程与建设，2017，31（4）：547－549.

[78] YONG CHUL KIM，AKIHITO YOSHIDA，YUKIO TAMURA. Charcterristics of surface wind pressures on low－rise building located among [J]. Engineering Structures，2012（35）：18－28.

[79] ZISIS I，STATHOPOULOS T. Wind loads on low－rise buildings：upstream exposure effec [C]. Tai Wan：Seventh Asia－pacific Conference on Wind Engineering，2010：6－12.

[80] 张其林．建筑索结构的应用现状和研究进展 [J]. 施工技术，2014，43（14）：19－22.

[81] 张其林．建筑索结构设计计算与实例精选 [M]. 北京：中国建筑工业出版社，2009.

[82] 董石鳞．空间结构的发展历史、创新、形式分类与实践应用 [J]. 空间结构，2009，15（3）：22－43.

[83] 李亚明，贾水钟，肖魁．大跨空间结构技术创新与实践 [J]. 建筑结构，2021，51（17）：98－105.

[84] YASUSHI UEMATSU，THEODORE STATHOPOULOS，ERI IIZUMI. Wind loads on free－standing canopy roofs. Part 1：local wind pressures [J]. Journal of Wind Engineering and Industrial Aerodynamics，2008，96（6/7）：1015－1028.

[85] 张其林，闫雁军，李晗．张拉结构风致振动理论和试验研究 [J]. 东南大学学报（自然科学版），2013，43（5）：1087－1096.

[86] 中华人民共和国交通运输部. JGJ 257—2012：索结构技术规程 [S]. 北京：中国建筑工业出版社，2012.

[87] 中华人民共和国交通运输部. JTG D30—2015：公路路基设计规范 [S]. 北京：人民交通出版社，2015.

[88] 中华人民共和国交通运输部. JTG D61—2005：公路圬工桥涵设计规范 [S]. 北京：人民交通出版社，2005.

[89] 中华人民共和国交通运输部. JTG D62—2004：公路钢筋混凝土及预应力混凝土桥涵设计规范 [S]. 北京：人民交通出版社，2004.

[90] 中华人民共和国交通运输部. JTG D63—2007：公路桥涵地基与基础设计规范 [S]. 北京：人民交通出版社，2007.

[91] 中华人民共和国住房和城乡建设部. GB 50086—2015：岩土锚杆与喷射混凝土支护工程技术规范 [S]. 北京：中国计划出版社，2015.

[92] 中华人民共和国住房和城乡建设部. GB 50009—2012：建筑结构载荷规范 [S]. 北京：中国建筑工业出版社，2012.

[93] 孔令伟，陈正汉．特殊土与边坡技术发展综述 [J]. 土木工程学报，2012，45（5）：141－161.

[94] 朱大勇，弥宏亮，汪小刚．边坡稳定三维分析的极限平衡法 [J]. 岩土力学与工程学报，2007，26（8）：1513－1528.

[95] LI A J，MERIFIELD R S，LYAMIN A V. Stability charts for rock slopes based on the Hoek－

Brown failure criterion [J]. International Journai of Rock Mechanics and Mining Sciences, 2008, 45 (5): 689-700.

[96] 任伟中, 陈浩. 滑坡变形破坏机理和整治工程的模型试验研究 [J]. 岩土力学与工程学报, 2005, 24 (12): 2136-2141.

[97] 孙世国, 于茜, 董彦飞. 边坡稳定性计算理论与评价标准分析及发展趋势 [J]. 煤矿安全, 2020, 51 (6): 232-235.

[98] 郑颖人, 时为民, 杨明成. 不平衡推力法和 Sarma 法的讨论 [J]. 岩石力学与工程学报, 2004, 23 (17): 3030-3036.

[99] 时为民, 郑颖人, 唐伯明, 张鲁渝. 边坡稳定不平衡推力方法的精度分析及其使用条件 [J]. 岩土工程学报, 2004 (3): 125-129.

[100] 沈华章, 王水林, 郭明伟, 等. 应变软化边坡渐进式破坏及其稳定性初步研究 [J]. 岩土工程学报, 2018, 40 (11): 2096-2102.

[101] 王壮, 李驰, 丁选明. 基于透明土技术土岩边坡滑移机理的模型试验研究 [J]. 岩土工程学报, 2019, 41 (S2): 185-188.

[102] 李元松, 王玉, 朱冬林, 等. 边坡稳定性评价方法研究现状与发展趋势 [J]. 武汉工程大学学报, 2021, 43 (4): 428-435.

[103] 李卫东, 周宏, 陈睿星, 等. 特小流域设计洪水计算方法在山谷型干灰场中的应用 [J]. 中国农村水利水电, 2017 (1): 80-83.

[104] 中华人民共和国国土资源部. DZ/T 0219—2006: 滑坡防治工程设计与施工技术规范 [S]. 北京: 中国标准出版社, 2006.

[105] 铁道部第三勘测设计院. 铁路货车设计技术手册: 桥渡水文 [M]. 北京: 中国铁道出版社, 1993.

[106] 北京市政工程设计研究总院有限公司. 给水排水设计手册 [M]. 北京: 中国建筑工业出版社, 2017.

[107] 中华人民共和国交通运输部. JTG/T 3365-02—2020: 公路涵洞设计规范 [S]. 北京: 人民交通出版社, 2020.

[108] 四川大学水力学与山区河流开发保护国家重点实验室. 水力学 [M]. 5版. 北京: 高等教育出版社, 2016.

附录 A　相关专利列表

［1］一种快速架设的悬索桥支撑体系（ZL 201922255456.3）.
［2］一种梁格体系桥面承载板（ZL 201922253993.4）.
［3］一种用于与缆绳连接的固定装置（ZL 201922253980.7）.
［4］一种桥梁配重（ZL 201922255462.9）.
［5］一种快速架设的充气式桥梁（ZL 202222583397.5）.
［6］一种装配式预应力高强混凝土路面（ZL 202020847160.0）.
［7］一种倒刺锚杆（ZL 202021942780.9）.
［8］一种快速架设的装配式充气桥梁（ZL 202222031568.2）.
［9］一种基于高强钢索和充气膜体的组合受力桥梁（ZL 202222033664.0）.
［10］一种快速架设的装配式高强铝合金桥梁（ZL 202223326776.1）.
［11］一种装配式帐篷索结构（ZL 202322161401.2）
［12］一种山区转弯道路拓宽结构（ZL 202320993616.8）.
［13］一种基于独立支撑的装配式 Π 型挡土墙（ZL 202323030937.7）.
［14］一种基于填土支撑的装配式 Π 型挡土墙（ZL 202323031320.7）.
［15］装配式活性粉末混凝土快速拼接桥梁（申请号 202210593612.0）.
［16］一种基于高强铝合金材料的快速拼接桥梁（申请号 202211300055.5）.
［17］一种装配式空间网架桥梁结构（申请号 202210594561.3）.
［18］一种快速架设的拼接的 X 型桥梁（申请号 202211300059.3）.
［19］一种充气膜体与桥面板底耦合的组合受力桥梁（申请号 202210928741.0）.

附录B　相关专利内容

一、一种快速架设的悬索桥支撑体系

CN 211689930 U　　**权利要求书**

1. 一种快速架设的悬索桥支撑体系，其特征在于，包括主缆、索鞍锚、锚座及横梁；

两根主缆相互平行，通过索鞍锚分别与位于河岸两侧的锚座固定连接，使主缆具备一定初始张拉力：所述横梁沿主缆长度方向间隔布置，同时横梁两端分别与两侧主缆固定连接构成悬索桥支撑体系；成桥后垂跨比不大于1/40。

2. 如权利要求1所述的快速架设的悬索桥支撑体系，其特征在于，所述横梁通过端部固定装置与主缆固定连接。

3. 如权利要求2所述的快速架设的悬索桥支撑体系，其特征在于，所述端部固定装置包括倒U型部件及两组夹持组件；

所述倒U型部件开口内部用于容纳主缆，封闭端设有沿主缆长度方向向两侧伸出的伸臂，且两侧伸臂总长等于横梁的间隔距离；

所述夹持组件包括两个夹持块和紧固件，且夹持块的夹持面为弧形面，两个夹持块分置在主缆两侧，并通过紧固件固定连接；

所述倒U型部件固定在横梁端部，并挂装在主缆上，两组夹持组件位于倒U型部件两侧，用于限定倒U型部件沿主缆长度方向的位移，相邻倒U型部件的伸臂通过扣件锁定。

CN 211689930 U

说明书

一种快速架设的悬索桥支撑体系

技术领域

［0001］ 本实用新型涉及悬索桥技术领域，具体涉及一种快速架设的悬索桥支撑体系。

背景技术

［0002］ 悬索桥指的是以通过索塔悬挂并锚固于两岸（或桥两端）的缆索作为上部结构主要承重构件的桥梁，由悬索、索塔、锚碇、吊杆、桥面系等部分组成。悬索桥的主要承重构件是悬索，它主要承受拉力，一般用抗拉强度高的钢材（钢丝、钢缆等）制作。主缆是悬索桥的主要承重构件。除承受自身恒载外，主缆本身又通过索夹和吊索承受活载和加劲梁（包括桥面）的恒载。除此之外，主缆还承担一部分横向风载，并将它直接传递到桥塔顶部。受力情况复杂，横向稳定性不好。

［0003］ 其次，传统索道桥缆索采用密间距分布的布置方式，存有横向刚度不足、稳定性不好的问题，一般都需要在其两侧配置稳定索，架设过程复杂，架设周期长。当遇到抢险、战时等危急状况时，需要快速架设桥梁。因此，设计一种轻型、便于快速架设且稳定性好的桥梁是很有必要的。

实用新型内容

［0004］ 有鉴于此，本实用新型提供了一种快速架设的悬索桥支撑体系，横向稳定性好，在为桥面提供支撑的情况下能够实现快速架设。

［0005］ 本实用新型采取的技术方案如下：

［0006］ 一种快速架设的悬索桥支撑体系，包括主缆、索鞍锚、锚座及横梁；

［0007］ 两根主缆相互平行，通过索鞍锚分别与位于河岸两侧的锚座固定连接，使主缆具备一定的初始张拉力；所述横梁沿主缆长度方向间隔布置，同时横梁两端分别与两侧主缆固定连接构成悬索桥支撑体系；成桥后垂跨比不大于1/40。

［0008］ 进一步地，所述横梁通过端部固定装置与主缆固定连接。

［0009］ 进一步地，所述端部固定装置包括倒U型部件及两组夹持组件；

［0010］ 所述倒U型部件开口内部用于容纳主缆，封闭端设有沿主缆长度方向向两侧伸出的伸臂，且两侧伸臂总长等于横梁的间隔距离；

［0011］ 所述夹持组件包括两个夹持块和紧固件，且夹持块的夹持面为弧形面；两个夹持块分置在主缆两侧，并通过紧固件固定连接；

［0012］ 所述倒U型部件固定在横梁端部，并挂装在主缆上，两组夹持组件位于倒U型部件两侧，用于限定倒U型部件沿主缆长度方向的位移；相邻倒U型部件的伸臂通过扣件锁定。

［0013］ 有益效果：

[0014] 1. 本实用新型基于缆索强大的受拉能力，摒弃传统索道桥缆索密间距分布的布置方式，而采用设置于桥面边侧的两个主缆作为主承载构件。适当提高主索的初始张拉力，不但结构体系受力明确，且重心低、横向稳定性好。在主缆成型的状态下，具备快速架设能力。

[0015] 2. 本实用新型的端部固定装置能够实现和主缆可靠连接，并实现锁止、定位功能；

其次，倒 U 型部件的两侧伸臂总长等于横梁的间隔距离，横梁安装就位时，可以发挥卡尺的作用；再者，相邻倒 U 型部件的伸臂通过扣件锁定，能够实现相邻横梁的顶紧扣死。

附图说明

[0016] 图 1 是本实用新型的三维示意图；

[0017] 图 2 是本实用新型的纵向示意图；

[0018] 图 3 是本实用新型的平面示意图；

[0019] 图 4 是主缆连接示意图；

[0020] 图 5 是横梁横断面示意图；

[0021] 图 6 是端部固定装置横断面示意图；

[0022] 图 7 是端部固定装置纵向布置示意图；

[0023] 图 8 是倒 U 型部件的主视图；

[0024] 图 9 是夹持块的主视图；

[0025] 其中，1—主缆、2—横梁、3—端部固定装置、4—倒 U 型部件、5—夹持块、6—扣件、7—索鞍锚、8—锚座、9—预应力锚索、17—伸臂、18—螺栓组件。

具体实施方式

[0026] 下面结合附图并举实施例，对本实用新型进行详细描述。

[0027] 本实施例提供了一种快速架设的悬索桥支撑体系，包括主缆 1、索鞍锚、锚座、横梁 2 及端部固定装置 3。以主缆 1 长度方向为纵向。

[0028] 基于主缆 1 强大的受拉能力，如图 1、图 2 所示，将主缆 1 作为主承载构件。两根主缆 1 相互平行，且通过索鞍锚 7 与位于河岸两侧的锚座 8 固连，锚座 8 通过植根于岩层的预应力锚索 9 提供给主缆锚固抗力，使主缆 1 具备一定的初始张拉力，如图 4 所示。横梁 2 沿主缆 1 长度方向间隔布置，同时横梁 2 两端分别通过端部固定装置 3 与两侧主缆 1 固定连接构成悬索桥支撑体系；在该支撑体系上铺设桥面后成桥，成桥后垂跨比不大于 1/40。

[0029] 如图 5 所示，横梁 2 采用 6061 高强合金铝，薄壁箱型断面。在箱梁的顶板与底板之间设置加劲肋板，加劲肋板间距 400 mm。

[0030] 如图 3、图 6 所示，端部固定装置 3 包括倒 U 型部件 4 及两组夹持组件；如图 8 所示，倒 U 型部件 4 开口内部用于容纳主缆 1，封闭端设有向两侧伸出的伸臂 17，伸出方向沿主缆 1 长度方向，且两侧伸臂 17 总长等于横梁 2 的间隔距离，在横梁 2 安装就位时，可以发挥卡尺的作用；夹持组件包括两个夹持块 5 和螺栓组件 18，且夹持块 5 的夹

持面为弧形面，与主缆1外形相匹配，如图9所示，两个夹持块5分置在主缆1两侧，螺栓组件18穿过两个夹持块5对主缆1实现抱死。倒U型部件4固定在横梁2端部，并挂装在主缆1上，两组夹持组件位于倒U型部件4两侧，用于限定倒U型部件4，也就是横梁2与主缆1的纵向相对位移；相邻倒U型部件4的伸臂17通过扣件6连接在一起，如图7所示，扣件6包括耳板和两个螺栓，耳板两端通过螺栓与相邻的两个伸臂17固定连接实现相邻倒U型部件4的锁定。

[0031] 除本实施例中的端部固定装置3，还可以采用其他方式，例如，在主缆1上预先固定连接其他夹持装置，如索夹，通过该索夹与横梁2固连实现横梁2与主缆1的连接。

[0032] 综上所述，以上仅为本实用新型的较佳实施例而已，并非用于限定本实用新型的保护范围。凡在本实用新型的精神和原则之内，所作的任何修改、等同替换、改进等，均应包含在本实用新型的保护范围之内。

CN 211689930 U　　　　说明书附图

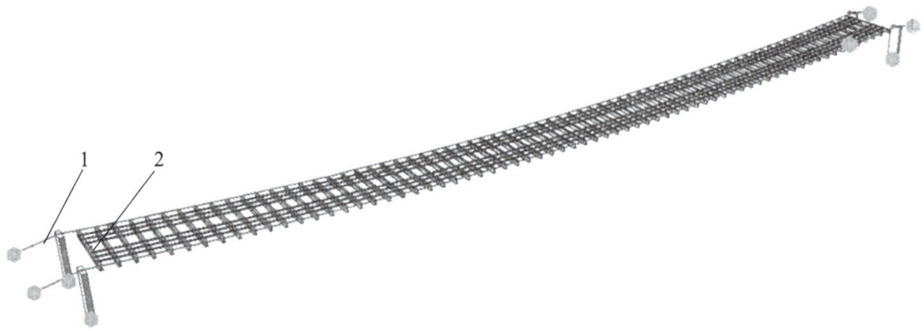

图 1

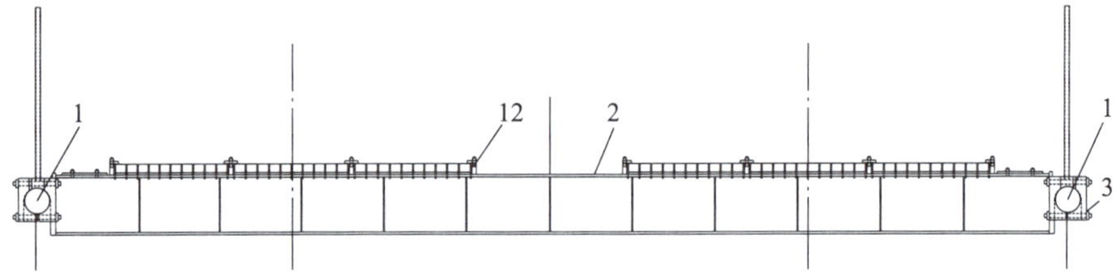

图 2

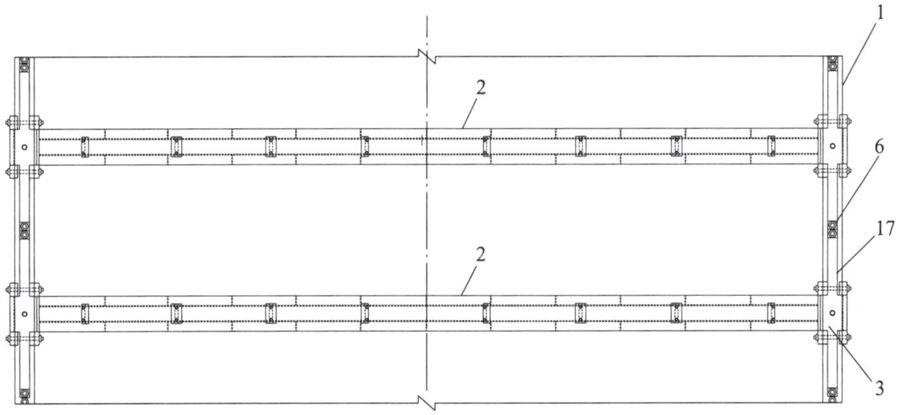

图 3

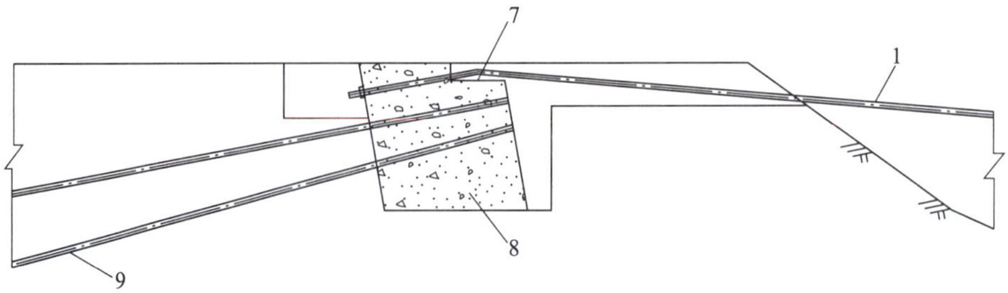

图 4

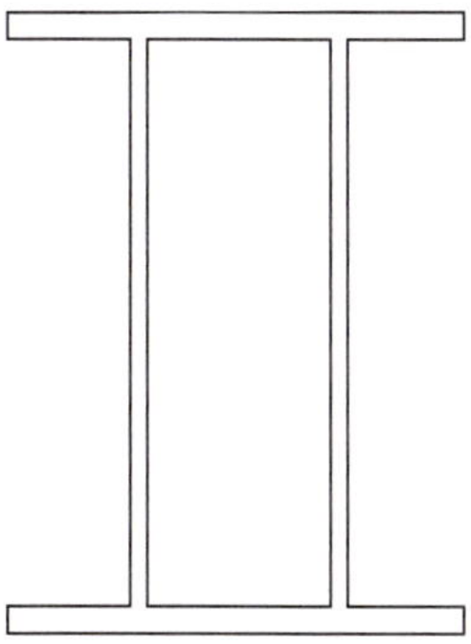

图 5

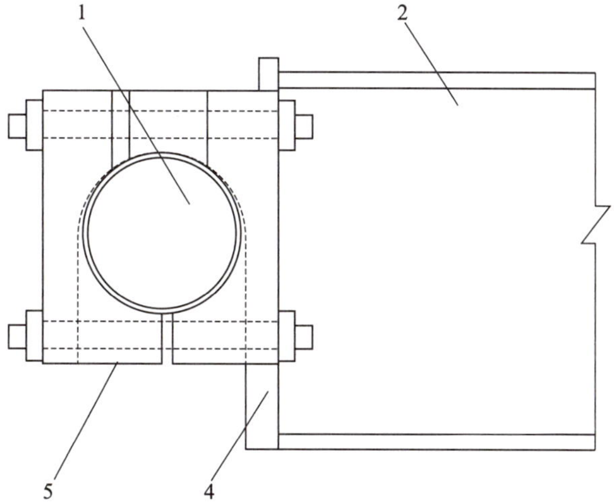

图 6

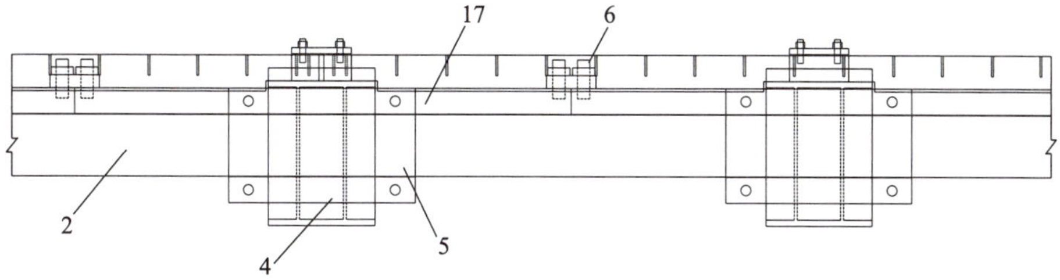

图 7

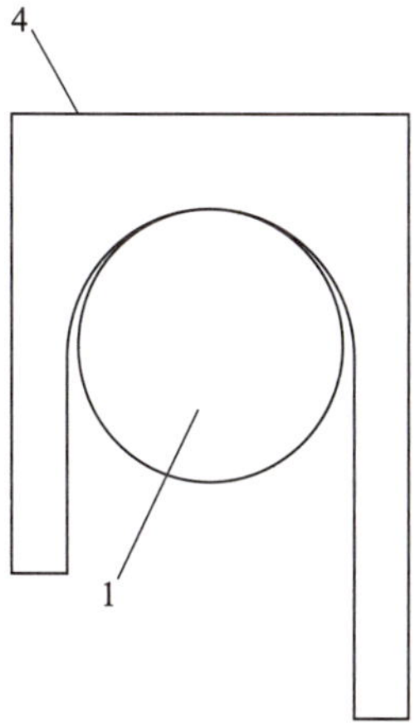

图 8

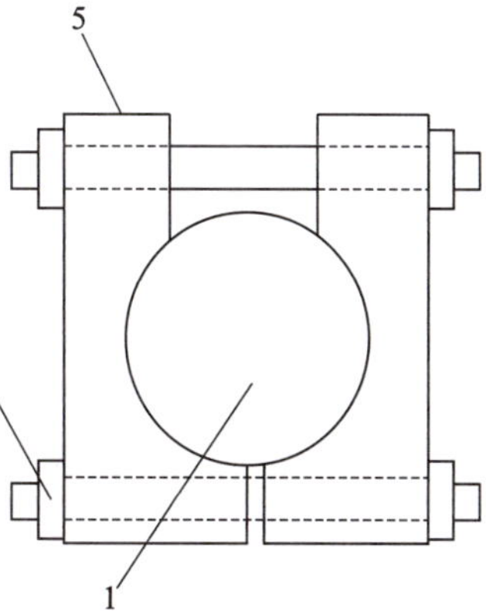

图 9

二、一种梁格体系桥面承载板

CN 211689905 U

权利要求书

1. 一种梁格体系桥面承载板，其特征在于，包括肋板和隔板；

所述肋板为长方形平板结构，若干块肋板等间距排列，相邻肋板之间通过若干块隔板固连，所述隔板沿肋板长度方向等间距排列；肋板之间间距为 53～59 mm，隔板之间间距为 97～100 mm，构成纵横正交的梁格体系。

2. 如权利要求 1 所述的梁格体系桥面承载板，其特征在于，所述肋板底面设有凹槽，用于与其下横梁顶端卡合；所述横梁顶部设有若干用于限制桥面承载板横向位移的横向卡槽，横向卡槽的横向长度等于单榀桥面承载板的宽度，并通过扣板将桥面承载板装夹在扣板与横梁之间。

3. 如权利要求 2 所述的梁格体系桥面承载板，其特征在于，所述横向卡槽为间隔布置的伸出杆，伸出杆之间的横向间距为横向卡槽的横向长度，扣板扣住桥面承载板的边肋顶面，同时通过螺钉固定在伸出杆顶部。

CN 211689905 U

说明书

一种梁格体系桥面承载板

技术领域

[0001] 本实用新型涉及悬索桥技术领域，具体涉及一种梁格体系桥面承载板。

背景技术

[0002] 悬索桥指的是以通过索塔悬挂并锚固于两岸（或桥两端）的缆索作为上部结构主要承重构件的桥梁，由悬索、索塔、锚碇、吊杆、桥面系等部分组成。桥面系指的是桥梁附属设施中，直接承受车辆、人群等载荷并将其传递至主要承重构件的桥面构造系统，包括桥面铺装、桥面板、纵梁、横梁、遮板、人行道等，是由桥面板、加筋肋、纵梁及横梁等构件组成的直接承受车辆载荷作用的桥面构造系统。一般桥面系包括纵梁、横梁和纵梁间的连接系。

[0003] 传统索道桥缆索采用密间距分布的布置方式，存在横向刚度不足、稳定性不好的问题，一般都需要在其两侧配置稳定索，架设过程复杂，架设周期长。当遇到抢险、战时等危急状况时，需要快速架设桥梁，作为悬索桥组成的一部分，设计一种在满足强度、刚度的同时能够实现轻量化的桥面是很有必要的。

实用新型内容

[0004] 有鉴于此，本实用新型提供了一种梁格体系桥面承载板，在满足强度、刚度的同时能够实现轻量化。

[0005] 本实用新型采取的技术方案如下：

[0006] 一种梁格体系桥面承载板，包括肋板和隔板；

[0007] 所述肋板为长方形平板结构，若干块肋板等间距排列，相邻肋板之间通过若干块隔板固连，所述隔板沿肋板长度方向等间距排列；肋板之间间距为53～59 mm，隔板之间间距为97～100 mm，构成纵横正交的梁格体系。

[0008] 进一步地，所述肋板底面设有凹槽，用于与其下横梁顶端卡合；所述横梁顶部设有若干用于限制桥面承载板横向位移的横向卡槽，横向卡槽的横向长度等于单榀桥面承载板的宽度，并通过扣板将桥面承载板装夹在扣板与横梁之间。

[0009] 进一步地，所述横向卡槽为间隔布置的伸出杆，伸出杆之间的横向间距为横向卡槽的横向长度；扣板扣住桥面承载板的边肋顶面，同时通过螺钉固定在伸出杆顶部。

[0010] 有益效果：

[0011] 1. 本实用新型桥面承载板为纵横正交的梁格体系，在强度、刚度满足的条件下进一步降低自重，实现轻量化；其次，在满足轮载局压的同时，为其上行驶的轮胎提供较好的“抓地力”，防止打滑。

[0012] 2. 本实用新型肋板底面设有凹槽，用于与横梁顶端卡合，能够防止桥面承载板和横梁的纵向相对滑移，同时在横梁上设置的横向卡槽能够防止桥面承载板和横梁的

横向相对滑移；而且，本实用新型通过扣板将桥面承载板装夹在扣板与横梁之间，能够防止桥面承载板和横梁的垂向脱空。

附图说明

[0013] 图 1 是主缆、横梁的三维示意图

[0014] 图 2 是主缆、横梁连接主视图；

[0015] 图 3 是本实用新型安装在横梁上的平面布置示意图；

[0016] 图 4 是本实用新型横断面布置示意图；

[0017] 图 5 是本实用新型安装在横梁上的纵断面布置示意图；

[0018] 其中，1—主缆、2—横梁、3—端部固定装置、7—桥面承载板、8—隔板、9—肋板、10—扣板、11—凹槽、12—伸出杆。

具体实施方式

[0019] 下面结合附图并举实施例，对本实用新型进行详细描述。

[0020] 本实施例提供了一种梁格体系桥面承载板，安装在横梁 2 上，横梁 2 固定在主缆 1 上。主缆 1 固定在河岸两侧，以主缆 1 长度方向为纵向。

[0021] 如图 3、图 4 所示，桥面承载板 7 包括肋板 9 和隔板 8；肋板 9 为长方形平板结构，若干块肋板 9 等间距排列，相邻肋板 9 之间通过若干块隔板 8 固连，隔板 8 沿肋板 9 长度方向等间距排列；肋板 9 之间间距为 53～59 mm，隔板 8 之间间距为 97～100 mm，构成纵横正交的梁格体系。

[0022] 如图 5 所示，肋板 9 底面设有凹槽 11，用于与横梁 2 顶端卡合；横梁 2 顶部设有若干用于限制桥面承载板 7 横向位移的横向卡槽，横向卡槽的横向长度等于单榀桥面承载板 7 的宽度，并通过扣板 10 将桥面承载板 7 装夹在扣板 10 与横梁 2 之间。横向卡槽为间隔布置的伸出杆 12，伸出杆 12 之间的横向间距为横向卡槽的横向长度；扣板 10 扣住桥面承载板 7 的边肋顶面，同时通过螺钉固定在伸出杆 12 顶部，防止桥面承载板 7 和横梁 2 的垂向脱空。

[0023] 如图 1、图 2 所示，基于主缆 1 强大的受拉能力，将主缆 1 作为主承载构件。两根主缆 1 相互平行，且通过索鞍锚与位于河岸两侧的外部锚座固连，锚座通过植根于岩层的预应力锚索提供给主缆锚固抗力，使主缆 1 具备一定的初始张拉力。横梁 2 沿主缆 1 长度方向间隔布置，同时横梁 2 两端分别通过端部固定装置 3 与两侧主缆 1 固定连接；肋板 9 之间间距设为 56 mm，隔板 8 之间间距设为 100 mm，组成纵横正交的梁格体系桥面承载板 7，将桥面承载板 7 安装在横梁 2 上构成桥梁桥面。

[0024] 综上所述，以上仅为本实用新型的较佳实施例而已，并非用于限定本实用新型的保护范围。凡在本实用新型的精神和原则之内，所作的任何修改、等同替换、改进等，均应包含在本实用新型的保护范围之内。

CN 211689905 U

说明书附图

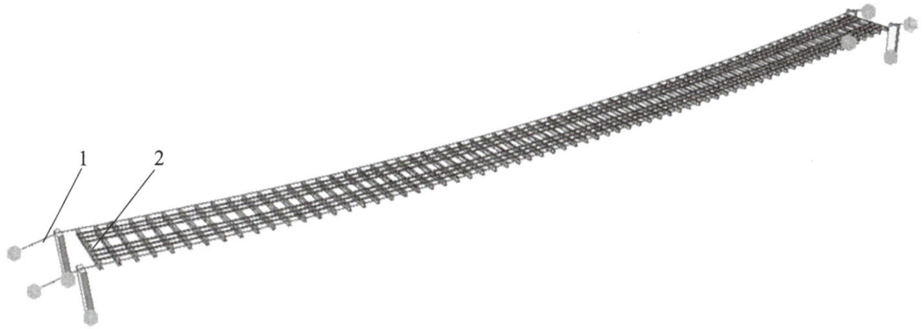

图 1

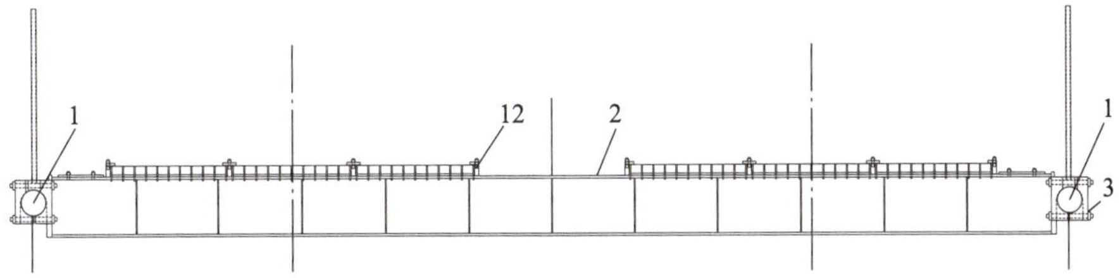

图 2

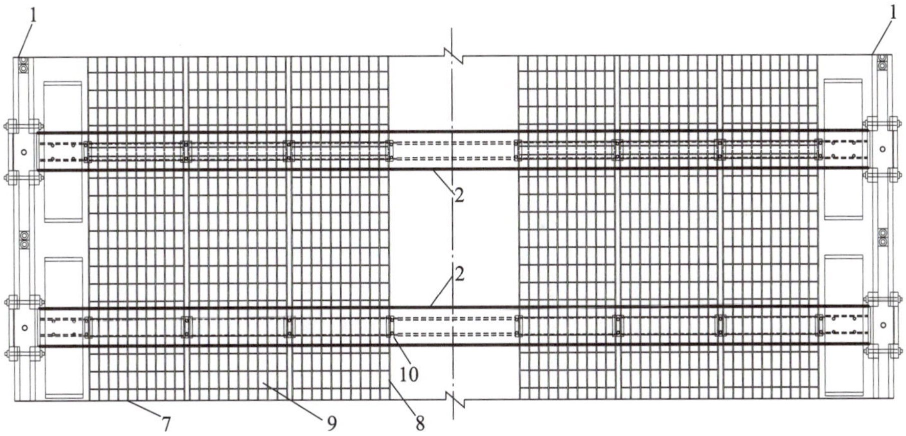

图 3

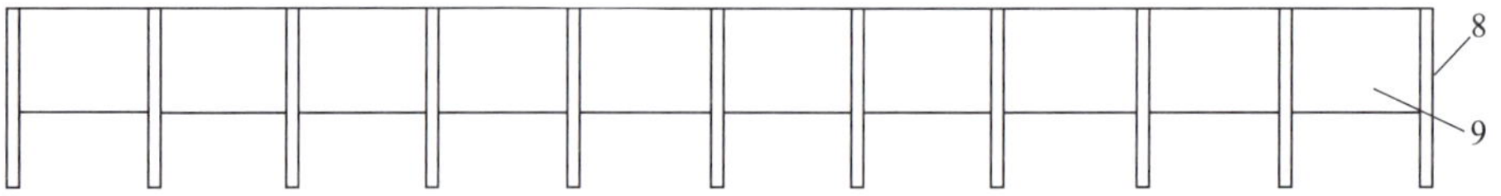

图 4

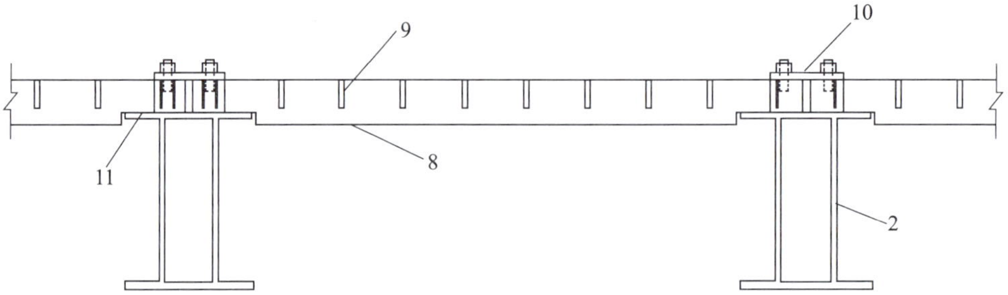

图 5

三、一种用于与缆绳连接的固定装置

CN 211689910 U

权利要求书

1. 一种用于与缆绳连接的固定装置，其特征在于，所述固定装置包括倒U型部件及两组夹持组件；

所述夹持组件包括两个夹持块和紧固件，且夹持块的夹持面为弧形面；两个夹持块分置在缆绳两侧，并通过紧固件固定连接；

所述倒U型部件与外围部件固定，并挂装在缆绳上，两组夹持组件位于倒U型部件两侧，用于限定倒U型部件沿缆绳长度方向的位移。

2. 如权利要求1所述的用于与缆绳连接的固定装置，其特征在于，所述倒U型部件封闭端设有沿缆绳长度方向向两侧伸出的伸臂；相邻倒U型部件的伸臂通过扣件锁定。

3. 如权利要求2所述的用于与缆绳连接的固定装置，其特征在于，所述扣件包括耳板和两个螺栓，耳板搭接在相邻的两个伸臂上，耳板两端通过螺栓与伸臂固定连接。

CN 211689910 U　　说明书

一种用于与缆绳连接的固定装置

技术领域

[0001]　本实用新型涉及机械连接结构技术领域，具体涉及一种用于与缆绳连接的固定装置。

背景技术

[0002]　应用在悬索桥领域时，一般悬索桥桥面通过垂索和主缆连接，垂索和主缆通过索夹连接，将索夹作为固定装置的连接方式会增加结构柔度，降低结构刚度，这在中小跨径的悬索桥中尤为突出。而一般索道桥桥面横梁直接放置在分布的缆索上，通过横梁下部的分布索夹将索和横梁相对固定，这种连接方式不能提供足够的锁定、锁死功能，会在使用过程中出现松脱和磨损，可靠性差。

实用新型内容

[0003]　有鉴于此，本实用新型提供了一种用于与缆绳连接的固定装置，能够实现和缆绳的可靠连接，维修、互换性好。

[0004]　本实用新型采取的技术方案如下：

[0005]　一种用于与缆绳连接的固定装置，所述固定装置包括倒U型部件及两组夹持组件；

[0006]　所述夹持组件包括两个夹持块和紧固件，且夹持块的夹持面为弧形面，两个夹持块分置在缆绳两侧，并通过紧固件固定连接；

[0007]　所述倒U型部件与外围部件固定，并挂装在缆绳上，两组夹持组件位于倒U型部件两侧，用于限定倒U型部件沿缆绳长度方向的位移。

[0008]　进一步地，所述倒U型部件封闭端设有沿缆绳长度方向向两侧伸出的伸臂；相邻倒U型部件的伸臂通过扣件锁定。

[0009]　进一步地，所述扣件包括耳板和两个螺栓，耳板搭接在相邻的两个伸臂上，耳板两端通过螺栓与伸臂固定连接。

[0010]　有益效果：

[0011]　1. 本实用新型的固定装置能够实现和缆绳的可靠连接以及与缆绳的锁止、抱死功能，且维修、互换性好；而且将固定装置作为连接件，由此可实现缆绳与其他部件的固定连接。

[0012]　2. 本实用新型倒U型部件的两侧伸臂总长等于横梁的间隔距离，横梁安装就位时，可以发挥卡尺的作用，实现定位功能；其次，相邻倒U型部件的伸臂通过扣件锁定，能够实现相邻横梁的顶紧扣死。

附图说明

[0013]　图1是本实用新型的横断面示意图；

［0014］ 图2是实施例中本实用新型与主缆、横梁连接的主视图；

［0015］ 图3是实施例中本实用新型与主缆、横梁连接的俯视图；

［0016］ 图4是倒U型部件的主视图；

［0017］ 图5是夹持块的主视图；

［0018］ 图6是本实用新型纵向（沿主缆长度方向）布置示意图；

［0019］ 其中，1—主缆、2—横梁、3—固定装置、4—倒U型部件、5—夹持块、6—扣件、17—伸臂、18—螺栓组件。

具体实施方式

［0020］ 下面结合附图并举实施例，对本实用新型进行详细描述。

［0021］ 本实施例提供了一种用于与缆绳连接的固定装置，如图1所示，固定装置3包括倒U型部件4及两组夹持组件。

［0022］ 应用在悬索桥领域时，将固定装置3与主缆1固连，并将固定装置3与横梁2固定连接，实现主缆1与横梁2的固定连接。如图2、图3所示，横梁2沿主缆1长度方向间隔布置，同时横梁2两端分别通过固定装置3与两侧主缆1固定连接。

［0023］ 如图4所示，倒U型部件4开口内部用于容纳主缆1，封闭端设有向两侧伸出的伸臂17，伸出方向沿主缆1长度方向，且两侧伸臂17总长等于横梁2的间隔距离，在横梁2安装就位时，可以发挥卡尺的作用；夹持组件包括两个夹持块5和螺栓组件18，且夹持块5的夹持面为弧形面，与主缆1外形相匹配，如图5所示，两个夹持块5分置在主缆1两侧，螺栓组件18穿过两个夹持块5对主缆1实现抱死。倒U型部件4固定在横梁2端部，并挂装在主缆1上，两组夹持组件位于倒U型部件4两侧，用于限定倒U型部件4也就是横梁2与主缆1的纵向相对位移；相邻倒U型部件4的伸臂17通过扣件6连接在一起，如图6所示，扣件6包括耳板和两个螺栓，耳板搭接在相邻的两个伸臂17上，耳板两端通过螺栓与相邻的两个伸臂17固定连接实现相邻倒U型部件4的锁定。

［0024］ 综上所述，以上仅为本实用新型的较佳实施例而已，并非用于限定本实用新型的保护范围。凡在本实用新型的精神和原则之内，所作的任何修改、等同替换、改进等，均应包含在本实用新型的保护范围之内。

CN 211689910 U

说明书附图

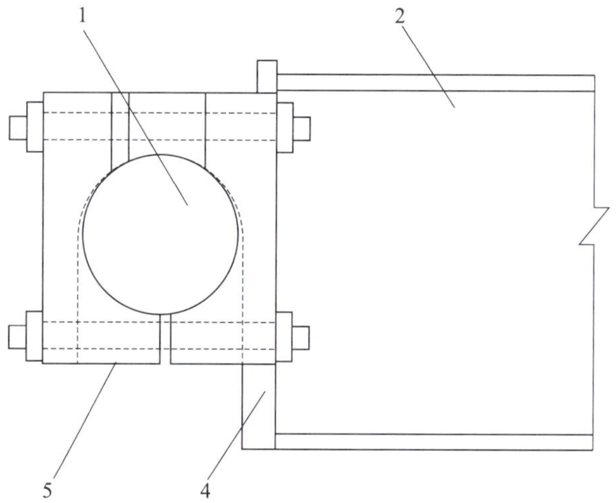

图 1

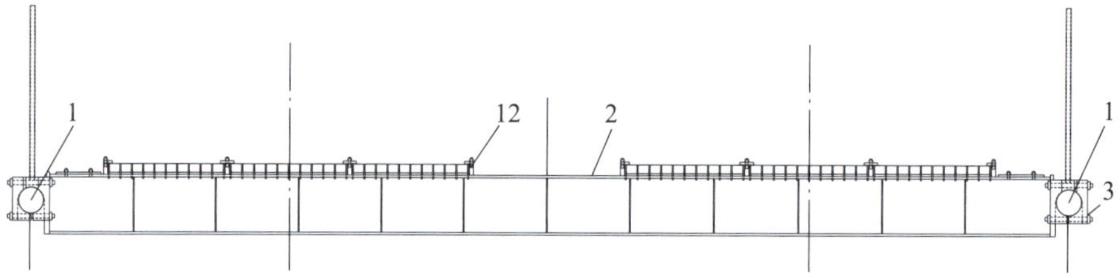

图 2

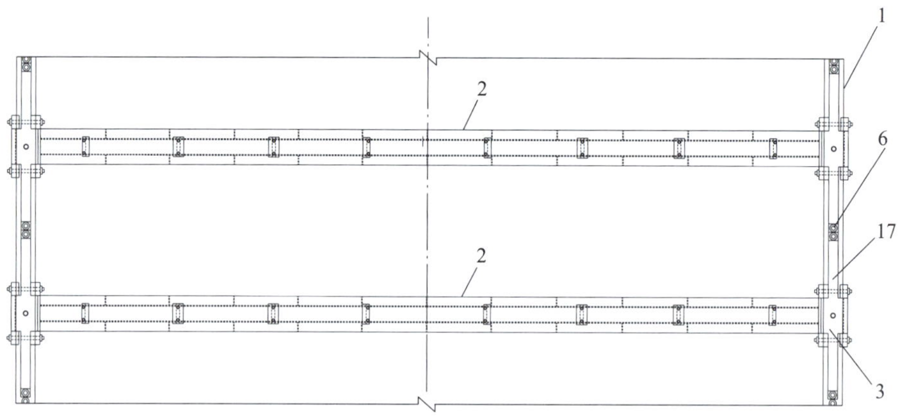

图 3

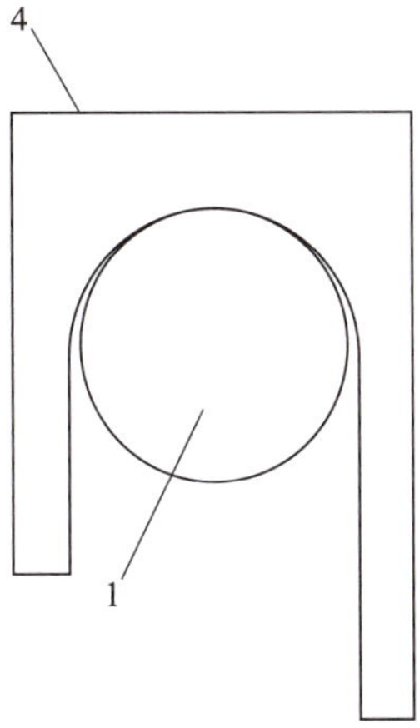

图 4

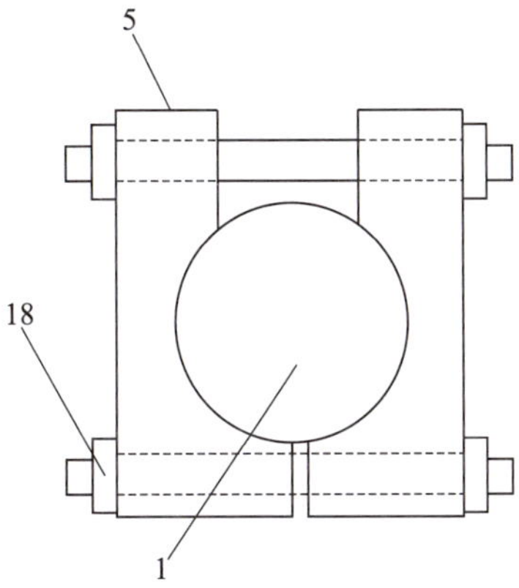

图 5

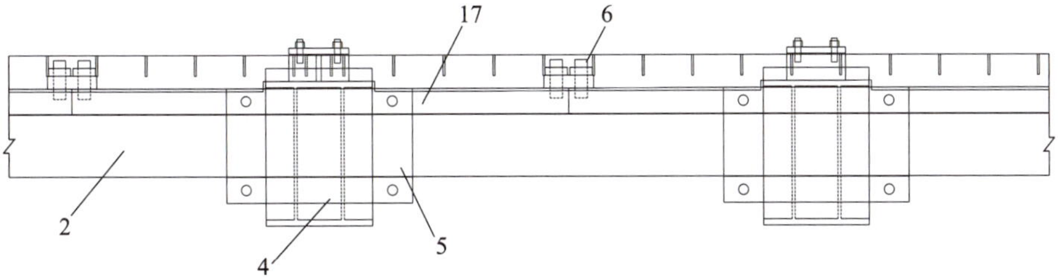

图 6

四、一种桥梁配重

CN 211689931 U

权利要求书

1. 一种桥梁配重，其特征在于，包括配重块及卡板组件；

配重块为长方体结构，且整体结构的高与宽比值不大于 1/3；所述配重块通过卡板组件卡合在桥梁桥面上；所述卡板组件包括上卡板、下卡板和竖向螺杆；

所述上卡板底面设有限位凹槽，用于限制配重块的横向位移；所述下卡板为两个，对称设置在配重块横向两侧，下卡板为倒置的 T 字形，竖直部分用于与竖向螺杆螺纹连接，水平部分用于与桥面底面抵触，限制下卡板向上移动；所述竖向螺杆采用两根，分别与两个下卡板螺纹连接；竖向螺杆一端与上卡板螺纹连接，另一端与下卡板竖直部分螺纹连接，将配重块限位在上卡板与桥面之间。

2. 如权利要求 1 所述的桥梁配重，其特征在于，所述配重块由多个配重模块组成。

CN 211689931 U

说明书

一种桥梁配重

技术领域

[0001]　本实用新型涉及悬索桥技术领域，具体涉及一种桥梁配重。

背景技术

[0002]　悬索桥指的是以通过索塔悬挂并锚固于两岸（或桥两端）的缆索作为上部结构主要承重构件的桥梁。为了调节桥梁的变形，控制主缆受荷特别是在较重车辆通过时的线形，需要布设配重。

[0003]　其次，当遇到抢险、战时等危急状况时，需要快速架设桥梁，因此，设计一种能够快速安装的桥梁配重是很有必要的。

实用新型内容

[0004]　有鉴于此，本实用新型提供了一种桥梁配重，安装方便快捷，能够实现桥梁的快速架设。

[0005]　本实用新型采取的技术方案如下：

[0006]　一种桥梁配重，包括配重块及卡板组件；

[0007]　配重块为长方体结构，且整体结构的高与宽比值不大于1/3；所述配重块通过卡板组件卡合在桥梁桥面上。

[0008]　进一步地，所述配重块由多个配重模块组成。

[0009]　进一步地，所述卡板组件包括上卡板、下卡板和竖向螺杆；

[0010]　所述上卡板底面设有限位凹槽，用于限制配重块的横向位移；所述下卡板为两个，对称设置在配重块横向两侧，下卡板为倒置的T字形，竖直部分用于与竖向螺杆螺纹连接，水平部分用于与桥面底面抵触，限制下卡板向上移动；所述竖向螺杆采用两根，分别与两个下卡板螺纹连接；竖向螺杆一端与上卡板螺纹连接，另一端与下卡板竖直部分螺纹连接，将配重块限位在上卡板与桥面之间。

[0011]　有益效果：

[0012]　1. 本实用新型的配重能够控制主缆受荷特别是在较重车辆通过时的线形，配重块通过卡板组件固定在桥梁桥面横向两端，固定方式简单易于实现，而且，配重整体结构的高与宽比值不大于1/3，使得重心尽量靠下，提高桥梁稳定性。

[0013]　2. 本实用新型配重块采用模块化设计，易于搬抬布置，进一步提升桥梁布设速度。

[0014]　3. 本实用新型的卡板组件结构简单，操作方便，提高桥梁架设速度。

附图说明

[0015]　图1是本实用新型横向布置示意图；

[0016]　图2是本实施例中桥面承载板平面布置示意图；

[0017] 其中，1—主缆、2—横梁、7—桥面承载板、8—隔板、9—肋板、13—配重块、14—上卡板、15—下卡板、16—竖向螺杆。

具体实施方式

[0018] 下面结合附图并举实施例，对本实用新型进行详细描述。

[0019] 本实施例提供了一种桥梁配重，包括配重块及卡板组件，如图1所示。

[0020] 配重块13为长方体结构，且整体结构的高与宽比值不大于1/3。配重块13由多个配重模块组成，可根据需要采用一块以上配重模块，配重模块为铸铁块。本实施例在桥面对称每侧设置三块配重块，每块质量小于200 kg，横向共计六块配重块，置于桥梁桥面横向两端，桥梁长度方向为纵向。

[0021] 卡板组件包括上卡板14、下卡板15和竖向螺杆16。上卡板14底面设有限位凹槽，用于限制配重块13的横向位移；下卡板15为两个，对称设置在配重块13横向两侧，下卡板15为倒置的T字形，竖直部分用于与竖向螺杆16螺纹连接，水平部分用于与桥面底面抵触，限制下卡板15向上移动；竖向螺杆16采用两根，分别与两个下卡板15螺纹连接；竖向螺杆16一端与上卡板14螺纹连接，另一端与下卡板15竖直部分螺纹连接，将配重块13限位在上卡板14与桥面之间。

[0022] 应用在梁格体系的桥面承载板上，如图2所示，桥面承载板7包括肋板9和隔板8；肋板9为长方形平板结构，若干块肋板9等间距排列，相邻肋板9之间通过若干块隔板8固连，隔板8沿肋板9长度方向等间距排列，构成纵横正交的梁格体系。桥面承载板7安装在横梁2上构成桥梁桥面。横梁2沿主缆1长度方向间隔布置，同时横梁2两端与两侧主缆1固定连接。

[0023] 固定在梁格体系的桥面承载板7上时，配重块13通过卡板组件固定在桥面承载板7横向两端。下卡板15水平部分两端设置卡槽，用于限制肋板9的横向位移，两个卡槽的横向间距等于相邻肋板9的横向间隔；安装时，下卡板15由桥面承载板7上的空格内穿过，水平部分的卡槽与肋板9卡合，竖直部分通过竖向螺杆16与上卡板14螺纹连接，将配重块13限位在上卡板14与桥面承载板7之间，完成配重安装。

[0024] 综上所述，以上仅为本实用新型的较佳实施例而已，并非用于限定本实用新型的保护范围。凡在本实用新型的精神和原则之内，所作的任何修改、等同替换、改进等，均应包含在本实用新型的保护范围之内。

CN 211689931 U

说明书附图

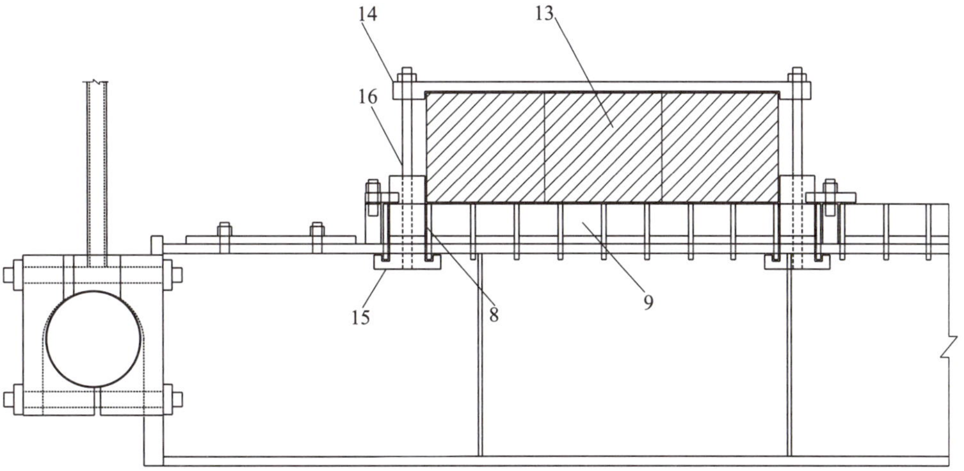

图 1

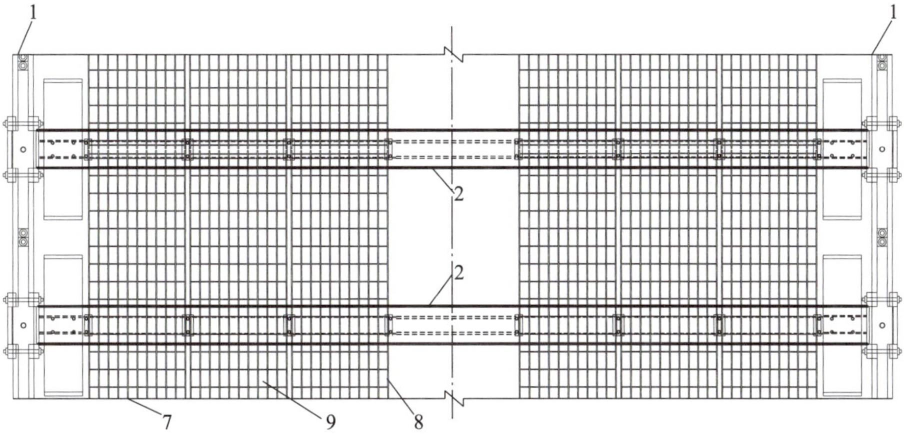

图 2

五、一种快速架设的充气式桥梁

CN 214423125 U

权利要求书

1. 一种快速架设的充气式桥梁，其特征在于，包括充气环组件及桥面承载板；

所述充气环组件设置在山谷内作为竖向支撑；所述桥面承载板沿山谷跨度方向安装在充气环组件上，充气环组件自身以及充气环组件和两侧山谷之间形成填充嵌锁关系。

2. 如权利要求1所述的快速架设的充气式桥梁，其特征在于，所述充气环组件包括1个以上充气环单元，所述充气环单元由2个以上充气环并列拼装而成，且所有充气环轴线重合；

当充气环单元在竖直方向为单层时，在山谷跨度方向，充气环单元线接触排布构成充气膜块；

当充气环单元在竖直方向为多层时，上层充气环单元同时与下层的两个充气环单元线接触构成充气膜块。

3. 如权利要求2所述的快速架设的充气式桥梁，其特征在于，填充棒填充在充气环之间，同时，相邻两个充气环通过缠绕带缠绕将填充棒缠绕在内。

4. 如权利要求2所述的快速架设的充气式桥梁，其特征在于，所述充气膜块在垂直于桥梁跨径方向间隔排布。

5. 如权利要求4所述的快速架设的充气式桥梁，其特征在于，充气环单元通过固定装置和地面固定。

6. 如权利要求4所述的快速架设的充气式桥梁，其特征在于，垂直于桥梁跨径方向的充气膜块之间通过连接构件固定连接。

7. 如权利要求2所述的快速架设的充气式桥梁，其特征在于，每个充气环内压为0.2～0.7 MPa。

8. 如权利要求2所述的快速架设的充气式桥梁，其特征在于，充气环为三层结构，分别为密闭内胆、受力层及外套；密闭内胆采用高韧橡胶材料；受力层采用碳纤维、聚酯纤维或在密闭内胆外复合高强钢丝；外套采用帆布。

9. 如权利要求8所述的快速架设的充气式桥梁，其特征在于，充气环厚度在5～10 mm之间。

CN 214423125 U

说明书

一种快速架设的充气式桥梁

技术领域

[0001] 本实用新型涉及桥梁结构的技术领域，具体涉及一种快速架设的充气式桥梁。

背景技术

[0002] 充气支撑环是一种气胀式结构，具有一定的承载能力，气胀式结构的承载原理是：膜囊在充气后得到较大内压，内压使膜面产生张力，膜的张力连同内压可抵抗外载荷，从而实现承力的作用。它具有重量轻、承载能力强的优点。目前充气式结构多用于航空航天、近空间飞行器和大型建筑领域。在桥梁领域尤其是满足应急快速架设桥梁领域则未见报道。

实用新型内容

[0003] 有鉴于此，本实用新型提供了一种快速架设的充气式桥梁，能够快速拼装、快速架设。

[0004] 本实用新型采用的技术方案如下：

[0005] 一种快速架设的充气式桥梁，包括充气环组件及桥面承载板；

[0006] 所述充气环组件设置在山谷内作为竖向支撑；所述桥面承载板沿山谷跨度方向安装在充气环组件上，充气环组件自身以及充气环组件和两侧山谷之间形成填充嵌锁关系。

[0007] 进一步地，所述充气环组件包括1个以上充气环单元，所述充气环单元由2个以上充气环并列拼装而成，且所有充气环轴线重合；

[0008] 当充气环单元在竖直方向为单层时，在山谷跨度方向，充气环单元线接触排布构成充气膜块；

[0009] 当充气环单元在竖直方向为多层时，上层充气环单元同时与下层的两个充气环单元线接触构成充气膜块。

[0010] 进一步地，填充棒填充在充气环之间，同时，相邻两个充气环通过缠绕带缠绕将填充棒缠绕在内。

[0011] 进一步地，所述充气膜块在垂直于桥梁跨径方向间隔排布。

[0012] 进一步地，充气环单元通过固定装置和地面固定。

[0013] 进一步地，垂直于桥梁跨径方向的充气膜块之间通过连接构件固定连接。

[0014] 进一步地，每个充气环内压为0.2～0.7 MPa。

[0015] 进一步地，充气环为三层结构，分别为密闭内胆、受力层及外套；密闭内胆采用高韧橡胶材料；受力层采用碳纤维、聚酯纤维或在密闭内胆外复合高强钢丝；外套采用帆布。

[0016] 进一步地，充气环厚度在 5～10 mm 之间。

[0017] 有益效果：

[0018] 1. 本实用新型充气环组件作为竖向支撑基本受力构件，可以大幅降低桥面承载板的单跨跨径，也为桥面承载板实现快速拼装提供了可能，而且充气环质量很轻，一般能控制在 150 kg 之内，为实现快速拼接提供了方便。其次，充气环组件自身以及充气环组件和两侧山谷之间形成填充嵌锁关系，能够形成横向稳定结构，共同受力，避免侧向失稳。

[0019] 2. 本实用新型充气环组件在组合方面比较灵活，既可以在跨度方向组合，又可以在垂直于桥梁跨径方向组合，从而可以较好地适应不同的跨越地形；其次，充气环单元在山谷跨度方向组合，可以进一步减小桥面沿跨度方向支撑点的距离，从而减小桥面承载板的厚度，实现快速拼装、快速架设的目的。

[0020] 3. 本实用新型充气环为三层结构，密闭内胆主要提供封闭不漏气的环境，受力层由高抗拉强度的材料构成，外套主要提供表面必要的摩阻力和抗磨耗的能力，能够满足应力、结构竖向承载强度及刚度需求。

附图说明

[0021] 图 1 为跨向单个充气环单元支撑平面图；

[0022] 图 2 为跨向单个充气环单元支撑三维示意图；

[0023] 图 3 为多个充气环单元单层支撑平面图；

[0024] 图 4 为多个充气环单元单层支撑三维示意图；

[0025] 图 5 为多个充气环单元双层支撑平面图；

[0026] 图 6 为多个充气环单元双层支撑三维示意图；

[0027] 图 7 为三个充气环并列拼装而成的充气环单元的结构示意图；

[0028] 其中，1—充气环，2—桥面承载板。

具体实施方式

[0029] 下面结合附图并举实施例，对本实用新型进行详细描述。

[0030] 本实用新型提供了一种快速架设的充气式桥梁，包括充气环组件及桥面承载板 2。

[0031] 充气环组件设置在山谷内作为竖向支撑，桥面承载板 2 沿山谷跨度方向安装在充气环组件上，充气环组件自身以及充气环组件和两侧山谷之间形成填充嵌锁关系。

[0032] 在一个优选实施例中，充气环组件的投影圆与山谷跨度方向在同一水平面。

[0033] 充气环组件包括 1 个以上充气环单元，充气环单元由 2 个以上充气环 1 并列拼装而成，且所有充气环 1 轴线重合。如图 7 所示，本实施例中，充气环单元由三个充气环 1 并列拼装而成。

[0034] 充气环 1 为三层结构，分别为密闭内胆、受力层及外套；密闭内胆采用高韧橡胶材料；受力层采用碳纤维、聚酯纤维或在密闭内胆外复合高强钢丝；外套采用帆布。三层叠合后的充气环 1 厚度在 5～10 mm 之间。每个充气环 1 内压为 0.2～0.7 MPa。

[0035] 实施例一，采用单个充气环单元独自形成支撑，充气环单元的投影圆与山谷跨度方向在同一水平面，如图 1、图 2 所示，可将单跨跨度减小至二分之一。

[0036] 实施例二，采用四个充气环单元单层支撑，如图 3、图 4 所示，可将单跨跨度减小至三分之一。在山谷跨度方向，两个充气环单元线接触排布构成充气膜块，根据山谷深度大小选择充气膜块的个数，山谷深度方向即垂直于桥梁跨径方向。本实例中采用两个充气膜块。两个充气膜块在垂直于桥梁跨径方向间隔排布，也可以直接接触。填充棒填充在充气环 1 之间，同时，相邻两个充气环 1 通过缠绕带缠绕将填充棒缠绕在内形成填充嵌锁关系，充气环 1 和两侧山谷之间设置窝槽。

[0037] 充气环单元也可以通过固定装置和地面固定；或者在垂直于桥梁跨径方向的充气膜块之间通过连接构件固定连接形成填充嵌锁关系。

[0038] 实施例三，采用十个充气环单元双层支撑，如图 5、图 6 所示，上层充气环单元同时与下层的两个充气环单元线接触构成充气膜块，根据山谷深度大小选择充气膜块的个数。本实例中采用两个充气膜块。两个充气膜块在垂直于桥梁跨径方向间隔排布，也可以直接接触。填充棒填充在充气环 1 之间，同时，相邻两个充气环 1 通过缠绕带缠绕将填充棒缠绕在内形成填充嵌锁关系，充气环 1 和两侧山谷之间设置窝槽。

[0039] 充气环单元也可以通过固定装置和地面固定；或者在垂直于桥梁跨径方向的充气膜块之间通过连接构件固定连接形成填充嵌锁关系。

[0040] 桥面承载板、山谷底部及两侧的山体以及充气环均采用三维壳单元进行分析。基于 ABAQUS 分析软件建立模型，模型物理力学参数见表 1。

[0041] 表 1 物理力学指标表

[0042] Tab. 1 Physical mechanics indicator

[0043]

模型名称	密度/(g/mm^3)	弹性模量/MPa	泊松比	结构厚度/mm	结构宽度/m
山谷两侧山体	—	3.0e4	0.27	500	7
充气环	1.0	4e3	0.32	10/6	—
桥面承载板	7.85	2.0e5	0.3	250	6

[0044] 针对实施例一承载力分析，充气环加压后的 Mises 应力峰值为 70.6 MPa；桥面加载后 Mises 应力峰值为 72.1 MPa，变化仅为 1.5 MPa，可见在桥面施加总重 102.3 t 的均布载荷后，充气膜的应力并没有大幅提高，说明了充气膜在受力的均衡性方面有着明显优势。膜体应力均在膜体材料设计强度范围之内。

[0045] 充气环加压后的竖向位移在桥面跨中峰值为 43.9 mm，呈上拱形态；桥面加载后竖向位移在桥面跨中峰值为−47.3 mm，二者之和即为桥跨在桥面载荷作用下的竖向位移，即 91.1 mm，为跨度 26 600 mm 的 1/292，可见在桥面施加总重为 102.3 t 的均布载荷后，跨中垂向位移在允许的范围之内，说明充气环结构在刚度方面能满足要求。

[0046] 针对实施例二承载力分析，充气环加压后的 Mises 应力峰值为 41.3 MPa；桥面加载后 Mises 应力峰值为 60.7 MPa，应力增加 19.4 MPa，膜体应力均在膜体材料设

计强度范围之内。

[0047] 充气环加压后的竖向位移在桥面跨中峰值为 8.1 mm，呈上拱形态；桥面加载后竖向位移在桥面跨中峰值为−20.6 mm，二者之和即为桥跨在桥面载荷作用下的竖向位移，即 28.7 mm，为跨度 18 800 mm 的 1/655，可见在桥面施加总重为 72.3 t 的均布载荷后，跨中垂向位移在允许的范围之内，说明充气环结构在刚度方面能满足要求。

[0048] 针对实施例三承载力分析，充气环加压后的 Mises 应力峰值为 52.3 MPa；桥面加载后 Mises 应力峰值为 58.4 MPa，应力增加 6.1 MPa，膜体应力均在膜体材料设计强度范围之内。

[0049] 充气环加压后的竖向位移在桥面跨中峰值为 10.1 mm，呈上拱形态；桥面加载后竖向位移在桥面跨中峰值为−33.6 mm，二者之和即为桥跨在桥面载荷作用下的竖向位移，即 43.7 mm，为跨度 25 100 mm 的 1/574，可见在桥面施加总重 96.5 t 的均布载荷后，跨中垂向位移在允许的范围之内，说明充气环结构在刚度方面能满足要求。

[0050] 基于以上分析可知，充气环在强度及刚度两个方面都能满足桥梁承载要求，且具有较大的安全储备。膜体应力控制在几十兆帕之内，跨中竖向挠度控制在跨径的 1/290 之内，整体上是科学可行的。

[0051] 综上所述，以上仅为本实用新型的较佳实施例而已，并非用于限定本实用新型的保护范围。凡在本实用新型的精神和原则之内，所作的任何修改、等同替换、改进等，均应包含在本实用新型的保护范围之内。

CN 214423125 U

说明书附图

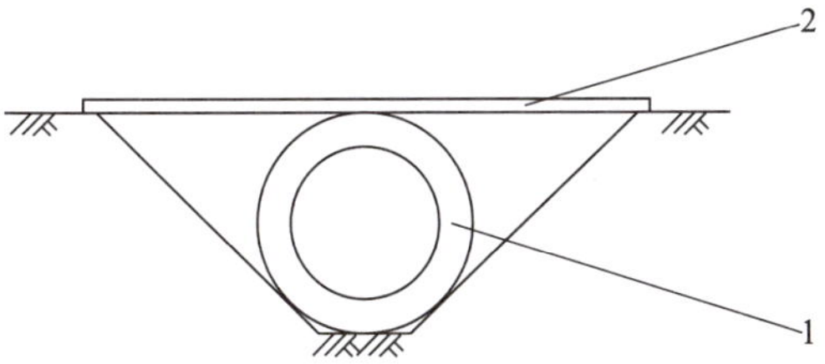

图 1

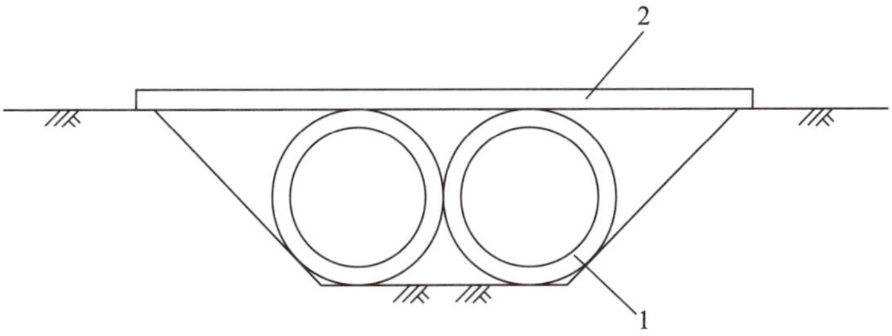

图 2

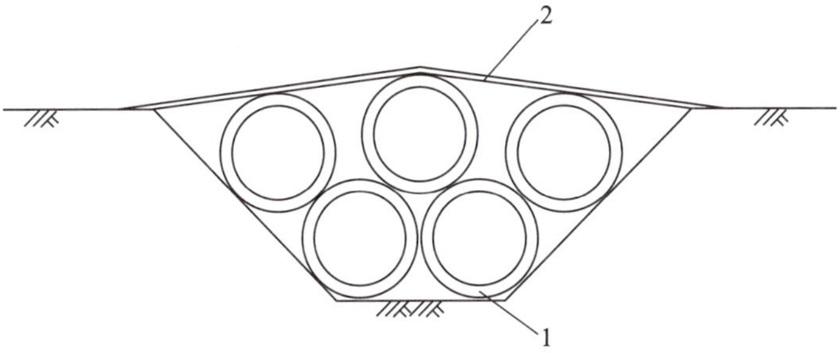

图 3

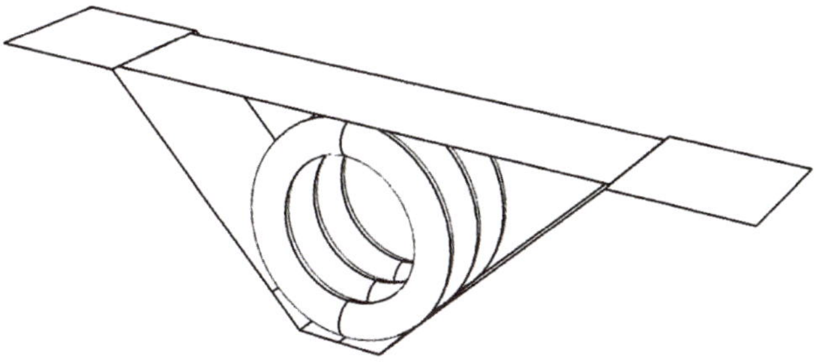

图 4

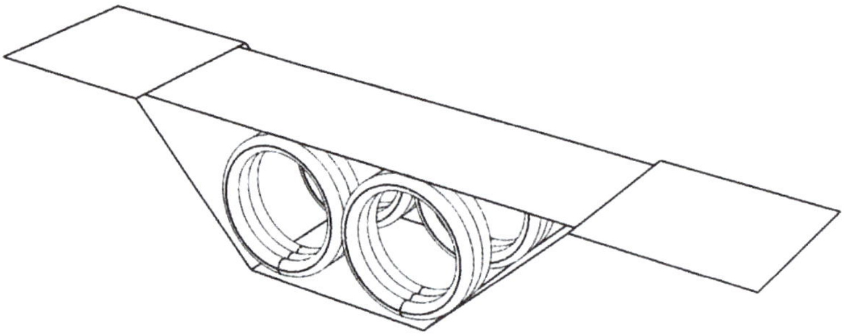

图 5

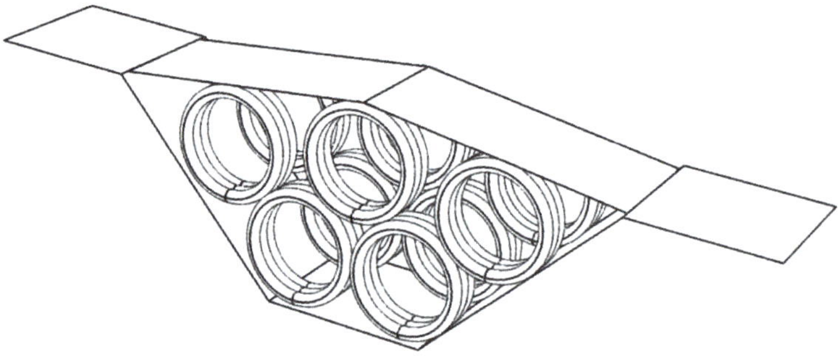

图 6

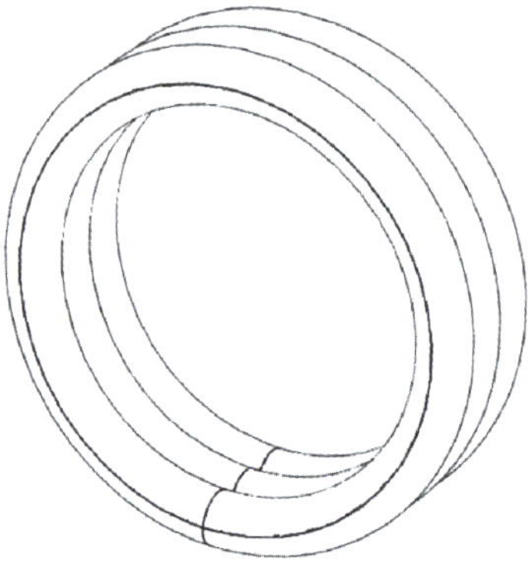

图 7

六、一种装配式预应力高强混凝土路面

CN 212895745 U

权利要求书

1. 一种装配式预应力高强混凝土路面，其特征在于，包括两块以上单板、预应力筋、预应力锚具和装配件；

单板由高强混凝土形成，厚度为 6～10 cm，内设横纵交叉预应力筋孔道，交叉点处为弯曲孔道；两块以上单板沿横向和/或纵向相互插接，预应力筋沿单板板体中线布设，插入相应的预应力筋孔道，在空间内呈横纵交叉状态，横向或纵向相邻两个预应力筋间隔 1～3 m；所述预应力筋经端部单板伸出后由预应力锚具锚固固定构成装配拼接单元；一个以上装配拼接单元通过装配件连接形成路面。

2. 如权利要求 1 所述的装配式预应力高强混凝土路面，其特征在于，所述预应力筋采用无粘结预应力钢绞线。

3. 如权利要求 1 所述的装配式预应力高强混凝土路面，其特征在于，所述预应力锚具采用夹片锚具，外套防腐套。

4. 如权利要求 1 所述的装配式预应力高强混凝土路面，其特征在于，所述单板之间通过凹凸企口实现插接。

CN 212895745 U

说明书

一种装配式预应力高强混凝土路面

技术领域

[0001] 本实用新型涉及混凝土路面结构的技术领域，具体涉及一种装配式预应力高强混凝土路面。

背景技术

[0002] 混凝土路面指的是用水泥混凝土板作面层的路面。它是指以水泥混凝土板作为面层，下设基层、垫层所组成的路面结构，又称刚性路面。装配式混凝土路面，是一种在工厂形成预制板然后在施工地点进行铺装的路面，缺点是这种路面板一般较为厚重，连接困难，并不能得以广泛使用；斜向预应力混凝土路面的预应力筋斜向布设，编织效果不好，预应力损失大，施工工序较为复杂，施工周期长，且该路面的混凝土路面板也较为厚重，为现场铺装增加难度。

实用新型内容

[0003] 有鉴于此，本实用新型提供了一种装配式预应力高强混凝土路面，减薄了路面板厚度且能实现现场快速拼装。

[0004] 本实用新型采取的技术方案如下：

[0005] 一种装配式预应力高强混凝土路面，包括两块以上单板、预应力筋、预应力锚具和装配件；

[0006] 单板由高强混凝土形成，厚度为 6～10 cm，内设横纵交叉预应力筋孔道，交叉点处为弯曲孔道；两块以上单板沿横向和/或纵向相互插接，预应力筋沿单板板体中线布设，插入相应的预应力筋孔道，在空间内呈横纵交叉状态，横向或纵向相邻两个预应力筋间隔 1～3 m；所述预应力筋经端部单板伸出后由预应力锚具锚固固定构成装配拼接单元；一个以上装配拼接单元通过装配件连接形成路面。

[0007] 进一步地，所述预应力筋采用无粘结预应力钢绞线。

[0008] 进一步地，所述预应力锚具采用夹片锚具，外套防腐套。

[0009] 进一步地，所述单板之间通过凹凸企口实现插接。

[0010] 有益效果：

[0011] 本实用新型将预应力、装配式和高强混凝土三者结合，可以使装配式预应力高强混凝土路面面层超薄化，使路面构件轻型化，不需要现场浇筑，使现场装配作业更加快速、便捷。预应力混凝土路面预先在工作截面上施加预压应力，以提高混凝土结构的承载能力；装配式路面将工厂预制好的面板板块运输至施工现场进行装配，实现快速拼装修建、快速开放交通的目的，损坏也便于整修替换；高强混凝土抗压良好，具备抗弯折韧性；预应力既给路面板提供了压应力储备，减薄了面板厚度，又将装配在一起的路面板紧紧连接在一起，避免了板体之间的脱离，整体性强，同时也为路面板之间的企口接缝实现

竖向剪力载荷传递提供必要的法向正压压应力。

附图说明

[0012] 图1是本实用新型实施例20块单板平面布置图；

[0013] 图2是企口立面布置图；

[0014] 图3是预应力钢筋布设立面示意图；

[0015] 其中，1—端板、2—中板、3—纵向预应力筋、4—横向预应力筋、5—预应力锚具。

具体实施方式

[0016] 下面结合附图并举实施例，对本实用新型进行详细描述。

[0017] 本实用新型提供了一种装配式预应力高强混凝土路面，包括两块以上单板、预应力筋、预应力锚具5和装配件。

[0018] 单板由高强混凝土形成，高强混凝土是指抗压强度达到80 MPa以上具有良好抗压、抗弯折韧性的活性粉末混凝土，单板为矩形，可以是长方形，也可以是正方形，单板厚度为6～10 cm，内设横纵交叉预应力筋孔道，交叉点处为弯曲孔道；两块以上单板可沿道路横向插接装配，又可沿道路纵向板插接装配，预应力筋沿单板板体中线布设，插入相应的预应力筋孔道，在空间内呈横纵交叉状态，横向或纵向相邻两个预应力筋间隔1～3 m；预应力筋经端部单板端面伸出后由预应力锚具5锚固固定，横纵预应力穿过的单板集合构成装配拼接单元，装配拼接单元整体为轴对称结构；一个以上装配拼接单元通过装配件连接形成路面，接缝通过浇灌聚氨酯填充。

[0019] 本实施例单板体横向长度为3 m，布置两道纵向预应力，间距1.5 m；单板纵向长度为1 m，布置一道横向预应力，厚度为0.1 m。单板预制时精确预留预应力筋孔道，考虑到纵向预应力筋3、横向预应力筋4在平面内有交叉，可以在平面交叉点设置弯曲孔道，实现横、纵预应力筋的相互穿越而不对板中心线产生过大偏离。

[0020] 单板分为端板1和中板2，端板1朝外一侧不设企口，而提供预应力筋张拉锚固侧壁；中板2为端板1之间板块，接触面均设有企口接缝。如图1所示，纵向10块单板，横向两块单板，共计20块单板相互插接构成一个装配拼接单元，长10 m，宽6 m，面积为60 m^2。如图2所示，企口接缝分为凹企口和凸企口，凹凸咬合形成一对企口接缝。

[0021] 预应力筋选用一根1860级直径15.24 mm的无粘结预应力钢绞线。预应力筋沿单板板体中线布设，插入相应的预应力筋孔道，在空间内呈横纵交叉状态，相邻两个纵向预应力筋3间隔1.5 m，相邻两个横向预应力筋4间隔1 m。横、纵预应力筋重心与单板形心重合。预应力筋沿板体中心布设，这样设置的目的是让预应力筋对板体产生轴向正应力，避免产生垂直于板体的分布力、集中力或弯矩，因为这些力的作用可能会影响板体和其下基层之间的结合。

[0022] 如图3所示，预应力筋经单板伸出后由预应力锚具5固定构成装配拼接单元。预应力锚具5采用夹片锚具，外套防腐套。

[0023] 采用ABAQUS软件仿真对装配式预应力高强混凝土路面结构进行受力分

析。建立装配拼接单元模型，模型物理力学参数见表1。模型尺寸：单板3 m×1 m，厚0.1 m，共计20块单板构成10 m×6 m拼装单元。基层尺寸12 m×8 m，高度0.6 m。

[0024] 表1 物理力学指标表

[0025]

模型名称	密度/(t/m^3)	弹性模量/kPa	泊松比	温度膨胀系数	载荷
单板	2.6	5e7	0.15	—	轮压:350kPa,作用面积:0.7 m×0.45 m 吸力:100kPa,作用面积:0.7 m×0.45 m
基层	2.2	1.0e6	0.25	—	
预应力筋	7.85	1.95e8	0.3	1.2e−5	930 MPa张拉控制应力
预应力筋锚板	7.85	2.1e8	0.3	—	

[0026] 计算装配拼接单元在施加结构自重、预应力、轮载压力、上吸力载荷四种组合力作用下的力学变形行为，见表2。

[0027] 表2 四种工况作用下板体力学变形行为对比表

[0028]

工况名称	纵向正应力/MPa	横向正应力/MPa	预应力/MPa	变形/mm
工况一:结构自重＋预应力	2.5	3.7	931.5	0

[0029]

工况二:结构自重＋预应力＋轮压载荷	−1.325(板底) −3.587(板顶)	−2.327(板底) −3.587(板顶)	931.5	0.0625
工况三:结构自重＋轮压载荷	0.496(板底) −0.584(板顶)	1.185(板底) −1.244(板顶)	0	0.0601(未收敛)
工况四:结构自重＋预应力＋轮压载荷＋上吸力载荷	−0.115(板底) −4.525(板顶)	−1.010(板底) −5.760(板顶)	931.5	−0.41

[0030] 由此可见，装配式预应力高强混凝土路面结构受力变形满足要求，预应力给路面板提供了充足的压应力储备，在轮载作用下可以不出现拉应力；同时又将装配在一起的路面板紧紧连接在一起，避免了板体之间的脱离，增强了整体性；路面板之间的企口接缝在实现竖向剪力载荷传递上是有效的，轮载受压区会通过企口缝实现向临板的应力传递；装配拼接单元有很强的整体性，在对抗吸力载荷方面具有优势；板体厚度为100 mm，在轮载作用下尚未出现拉应力且变形很小。

[0031] 综上所述，以上仅为本实用新型的较佳实施例而已，并非用于限定本实用新型的保护范围。凡在本实用新型的精神和原则之内，所作的任何修改、等同替换、改进等，均应包含在本实用新型的保护范围之内。

CN 212895745 U

说明书附图

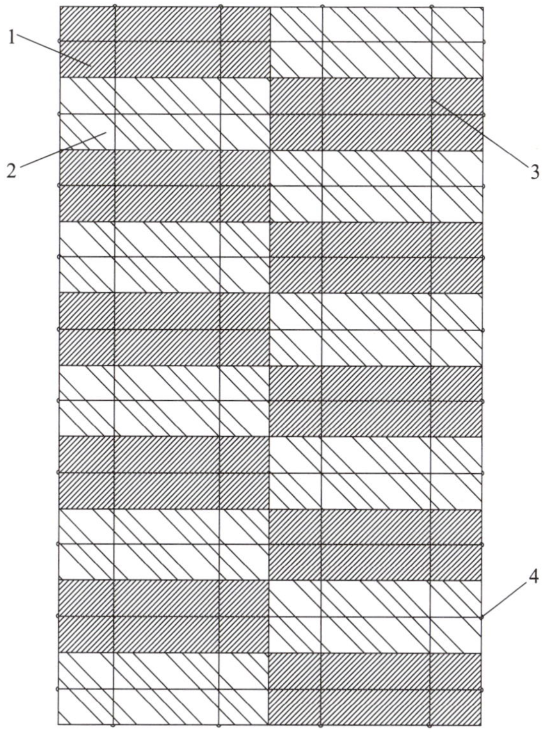

图 1

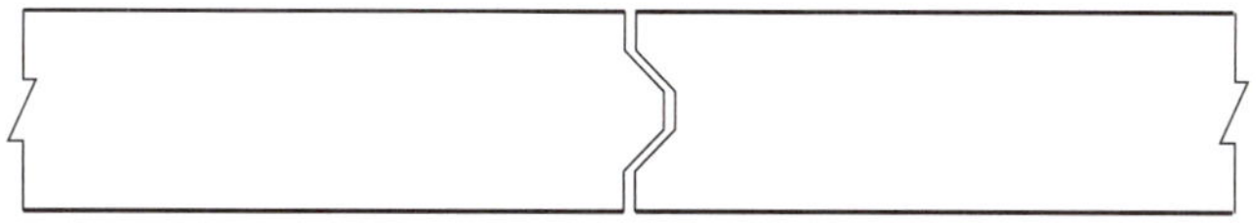

图 2

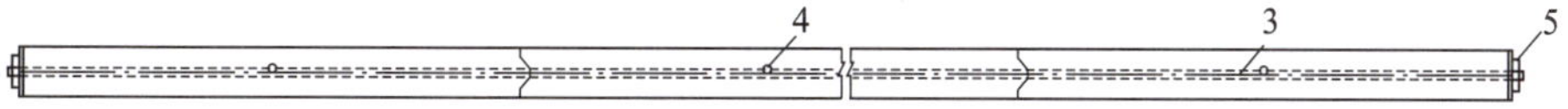

图 3

七、一种倒刺锚杆

CN 213296341 U

权利要求书

1. 一种倒刺锚杆，设置在孔道内，其特征在于，所述倒刺锚杆包括母体锚杆和子体倒刺套；

所述子体倒刺套为端部设有外扩板的套筒结构，所述外扩板沿套筒四周均匀分布，所述外扩板具备一定弹性变形能力；所述套筒结构与母体锚杆外形结构相匹配，两个以上子体倒刺套以一定间距套装在母体锚杆上，并与母体锚杆固定连接。

2. 如权利要求1所述的倒刺锚杆，其特征在于，所述外扩板的外接圆直径与孔道理论直径的比值为1.05～1.2，外扩板厚度为1～5 mm。

3. 如权利要求2所述的倒刺锚杆，其特征在于，所述外扩板厚度为2～3 mm。

4. 如权利要求1所述的倒刺锚杆，其特征在于，所述母体锚杆为圆柱杆或方形杆。

5. 如权利要求1所述的倒刺锚杆，其特征在于，所述母体锚杆采用HRB 400或HRB 500钢筋。

6. 如权利要求1所述的倒刺锚杆，其特征在于，所述母体锚杆和子体倒刺套螺纹连接或焊接。

7. 如权利要求1所述的倒刺锚杆，其特征在于，所述倒刺锚杆与孔道内壁之间填充注浆体。

CN 213296341 U

说明书

一种倒刺锚杆

技术领域

[0001] 本实用新型涉及建筑工程技术领域，具体涉及一种倒刺锚杆。

背景技术

[0002] 建筑用锚杆是一种设置于钻孔内，端部伸入稳定土层中的钢筋或钢绞线与孔内注浆体组成的受拉杆体，它一端与工程构筑物相连，另一端锚入土层中，通常对其施加预应力，以承受由土压力、水压力或风载荷等所产生的拉力，用以维护构筑物的稳定。

[0003] 现有锚杆一般由放置于孔道的直粗钢筋和后注浆体构成，钢筋通过对中支架放置在孔道内，注浆体包裹在钢筋外，填充了钢筋与孔道的间隙，其承载力主要取决于三方面：锚杆钢筋的受拉能力、注浆体和孔壁的粘结能力、锚杆钢筋和注浆体之间的粘结能力。在锚杆材质和直径确定，即确定锚杆受拉能力的情况下，仅依靠注浆体和孔壁的粘结能力以及锚杆钢筋和注浆体之间的粘结能力，锚杆的承载能力相对较差。

实用新型内容

[0004] 有鉴于此，本实用新型提供了一种倒刺锚杆，能够提高承载力。

[0005] 本实用新型采取的技术方案如下：

[0006] 一种倒刺锚杆，设置在孔道内，所述倒刺锚杆包括母体锚杆和子体倒刺套；

[0007] 所述子体倒刺套为端部设有外扩板的套筒结构，所述外扩板沿套筒四周均匀分布，所述外扩板具备一定弹性变形能力；所述套筒结构与母体锚杆外形结构相匹配，两个以上子体倒刺套以一定间距套装在母体锚杆上，并与母体锚杆固定连接。

[0008] 进一步地，所述外扩板的外接圆直径与孔道理论直径的比值为1.05～1.2，外扩板厚度为1～5 mm。

[0009] 进一步地，所述外扩板厚度为2～3 mm。

[0010] 进一步地，所述母体锚杆为圆柱杆或方形杆。

[0011] 进一步地，所述母体锚杆采用HRB 400或HRB 500钢筋。

[0012] 进一步地，所述母体锚杆和子体倒刺套螺纹连接或焊接。

[0013] 进一步地，所述倒刺锚杆与孔道内壁之间填充注浆体。

[0014] 有益效果：

[0015] 1. 本实用新型由于子体倒刺套上外扩板的存在，提高了锚杆的抗拔承载能力，而且子体倒刺套套装在母体锚杆上，兼具锚杆对中支架的作用；本实用新型倒刺锚杆制作简便，有较为广阔的市场前景。当其放入岩体孔道时，子体倒刺套的外扩板在孔壁约束下，呈微收缩状态紧贴孔壁滑动，到达预定位置后，锚杆在向外拉力作用下，由于孔壁表面呈凹凸糙面，倒刺外扩板会顶住孔壁，如果孔壁为硬质岩石，外扩板和孔壁之间则为硬接触关系，不考虑灌注水泥浆体，倒刺锚杆的抗拔力可达数吨，提高了承载力。

[0016] 2. 本实用新型外扩板的外接圆直径与孔道直径的比值为1.05～1.2，外扩板厚度为1～5 mm，保证在倒刺锚杆外扩板具备一定弹性变形能力，使得当倒刺锚杆进入孔道，外扩板受压不会发生塑性变形，外扩板所受应力不大于其所采用材料的屈服强度。

[0017] 3. 本实用新型如果考虑注浆体，在倒刺锚杆与孔道内壁之间填充注浆体，倒刺锚杆的抗拔能力会大幅提高，可达几十吨。如果孔壁为软质岩石或土质，外扩薄片则会刺入孔壁，扩大作用范围，提高承载力。

附图说明

[0018] 图1为圆形倒刺锚杆整体结构示意图；

[0019] 图2为圆形倒刺杆的子体倒刺套结构示意图；

[0020] 图3为方形倒刺锚杆整体结构示意图；

[0021] 图4为方形倒刺锚杆的子体倒刺套结构示意图；

[0022] 图5为方形倒刺锚杆的立面图；

[0023] 图6为方形倒刺锚杆的断面图；

[0024] 图7为倒刺锚杆伸入岩体孔道前的示意图；

[0025] 图8为倒刺锚杆伸入岩体孔道后的示意图；

[0026] 其中，1—母体锚杆、2—子体倒刺套、3—孔道。

具体实施方式

[0027] 下面结合附图并举实施例，对本实用新型进行详细描述。

[0028] 本实用新型提供了一种倒刺锚杆，包括母体锚杆1和子体倒刺套2。

[0029] 子体倒刺套2为端部设有外扩板的套筒结构，外扩板沿套筒四周均匀分布，该外扩板具备一定弹性变形能力，使得当倒刺锚杆进入孔道3时，外扩板受压不会发生塑性变形，外扩板所受应力不大于其所采用材料的屈服强度。在一个优选实施例中，外扩板的外接圆直径与孔道3理论直径的比值为1.05～1.2，外扩板厚度为1～5 m，厚度优选2～3 mm。套筒结构与母体锚杆1外形结构相匹配，两个以上子体倒刺套2以一定间距套装在母体锚杆1上，并与母体锚杆1固定连接。

[0030] 母体锚杆1采用HRB 400或HRB 500钢筋。母体锚杆1为圆柱杆或方形杆。

[0031] 当母体锚杆1为圆柱杆时，与其相匹配的子体倒刺套2的套筒为圆筒状，如图1、图2所示，母体锚杆1和子体倒刺套2可以通过焊接方式固定连接，也可以在子体倒刺套2内壁加工内螺纹，与母体锚杆1螺纹连接。

[0032] 当母体锚杆1为方形杆时，如图3、图4所示，与其相匹配的子体倒刺套2的套筒为方形筒，如图6所示，方形筒的四边上各设有一个外扩板。如图5所示，母体锚杆1长度为3 000～6 000 mm，两个方形子体倒刺套2焊接在方形母体锚杆1上，间隔l为1 200 mm，方形子体倒刺套2的外扩板厚度d为3 mm。

[0033] 锚杆放入岩体内的孔道3时，子体倒刺套2的外扩板在孔壁约束下，呈微收缩状态紧贴孔壁滑动。到达预定位置后，倒刺锚杆在向外拉力作用下，由于孔壁表面呈凹凸糙面，外扩板会顶住孔壁，如果孔壁为硬质岩石，外扩板和孔壁之间则为硬接触关系，

如果孔壁为软质岩石或土质，外扩板则会刺入孔壁，扩大作用范围，提高承载力。

[0034] 优选地，如图7、图8所示，在倒刺锚杆伸入岩体内的孔道3后，子体倒刺套2还兼具锚杆对中支架的作用，倒刺锚杆与孔道3内壁之间填充注浆体，注浆体图中未示出。

[0035] 通过力学仿真试验来分析承载力，模拟倒刺锚杆插入岩孔、拔出岩孔全过程。子体倒刺套2采用高强钢弹性本构，锚杆采用四级钢弹性本构，孔壁岩体采用微风化花岗岩岩体弹性本构。

[0036] 不考虑注浆时插入与拔出承载力，在倒刺锚杆插入的过程中，外扩薄钢板始终和孔壁接触。当外扩薄钢板处于孔壁凸起部位时，Mises应力最大，当倒刺外扩薄钢板处于孔壁凹入部位时，Mises应力最小。倒刺锚杆在理想孔壁的情况下，在拔出阶段的抗拔力为推进时抗力的2倍左右，易进不易出。

[0037] 考虑注浆时插入与拔出承载力，注浆体阻止了倒刺锚杆外扩薄钢板的运动，从而产生很大的Mises应力，倒刺锚杆在外扩薄钢板抵住水泥砂浆后，锚杆根部的抗拔力急剧增大，相较不考虑灌浆的锚杆增大近25倍。由此可见，承载力显著提高。

[0038] 综上所述，以上仅为本实用新型的较佳实施例而已，并非用于限定本实用新型的保护范围。凡在本实用新型的精神和原则之内，所作的任何修改、等同替换、改进等，均应包含在本实用新型的保护范围之内。

CN 213296341 U

说明书附图

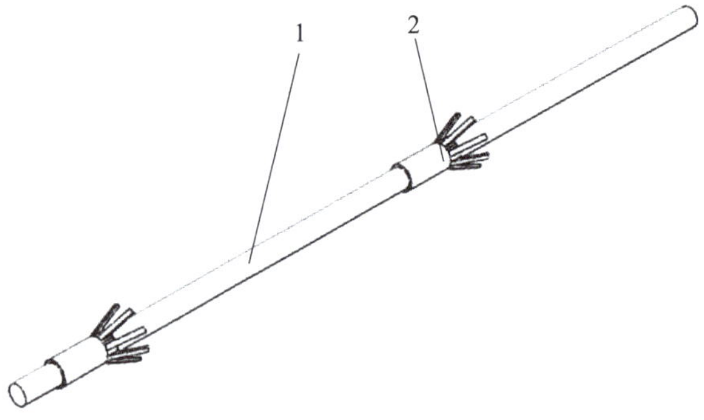

图 1

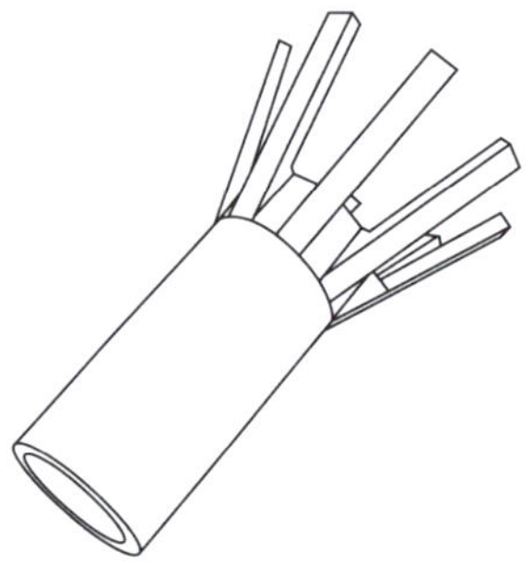

图 2

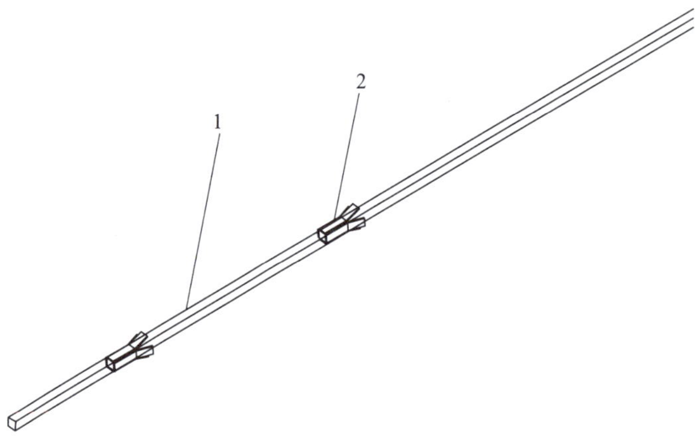

图 3

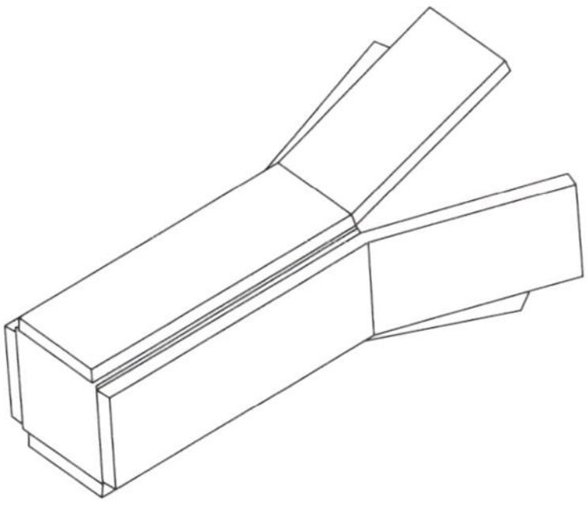

图 4

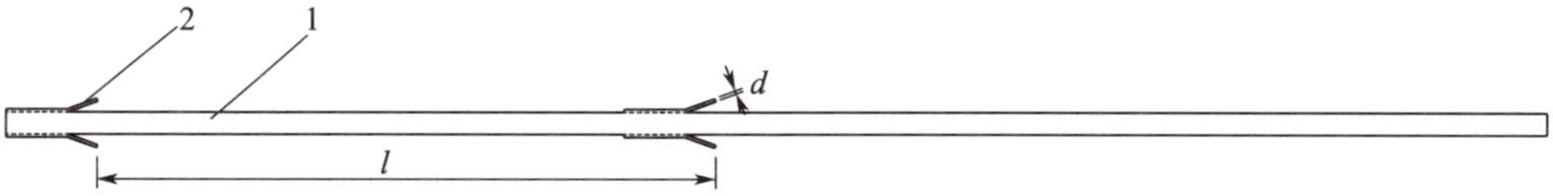

图 5

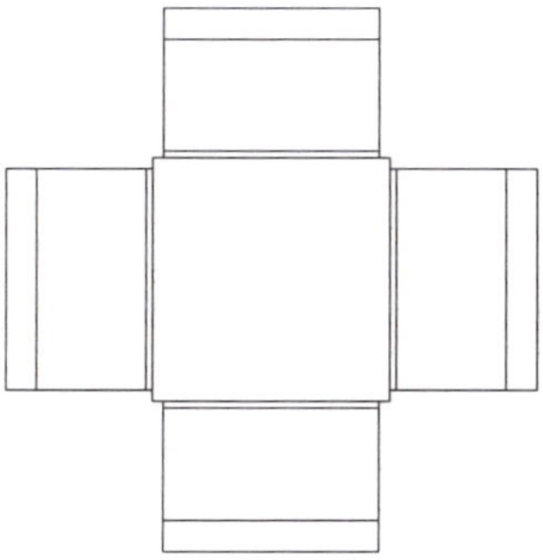

图 6

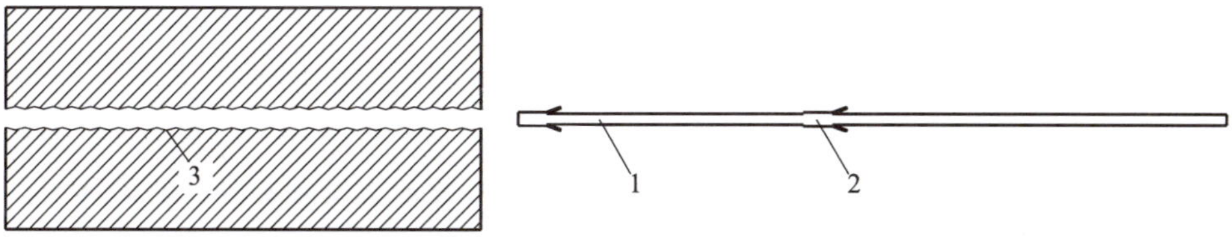

图 7

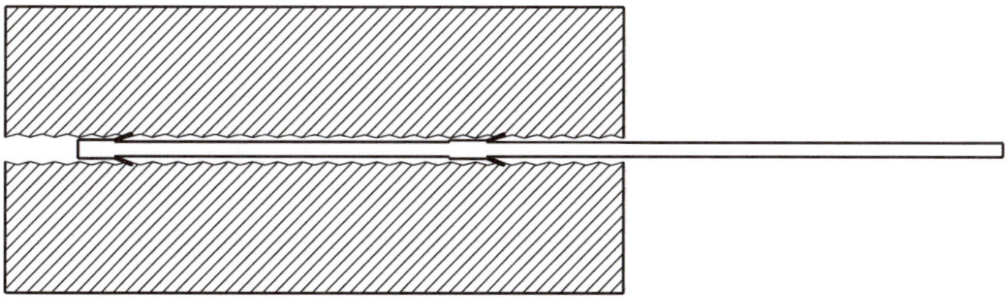

图 8

八、一种快速架设的装配式充气桥梁

CN 219315477 U

权利要求书

1. 一种快速架设的装配式充气桥梁，其特征在于，包括桥面承载板和圆筒充气膜体；

所述圆筒充气膜体的外形由圆柱段以及圆柱段两端的球形结构组成；

所述桥面承载板沿山谷跨度方向设置，所述圆筒充气膜体设置在山谷内，为桥面承载板提供竖向支撑，所述圆筒充气膜体的轴线方向与桥面承载板沿山谷跨度方向互相垂直。

2. 如权利要求1所述的快速架设的装配式充气桥梁，其特征在于，所述圆筒充气膜体的数量采用两个以上，所述圆筒充气膜体之间以及圆筒充气膜体和两侧山谷之间形成填充嵌锁关系。

3. 如权利要求2所述的快速架设的装配式充气桥梁，其特征在于，所述圆筒充气膜体的内压为0.2～0.7 MPa。

4. 如权利要求3所述的快速架设的装配式充气桥梁，其特征在于，所述圆筒充气膜体由密闭内胆、受力层和外套三层叠合构成，所述密闭内胆的材料采用高韧橡胶材料；受力层的材料采用碳纤维、聚酯纤维或在橡胶层外复合高强钢丝；所述外套的材料采用帆布；三层叠合的厚度在5～10 mm之间。

5. 如权利要求4所述的快速架设的装配式充气桥梁，其特征在于，所述圆筒充气膜体的外表面沿轴向间隔一定距离设置环箍，环箍采用碳素纤维布和圆筒充气膜体表面粘接而成。

6. 如权利要求5所述的快速架设的装配式充气桥梁，其特征在于，所述圆筒充气膜体的底部和顶部分别设有支撑座，底部的支撑座用于支撑圆筒充气膜体，顶部的支撑座用于支撑桥面承载板。

7. 如权利要求6所述的快速架设的装配式充气桥梁，其特征在于，所述支撑座采用高强、高弹性橡胶材料制成，支撑座和圆筒充气膜体接触表面以及该处对应的圆筒充气膜体接触表面均设置高摩擦系数的接触材料，以实现接触面之间的止滑，接触面之间设有止滑栓实现剪切锁止，圆筒充气膜体底部的支撑座设有地锚稳固于谷底。

CN 219315477 U

说明书

一种快速架设的装配式充气桥梁

技术领域

[0001] 本实用新型属于桥梁结构设计技术领域，具体涉及一种快速架设的装配式充气桥梁结构。

背景技术

[0002] 桥梁装备是伴随任务行动，特别是强渡江河、跨越峡谷和壕沟等障碍，实现快速机动的重要工程保障器材。传统的桥梁装备存在重量大、体积大、架设速度慢、承载能力低、保障人员多和运输车辆多等问题，严重影响了装备的机动性能。研制轻型、快速架设、承载能力强和高机动性的新型桥梁装备具有重要的现实意义。

[0003] 在封闭的柔性薄膜内充气形成压力支撑膜面，内压使膜面产生张力，膜的张力连同内压可以抵抗外载荷，从而实现承载的作用。这种充气膜结构具有自重轻、架设快、承载能力强的优点，目前已多用于航空航天、近空间飞行器和大型建筑领域。在装配式应急桥梁领域往往需要架设桥墩，以解决缩短跨径的问题，同时需要桥墩快速架设成型。

[0004] 中国专利 CN 112502019A 公开了一种快速架设的充气式桥梁，该桥梁将充气环组件设置在山谷内作为竖向支撑，桥面承载板沿山谷跨度方向安装在充气环组件上，由于充气环组件包括 1 个以上充气环单元，充气环单元由 2 个以上充气环并列拼装而成，因此，充气环组件在组装和架设过程中会耗费较多的时间，不利于实现桥梁的快速架设。

实用新型内容

[0005] 有鉴于此，本实用新型提供了一种快速架设的装配式充气桥梁，能够缩短桥面沿跨度方向支撑点的距离，从而减小桥面承载板的厚度，实现快速拼装、快速架设的目的。

[0006] 一种快速架设的装配式充气桥梁，包括桥面承载板和圆筒充气膜体。

[0007] 所述圆筒充气膜体的外形由圆柱段以及圆柱段两端的球形结构组成。

[0008] 所述桥面承载板沿山谷跨度方向设置，所述圆筒充气膜体设置在山谷内，为桥面承载板提供竖向支撑，所述圆筒充气膜体的轴线方向与桥面承载板沿山谷跨度方向互相垂直。

[0009] 进一步地，所述圆筒充气膜体的数量采用两个以上，所述圆筒充气膜体之间以及圆筒充气膜体和两侧山谷之间形成填充嵌锁关系。

[0010] 进一步地，所述圆筒充气膜体的内压为 0.2～0.7 MPa。

[0011] 进一步地，所述圆筒充气膜体由密闭内胆、受力层和外套三层叠合构成，所述密闭内胆的材料采用高韧橡胶材料；受力层的材料采用碳纤维、聚酯纤维或在橡胶层外复合高强钢丝；所述外套的材料采用帆布；三层叠合的厚度在 5～10 mm 之间。

[0012] 进一步地，所述圆筒充气膜体的外表面沿轴向间隔一定距离设置环箍，环箍

采用碳素纤维布和圆筒充气膜体表面粘接而成。

[0013] 进一步地，所述圆筒充气膜体的底部和顶部分别设有支撑座，底部的支撑座用于支撑圆筒充气膜体，顶部的支撑座用于支撑桥面承载板。

[0014] 进一步地，所述支撑座采用高强、高弹性橡胶材料制成，支撑座和圆筒充气膜体接触的表面以及该处对应的圆筒充气膜体接触表面均设置高摩擦系数的接触材料，接触面之间设有止滑栓实现剪切锁止，圆筒充气膜体底部的支撑座设有地锚稳固于谷底。

[0015] 有益效果：

[0016] 1. 本实用新型采用圆筒充气膜体设置在山谷内，为桥面承载板提供竖向支撑，圆筒充气膜体的外形由圆柱段以及圆柱段两端的球形结构组成，圆筒充气膜体的轴线方向与桥面承载板沿山谷跨度方向互相垂直。基于静力分析和显示动力分析交互验证，证明该结构体系能满足强度和刚度的需要，结构体系科学合理，圆筒充气膜体应力能控制在120 MPa之内，跨中竖向挠度能控制在跨径的1/500之内。

[0017] 2. 本实用新型的圆筒充气膜体由密闭内胆、受力层和外套三层叠合构成，密闭内胆的材料采用高韧橡胶材料；受力层的材料采用碳纤维、聚酯纤维或在橡胶层外复合高强钢丝；外套的材料采用帆布，三层叠合的厚度在5～10 mm之间。上述材料和厚度的选取使得圆筒充气膜体具有重量轻的特点，方便运输搬运，直径5 m、长度5.3 m的筒体能控制在1 000 kg之内，配以充气功能实现桥梁的快速架设。

[0018] 3. 本实用新型圆筒充气膜体的外表面沿轴向间隔一定距离设置环箍，能够减小圆筒充气膜体的应力，提高圆筒充气膜体刚度，控制圆筒充气膜体整体变形。

[0019] 4. 本实用新型支撑座和圆筒充气膜体接触的表面以及该处对应的圆筒充气膜体接触表面均设置高摩擦系数的接触材料，接触面之间设有止滑栓实现剪切锁止，能够实现接触面之间的止滑，同时增加了止滑的可靠性。

附图说明

[0020] 图1为本实用新型装配式充气桥梁采用单圆筒桥墩的示意图；

[0021] 图2为本实用新型装配式充气桥梁采用双圆筒桥墩的示意图；

[0022] 图3为圆筒充气膜体的外形结构示意图；

[0023] 图4为设置环箍的圆筒充气膜体外形结构示意图；

[0024] 图5为圆筒充气膜体与上下支撑座的安装关系示意图；

[0025] 其中，1—桥面承载板、2—圆筒充气膜体、3—上支撑座、4—下支撑座、5—地面、6—环箍。

具体实施方式

[0026] 下面结合附图并举实施例，对本实用新型进行详细描述。

[0027] 本实用新型提供了一种快速架设的装配式充气桥梁，桥梁由圆筒充气膜体2和在其上搭设的桥面承载板1构成，桥面承载板1的两端搭设在山谷的地面5上，圆筒充气膜体2作为竖向承载的主要构件，既可以单独形成竖向支撑，又可以多筒组合形成竖向支撑，当桥梁跨越山谷时，圆筒充气膜体2可以作为支撑单元在桥梁跨度方向形成竖向支

撑，从而缩短桥面支撑距离。多组圆筒充气膜体之间以及充气筒和两侧山谷之间形成填充嵌锁关系后，可以进一步缩短桥面沿跨度方向支撑点的距离，从而减小桥面承载板的厚度，实现快速拼装、快速架设的目的。用于桥梁承载的圆筒充气膜体2一般为高压充气，其内压为0.2～0.7 MPa，高压充气筒膜一般由密闭内胆、受力层、外套三层叠合构成，密闭内胆主要提供封闭不漏气的环境，由高韧橡胶材料构成；受力层由高抗拉强度的材料构成，可采用碳纤维、聚酯纤维或在橡胶层外复合高强钢丝等材料；外套主要提供表面必要的摩阻力和抗磨耗的能力，可由帆布等材料构成，三层叠合的厚度在5～10 mm之间。

[0028] 图1和图2给出了跨越山谷的两种型式。图1为单环支撑示意图，可将单跨跨度减小至二分之一；图2为双环支撑，可将单跨跨度减小至三分之一，基于圆筒充气膜体2作为支撑构件的结构型式可以有相对灵活的组合，从而适用于不同跨度、不同深度。

[0029] 圆筒充气膜体2三维示意图如图3所示，其外形由圆柱段以及圆柱段两端的球形结构组成。为了减小膜体的应力，提高膜体刚度，控制膜体整体变形，在膜体筒身间隔一定距离设置环箍6，环箍6采用碳素纤维布和膜体粘接而成，如图4所示。圆筒充气膜体2底部设有下支撑座4，下支撑座4设有地锚稳固于谷底。圆筒充气膜体2顶部设有支撑桥面板的上支撑座3，上支撑座3和下支撑座4采用高强、高弹性橡胶材料制成，支撑座和圆筒充气膜体2接触的表面以及该处对应的圆筒充气膜体2接触表面均设置高摩擦系数的接触材料，以实现接触面之间的止滑，同时为了增加止滑的可靠性，接触面之间设有止滑栓实现剪切锁止，设有上下支撑座的三维示意图如图5所示。桥面承载板1则可以视跨越距离的长短选择多种型式，从快速架设角度优先选用装配式钢结构桥面板。

[0030] 针对上述实施例进行承载力分析，圆筒充气膜体2、环箍6采用三维膜单元，桥面承载板1、上支撑座3、下支撑座4、车辆采用块单元。计算分析的物理力学参数见表1。

[0031] 表1 物理力学指标表

[0032]

模型名称	密度	弹性模量	泊松比	结构厚度/mm	备注
圆筒充气膜体	1.0	4e3	0.32	8	内压0.5 MPa
桥面承载板	7.85	2.0e5	0.3	350	
环箍	1.0	1e4	0.31	5	
支撑座	1.1	8.0e3	0.42	—	
车辆	7.85	1.0e5	0.3	—	

[0033] 模型体量：数值计算对象为2×12 m两跨桥梁，桥面宽度5.3 m，圆筒充气膜体内直径5 m，环箍内直径5 m，宽度0.3 m。

[0034] 单元尺寸：圆筒充气膜体和单元尺寸为0.1 m×0.1 m，桥面承载板单元大小为0.1 m×0.1 m×0.6 m，支撑座单元、车辆单元控制最小边尺寸为0.1 m。

[0035] 材料本构关系：采用弹性本构。

[0036] 相互作用：①绑定连接：圆筒充气膜体和环箍之间的接触区域，圆筒充气膜体和上下支撑座之间的接触区域，上支撑座和桥面承载板之间的接触区域；②摩擦接触：

车辆轮底和桥面板上表面，车辆右外侧和桥面导向侧板内侧，切向摩擦系数为 0.1，法向接触为硬接触。

[0037] 边界条件：下支撑座底部为固结，桥面承载板板端约束为简支约束。

[0038] 分析类型有两种，分别为多载荷步静力分析和模拟车辆运动作用下的显示动力分析。静力分析的载荷加载步分为三步：即圆筒充气膜体内部加压、结构重力、桥面载荷（10 kPa）。显示动力分析的载荷步分为三步：圆筒多级分步加压和车辆在微小外力下的预接触，多级加载下的结构重力，车辆运动（总重 56 t，按照 1.39 m/s 速度行进，模拟 5 km/h 的时速）。桥梁静力分析：

[0039] 从第一载荷步充气圆筒内部加压作用下结构的竖向变位图可见，桥梁结构在充气作用下，由于圆筒充气膜体加压后的膨胀效应，圆筒充气膜体顶部最大竖向位移为 Y 正向 83.27 mm，出现在环箍之间的圆筒充气膜体上，对应的桥梁板竖向位移为 61.63 mm。从充气膜体在充气作用下的 Mises 应力图可见，在充气 0.5 MPa 气压作用下，圆筒充气膜体的最大 Mises 应力为 114.9 MPa，处于膜体设计强度范围之内；从环箍的 Mises 应力图可见，环箍最大 Mises 应力为 256.8 MPa，也处于环箍设计强度范围之内，环箍具有对圆筒充气膜体的约束效应。

[0040] 桥梁结构在第二载荷步即结构自重作用下，结构体最大竖向变位为 Y 正向 71.78 mm，对应的桥梁板竖向位移为 49.90 mm。圆筒充气膜体在自重下的应力分布及极值没有明显变化，根据环箍的 Mises 应力云图，极值略有变化，为 254.0 MPa，说明结构在结构自重作用下，无论结构强度还是刚度都在理想的范围内。

[0041] 桥梁结构在第三载荷步即车载作用下，结构体最大竖向变位为 Y 正向 40.70 mm，对应的桥梁板竖向位移为 5.32 mm，该值和第二载荷步中对应的 49.90 mm 相减，为结构在活载作用下的跨中竖向挠度，即 44.58 mm，为该桥跨径 24 m 的 1/538，基本满足要求：对比膜体在车载下的 Mises 应力云图和膜体在自重下的 Mises 应力云图，应力分布及极值没有明显变化；对比环箍的 Mises 应力云图，极值略有变化，为 248.0 MPa，说明结构在车载作用下，无论结构强度还是刚度都在理想的范围内。将三个载荷步的载荷效应进行对比，不难发现，在不同的载荷步下结构变形有明显的区别，而应力极值并没有出现明显的变化，说明了膜体结构具有特殊的承载优势。

[0042] 显示动力分析中第一加载总时长为 1.5 s；其中加载时长 1 s，平衡稳定时长 0.5 s：第二加载总时长为 2 s，其中加载时长 1 s，平衡稳定时长 1 s；第三加载总时长为 5.6 s，该时段为车辆按照 5 km/h 时速走完第一跨的时间，车辆前后轴距 4 m，左右轮距 1.3 m，总质量 56 t。为了降低结构在载荷作用下的瞬态动力效应，在第一载荷步充气加载和第二载荷步结构自重作用均采取了分级加载模式，每一次分级加载为该载荷终值的 1%，同时为了得到较为平滑的过程曲线，显示动力分析三个阶段的结果输出步长均设定为 0.01 s。

[0043] 为了和静力工况进行对比，给出了三个载荷步结束时的位移和应力效应云图，具体参数的对比详见表 2。由表 2 可以看出，静力计算结果和显示动力分析结果大体相当，只是环箍应力极值显示动力分析较大，同时可以看出无论静力加载还是动力加载，三个加载

步作用下膜体和环箍的极值应力都变化不大，且都处于膜体及环箍设计强度范围之内。

[0044] 从膜顶左、中、右三个竖向位移监测点的时程曲线中可以看出，三个监测点形状大致相同，膜顶中监测点竖向位移值大于左右两个监测点位移值，原因在于膜顶中监测点位移是膜体表面的位移，而左右监测点处于环箍下方的膜顶表面，由于受到环箍的约束效应，其位移小于没有环箍约束的膜体表面。膜顶左右监测点在充气加压阶段是相吻合的，因为这个阶段结构体几何对称、载荷对称。而在第二载荷步即结构自重施加后，左右位移时程出现偏移，只要是因为车载偏心于桥面右侧，膜体右边承载大于左边，所以膜体右监测点位移曲线处于左监测点位移曲线的下方，从三个监测点曲线形态来看，第一加载步分级加压，膜体膨胀，竖向位移近似呈线性增加，加压完成即1.0 s后，在平衡稳定阶段（0.5 s内），膜体监测点出现小幅水平振荡；第二加载步结构自重分级施加，监测点竖向位移近似呈线性下降，施加完成即2.5 s后，在平衡稳定阶段（1.0 s内）膜体监测点也出现小幅水平振荡；第三加载步车辆行进中，随着车辆向跨中移动，膜体监测点竖向位移近似呈线性下降。整个加载过程中，膜体监测点在车辆载荷作用下，竖向最大变位在46 mm左右，相对于结构跨径这一变位是安全的。

[0045] 从桥面跨中加测点的位移时程曲线中可以看出，在车载作用下，竖向变位为38.4 mm，为该桥跨径24 m的1/625，满足要求。

[0046] t =5.67 s时的车辆和桥面的接触应力，极值为1.264 MPa，第三载荷步全时长平均接触应力在0.712 MPa左右，处于合理范围。

[0047] 表2 静力分析与显示动力分析对比表

[0048]

项目	第一载荷步			第二载荷步			第三载荷步		
	膜体竖向位移/mm	膜体最大Mises应力/MPa	环箍最大Mises应力/MPa	膜体竖向位移/mm	膜体最大Mises应力/MPa	环箍最大Mises应力/MPa	膜体竖向位移/mm	膜体最大Mises应力/MPa	环箍最大Mises应力/MPa
静力分析	83.27	114.9	256.8	71.78	114.9	254.0	40.70	116.1	248.0
显示动力分析	80.77	108.6	345.2	63.93	108.2	347.1	49.27	108.1	349.4

[0049] 基于以上分析可知，充气筒桥墩无论在强度还是刚度两个方面都能满足桥梁承载要求，且具有较大的安全储备。目前高强膜材的抗拉强度可达500 MPa以上，而上述分析的膜材最大应力在120 MPa以内，远低于强度限值，环箍可采用碳素纤维，其抗拉强度可高达2 000 MPa以上，远远超过本算例环箍349.4 MPa的峰值应力，可以说现有高强纤维类材料为高强膜体提供了广阔的应用空间。算例中直径5 m的单充气筒的膜体质量可控制在1 000 kg以内，加压充气过程若配以自动充气功能，可以大大缩短架设时间，从而为实现桥梁快速拼装提供了可能。

[0050] 综上所述，以上仅为本实用新型的较佳实施例而已，并非用于限定本实用新型的保护范围。凡在本实用新型的精神和原则之内，所作的任何修改、等同替换、改进等，均应包含在本实用新型的保护范围之内。

CN 219315477 U

说明书附图

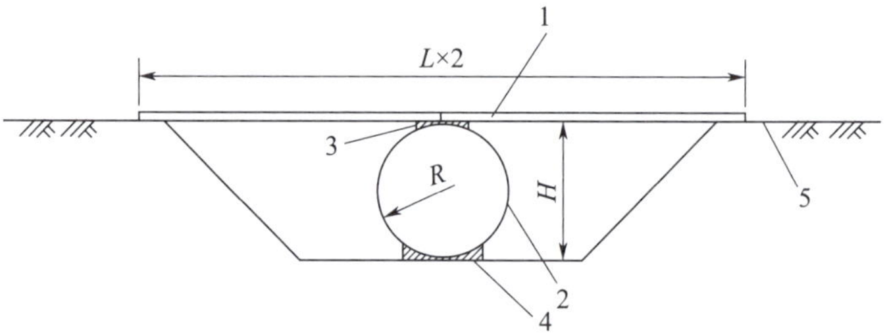

图 1

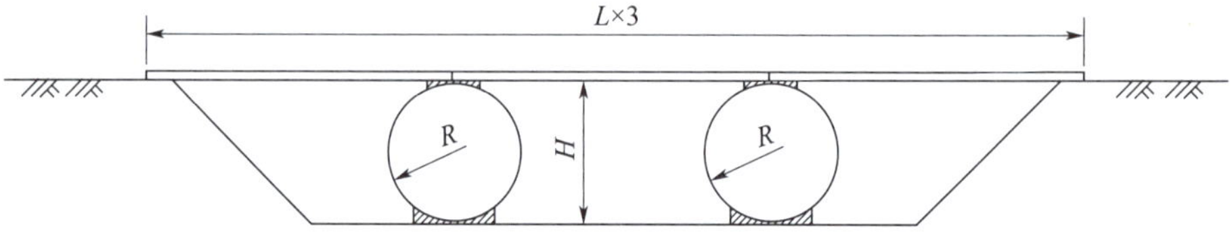

图 2

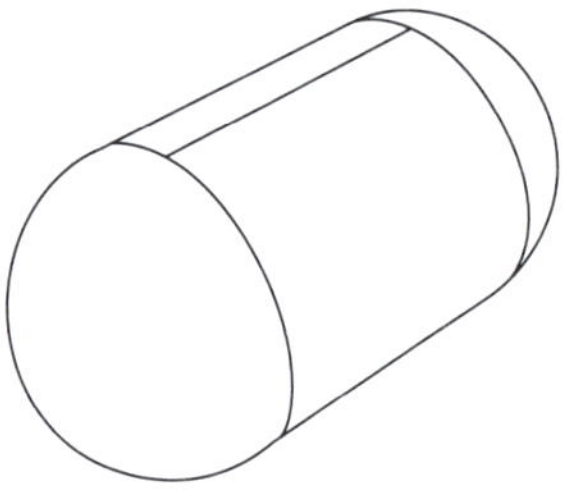

图 3

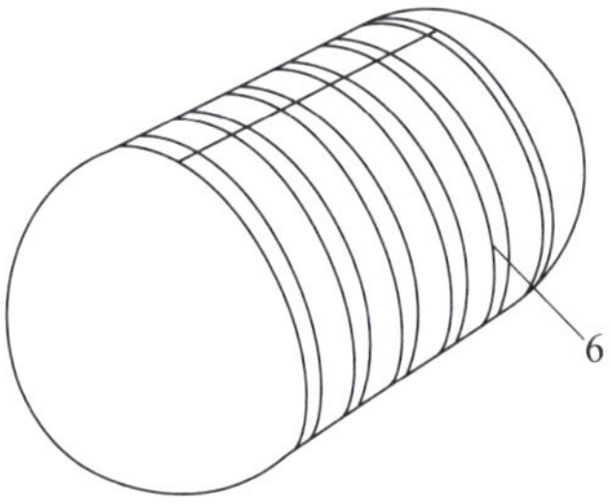

图 4

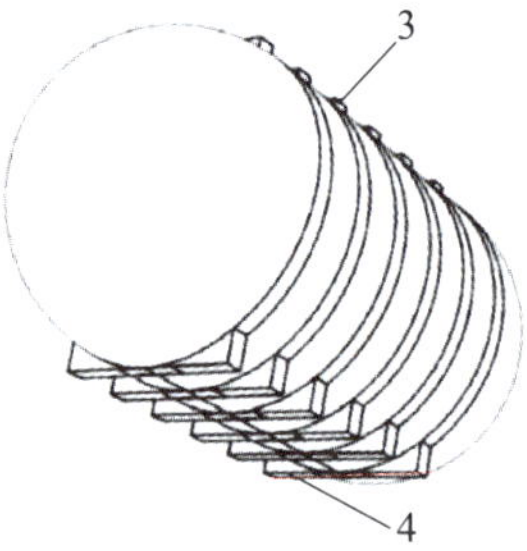

图 5

九、一种基于高强钢索和充气膜体的组合受力桥梁

CN 219315478 U

权利要求书

1. 一种基于高强钢索和充气膜体的组合受力桥梁，其特征在于，包括桥面承载板、充气膜体和高强钢索；所述高强钢索在桥面承载板下方沿跨度方向纵向设置，高强钢索端部锚固于桥面承载板的端部，所述充气膜体设置在高强钢索和桥面承载板之间，通过对充气膜体充气变形外推实现高强钢索的张紧，从而产生对桥面承载板的“上托力”。

2. 如权利要求1所述的基于高强钢索和充气膜体的组合受力桥梁，其特征在于，所述充气膜体的外形为扁壳形状，其长度方向与桥跨度方向互相垂直，充气膜体的长度大于桥面承载板的宽度。

3. 如权利要求2所述的基于高强钢索和充气膜体的组合受力桥梁，其特征在于，所述充气膜体充气后的内压为60～100 kPa。

4. 如权利要求3所述的基于高强钢索和充气膜体的组合受力桥梁，其特征在于，所述充气膜体由密闭内胆、受力层和外套三层叠合构成，密闭内胆的材料采用高韧橡胶材料；受力层的材料采用碳纤维、聚酯纤维或在橡胶层外复合高强钢丝材料；外套的材料采用帆布；三层叠合的厚度在3～6 mm之间。

5. 如权利要求4所述的基于高强钢索和充气膜体的组合受力桥梁，其特征在于，所述桥面承载板截面采用三角形多腔桁架型式，即上下面板加中间三角斜撑组成的夹心板结构型式，斜撑夹角为60°，铝合金桥面承载板总厚度为150 mm，上下面板和斜撑板以及端部竖向支撑板均为5 mm。

6. 如权利要求4或5所述的基于高强钢索和充气膜体的组合受力桥梁，其特征在于，所述高强钢索的中部通过索鞍安装在充气膜体下方，索鞍纵向前后设有两个垫块。

CN 219315478 U

说明书

一种基于高强钢索和充气膜体的组合受力桥梁

技术领域

[0001] 本实用新型涉及桥梁结构设计技术领域，具体涉及一种基于高强钢索和充气膜体的组合受力桥梁。

背景技术

[0002] 桥梁装备是伴随任务行动，特别是强渡江河、跨越峡谷和壕沟等障碍，实现快速机动的重要工程保障器材。传统的桥梁装备存在重量大、体积大、架设速度慢、承载能力低、保障人员多和运输车辆多等问题，严重影响了装备的机动性能。研制轻型、快速架设、承载能力强和高机动性的新型桥梁装备具有重要的现实意义。

[0003] 充气结构以其独特的优势在广大的工程领域中备受关注，在航空航天、近空间飞行器和大型建筑领域中展示了广阔的应用前景。充气结构是一种特殊的结构形式，利用压缩空气使充气织物形成预定的形状并达到预定的功能。与传统的钢结构和铝结构相比，充气结构具有自身重量轻、贮存运输体积小、架设速度快、结构阻尼大的特点。随着充气结构相关工业技术的发展，特别是高性能纤维及织物的出现，为充气结构的进一步发展创造了条件。

[0004] 充气结构通过气囊内压使薄膜产生拉应力，并使结构达到相当的刚度，从而使结构具有抵抗外载的强度和刚度。其承载能力取决于内压的大小，提高气囊内压在一定程度上可以提高结构的承载力，但不能实现大的突破，过大的内压将使薄膜产生过大的应力，容易引发安全问题。因此，为减少充气结构的局限性而充分发挥其优势，研发充气结构和其他刚性结构的组合型式是必要的。

实用新型内容

[0005] 有鉴于此，本实用新型提供了一种基于高强钢索和充气膜体的组合受力桥梁，通过膜体体积变化导致高强钢索张紧，产生对桥面承载板的向上顶推并形成高强钢索和桥面承载板的体外支距，从而提高桥梁结构承载能力。

[0006] 一种基于高强钢索和充气膜体的组合受力桥梁，包括桥面承载板、充气膜体和高强钢索；所述高强钢索在桥面承载板下方沿跨度方向纵向设置，高强钢索端部锚固于桥面承载板的端部，所述充气膜体设置在高强钢索和桥面承载板之间，通过对充气膜体充气变形外推实现高强钢索的张紧，从而产生对桥面承载板的“上托力”。

[0007] 进一步地，所述充气膜体的外形为扁壳形状，其长度方向与桥跨度方向互相垂直，充气膜体的长度大于桥面承载板的宽度。

[0008] 进一步地，所述充气膜体充气后的内压为 60～100 kPa。

[0009] 进一步地，所述充气膜体由密闭内胆、受力层和外套三层叠合构成，密闭内胆的材料采用高韧橡胶材料；受力层的材料采用碳纤维、聚酯纤维或在橡胶层外复合高强

钢丝材料；外套的材料采用帆布；三层叠合的厚度在3～6 mm之间。

[0010] 进一步地，所述桥面承载板截面采用三角形多腔桁架型式，即上下面板加中间三角斜撑组成的夹心板结构型式，斜撑夹角为60°，铝合金桥面承载板总厚度为150 mm，上下面板和斜撑板以及端部竖向支撑板均为5 mm。

[0011] 进一步地，所述高强钢索的中部通过索鞍安装在充气膜体下方，索鞍纵向前后设有两个垫块。

[0012] 有益效果：

[0013] 1. 本实用新型的高强钢索在桥面承载板下方沿跨度方向纵向设置，高强钢索端部锚固于桥面承载板的端部，充气膜体设置在高强钢索和桥面承载板之间，结构型式中膜体发挥了类似张弦结构支撑杆的作用，通过膜体体积变化导致高强钢索张紧，从而产生对桥面承载板的向上顶推并形成预应力索和桥面承载板的体外支距，能够提高结构承载能力。

[0014] 2. 本实用新型的充气膜体充气后的内压为60～100 kPa，膜材最大应力在250 MPa以内，远低于强度限值。受力层的材料采用碳素纤维材料，其抗拉强度可高达2 000 MPa以上，远远超过算例中的峰值应力，现有的高强纤维类材料为高强膜体提供了广阔的应用空间。算例中全桥质量能控制在1 700 kg以内，加压充气过程可配以自动充气功能，大大缩短架设时间，从而为实现桥梁快速拼装提供了可能。

[0015] 3. 本实用新型的充气膜体由密闭内胆、受力层和外套三层叠合构成，密闭内胆主要提供封闭不漏气的环境；受力层由高抗拉强度的材料构成，可采用碳纤维、聚酯纤维或在橡胶层外复合高强钢丝等材料；外套采用帆布材料，能够提供表面必要的摩阻力和抗磨耗的能力。

[0016] 4. 本实用新型高强钢索的中部通过索鞍安装在充气膜体下方，索鞍能够实现高强钢索和充气膜体接触；索鞍纵向前后设有两个垫块，在充气膜体充气膨胀时垫块能够实现和高强钢索接触。

附图说明

[0017] 图1为本实用新型基于高强钢索和充气膜体的组合受力桥梁立面示意图；

[0018] 图2为本实用新型基于高强钢索和充气膜体的组合受力桥梁横断面示意图；

[0019] 图3为桥面承载板的局部结构示意图；

[0020] 图4为计算模型的三维示意图（斜向下俯视）；

[0021] 图5为计算模型的三维示意图（斜向上俯视）。

[0022] 其中，1—桥面承载板、2—充气膜体、3—索鞍、4—高强钢索。

具体实施方式

[0023] 下面结合附图并举实施例，对本实用新型进行详细描述。

[0024] 如图1和图2所示，本实用新型提供了一种基于高强钢索和充气膜体的组合受力桥梁，包括桥面承载板1、充气膜体2和多根高强钢索4；高强钢索4在桥面承载板1下方沿跨度方向纵向设置，高强钢索4端部通过索锚板锚固于桥面承载板1的端部，充气

膜体 2 设置在高强钢索和桥面承载板 1 之间，通过对充气膜体 2 充气变形外推实现高强钢索 4 的张紧，从而产生对桥面承载板的“上托力”。为了实现高强钢索 4 和充气膜体 2 的接触，高强钢索 4 的中部通过索鞍 3 安装在充气膜体 2 下方，索鞍 3 纵向前后设有两个垫块，用于实现在充气膜体 2 充气膨胀时和高强钢索 4 接触。

[0025] 本实施例中的充气膜体一般为中低压充气，其内压为 60～100 kPa，膜体由密闭内胆、受力层、外套三层叠合构成，密闭内胆主要提供封闭不漏气的环境，由高韧橡胶材料构成；受力层由高抗拉强度的材料构成，可采用碳纤维、聚酯纤维或在橡胶层外复合高强钢丝等材料；外套主要提供表面必要的摩阻力和抗磨耗的能力，可由帆布等材料构成。三层叠合的厚度在 3～6 mm 之间。

[0026] 本实施例中的桥面承载板 1 采用铝合金桥面承载板，桥面承载板截面采用三角形多腔桁架型式，即上下面板加中间三角斜撑组成的夹心板结构型式，斜撑夹角为 60°，铝合金桥面承载板总厚度为 150 mm，上下面板和斜撑板以及端部竖向支撑板均为 5 mm，局部示意图如图 3 所示。

[0027] 桥梁承载性能分析：

[0028] 计算模型的物理力学参数见表 1，整个计算模型三维示意图如图 4 和图 5 所示。

[0029] 表 1 物理力学指标表

[0030]

模型名称	密度	弹性模量	泊松比	结构厚度/mm	备注
充气膜	1.0	4e3	0.32	3	内压 0.1 MPa
桥面承载板	2.7	7.0e4	0.33	5	

[0031]

高强钢索	7.85	1. 95e5	0.3	20	直径
索鞍及垫块	1.1	4e4	0.37	—	
索锚板	7.85	2.1e5	0.3	—	

[0032] 模型体量：数值计算对象为一跨 8 m 桥梁，桥面宽度 3.673 m，充气膜体初始态为高度 200 mm 的扁壳，纵向宽度 1 142 mm，横向宽度 4 673 mm，在膜体底面间距 607.5 mm 设置 6 道索鞍。

[0033] 单元剖分：充气膜体采用三维膜单元，桥面承载板采用壳单元，高强钢索及其锚板采用块体单元，充气膜单元尺寸为 50 mm×100 mm，桥面承载板单元大小为 50 mm×200 mm，索鞍、垫块和索锚板最小边尺寸为 30 mm，高强钢索最小边尺寸为 5 mm。

[0034] 材料本构关系：采用弹性本构。

[0035] 相互作用：①充气膜底和索鞍、索锚板和桥面承载板端部的接触区域为绑定连接；②充气膜膜体顶和桥面承载板板底、高强钢索和索鞍以及高强钢索和垫块的接触区

域为摩擦接触，切向摩擦系数为0.1，法向接触为硬接触。

［0036］　边界条件：桥面承载板端部50 mm宽为简支约束。

［0037］　载荷步划分：分为4步，第一载荷步为充气膜体充气，分为多级加载，最大载荷步长为0.01，最终加载至100 kPa的内压：第二载荷步为结构自重加载，分为1个加载步加载；第三载荷步为四分之一跨径最不利公路-Ⅱ级车道载荷加载，分为均布载荷和集中载荷，均布载荷取值为10.5 kPa，分布于桥面承载板顶面，集中载荷为276 kN的集中力均匀分布在2个0.2 m×0.6 m的面积上，对应的载荷集度为1 150 kPa，最大载荷步长0.1；第四加载步为跨中最不利公路-Ⅱ级车道载荷加载，最大载荷步长0.1。第四载荷步施加时，第三载荷步的集中载荷失效。

［0038］　第一载荷步作用下的载荷效应：

［0039］　充气内压加载至100 kPa时，整体结构竖向位移云图显示膜体竖向膨胀了103.3%，即206.7 mm，对应的桥面承载板产生了61.8 mm的预拱度。充气加载完毕时的膜体Mises应力云图显示最大应力为147.9 MPa，处于膜体的设计强度范围之内。桥面承载板Mises应力云图显示最大应力为206.0 MPa，处于高强铝合金钢板的应力范围之内，且极值出现在端部边界支撑处，该范围的应力可以通过增设构造措施实现较大幅度的降低，跨中顶板的纵向最大受拉正应力为69.9 MPa，跨中底板的纵向最大受压正应力为－143.2 MPa。高强钢索及锚板的跨中顶板的纵向最大应力云图显示最大值出现在钢索和锚板的锚点附近，由于钢索和锚板固结，在充气膜充气膨胀的过程中，高强钢索产生以锚点为圆心向下转动，从而钢索在锚固段产生由于强迫位移导致的弯曲，这个极值应力就是弯曲应力和轴向拉应力的叠加，为1 268 MPa，而距离锚固段一定距离后高强钢索受力均匀，边索为598 MPa，次边索为544 MPa，中索为518 MPa，远低于高强钢索的设计应力标准值1 860 MPa，因此是安全的，同时在后面的结构细化设计阶段，可以通过设置具有微转动功能的锚固装置来消除弯曲应力，从而实现全长钢索的轴向受拉。

［0040］　第二载荷步作用下的载荷效应：

［0041］　第二载荷步为施加结构自重，因为结构本身自重很轻，约60 kg/m^2，结构自重效应很小。对应的桥面承载板竖向位移为59.8 mm，仅比第一加载步减少了2 mm；结构自重作用下膜体的Mises应力云图显示最大应力为147.2 MPa，和第一加载步相当；结构自重作用下桥面承载板的Mises应力云图显示最大应力为197.8 MPa，相比第一加载步减少4%；结构自重作用下高强钢索及锚板的Mises应力云图显示距离锚固端一定距离后的边索应力为602 MPa，次边索为546 MPa，中索为520 MPa，较第一载荷步小幅增加。

［0042］　第三载荷步作用下的载荷效应：

［0043］　第三载荷步为施加车道载荷，均布载荷作用于全跨，集中载荷作用于四分之一跨。结构竖向位移云图显示整体结构的最大正向竖向位移由第二载荷步的60.8 mm降至32.5 mm，对应的桥面承载板竖向位移为29.3 mm，该值和第二载荷步差值即为活载作用下的挠度，即30.56 mm，为跨径的1/262，满足要求；膜体的Mises应力云图显示

最大应力为 136.8 MPa，比第二载荷步减少 7.1％；桥面承载板的 Mises 应力云图显示最大应力为 167.9 MPa，最大应力位置位于桥面承载板跨中和膜体接触的底面；高强钢索及锚板的 Mises 应力云图显示应力峰值及位置和第二载荷步相同，距离锚固端一定距离后的边索应力为 649 MPa，次边索为 576 MPa，中索为 549 MPa，较第二载荷步应力增幅为 5.5％～7.8％。

[0044] 第四载荷步作用下的载荷效应：

[0045] 第四载荷步为施加车道载荷，均布载荷作用于全跨，集中载荷作用于跨中。结构竖向位移云图显示整体结构的最大正向竖向位移由第二载荷步的 60.8 mm 降至 22.0 mm，对应的桥面承载板竖向位移为 17.2 mm，该值和第二载荷步差值即为活载作用下的挠度，即 42.6 mm，为跨径的 1/188，满足要求；膜体的 Mises 应力云图显示最大应力为 132.1 MPa，比第三载荷步减少 3.4％；桥面承载板的 Mises 应力云图显示最大应力为 147.4 MPa，最大应力位置位于桥面承载板跨中和膜体接触的底面；高强钢索及锚板的 Mises 应力云图显示应力峰值及位置和第三载荷步相同，距离锚固端一定距离后的边索应力为 665 MPa，次边索为 586 MPa，中索为 559 MPa，较第二载荷步应力增幅为 7.3％～10.2％。

[0046] 结构稳定性分析：

[0047] 取车道载荷中的集中载荷位于跨中时的工况计算桥面承载板的稳定，预应力等效线载荷施加于桥面承载板的两端支撑板的板边，跨中桥面承载板板底和膜顶接触的部位施加等效均载作用于板底。将车道均布载荷和集中载荷作为结构稳定性分析的外载，桥面承载板两端的边界约束条件不变，考察结构屈曲特征值，取前 10 阶屈曲模态。膜体等效加载示意图显示，首先计算了桥面承载板为 5 mm 时的屈曲稳定，一阶屈曲特征值为 1.76，该值较小，将桥面承载板调整为 6 mm 计算，桥面承载板前 4 阶屈曲模态、桥面承载板前 10 阶屈曲模态的位置、形态及特征值见表 2。可见，前 4 阶屈曲模态均为跨中板底中央区域鼓曲失稳，这和该区域处于车道集中载荷下方且应力较大有关。最小屈曲特征值为 3.76，说明结构有一定的安全储备；由表 2 所示，前 10 阶屈曲失稳位置均处于跨中区域，呈现跨中中央向跨中两侧变化，失稳形态均为板底及支撑板鼓曲失稳，屈曲特征值范围为 3.76～4.78。

[0048] 表 2 桥面承载板屈曲模态表

[0049]

阶数	失稳位置	形态	屈曲特征值
一阶	跨中板底中央区域	板底及斜撑板鼓曲	3.76
二阶	跨中板底中央区域	板底及斜撑板鼓曲	3.78
三阶	跨中板底中央区域	板底及斜撑板鼓曲	4.04
四阶	跨中板底中央区域	板底及斜撑板鼓曲	4.05
五阶	跨中板底中央区域	板底及斜撑板鼓曲	4.31
六阶	跨中板底区域	板底及斜撑板鼓曲	4.32

续表

阶数	失稳位置	形态	屈曲特征值
七阶	跨中板底区域	板底及斜撑板鼓曲	4.55
八阶	跨中板底区域	板底及斜撑板鼓曲	4.56
九阶	跨中板底区域	板底及斜撑板鼓曲	4.76
十阶	跨中板底区域	板底及斜撑板鼓曲	4.78

[0050] 数值计算证明这种结构体系能满足强度和刚度的需要，膜体应力能控制在250 MPa之内，活载荷挠度控制在跨径的1/200之内，结构体系是科学合理的；桥面板稳定性分析表明结构体系的桥面板能满足整体和局部稳定性要求。

[0051] 综上所述，以上仅为本实用新型的较佳实施例而已，并非用于限定本实用新型的保护范围。凡在本实用新型的精神和原则之内，所作的任何修改、等同替换、改进等，均应包含在本实用新型的保护范围之内。

CN 219315478 U

说明书附图

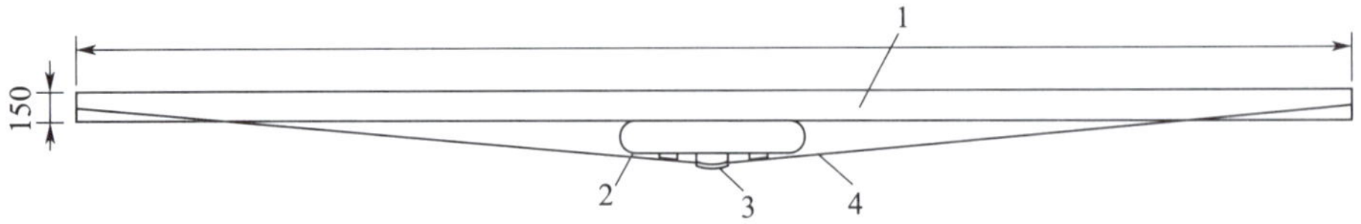

图 1

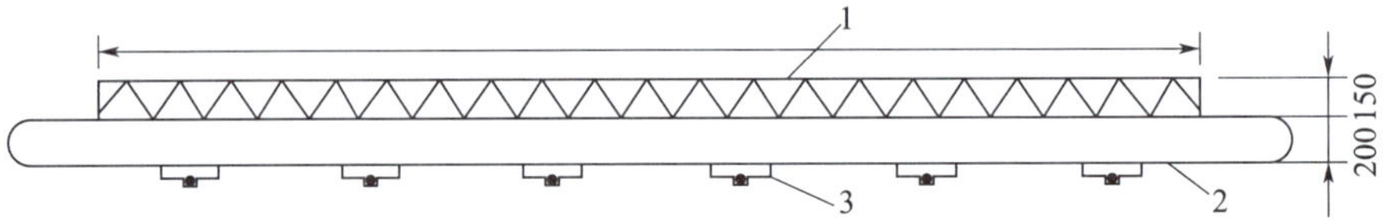

图 2

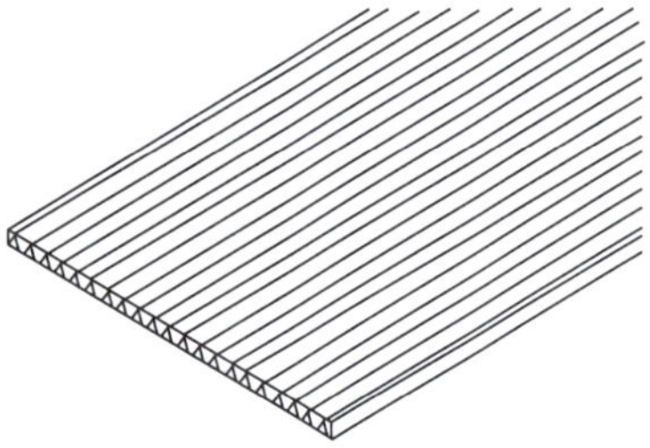

图 3

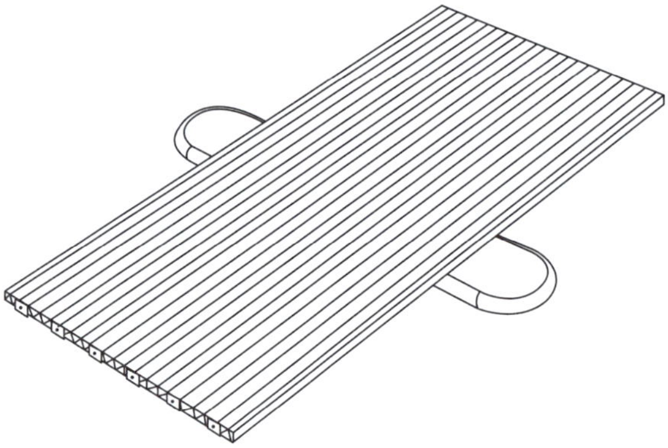

图 4

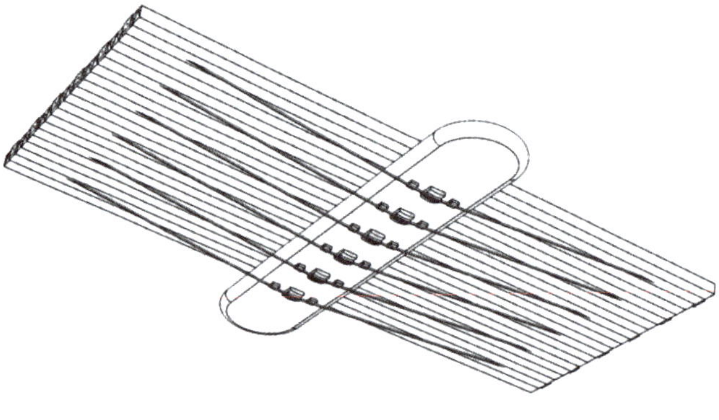

图 5

十、一种快速架设的装配式高强铝合金桥梁

CN 219342811 U

权利要求书

1. 一种快速架设的装配式高强铝合金桥梁，其特征在于，包括桁架单元、横梁、桥面承载板和斜撑；

多个所述桁架单元沿纵向首尾拼装形成主受力的桁架，两件桁架在横向呈对称布置，所述横梁架设在两件桁架之间，所述横梁上方架设桥面承载板；所述斜撑的两端分别与桁架单元和横梁固定连接。

2. 如权利要求1所述的快速架设的装配式高强铝合金桥梁，其特征在于，所述桁架单元包括上弦杆、下弦杆、立杆和斜杆，所述立杆的两端分别与上弦杆和下弦杆固定连接，斜杆连接在上弦杆和立杆之间、下弦杆和立杆之间；桁架单元两侧的上弦杆和下弦杆上设有用于连接的阳头和阴头，阳头和阴头上均设有销棒孔，阳头插入阴头后通过销棒连接，销棒材质为高强锰铬合金。

3. 如权利要求2所述的快速架设的装配式高强铝合金桥梁，其特征在于，左右任意一侧的桁架在横向采用一～四排以及在上弦杆的上方设置加强弦杆的组合形式，以适应桥梁不同的跨径，桁架横向之间通过短连接板和X型支撑进行连接。

4. 如权利要求3所述的快速架设的装配式高强铝合金桥梁，其特征在于，所述上弦杆、下弦杆和横梁均采用箱型截面，横梁的单根长度6.8 m，单根质量201 kg。

5. 如权利要求4所述的快速架设的装配式高强铝合金桥梁，其特征在于，所述桥面承载板采取箱型密肋板结构，单榀桥面承载板全宽1 200 mm，长4 000 mm，板厚80 mm，肋间距150 mm，肋板及上下板壁厚均为6 mm。

6. 如权利要求4或5所述的快速架设的装配式高强铝合金桥梁，其特征在于，所述桁架单元、横梁、桥面承载板和斜撑均采用高强铝合金7075材料加工制成。

CN 219342811 U　　说明书

一种快速架设的装配式高强铝合金桥梁

技术领域

[0001]　本实用新型属于桥梁结构设计技术领域，具体涉及一种快速架设的装配式高强铝合金桥梁。

背景技术

[0002]　目前大多数道路桥梁抢通抢建应急保障装备的通载能力较强，但因其自重较大，在地震灾害发生后期机动性能受到一定限制，而抗震救灾时一般急需通往灾区的物资运输车辆、救援装备载荷等级较低，这就使得现有的应急交通保障装备特别是桥梁保障装备难以发挥作用。因此研制轻型、快速架设、承载能力较强和具有较高机动性的新型桥梁装备具有重要的现实意义。

[0003]　铝合金材料因其较轻的质量、良好的强度和卓越的耐腐蚀性能，在土木工程领域获得了广泛应用，比如人行桥梁、门式刚架、空间网架结构等方面。与钢桥相比，铝合金桥梁在物理特性、生产过程及制作工艺上具有以下优点：①重量轻，仅为钢材的1/3；②耐腐蚀性好，其表面会形成一层氧化层，很大程度上防止了结构腐蚀；③可挤压与可塑性好，铝合金易于加工，容易满足设计造型与施工的要求。铝合金与高强钢具有大致相当的比强度和比模量，它们与低碳钢相比，在比强度上高出许多，具有明显优势。

实用新型内容

[0004]　有鉴于此，本实用新型提供了一种快速架设的装配式高强铝合金桥梁，不仅能够实现快速架设，其承载能力满足公路-Ⅰ级载荷要求，相较于传统的装配式公路钢桥，具有质量更轻、跨越能力更大的特点。

[0005]　一种快速架设的装配式高强铝合金桥梁，包括桁架单元、横梁、桥面承载板和斜撑。

[0006]　多个所述桁架单元沿纵向首尾拼装形成主受力的桁架，两件桁架在横向呈对称布置，所述横梁架设在两件桁架之间，所述横梁上方架设桥面承载板；所述斜撑的两端分别与桁架单元和横梁固定连接。

[0007]　进一步地，所述桁架单元包括上弦杆、下弦杆、立杆和斜杆，所述立杆的两端分别与上弦杆和下弦杆固定连接，斜杆连接在上弦杆和立杆之间、下弦杆和立杆之间；桁架单元两侧的上弦杆和下弦杆上设有用于连接的阳头和阴头，阳头和阴头上均设有销棒孔，阳头插入阴头后通过销棒连接，销棒材质为高强锰铬合金。

[0008]　进一步地，左右任意一侧的桁架在横向采用一～四排以及在上弦杆的上方设置加强弦杆的组合形式，以适应桥梁不同的跨径，桁架横向之间通过短连接板和X型支撑进行连接。

[0009]　进一步地，所述上弦杆、下弦杆和横梁均采用箱型截面，横梁的单根长度

6.8 m，单根质量 201 kg。

[0010] 进一步地，所述桥面承载板采取箱型密肋板结构，单榀桥面承载板全宽 1 200 mm，长 4 000 mm，板厚 80 mm，肋间距 150 mm，肋板及上下板壁厚均为 6 mm。

[0011] 进一步地，所述桁架单元、横梁、桥面承载板和斜撑均采用高强铝合金 7075 材料加工制成。

[0012] 有益效果：

[0013] 1. 本实用新型的桥梁结构型式采用了由桁架单元拼装成纵向主受力构件，在桁架下弦杆上架设横梁，在横梁上架设桥面板的承载方式，可满足强度和刚度的要求，结构主体应力能控制在 370 MPa 以内，活载挠度可控制在跨径的 1/200 之内；单构件最大重量能控制在 252kg 以内；结构能满足整体和局部稳定。

[0014] 2. 本实用新型桁架单元两侧的上弦杆和下弦杆上设有用于连接的阳头和阴头，阳头和阴头上均设有销棒孔，阳头插入阴头后通过销棒连接，能够实现桁架以及桥梁的快速装配。

[0015] 3. 本实用新型的上、下弦杆采用了抗弯刚度更大的两个箱型截面，能够提高桁架单元面外抗弯刚度，桁架横向之间通过短连接板连接并设有 X 型支撑，可提高桁架的抗扭刚度。

附图说明

[0016] 图 1 为装配式高强铝合金桥梁的三维视图；

[0017] 图 2 为装配式高强铝合金桥梁的横断面视图（单排桁架）；

[0018] 图 3 为装配式高强铝合金桥梁的横断面视图（双排桁架）；

[0019] 图 4 为装配式高强铝合金桥梁的横断面视图（三排桁架）；

[0020] 图 5 为装配式高强铝合金桥梁的横断面视图（四排桁架）；

[0021] 图 6 为装配式高强铝合金桥梁的横断面视图（三排桁架＋上弦加强杆）；

[0022] 图 7 为装配式高强铝合金桥梁的横断面视图（四排桁架＋上弦加强杆）；

[0023] 图 8 为装配式高强铝合金桥梁的纵断面视图；

[0024] 图 9 为桁架单元的立面图；

[0025] 图 10 为上、下弦杆的横断面示意图；

[0026] 图 11 为桁架单元的三维视图；

[0027] 图 12 为横梁的横断面图；

[0028] 图 13 为桥面承载板的三维视图。

[0029] 其中，1—桁架单元、2—横梁、3—桥面承载板、4—斜撑、5—X 型支撑、6—上弦加强杆、7—上弦杆、8—下弦杆、9—阳头、10—阴头、11—销棒孔。

具体实施方式

[0030] 下面结合附图并举实施例，对本实用新型进行详细描述。

[0031] 如图 1 所示，本实用新型提供了一种快速架设的装配式高强铝合金桥梁，包括桁架单元 1、横梁 2、桥面承载板 3 和斜撑 4；桥梁结构型式采用由桁架单元拼装成纵向

主受力构件，在桁架下弦杆上架设横梁 2，在横梁 2 上架设桥面承载板 3 的承载方式，和传统“320 式”或“200 式”装配式公路钢桥相比，上述结构件的材料采用高强铝合金 7075 材料，每榀桁架单元 1 长度更长，达到 4 m，高度更高，达到 2.2 m，采用单侧 4 排桁架的同时配合加强上弦杆 6 的装配式桥梁跨径可达 60 m。装配式桥梁纵断面示意如图 2～图 7 所示。依据跨径大小，装配式桥梁可以有一～四排桁架单元和加强弦杆的不同组合型式，不同组合型式对应的跨径见表 1。

[0032] 表 1 组合型式对应跨径表

[0033]

组合型式	单排	单排加强	双排	双排加强	三排	三排加强	四排	四排加强
适用的跨径/m	≤20	≤24	≤32	≤36	≤44	≤52	≤52	≤60

[0034] 其中，桁架单元 1 包括上弦杆 7、下弦杆 8、立杆和斜杆，立杆的两端分别与上弦杆 7 和下弦杆 8 固定连接，斜杆连接在上弦杆和立杆之间以及下弦杆和立杆之间；桁架单元 1 两侧的上弦杆 7 和下弦杆 8 上设有用于连接的阳头 9 和阴头 10，阳头 9 和阴头 10 上均设有销棒孔 11，阳头插入阴头后通过销棒连接。

[0035] 桁架单元的立面示意图如图 9 所示。和传统的装配式钢桥不同的是上下弦杆采用了抗弯刚度更大的两个箱型截面，而未用槽钢断面，目的是提高桁架单元面外抗弯刚度，其横断面示意如图 10 所示，桁架单元 1 三维示意如图 11 所示。单片桁架质量为 252 kg，相较 321 型的 270 kg 和 200 型的 340 kg，在重量上有优势。桁架单元 1 横向之间通过短连接板连接，为了提高桁架的抗扭刚度，横向桁架之间还设有 X 型支撑 5。

[0036] 如图 12 所示，横梁 2 同样采用箱型断面，单根长度 6.8 m，单根质量 201 kg。

[0037] 如图 13 所示，桥面承载板 3 采取箱型密肋板结构，单榀桥面承载板 3 全宽 1 200 mm，长 4 000 mm，板厚 80 mm，肋间距 150 mm，肋板及上下板壁厚均为 6 mm。桥面承载板 3 放置于横梁 2 之上，横梁 2 设有横向卡槽卡住桥面承载板，竖向通过螺杆与压板、横梁 2 连接，单榀桥面承载板质量为 211 kg。

[0038] 斜撑 4 为 60 mm×60 mm，壁厚 5 mm 方孔管，质量为 5 kg。

[0039] 以 20 m 跨径为例，包括支座全桥总质量为 7 200 kg，合 69 kg/m^2，非常轻盈。

[0040] 通过对不同跨径、不同桁架单元组合模式下高强铝合金装配式桥梁的承载能力和车桥耦合进行分析，高强铝合金装配式桥梁的承载能力满足公路-Ⅰ级载荷要求，相较于传统的装配式公路强桥，具有重量更轻、跨越能力更大的特点。高强铝合金桥梁满足强度和刚度的要求，结构主体应力能控制在 370 MPa 以内，活载挠度可控制在跨径的 1/200 之内；单构件最大重量能控制在 252 kg 以内；稳定性分析表明，结构能满足整体和局部稳定；车桥耦合动力分析表明控制车辆的通行速度是有效降低车桥响应的手段，三种通行速度下车桥未发生共振现象。

[0041] 综上所述，以上仅为本实用新型的较佳实施例而已，并非用于限定本实用新型的保护范围。凡在本实用新型的精神和原则之内，所作的任何修改、等同替换、改进等，均应包含在本实用新型的保护范围之内。

CN 219342811 U

说明书附图

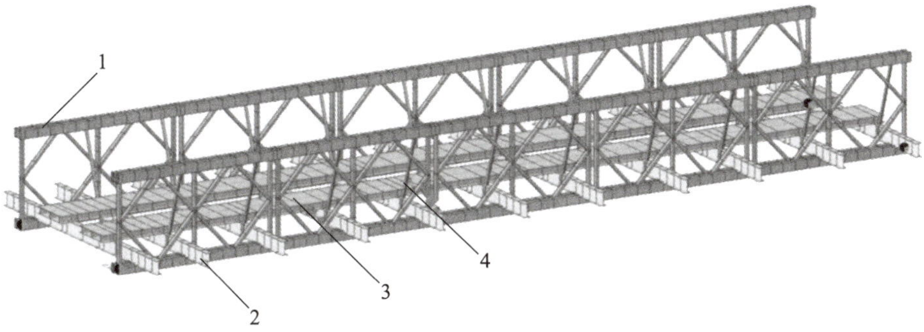

图 1

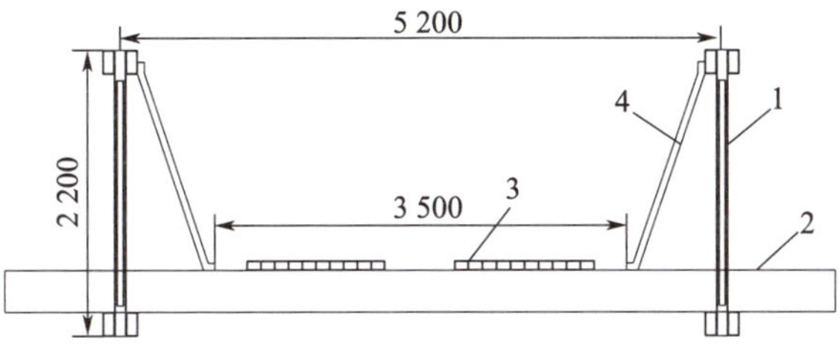

图 2

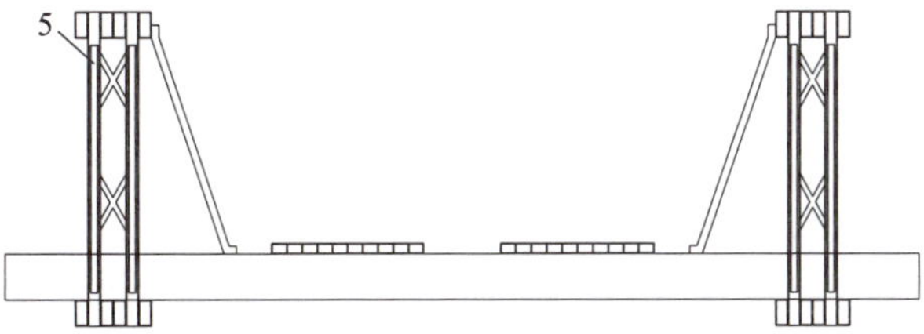

图 3

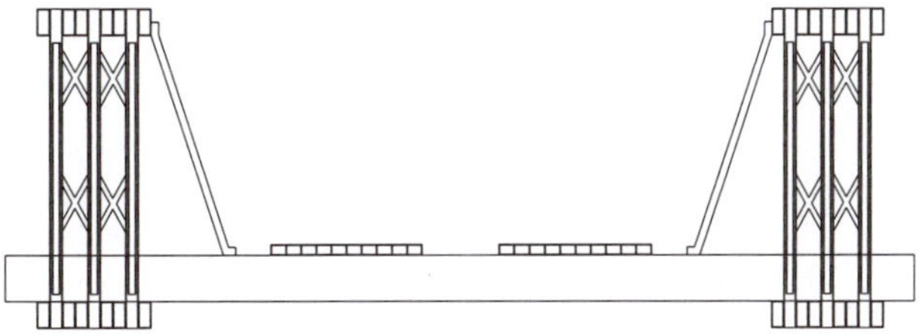

图 4

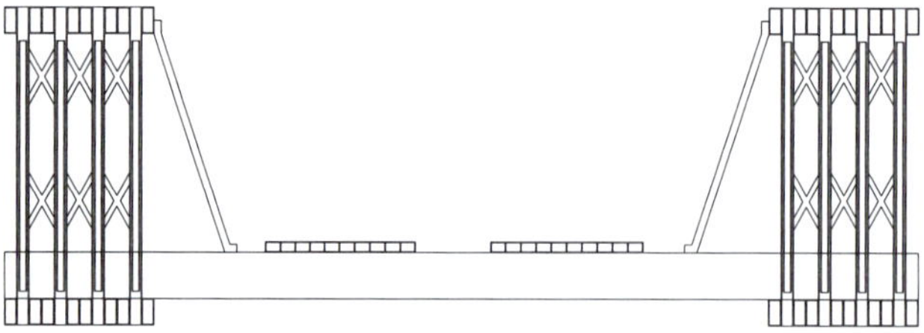

图 5

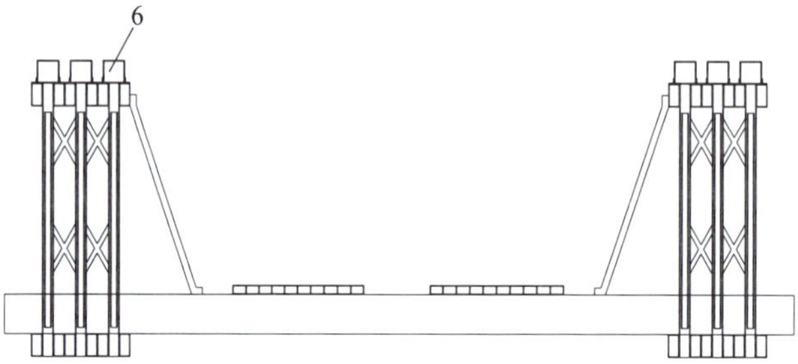

图 6

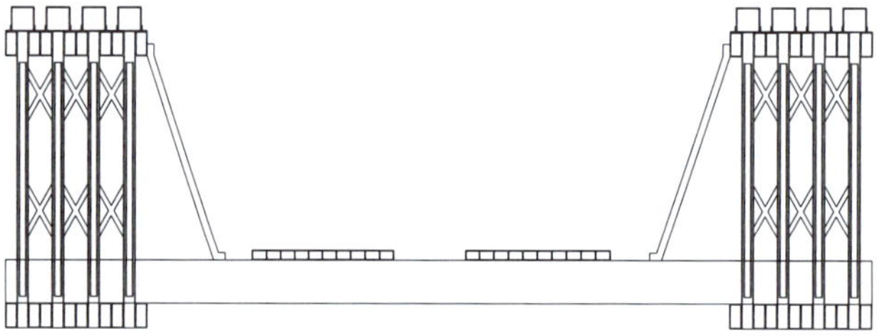

图 7

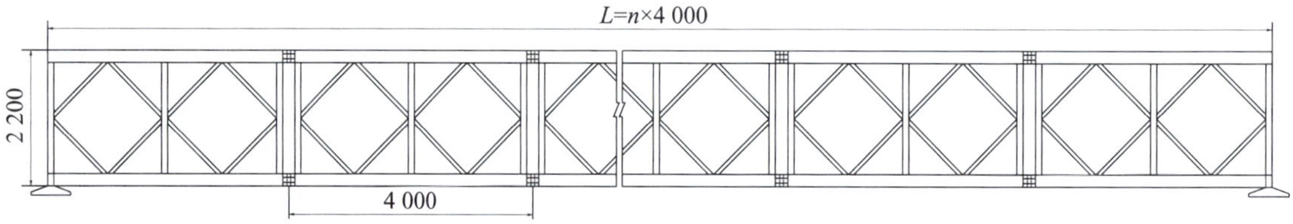

图 8

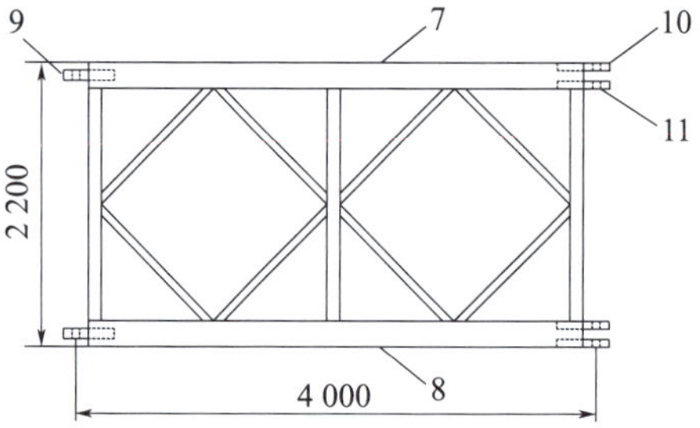

图 9

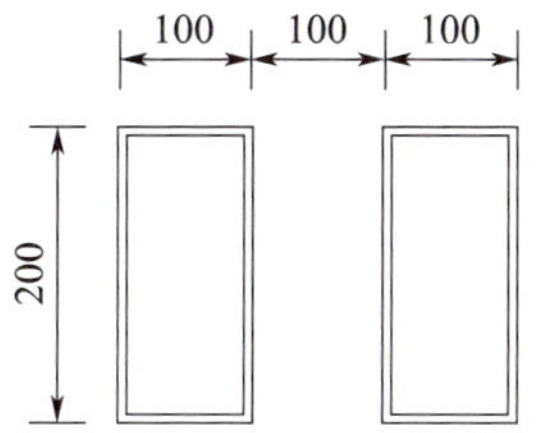

图 10

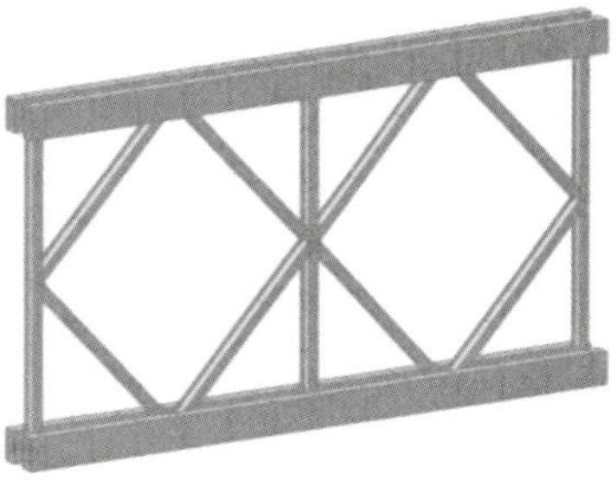

图 11

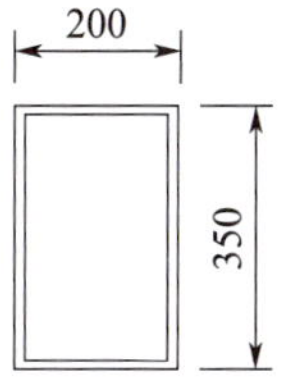

图 12

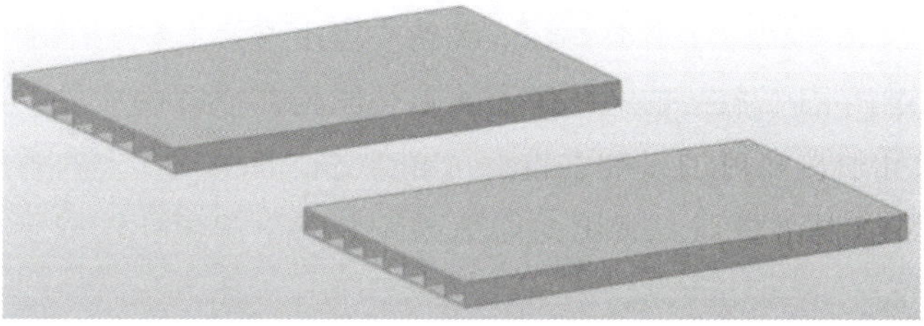

图 13

十一、一种装配式帐篷结构

CN 220747845 U

权利要求书

1. 一种装配式帐篷索结构，其特征在于，包括两根立柱、两个箱型基础、一个三角架、一根上弦索、两根下弦索、两根上斜索、两根下斜索和四根稳定索；

所述立柱的顶端具有一个整体结构的三角形锚座，三角形锚座具有并列的三个通孔，中间的通孔是上斜索孔，两侧的通孔是下弦索孔；立柱的中段位置具有上下两个通孔，分别是下斜索孔和上弦索孔；所述三角架上具有一个上弦索穿孔和两个下弦索穿孔；

三角架位于两根立柱连线的中点位置，立柱的下端与箱型基础通过铰接方式连接，上弦索穿过三角架的上弦索孔后两端固定在立柱的中段，两根下弦索分别穿过三角架的下斜索孔后两端通过三角形锚座固定在立柱的顶端；上斜索通过设置于立柱柱顶的三角形锚座经张拉后锁定，下斜索通过立柱中线的下斜索孔锚固于立柱背侧的锚座上，立柱在横向设有左右两道稳定索。

2. 如权利要求 1 所述的装配式帐篷索结构，其特征在于，所述立柱下端设有舌板，通过转轴和箱型基础顶部夹板相连，实现立柱和基础之间的铰接接触，所述箱型基础为内设纵横交叉肋板，四周钢板包封的 1 000 mm×1 000 mm×600 mm 的合金钢构件。

3. 如权利要求 2 所述的装配式帐篷索结构，其特征在于，所述立柱采用 Q420 结构钢或高强铝合金型材。

4. 如权利要求 3 所述的装配式帐篷索结构，其特征在于，所述上弦索、上斜索和下斜索采用 ϕ21 mm 的 1 670 级 7×ϕ7 mm 缆索，下弦索采用 ϕ15 mm 的 1 670 级 7×ϕ7 mm 缆索，缆索外包 PE 防护层。

5. 如权利要求 4 所述的装配式帐篷索结构，其特征在于，所述索结构在横向 4～6 m 间距布设，上层索体上和边索上距离 1～2 m 设置挂件，将帐篷网或帐篷的篷布和索挂件绑扎固定。

6. 如权利要求 5 所述的装配式帐篷索结构，其特征在于，将索结构跨中的三角架尺寸适当调大并且在边部和跨中之间增设三角架。

7. 如权利要求 5 或 6 所述的装配式帐篷索结构，其特征在于，所述下斜索由撑柱配合垂向重力索替代。

CN 220747845 U

说明书

一种装配式帐篷索结构

技术领域

[0001] 本实用新型涉及结构工程技术领域，具体涉及一种装配式帐篷索结构。

背景技术

[0002] 目前帐篷多为小体量、单人或双人帐篷，而对于作业面积较大且具有较长使用周期的工程帐篷研究并未多见。

[0003] 索结构由于其优异的抗拉性能、较大的跨越能力、很小的结构自重以及安装便捷的特点成为帐篷伪装的首选承载结构。帐篷索结构拟采用全张拉结构，全张拉结构是指结构体系中主要受力单元均为只受拉的拉索，仅靠周边的刚性边界和少量压杆连接拉索。

[0004] 在索结构初始状态计算方面，可分为以设计预张力为目标的找形和以设计几何为目标的计算两类。索网等类似结构，要求索网具有均匀的预张力分布，在此前提下寻找合适的结构形状和网络；其他索结构，要求结构几何达到或尽量接近设计几何，在此前提下寻找得到相对均匀的预张力分布。在载荷效应计算方面，现有理论、方法或软件能够实现索结构的非线性静动力分析，但索结构的风振效应是一个多年的研究热点和难点，这一领域虽有很多研究，但尚未形成可以应用的成果。

实用新型内容

[0005] 有鉴于此，本实用新型提供了一种装配式帐篷索结构，通过跨中设置的三角架实现支距的空间交错布设的上下弦索的装配式帐篷索结构承载方案，通过张拉主动索产生整个索体结构需要的应力，以使索结构产生合理的索刚度，从而控制索结构在外载作用下的挠度，将其限定在允许的范围内。

[0006] 一种装配式帐篷索结构，包括两根立柱、两个箱型基础、一个三角架、一根上弦索、两根下弦索、两根上斜索、两根下斜索和四根稳定索。

[0007] 所述立柱的顶端具有一个整体结构的三角形锚座，三角形锚座具有并列的三个通孔，中间的通孔是上斜索孔，两侧的通孔是下弦索孔；立柱的中段位置具有上下两个通孔，分别是下斜索孔和上弦索孔。

[0008] 所述三角架上具有一个上弦索穿孔和两个下弦索穿孔。

[0009] 三角架位于两根立柱连线的中点位置，立柱的下端与箱型基础通过铰接方式连接，上弦索穿过三角架的上弦索孔后两端固定在立柱的中段，两根下弦索分别穿过三角架的下斜索孔后两端通过三角形锚座固定在立柱的顶端；上斜索通过设置于立柱柱顶的三角形锚座经张拉后锁定，下斜索通过立柱中线的下斜索孔锚固于立柱背侧的锚座上，立柱在横向设有左右两道稳定索。

[0010]　进一步地，所述立柱下端设有舌板，通过转轴和箱型基础顶部夹板相连，实现立柱和基础之间的铰接接触，所述箱型基础为内设纵横交叉肋板，四周钢板包封的1 000 mm×1 000 mm×600 mm的合金钢构件。

[0011]　进一步地，所述立柱采用Q420结构钢或高强铝合金型材。

[0012]　进一步地，所述上弦索、上斜索和下斜索采用ϕ21 mm的1 670级7×ϕ7 mm缆索，下弦索采用ϕ15 mm的1 670级7×ϕ7 mm缆索，缆索外包PE防护层。

[0013]　进一步地，所述索结构在横向4～6 m间距布设，上层索体上和边索上距离1～2 m设置挂件，将帐篷网或帐篷的篷布和索挂件绑扎固定。

[0014]　进一步地，将索结构跨中的三角架尺寸适当调大并且在边部和跨中之间增设三角架。

[0015]　进一步地，所述下斜索由撑柱配合垂向重力索替代。

[0016]　有益效果：

[0017]　1. 本实用新型就受载方向而言，索结构不但能承受帐篷网及索自身重力载荷，还能承受垂直方向变化的风力载荷，以及当处于高海拔或北方地区时的雪载荷，装配式帐篷索结构选型科学合理，在充分发挥材料优势基础上以很小的结构自重实现了较大跨径的帐篷架设。

[0018]　2. 本实用新型在索结构承载方案上设置了空间交错的上下弦索，在跨中通过三角架实现支距，当对上下弦索通过张拉主动索施加初始应力后，上下弦索均处于紧绷状态，产生上下两个方向的承载刚度，从而可以承受上下两个方向的载荷，在全张拉索结构中，索的预张力直接决定了索结构的刚度，通过合适的索初始应力，产生需要的索刚度，从而可以控制索结构在外载作用下的挠度，将其限定在允许的范围内，在8级风力作用下，跨径30 m的帐篷索结构最大索力能控制在250 kN以内，跨中结构最大挠度能控制在500 mm以内。

[0019]　3. 对帐篷结构流体CFD计算表明：帐篷结构最大体型系数分布点位于结构两侧折点处，帐篷迎风边侧体型系数的分布特点是从下而上风载荷由压力变为吸力；帐篷顶部体型系数负值，由大到小再由小变大；帐篷背风边侧的体型系数分布较为均匀，均为吸力。帐篷顶部的体型系数均值为－0.92，风载荷计算上体型系数取值－1.3是偏于安全的。

[0020]　4. 本实用新型的索结构在横向4～6 m间距布设，从而可以形成较大规模的帐篷面积。上层索体上和边索上距离1～2 m设置挂件，将帐篷网或帐篷的篷布和索挂件绑扎固定，从而形成较大面积的帐篷区域。

[0021]　5. 本实用新型在边部和跨中之间增设三角架，能够取得更大范围的支距效应，将索结构跨中的三角架尺寸适当调大，能够产生更大的支距，并产生较好的索力及刚度。

[0022]　6. 本实用新型的下斜索由撑柱配合垂向重力索替代，其优势在于将下斜索拉力转化为斜撑柱的压力，而斜撑柱通过埋入地面以下的一定深度（通常是1 200 mm以

上）且具有一定接触面积（800 mm×800 mm）的柱靴转化为对地基的压力，柱靴下土基提供被动土压力，较第一种方案的边索锚固件在实操层面代价较小，施工较为便利。另外重力索只承担竖向拉力，可以采用配重压的方式提供重力，配重可设计为制式模块装填水或土的型式，方便就地取材。

附图说明

[0023] 图1为本实用新型帐篷索结构立面示意图；

[0024] 图2为本实用新型帐篷索结构三维示意图；

[0025] 图3为三角架结构示意图；

[0026] 图4为下弦索、上斜索与锚座关系图；

[0041] 上弦索3和边部下斜索6通过立柱中线的穿孔锚固于立柱背侧的锚座1-1上，立柱的中段位置具有上下两个通孔，分别是下斜索孔1-2和上弦索孔1-3，锚座1-1和立柱1围焊定固，上弦索3、下斜索6与锚座关系图如图5所示。

[0042] 弦索（上弦索3和下弦索4）的张拉锚固端张拉伸长调节能力在500 mm左右，斜索（上斜索5和下斜索6）的张拉锚固端的张拉伸长调节能力在300 mm左右。

[0043] 立柱1在横向设有左右两道稳定索7，稳定索7采用ϕ20 mm合金钢材质，可调长度在50 mm左右。

[0044] 立柱1下端设有舌板11，通过转轴12和箱型基础9顶部夹板10相连，实现立柱1和箱型基础9之间的铰接接触。箱型基础9为内设纵横交叉肋板，四周钢板包封1 000 mm×1 000 mm×600 mm的合金钢构件。

[0045] 斜索下端部和埋入地下的锚板栓接固定。埋入地下提供斜索拉力的锚固件可以是锚杆、重力式锚墩或埋置式锚板，当斜索需要的抗力较大，如大于150 kN时，锚固件的设置往往需要花费较大的时间周期且需要小型机械的现场作业，从而影响架设的便捷性。

[0046] 除了上述配置斜索来提供帐篷索拉力的方案外，还有另外一种设置斜撑柱配合垂向重力索结构提供帐篷索拉力的方案，立面示意图如图7所示，三维示意图如图8所示。该方案相较第一种方案的差异仅在于撑柱配合垂向重力索替代了第一种方案中的边斜索，其优势在于将第一方案中的斜索拉力转化为斜撑柱的压力，而斜撑柱通过埋入地面以下的一定深度（通常是1 200 mm以上）且具有一定接触面积（800 mm×800 mm）的柱靴转化为对地基的压力，柱靴下土基提供被动土压力，较第一种方案的边索锚固件在实操层面代价较小，施工较为便利。另外重力索只承担竖向拉力，可以采用配重压的方式提供重力，配重可设计为制式模块装填水或土的型式，方便就地取材。

[0047] 索结构可以在横向4～6 m间距布设，从而可以形成较大规模的帐篷面积。上层索体上和边索上距离一定间隔（通常是1～2 m）设置挂件，可将帐篷网或帐篷的篷布和索挂件绑扎固定，从而形成较大面积的帐篷区域。其示意图如图9所示。

[0048] 随着跨径进一步增大，为了产生较好的索力及刚度，可以将跨中的支架适当调大以产生更大的支距，同时还可以在边部和跨中之间增设三角架，以取得更大范围的支

距效应。其示意图如图 10 所示。

[0049] 综上所述，以上仅为本实用新型的较佳实施例而已，并非用于限定本实用新型的保护范围。凡在本实用新型的精神和原则之内，所作的任何修改、等同替换、改进等，均应包含在本实用新型的保护范围之内。

CN 220747845 U

说明书附图

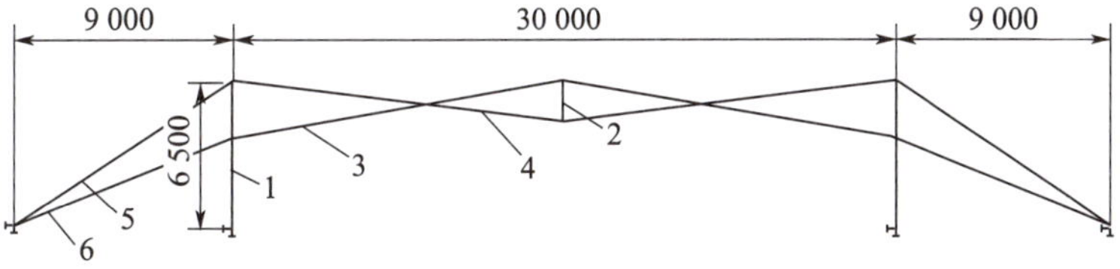

图 1

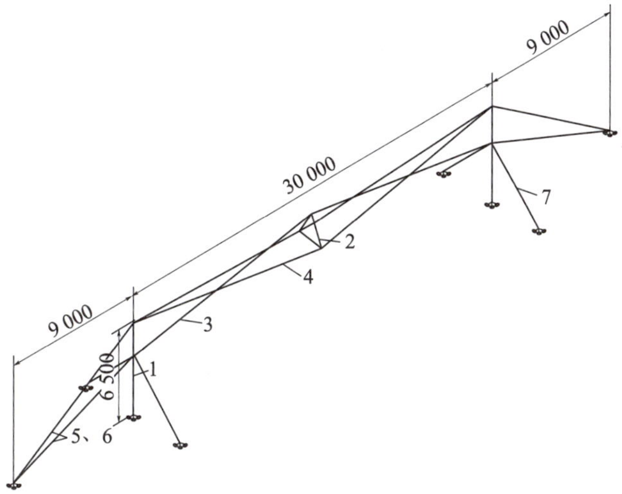

图 2

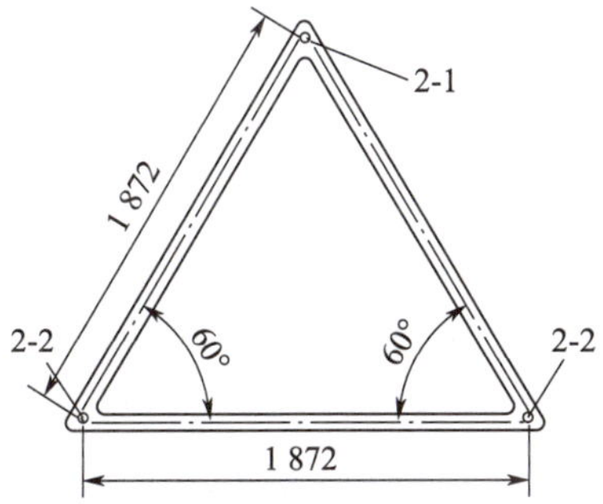

图 3

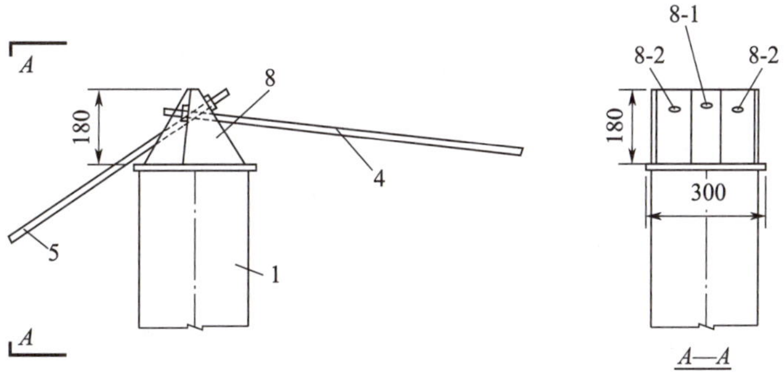

图 4

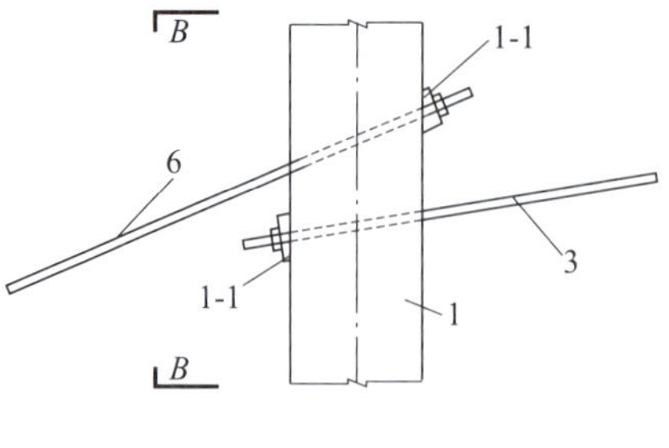
B
B
1-1
6
1-1
3
1
1-2
1-1
1-1
100
100
1-3
B—B

图 5

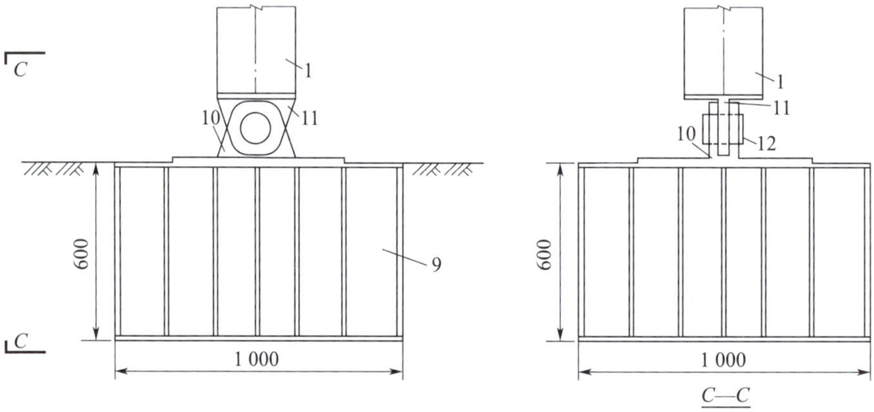
C
1
10
11
600
9
C
1 000
1
11
10
12
600
1 000
C—C

图 6

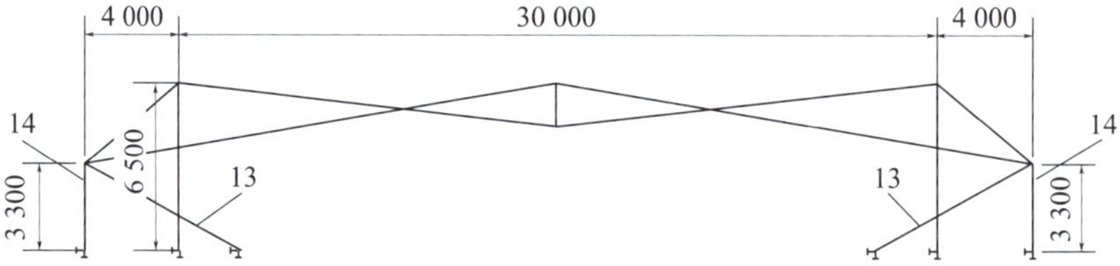
4 000
30 000
4 000
14
6 500
3 300
13
13
14
3 300

图 7

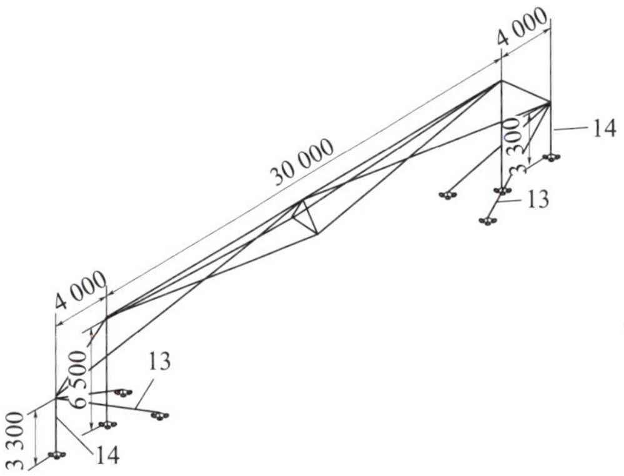
4 000
30 000
14
3 300
13
4 000
6 500
13
3 300
14

图 8

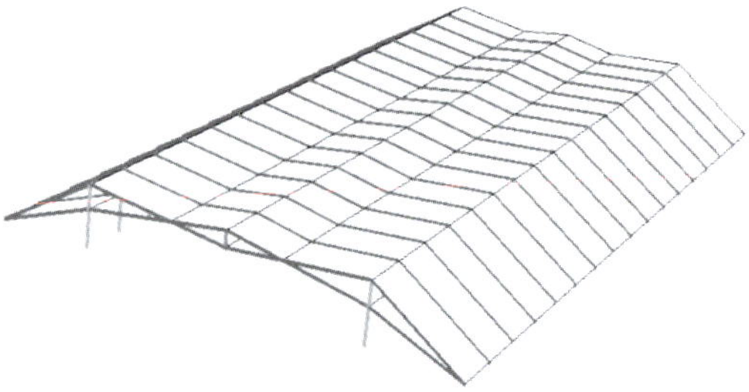

图 9

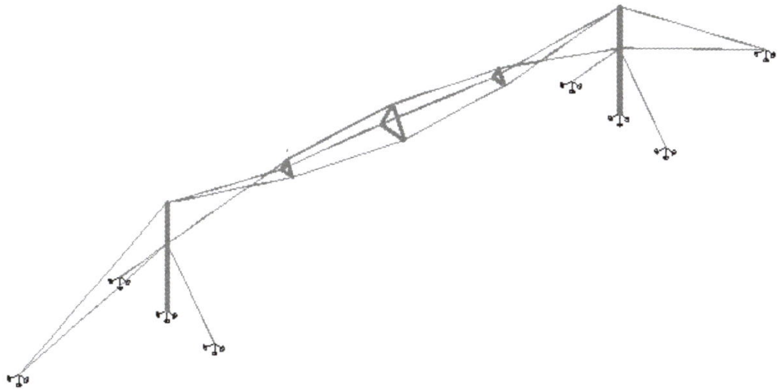

图 10

十二、一种山区道路转弯拓宽结构

权利要求书

1. 一种山区转弯道路拓宽结构，其特征在于，包括承载梁、内枕梁、外枕梁、橡胶支座、限位棒、锚杆和现浇面板；

所述内枕梁和外枕梁为沿道路纵向连续布设的现浇钢筋混凝土结构，内枕梁位于道路路堑一侧，外枕梁位于道路陡崖一侧；

所述承载梁由内枕梁和外枕梁进行支撑，内枕梁和外枕梁通过橡胶支座支撑承载梁；所述限位棒一端埋入左枕梁和右枕梁中，另一端外露并插入承载梁底部对应设置的圆孔中；所述预应力锚杆下端固定在岩土中，上端穿过内枕梁和承载梁后锚固于承载梁的顶面；所述现浇面板固定于承载梁的上方。

2. 如权利要求1所述的山区转弯道路拓宽结构，其特征在于，所述承载梁的顶部设有企口，企口作为现浇面板的底模支撑，承载梁顶部设有预埋筋，预埋筋为封闭箍筋预埋筋。

3. 如权利要求1所述的山区转弯道路拓宽结构，其特征在于，所述内枕梁和外枕梁的强度等级为C35。

4. 如权利要求1所述的山区转弯道路拓宽结构，其特征在于，所述锚杆采用直径25 m的HRB 500螺纹钢，施加100 kN预应力，岩土上的锚杆孔径为50～70 mm，长度为6～12 m，锚杆设计承载力为120 kN。

5. 如权利要求1所述的山区转弯道路拓宽结构，其特征在于，所述限位棒为壁厚5 mm的圆钢管，限位棒一方面为锚杆的孔道，另一方面外露部分插入承载梁底部对应的插孔，限位棒、锚杆和承载梁三者形成限位嵌套机制。

6. 如权利要求1所述的山区转弯道路拓宽结构，其特征在于，所述锚杆设置自由段和固定段，锚杆固定段通过灌注M35水泥砂浆形成嵌固机制，自由段则采用聚氨酯灌注，顶部锚固后采用C40细石混凝土封锚。

7. 如权利要求5或6所述的山区转弯道路拓宽结构，其特征在于，所述承载梁沿道路前进方向净间距0.6 m设置一道，当处于道路圆曲线段时，承载梁呈扇形分布。

说明书

一种山区转弯道路拓宽结构

技术领域

本实用新型属于道路拓宽工程技术领域，具体涉及一种山区转弯道路拓宽结构。

背景技术

众多山区乡镇级道路多具有转弯半径小、路面宽度窄的特点，转弯半径最小可达15 m左右，路面宽度多在3～5 m之间，当需要通行较大体量的车辆时，弯道的宽度不足往往是制约运输的瓶颈，为此需要对弯道进行必要的拓宽，典型路基横断面如图1所示。当弯道处于一侧高路堑、一侧高陡崖或高陡路基路段时，传统的拓宽方案实施起来变得非常困难，两种传统的拓宽方案型式如图2所示。如果采用传统的向高陡崖或高陡路基侧拓宽方案，则面临较大体量填方问题或较大体量的挡墙问题，以及由此引发的不均沉降和界面负摩阻问题；如采取传统的向高路堑边坡侧拓宽方案，则面临较大挖方和边坡开挖边坡稳定问题，两个方案均对植被环境造成较大影响乃至严重破坏。

实用新型内容

有鉴于此，本实用新型提供了一种山区转弯道路拓宽结构，该结构的拓宽方式不破坏生态，施工方便快捷，造价经济合理。

一种山区转弯道路拓宽结构，包括承载梁、内枕梁、外枕梁、橡胶支座、限位棒、锚杆和现浇面板；

所述内枕梁和外枕梁为沿道路纵向连续布设的现浇钢筋混凝土结构，内枕梁位于道路路堑一侧，外枕梁位于道路陡崖一侧；

所述承载梁由内枕梁和外枕梁进行支撑，内枕梁和外枕梁通过橡胶支座支撑承载梁；所述限位棒一端埋入左枕梁和右枕梁中，另一端外露并插入承载梁底部对应设置的圆孔中；所述预应力锚杆下端固定在岩土中，上端穿过内枕梁和承载梁后锚固于承载梁的顶面；所述现浇面板固定于承载梁的上方。

进一步地，所述承载梁的顶部设有企口，企口作为现浇面板的底模支撑，承载梁顶部设有预埋筋，预埋筋为封闭箍筋预埋筋。

进一步地，所述内枕梁和外枕梁的强度等级为C35。

进一步地，所述锚杆采用直径为25 mm的HRB 500螺纹钢，施加100 kN预应力，岩土上的锚杆孔径为50～70 mm，长度为6～12 m，锚杆设计承载力为120 kN。

进一步地，所述限位棒为壁厚5 m的圆钢管，限位棒一方面为锚杆的孔道，另一方面外露部分插入承载梁底部对应的插孔，限位棒、锚杆和承载梁三者形成限位嵌套机制。

进一步地，所述锚杆设置自由段和固定段，锚杆固定段通过灌注M35水泥砂浆形成嵌固机制，自由段则采用聚氨酯灌注，顶部锚固后采用C40细石混凝土封锚。

进一步地，所述承载梁沿道路前进方向净间距0.6 m设置一道，当处于道路圆曲线段时，承载梁呈扇形分布。

有益效果：

1. 本实用新型通过外侧枕梁支撑、内侧锚杆拉结的悬臂承载梁来实现转弯道路拓宽，对于不同的岩体力学参数，外枕梁作为承受竖向载荷的最大受力点，其埋深及距离边坡边缘的距离有较为严格的限值要求，能够确保枕梁下边坡的稳定安全。

2. 本实用新型承载梁的顶部设有企口，能够作为现浇面板的底模支撑；承载梁顶部设有预埋筋，预埋筋为封闭箍筋，封闭箍筋能够与现浇面板钢筋的双层双向钢筋网进行绑扎固定实现现浇面板与承载梁的可靠结合。

3. 本实用新型的内外枕梁设有限制承载梁滑移的限位棒，能够防止承载梁在其上运行的车辆水平刹车或水平地震作用下，承载梁出现相对支座的过大水平位移。

4. 本实用新型的拓宽方案结构合理，强度、刚度及稳定性满足相关规范要求。

附图说明

图 1 为典型路基横断面示意图；

图 2 为两种传统路基拓宽型式；

图 3 为本实用新型山区转弯道路拓宽结构的横向布置图（单位：m）；

图 4 为图 3 的 $A—A$ 断面图（单位：m）；

图 5 为图 3 的 $B—B$ 断面图（单位：m）；

图 6 为承载梁横断面（单位：m）；

图 7 为承载梁布置平面图（单位：m）；

图 8 为外枕梁的三种基础支撑类型示意图。

其中，1—承载梁、1-1—企口、1-2—预埋筋、2—内枕梁、3—外枕梁、4—橡胶支座、5—限位棒、6—锚杆、6-1—自由段、6-2—固定段、7—现浇面板、7-1—底模。

具体实施方式

下面结合附图并举实施例，对本实用新型进行详细描述。

以某拓宽工程为例，路基宽度由 6.3 m 需要拓宽至 8.5 m，路基为岩石路基，上、下边坡岩体稳定。拓宽方案的结构立面布置如图 3 所示。

承载梁 1 支撑于左、右设置的内枕梁 2 和外枕梁 3 上，内枕梁 2 和外枕梁 3 中心间距 4.8 m，对于不同的岩体力学参数，外枕梁 3 作为承受竖向载荷的最大受力点，其埋深及距离边坡边缘的距离有较为严格的限值要求，其目的是确保枕梁下边坡的稳定安全。内枕梁 2 和外枕梁 3 为沿道路纵向连续布设的现浇钢筋混凝土结构，遇地质变化处需设置沉降缝，内枕梁 2 和外枕梁 3 强度等级一般可选 C35。内枕梁 2 和外枕梁 3 通过位于其中心放置的橡胶支座 4 支撑着承载梁 1。内枕梁 2 和外枕梁 3 设有限制承载梁滑移的限位棒 5，目的是防止承载力在其上运行的车辆水平刹车或水平地震作用下，承载梁出现相对橡胶支座 4 的过大水平位移，外枕梁 3 的限位棒 5 设置于承载梁 1 下的两个橡胶支座 4 之间，如图 4 所示，限位棒 5 采用直径 50 mm 的 HRB 400 圆钢，埋入枕梁 300 mm，外露 100 mm，插入承载梁 1 底部对应设置的圆孔中。

承载梁1在外侧偏载作用下，会产生沿外枕梁3、橡胶支座4的顺时针转动，承载梁1自重产生的转动力矩不足以平衡外侧偏载的转动力矩，所以内枕梁2需设置垂向的锚杆6，以提供必要的竖向压力，锚杆6采用直径25 mm的HRB 500螺纹钢，施加100 kN预应力，锚杆6设置自由段6-1和固定段6-2，锚杆6孔径50～70 mm，长度6～12 m，锚杆6设计承载力为120 kN。内枕梁2的限位棒5为壁厚5 mm的Q345圆钢管，埋设在枕梁中，一方面为锚杆6的孔道，另一方面外露部分插入承载力底部对应的插孔，形成限位嵌套机制。内枕梁2的锚杆6穿过内枕梁2、承载梁1后直接锚固于承载梁1的顶面，通过垫板和锚栓施加预应力后固定，如图5所示。锚杆6的固定段6-2通过灌注M35水泥砂浆形成嵌固机制，锚杆6的自由段6-1则采用聚氨酯灌注，顶部锚固后采用C40细石混凝土封锚。

承载梁1的断面尺寸为0.6 m×0.5 m，如图6所示，顶部设有3 cm×3 cm的企口1-1，以作为现浇面板7的底模支撑。承载梁1沿道路前进方向净间距0.6 m设置一道，当处于道路圆曲线段时，承载梁1呈扇形分布，内弧间距较小，外弧间距较大，需限制最大净距不超过0.6 m，其平面布置如图7所示。

承载梁1顶部设有预埋筋1-2，预埋筋1-2为封闭箍筋，现浇面板7的钢筋为双层双向钢筋网，双层钢筋网的纵向钢筋穿过承载梁1顶部预埋封闭箍筋绑扎固定。现浇面板7采用C40混凝土，厚度0.15 m。

和一般地基上的承载梁相比，这种结构型式的特点是外枕梁是整个结构竖向受力最大点，且处于边坡靠近外缘的位置，因此外枕梁所处边坡的稳定便成为整个结构体系承载成败的关键。路基下边坡的稳定性及承载力的勘察是非常重要和必要的。依据枕梁所处路基边坡的岩性差异，可以有三种支撑结构型式与之相适应，图8中的左、中、右三个附图分别是浅基础枕梁式、地下连续墙式、桩基盖梁式，分别对应埋深很浅或直接初露地表的硬质岩体、埋深较浅的硬质岩体、埋深较深的硬质岩体，无论怎样，枕梁均需置于硬质岩体上。值得一提的是，如果是路基边坡坡率较缓，在稳定性及地基承载能力满足的情况下，可以适当放宽要求，不一定非强调基础放置在硬质岩体上，但需强调位于承载能力较高的老土上。

综上所述，以上仅为本实用新型的较佳实施例而已，并非用于限定本实用新型的保护范围。凡在本实用新型的精神和原则之内，所作的任何修改、等同替换、改进等，均应包含在本实用新型的保护范围之内。

说明书附图

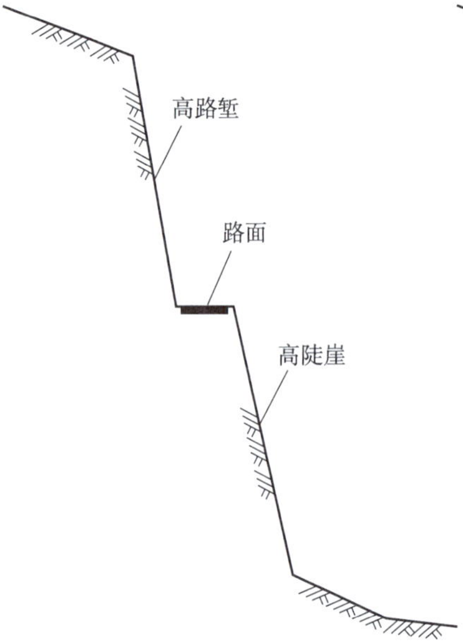

图 1

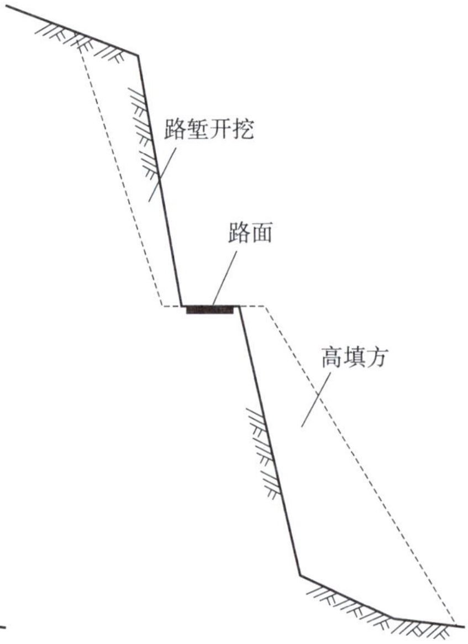

图 2

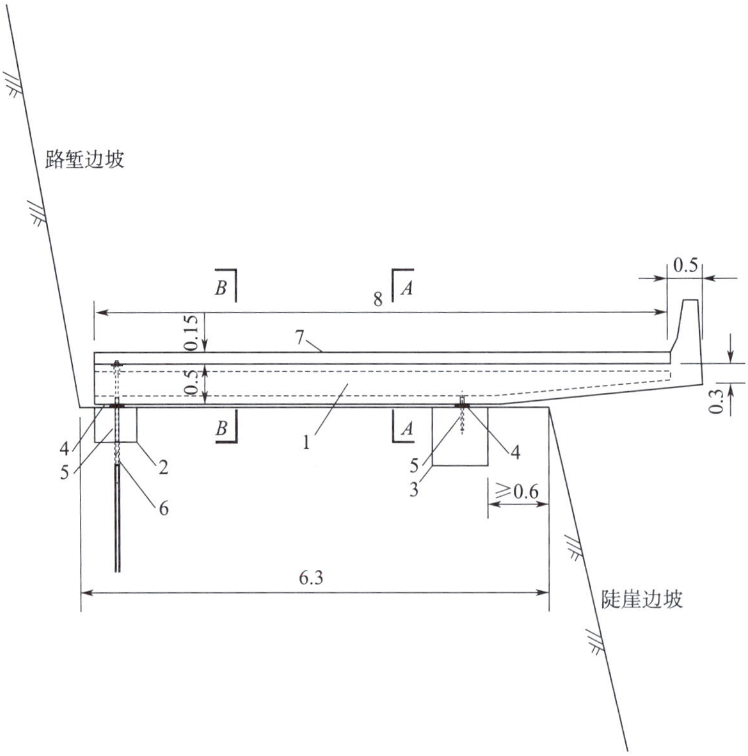

图 3

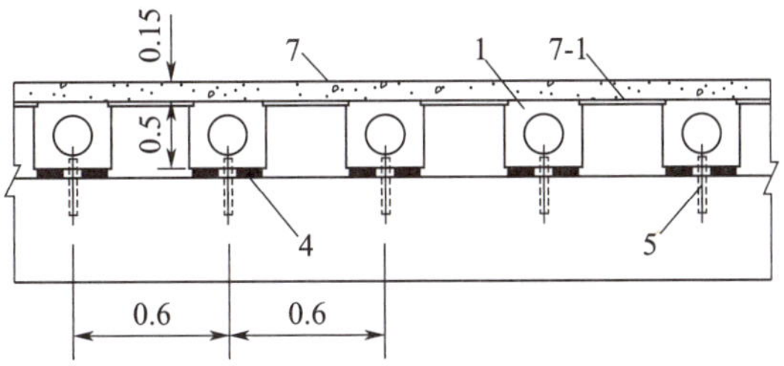
0.15
7
1
7-1
0.5
4
5
0.6
0.6

图 4

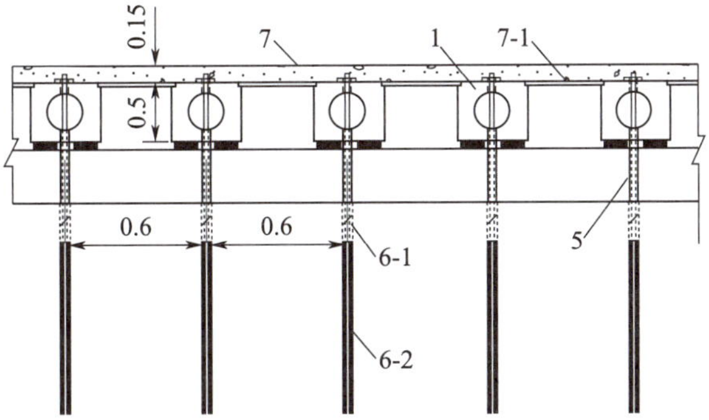
0.15
7
1
7-1
0.5
0.6
0.6
6-1
5
6-2

图 5

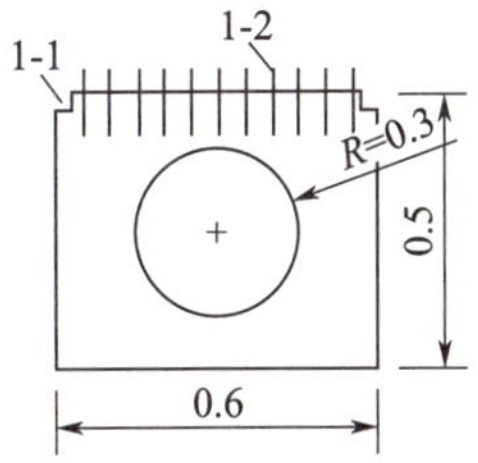
1-1
1-2
R=0.3
0.5
0.6

图 6

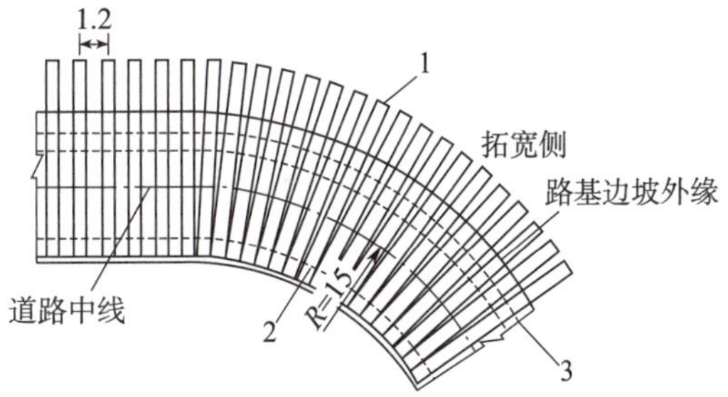
1.2
1
拓宽侧
路基边坡外缘
道路中线
2
R=15
3

图 7

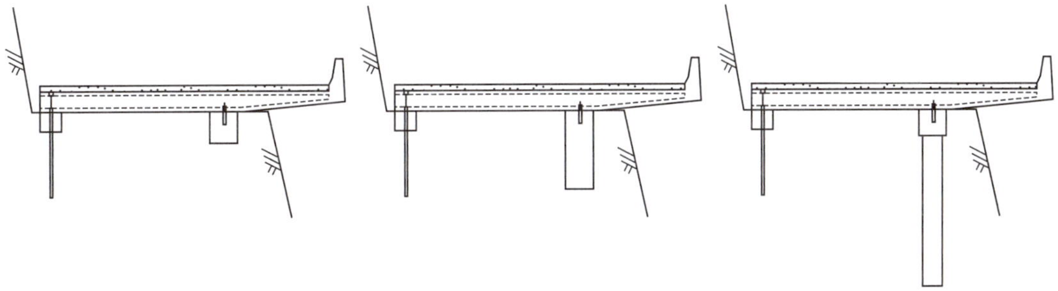

图 8

说明书摘要

本实用新型公开了一种山区转弯道路拓宽结构，属于道路拓宽工程技术领域。包括承载梁、内枕梁、外枕梁、橡胶支座、限位棒、锚杆和现浇面板；内枕梁和外枕梁为沿道路纵向连续布设的现浇钢筋混凝土结构，内枕梁位于道路路堑一侧，外枕梁位于道路陡崖一侧；承载梁由内枕梁和外枕梁进行支撑，内枕梁和外枕梁通过橡胶支座支撑承载梁；限位棒一端埋入左枕梁和右枕梁中，另一端外露并插入承载梁底部对应设置的圆孔中；预应力锚杆下端固定在岩土中，上端穿过内枕梁和承载梁后锚固于承载梁的顶面；现浇面板固定于承载梁的上方。本实用新型的拓宽方式不破坏生态，施工方便快捷，造价经济合理。

摘要附图

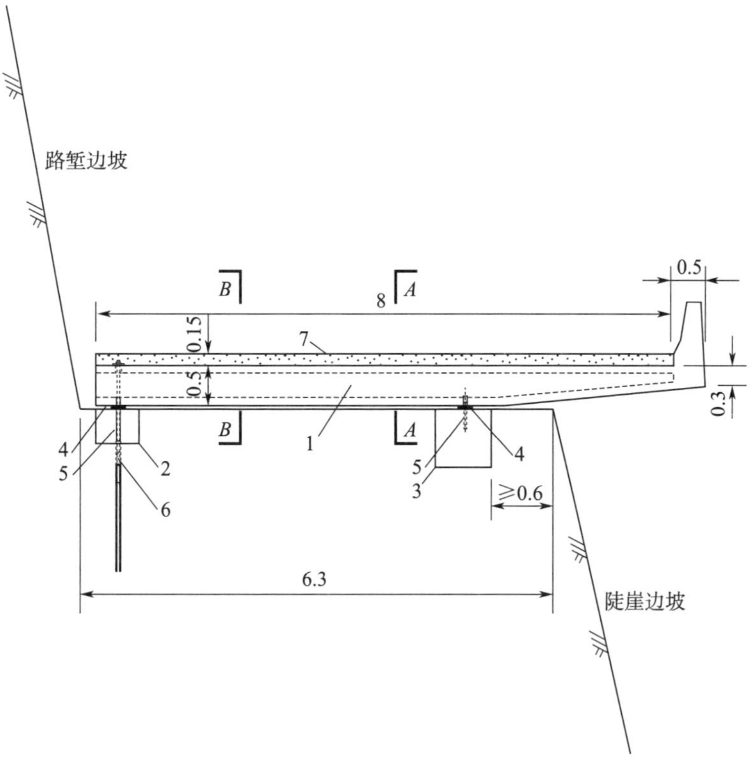

十三、一种基于独立支撑的装配式Π型挡土墙

权利要求书

1. 一种基于独立支撑的装配式Π型挡土墙，其特征在于，包括挡墙结构单元、挡墙底板和填土；

所述挡墙结构单元为水平放置的Π型结构，Π型结构内部填充填土；

所述挡墙底板位于土基的上方挡土墙底部，挡墙底板上方依次叠放挡墙结构单元，上一层挡墙结构单元由下一层挡墙结构单元的顶部对其提供支撑，挡墙结构单元从下往上依次收分400 mm；依据自然地面和设计线的高差确定挡墙结构单元的竖向组合块数，同时挡墙需要一定的埋置深度，每一段结构单元之间允许相差1 m或2 m，相差1 m时设置高度1 m的挡墙结构单元来实现。

2. 如权利要求1所述的一种基于独立支撑的装配式Π型挡土墙，其特征在于，所述挡墙结构单元包括一块面板、两块肋板和一块搭板；所述两块肋板垂直固定在面板上，两块肋板互相平行，一块面板和两块肋板共同形成Π型结构；肋板底部水平延伸出搭板支撑，搭板支撑上方用于放置搭板，搭板将Π型结构的底部封闭。

3. 如权利要求2所述的一种基于独立支撑的装配式Π型挡土墙，其特征在于，上一层挡墙结构单元支撑在下一层的结构单元的肋板上。

4. 如权利要求3所述的一种基于独立支撑的装配式Π型挡土墙，其特征在于，所述肋板和面板相交处设有加腋增强二者之间的连接刚度。

5. 如权利要求4所述的一种基于独立支撑的装配式Π型挡土墙，其特征在于，所述面板和加腋的高度大于肋板。

6. 如权利要求4或5所述的一种基于独立支撑的装配式Π型挡土墙，其特征在于，所述面板下缘设有泄水孔；肋板和面板上设有吊孔，吊孔分别对应面板、肋板的重心位置。

说明书

一种基于独立支撑的装配式Π型挡土墙

技术领域

本实用新型涉及土木工程技术领域，具体涉及一种基于独立支撑的装配式Π型挡土墙。

背景技术

由于我国地形地貌复杂多变，道路建设中的深挖高填现象非常普遍，产生了大量的人工边坡或次生边坡。为了保证这些边坡的稳定性，挡土墙成为道路沿线最常见的构筑物。目前国内的路基挡土墙以浆片石混凝土挡墙为主，不仅材料消耗量大，工人劳动强度大，工效低，工程造价随运输费、人工费的增长不断升高，而且施工质量难以保证，后期病害较多。挡土墙轻型化、标准化、机械化、低耗化是挡土墙发展的方向。

在装配式挡土墙研究领域，石中柱、张文清对预制钢筋混凝土折板挡土墙设计与施工进行了相关研究；杨帆、郑洁对多层预制箱型装配式护案结构进行了研究；张信贵、陈海坡等对装配式挡墙砌块开展了剪切试验研究；徐健、刘泽等对装配式挡土墙预制装配化设计与施工中的墙型选择、构件连接、单元连接、模板工程、预留件定位控制、运输路径选择与吊装位置等关键问题进行了分析；周晓靖研究介绍了一种装配式外阶梯形钢筋混凝土板柱式生态挡土墙。

以上研究中的装配式挡土墙均涉及需要现场焊接或绑扎钢筋以及二次浇筑的问题，此外，由于装配式挡土墙墙趾设置于填土上，还存在变形不容易控制的问题。

实用新型内容

有鉴于此，本实用新型提供了一种基于独立支撑的装配式Π型挡土墙，能够克服传统装配式挡土墙需要现场焊接或绑扎钢筋以及二次浇筑的问题。同时也克服了多级装配式挡土墙墙趾设置于填土上，变形不容易控制的问题，具有结构整体刚度大、自重较轻、架设速度快、施工效率高的特点。

一种基于独立支撑的装配式Π型挡土墙，包括挡墙结构单元、挡墙底板和填土；

所述挡墙结构单元为水平放置的Π型结构，Π型结构内部填充填土；

所述挡墙底板位于土基的上方挡土墙底部，挡墙底板上方依次叠放挡墙结构单元，上一层挡墙结构单元由下一层挡墙结构单元的顶部对其提供支撑，挡墙结构单元从下往上依次收分400 m；依据自然地面和设计线的高差确定挡墙结构单元的竖向组合块数，同时挡墙需要一定的埋置深度，每一段结构单元之间允许相差1 m或2 m，相差1 m时设置高度1 m的挡墙结构单元来实现。

进一步地，所述挡墙结构单元包括一块面板、两块肋板和一块搭板；所述两块肋板垂直固定在面板上，两块肋板互相平行，一块面板和两块肋板共同形成Π型结构：肋板底部水平延伸出搭板支撑，搭板支撑上方用于放置搭板，搭板将Π型结构的底部封闭。

进一步地，上一层挡墙结构单元支撑在下一层的挡墙结构单元的肋板上

进一步地，所述肋板和面板相交处设有加腋增强二者之间的连接刚度。

进一步地，所述面板和加腋的高度大于肋板。

进一步地，所述面板下缘设有泄水孔；肋板和面板上设有吊孔，吊孔分别对应面板、肋板的重心位置。

有益效果：

1. 本实用新型的Π型挡土墙相较于传统的衡重式挡土墙、扶臂式挡土墙具有较为明显的施工便捷和造价优势，在预制好的条件下，挡墙结构单元吊装就位后，即可开展桥后土体的填筑，不需要衡重式挡土墙的现场养护，更不需要扶臂式挡土墙的钢筋绑扎和现场养护，所以具有明显的应用前景和价值。

2. 本实用新型的挡墙结构单元之间的接触应力满足结构抗压强度，安装后的Π型挡土墙结构刚度及水平变形满足要求，此外，Π型挡土墙结构整体稳定性满足要求。

3. 本实用新型在肋板底部设有搭板支撑，搭板放置其上，设置搭板的目的是让搭板上方的填土形成Π型结构单元的压重，从而产生足够的竖向压力抵抗背后土压力作用。

4. 本实用新型的面板和加腋的高度大于肋板，能够使挡墙结构单元形成上结构单元位移限定机制，防止上方的挡墙结构单元向外滑出。

附图说明

图1为Π型挡土墙立面图；

图2为6 m高挡墙横断面图；

图3为10 m高挡墙横断面图；

图4为Π型挡墙结构单元平面图；

图5为Π型挡墙结构单元立面图；

图6为Π型挡墙结构单元 A—A 横断面图。

其中，1—挡墙结构单元、1-1—面板、1-1-1—吊孔、1-1-2—泄水孔、1-2—肋板、1-2-1—搭板支撑、1-2-2—吊孔、1-3—搭板、2—挡墙底板、3—填土。

具体实施方式

下面结合附图并举实施例，对本实用新型进行详细描述。

本实用新型提供了一种基于独立支撑的装配式Π型挡土墙，如图1～3所示，装配式Π型挡土墙包括挡墙结构单元1、挡墙底板2和填土3。

如图4～6所示，挡墙结构单元1由一块面板1-1、两块肋板1-2和一块搭板1-3构成，面板1-1和肋板1-2厚度均为200 mm，在肋板1-2和面板1-1相交处设有加腋增强二者之间的连接刚度，肋板1-2底部设有宽80 mm、高150 mm的搭板支撑1-2-1，厚度150 mm的搭板1-3放置其上，设置搭板的目的是让搭板上方的填土形成Π型结构单元的压重，从而产生足够的竖向压力抵抗背后土压力作用，当然搭板1-3也可以直接和肋板1-2固结，一起浇筑成型。面板1-1和加腋高出肋板1-2为100 mm，其作用是使下结构单元形成上结构单元位移限定机制，防止上结构单元向外滑出。肋板1-2长

度设有两种类型，分别是 2 000 mm 和 2 600 mm，其中 2 000 mm 长肋板对应挡墙高度在 6 m（含）以下的挡墙，2 600 mm 长肋板对应 6 m 以上挡墙。面板下缘设有泄水孔 1－1－2，直径 100 mm。肋板 1－2 和面板 1－1 设有直径 50 mm 的吊孔（1－2－1 和 1－1－1），吊孔分别对应面板 1－1、肋板 1－2 的重心位置，距离板边缘 200 mm。挡墙的横断面布置如图 2 和图 3 所示。从图 2 和图 3 可以看出，挡墙结构单元 1 从下往上依次收分 400 mm，产生类似于仰斜的效果，可以减少背后土压力，提高挡墙的抵抗效率；当挡墙的高度超过 10 m 时，挡墙底板 2 的底部设有凸隼结构。挡墙的立面布置示意图如图 1 所示，由图中可以看出依据自然地面和设计线的高差确定挡墙结构的竖向组合块数，同时挡墙需要一定的埋置深度，每一段结构单元之间可以相差 1 m 或 2 m，相差 1 m 的情况，可以设置高度 1 m 的挡墙结构单元来实现。

以高 10 m 路肩挡土墙为例，将 Π 型挡土墙和衡重式挡土墙、扶臂式挡土墙进行造价对比，见表 1。由表 1 可见，Π 型挡土墙在造价上有优势，且具有施工快捷的特点，在预制好的条件下，挡墙结构单元吊装就位后，即可开展桥后土体的填筑，不需要衡重式挡土墙的现场养护，更不需要扶臂式挡土墙的钢筋绑扎和现场养护，所以具有明显的应用前景和价值。

表 1　造价对比表

项目	Π 型挡土墙	衡重式挡土墙	扶臂式挡土墙
主材	预制钢筋混凝土	毛石混凝土	现浇钢筋混凝土
综合单价	2 100 元/m^3	1 000 元/m^3	2 200 元/m^3
每延米主材数量	6 m^3	25 m^3	6.6 m^3
每延米造价	1.26 万元	2.5 万元	1.45 万元

综上所述，以上仅为本实用新型的较佳实施例而已，并非用于限定本实用新型的保护范围。凡在本实用新型的精神和原则之内，所作的任何修改、等同替换、改进等，均应包含在本实用新型的保护范围之内。

说明书附图

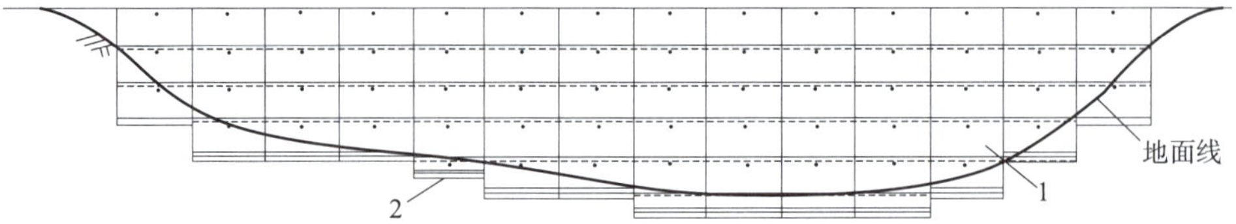

图 1

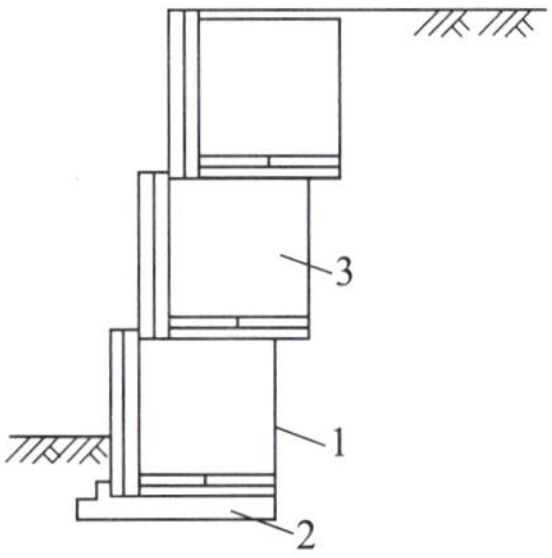

图 2

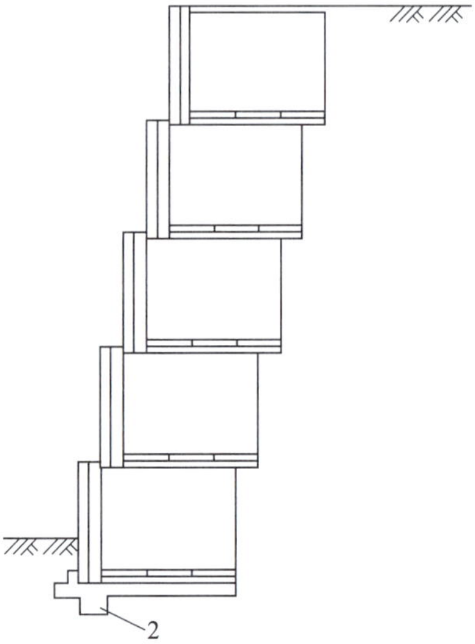

图 3

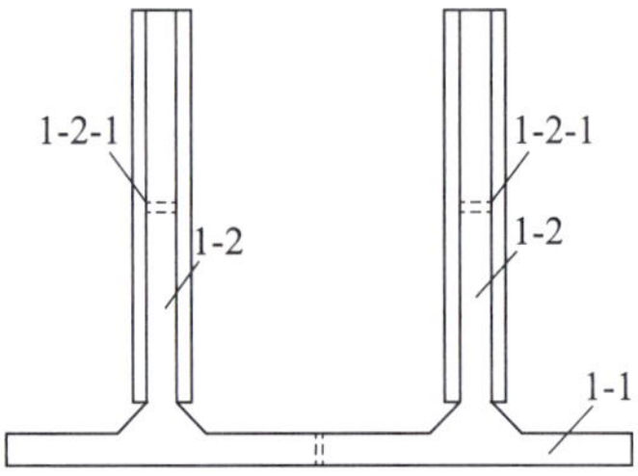

图 4

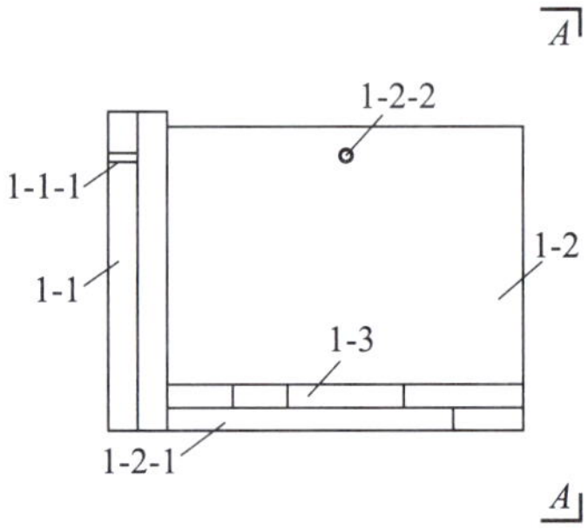

图 5

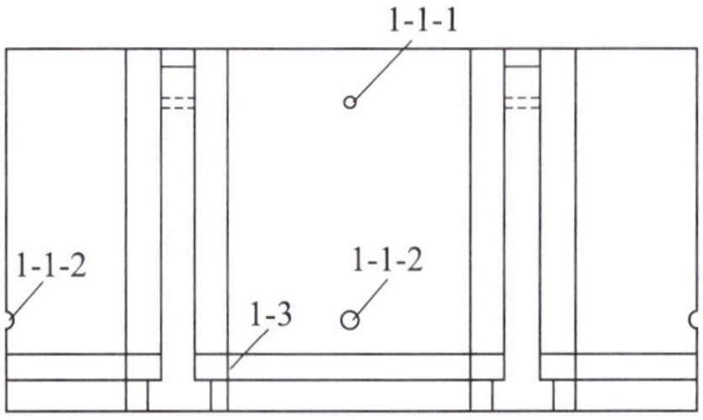

图 6

说明书摘要

本实用新型公开了一种基于独立支撑的装配式Π型挡土墙，包括挡墙结构单元、挡墙底板和填土；挡墙结构单元为水平放置的Π型结构，Π型结构内部填充填土；挡墙底板位于土基的上方挡土墙底部，挡墙底板上方依次叠放挡墙结构单元，上一层挡墙结构单元由下一层挡墙结构单元的顶部对其提供支撑，挡墙结构单元从下往上依次收分400 mm；依据自然地面和设计线的高差确定挡墙结构单元的竖向组合块数，同时挡墙需要一定的埋置深度，每一段结构单元之间允许相差1 m或2 m，相差1 m时设置高度1 m的挡墙结构单元来实现。本实用新型能够克服传统装配式挡土墙需要现场焊接或绑扎钢筋以及二次浇筑的问题，具有结构整体刚度大、自重较轻、架设速度快、施工效率高的特点。

摘要附图

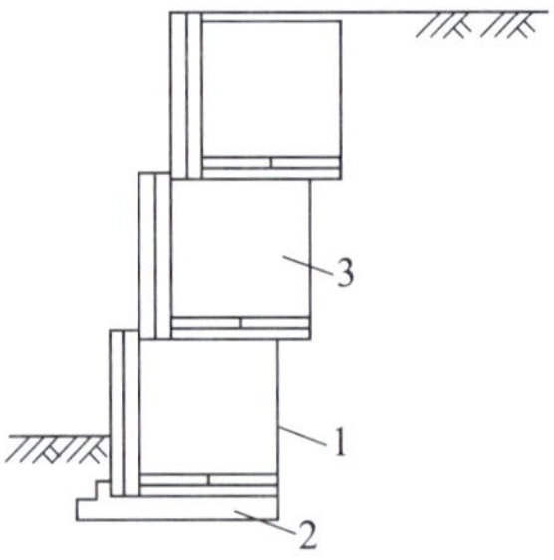

十四、一种基于填土支撑的装配式Π型挡土墙

权利要求书

1. 一种基于填土支撑的装配式Π型挡土墙，其特征在于，包括挡墙结构单元、挡墙底板和填土；

所述挡墙结构单元为水平放置的Π型结构，Π型结构内部填充填土；

所述挡墙底板位于土基的上方挡土墙底部，挡墙底板上方依次叠放挡墙结构单元，上一层挡墙结构单元由下一层的挡墙结构单元内部的填土提供支撑，挡墙结构单元从下往上依次收分400 mm；依据自然地面和设计线的高差确定挡墙结构单元的竖向组合块数，同时挡墙需要一定的埋置深度，每一段结构单元之间允许相差1 m或2 m，相差1 m时设置高度1 m的挡墙结构单元来实现。

2. 如权利要求1所述的一种基于填土支撑的装配式Π型挡土墙，其特征在于，所述挡墙结构单元包括一块面板、两块肋板和一块搭板；所述两块肋板垂直固定在面板上，两块肋板互相平行，肋板的顶边到远离面板一侧的侧边为倾斜过渡，一块面板和两块肋板共同形成Π型结构；肋板底部水平延伸出搭板支撑，搭板支撑上方用于放置搭板，搭板将Π型结构的底部封闭。

3. 如权利要求2所述的一种基于填土支撑的装配式Π型挡土墙，其特征在于，上一层挡墙结构单元的面板支撑于下一层结构单元的肋板上，上一层挡墙结构单元的肋板支撑在下一层的挡墙结构单元的填土上。

4. 如权利要求3所述的一种基于填土支撑的装配式Π型挡土墙，其特征在于，所述肋板和面板相交处设有加腋增强二者之间的连接刚度。

5. 如权利要求3或4所述的一种基于填土支撑的装配式Π型挡土墙，其特征在于，所述面板和加腋的高度大于肋板。

说明书

一种基于填土支撑的装配式Π型挡土墙

技术领域

本实用新型涉及土木工程技术领域，具体涉及一种基于填土支撑的装配式Π型挡土墙。

背景技术

由于我国地形地貌复杂多变，道路建设中的深挖高填现象非常普遍，产生了大量的人工边坡或次生边坡。为了保证这些边坡的稳定性，挡土墙成为道路沿线最常见的构筑物。目前国内的路基挡土墙以浆片石混凝土挡墙为主，不仅材料消耗量大，工人劳动强度大，工效低，工程造价随运输费、人工费的增长不断升高，而且施工质量难以保证，后期病害较多。挡土墙轻型化、标准化、机械化、低耗化是挡土墙发展的方向。

在装配式挡土墙研究领域，石中柱、张文清对预制钢筋混凝土折板挡土墙设计与施工进行了相关研究；杨帆、郑洁对多层预制箱型装配式护案结构进行了研究；张信贵、陈海坡等对装配式挡墙砌块开展了剪切试验研究；徐健、刘泽等对装配式挡土墙预制装配化设计与施工中的墙型选择、构件连接、单元连接、模板工程、预密件定位控制、运输路径选择与吊装位置等关键问题进行了分析；周晓靖研究介绍了一种装配式外阶梯形钢筋混凝土板柱式生态挡土墙。

以上研究中的装配式挡土墙均涉及需要现场焊接或绑扎钢筋以及二次浇筑的问题，此外，由于装配式挡土墙墙趾设置于填土上，还存在变形不容易控制的问题。

实用新型内容

有鉴于此，本实用新型提供了一种基于填土支撑的装配式Π型挡土墙，能够克服传统装配式挡土墙需要现场焊接或绑扎钢筋以及二次浇筑的问题。同时也克服了多级装配式挡土墙墙趾设置于填土上、变形不容易控制的问题，具有结构整体刚度大、自重较轻、架设速度快、施工效率高的特点。

一种基于填土支撑的装配式Π型挡土墙，包括挡墙结构单元、挡墙底板和填土；

所述挡墙结构单元为水平放置的Π型结构，Π型结构内部填充填土；

所述挡墙底板位于土基的上方挡土墙底部，挡墙底板上方依次叠放挡墙结构单元，上一层挡墙结构单元由下一层的挡墙结构单元内部的填土提供支撑，挡墙结构单元从下往上依次收分400 mm；依据自然地面和设计线的高差确定挡墙结构单元的竖向组合块数，同时挡墙需要一定的埋置深度，每一段结构单元之间允许相差1 m或2 m，相差1 m时设置高度1 m的挡墙结构单元来实现。

进一步地，所述挡墙结构单元包括一块面板、两块肋板和一块搭板；所述两块肋板垂直固定在面板上，两块肋板互相平行，肋板的顶边到远离面板一侧的侧边为倾斜过渡，一块面板和两块肋板共同形成Π型结构；肋板底部水平延伸出搭板支撑，搭板支撑上方用于放置搭板，搭板将Π型结构的底部封闭。

进一步地，上一层挡墙结构单元的面板支撑于下一层结构单元的肋板上，上一层挡墙结构单元的肋板支撑在下一层的挡墙结构单元的填土上。

进一步地，所述肋板和面板相交处设有加腋增强二者之间的连接刚度。

进一步地，所述面板和加腋的高度大于肋板。

有益效果：

1. 本实用新型的Π型挡土墙相较于传统的衡重式挡土墙、扶臂式挡土墙具有较为明显的施工便捷和造价优势，在预制好的条件下，挡墙结构单元吊装就位后，即可开展桥后土体的填筑，不需要衡重式挡土墙的现场养护，更不需要扶臂式挡土墙的钢筋绑扎和现场养护，所以具有明显的应用前景和价值。

2. 本实用新型在肋板底部设有搭板支撑，搭板放置其上，设置搭板的目的是让搭板上方的填土形成Π型结构单元的压重，从而产生足够的竖向压力抵抗背后土压力作用。

3. 本实用新型的面板和加腋的高度大于肋板，能够使挡墙结构单元形成上结构单元位移限定机制，防止上方的挡墙结构单元向外滑出。

4. 本实用新型中上一结构单元面板支撑于其下结构单元的肋板顶部，而结构单元的肋板支撑在上下结构单元之间的填土上。墙后填土必须和同层的墙体结构单元同步施工，且对桥后填土的压实度要求较高，否则再填土工后沉降的作用下，挡墙结构单元会有一定程度的相对于前支点的转角变形。

附图说明

图1为Π型挡土墙立面图；

图2为6 m高挡墙横断面图；

图3为10 m高挡墙横断面图；

图4为Π型挡墙结构单元平面图；

图5为Π型挡墙结构单元立面图；

图6为Π型挡墙结构单元 *A*—*A* 横断面图。

其中，1—挡墙结构单元、1-1—面板、1-2—肋板、1-2-1—搭板支撑、1-3—搭板、2—挡墙底板、3—填土。

具体实施方式

下面结合附图并举实施例，对本实用新型进行详细描述。

本实用新型提供了一种基于独立支撑的装配式Π型挡土墙，如图2～图3所示，装配式Π型挡土墙包括挡墙结构单元1、挡墙底板2和填土3。

如图4～图6所示，挡墙结构单元1由一块面板1-1、两块肋板1-2和一块搭板1-3构成，两块肋板1-2垂直固定在面板1-1上，两块肋板1-2互相平行，肋板1-2的顶边到远离面板一侧的侧边为倾斜过渡，一块面板1-1和两块肋板1-2共同形成Π型结构，肋板1-2上的斜面过渡使得上一层挡墙结构单元1的面板1-1支撑于下一层结构单元的肋板1-2上，上一层挡墙结构单元的肋板1-2支撑在下一层的挡墙结构单元的填土 3 上；面板 1－1 和肋板 1－2 厚度均为 200 mm，在肋板 1－2 和面板 1－1 相交处设有加腋增强二者之间的连接刚度，肋板 1－2 底部设有宽 80 mm、高 150 mm 的搭板支撑 1－2－1，厚度 150 mm 的搭板 1－3 放置其上，设置搭板的目的是让搭板上方的填土形成 Π 型结构单元的压重，从而产生足够的竖向压力抵抗背后土压力作用。当然搭板 1－3 也可以直接和肋板 1－2 固结，一起浇筑成型。面板 1－1 和加腋高出肋板 1－2 为 100 mm，其作用是使下结构单元形成上结构单元位移限定机制，防止上结构单元向外滑出。肋板 1－2 长度设有两种类型，分别是 2 000 mm 和 2 600 mm，其中 2 000 mm 长肋板对应挡墙高度在 6 m（含）以下的挡墙，2 600 mm 长肋板对应 6 m 以上挡墙。挡墙的横断面布置如图 2 和图 3 所示。从图 2 和图 3 可以看出，挡墙结构单元 1 从下往上依次收分 400 mm，产生类似于仰斜的效果，可以减小背后土压力，提高挡墙的抵抗效率；当挡墙的高度超过 10 m 时，挡墙底板 2 的底部设有凸隼结构。挡墙的立面布置示意图如图 1 所示，由图中可以看出，依据自然地面和设计线的高差确定挡墙结构的竖向组合块数，同时挡墙需要一定的埋置深度，每一段结构单元之间可以相差 1 m 或 2 m，相差 1 m 的情况，可以设置高度 1 m 的挡墙结构单元来实现。

以高 10 m 路肩挡土墙为例，将 Π 型挡土墙和衡重式挡土墙、扶臂式挡土墙进行造价对比见表 1。由表 1 可见，Π 型挡土墙在造价上有优势，且具有施工快捷的特点，在预制好的条件下，挡墙结构单元吊装就位后，即可开展桥后土体的填筑，不需要衡重式挡土墙的现场养护，更不需要扶臂式挡土墙的钢筋绑扎和现场养护，所以具有明显的应用前景和价值。

表 1　造价对比表

项目	Π 型挡土墙	衡重式挡土墙	扶臂式挡土墙
主材	预制钢筋混凝土	毛石混凝土	现浇钢筋混凝土
综合单价	2 100 元/m^3	1 000 元/m^3	2 200 元/m^3
每延米主材数量	6 m^3	25 m^3	6.6 m^3
每延米造价	1.26 万元	2.5 万元	1.45 万元

综上所述，以上仅为本实用新型的较佳实施例而已，并非用于限定本实用新型的保护范围。凡在本实用新型的精神和原则之内，所作的任何修改、等同替换、改进等，均应包含在本实用新型的保护范围之内。

说明书附图

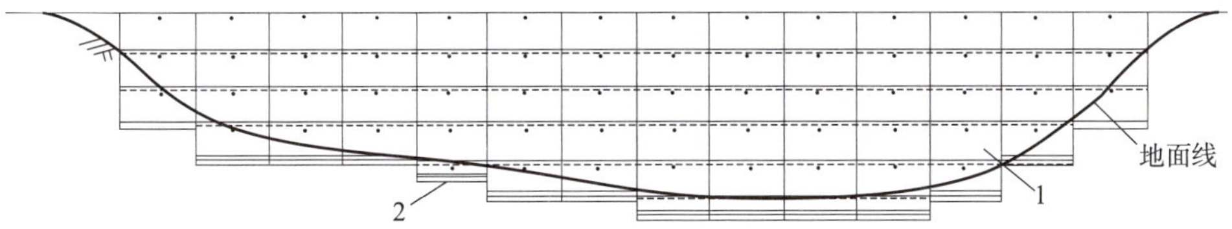

图 1

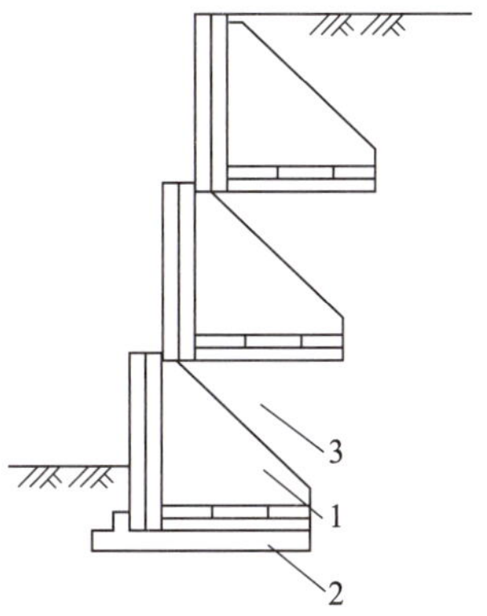

图 2

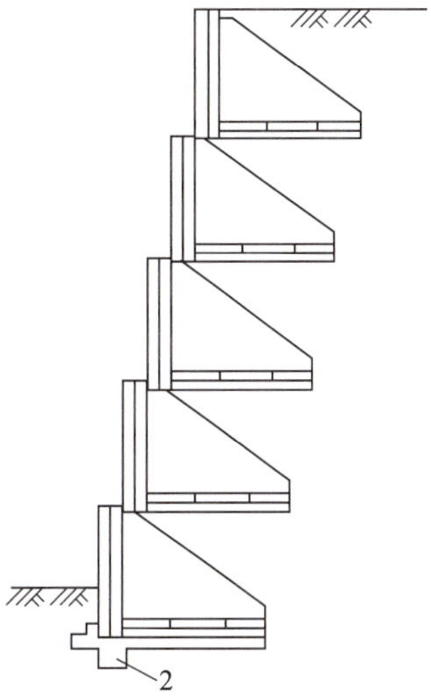

图 3

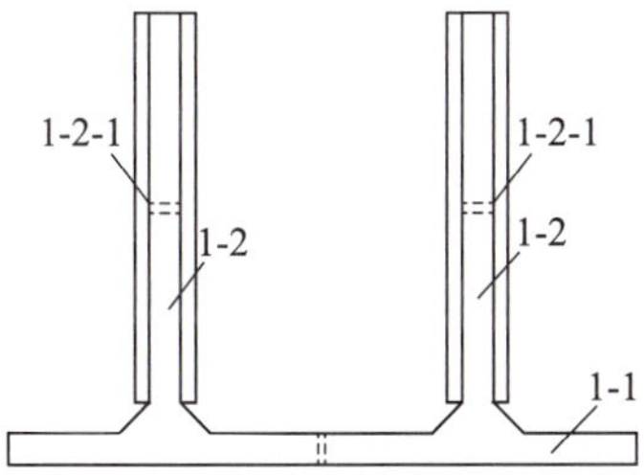

图 4

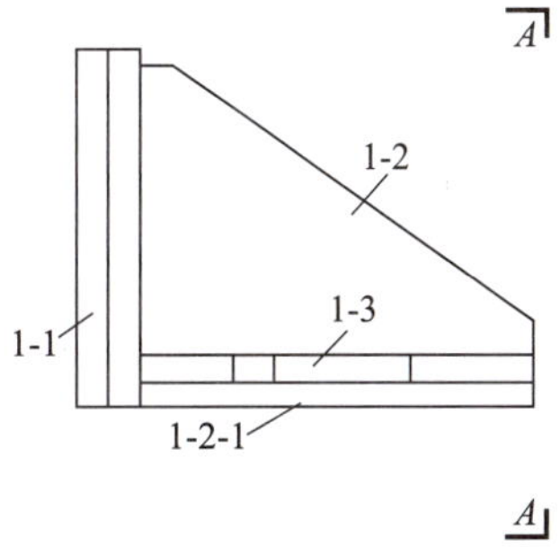

图 5

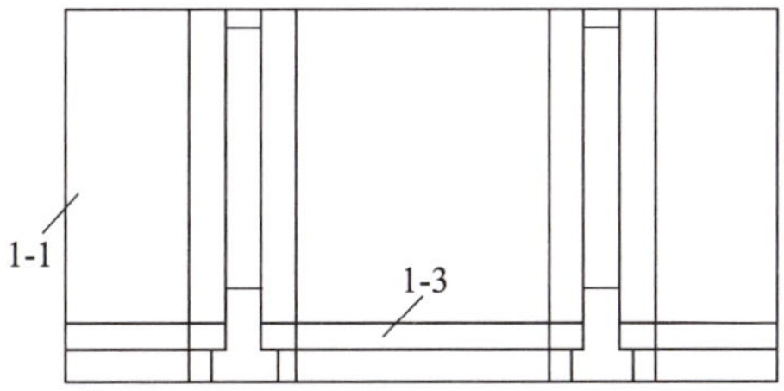

图 6

说明书摘要

本实用新型公开了一种基于填土支撑的装配式 Π 型挡土墙，包括挡墙结构单元、挡墙底板和填土；挡墙结构单元为水平放置的 Π 型结构，Π 型结构内部填充填土；挡墙底板位于土基的上方挡土墙底部，挡墙底板上方依次叠放挡墙结构单元，上一层挡墙结构单元由下一层的挡墙结构单元内部的填土提供支撑，挡墙结构单元从下往上依次收分 400 mm；依据自然地面和设计线的高差确定挡墙结构单元的竖向组合块数，同时挡墙需要一定的埋置深度，每一段结构单元之间允许相差 1 m 或 2 m，相差 1 m 时设置高度 1 m 的挡墙结构单元来实现。本实用新型能够克服传统装配式挡土墙需要现场焊接或绑扎钢筋以及二次浇筑的问题。具有结构整体刚度大、自重较轻、架设速度快、施工效率高的特点。

摘要附图

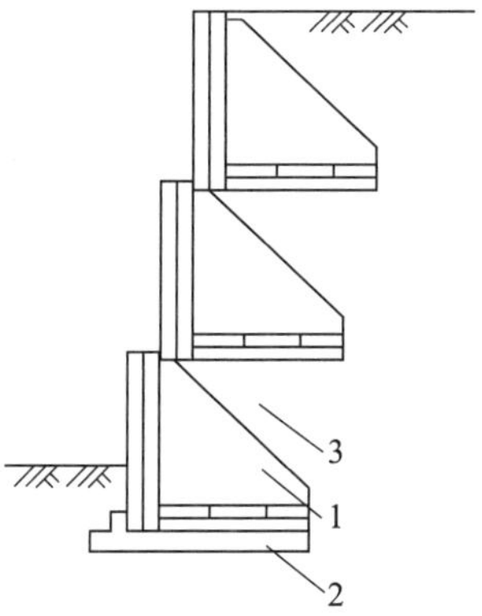